La santé dans toutes les politiques

Logiques Juridiques

Fondée par Gérard Marcou
Dirigée par Jean-Claude Némery et Thomas Perroud

Le droit n'est pas seulement un savoir, il est d'abord un ensemble de rapports et pratiques que l'on rencontre dans presque toutes les formes de sociétés. C'est pourquoi il a toujours donné lieu à la fois à une littérature de juristes professionnels, produisant le savoir juridique, et à une littérature sur le droit, produite par des philosophes, des sociologues ou des économistes notamment.

Parce que le domaine du droit s'étend sans cesse et rend de plus en plus souvent nécessaire le recours au savoir juridique spécialisé, même dans des matières où il n'avait jadis qu'une importance secondaire, les ouvrages juridiques à caractère professionnel ou pédagogique dominent l'édition, et ils tendent à réduire la recherche en droit à sa seule dimension positive. À l'inverse de cette tendance, la collection « Logiques juridiques » des éditions L'Harmattan est ouverte à toutes les approches du droit. Tout en publiant aussi des ouvrages à vocation professionnelle ou pédagogique, elle se fixe avant tout pour but de contribuer à la publication et à la diffusion des recherches en droit, ainsi qu'au dialogue scientifique sur le droit. Comme son nom l'indique, elle se veut plurielle.

Dernières parutions

Ahmed BENATTOU, *La mise en œuvre du droit de l'environnement au Maroc. Le cas de la forêt de Maâmora*, 2024.
Hugues RABAULT, *La constitution financière de la France Sources fondamentales du droit des finances publiques, Seconde édition actualisée et augmentée*, 2024.
Eric FÈVRE, *Comparaison du chef de l'Etat et du chef du Gouvernement en France et en Allemagne*, 2024.
Henri BOUILLON, *Droit de la laïcité*, 2024.
Nadine NAJEM, *Théorie des intérêts moratoires*, 2024.
Caroline PELOSO, *L'autorité de la chose jugée au pénal à l'égard des décisions européennes, Essai de droit comparé franco-italien*, 2023.
Bamba Nonféni Michel ZARATIONON, *Les mesures provisoires de la CourADHD. Le contentieux du provisoire devant la Cour Africaine des droits de l'Homme et des Peuples*, 2023.
Jean LEFEBVRE, *Le droit du financement participatif (crowdfunding). Deuxième édition*, 2023.

Laurence Warin

La santé dans toutes les politiques

État des lieux et réflexion sur son entrée et sa circulation dans différents ordres juridiques

Préfaces de
Didier-Roland Tabuteau et Jean-David Dreyfus

L'Harmattan

5-7, rue de l'École-Polytechnique, 75005 Paris
http://www.editions-harmattan.fr
ISBN : 978-2-336-48667-3
EAN : 9782336486673

Sommaire

Préfaces

C'est à l'émergence d'une acception moderne de la notion de santé que le présent ouvrage invite à assister. « La santé dans toutes les politiques », au-delà des enjeux juridiques qui sont analysés avec pertinence et méthode dans les chapitres qui suivent, témoigne en effet d'une nouvelle compréhension des enjeux de la santé publique. La santé n'est plus confinée dans le champ du système de santé et matérialisée par les soins médicaux, elle se déploie dans l'ensemble des champs de l'activité humaine.

En écho à la mise en exergue des déterminants de la santé par la science, la nécessité de prendre en compte les effets sur la santé de l'ensemble des politiques publiques s'est progressivement imposée. Cette approche globale peut d'ailleurs se prévaloir des origines de la médecine et des préceptes d'Hippocrate comme de la démarche des hygiénistes du XIXème siècle, dont les lois Villermé de 1841 sur le travail des enfants et 1850 sur les logements insalubres sont d'éclatants témoignages.

L'avancée des connaissances épidémiologiques, la multiplication des crises sanitaires, les effets de la mondialisation et les défis du changement climatique ont nourri les réflexions sur les conséquences des activités humaines sur la santé des populations. Avec la notion de « santé dans toutes les politiques », auquel renvoie le sigle anglo-saxon « HIAP », c'est à une approche transversale de la santé publique que sont invités les Etats.

Laurence Warin a, dans le cadre des travaux d'une thèse remarquable, analysé la genèse de cette approche nouvelle de la santé publique et de son insertion dans les ordres juridiques, au niveau mondial, européen et national.
Elle a en particulier mis en lumière, en ayant recours au concept juridique innovant de « flux normatif », la convergence, parfois même la concurrence, de nombreuses productions juridiques de l'Organisation mondiale de la santé et de l'Union européenne. L'ouvrage propose, en outre, une analyse des effets concrets et des limites de la notion de « santé dans toutes les politiques » dans le droit de la santé de notre pays.

Autant dire que la lecture de cet ouvrage devrait être profitable tant aux spécialistes et aux praticiens du droit de la santé qu'aux acteurs du système de santé, et plus largement à tous ceux que la santé publique intéresse.

Didier-Roland Tabuteau
Professeur associé à l'Université Paris Cité

Il y avait pour Laurence Warin une καιρός (kairos), une véritable opportunité à saisir : essayer, justement, de saisir, de cerner par quels biais l'approche intégrée de la santé pouvait se frayer un chemin dans notre droit. Il fallait à l'évidence aussi une certaine audace pour choisir un sujet comme l'approche « *La santé dans toutes les politiques* », à la croisée du droit et de la santé publique : une approche, mais de quoi parle-t-on ? Est-il question de stratégie ? La santé, doit-on l'entendre au sens du Préambule de la Constitution de 1946 ? Est-il question des politiques publiques ou de « la » politique prise globalement ?

Plus généralement, le juriste est toujours face à une opération délicate lorsqu'il doit analyser un nouveau phénomène et lui ménager une place dans la sphère juridique. On pourrait même dire que les nouveaux phénomènes normatifs le perturbent et viennent lui compliquer la tâche, lorsqu'il s'agit de saisir de nouveaux mouvements, de s'écarter du droit dur pour embrasser le droit souple, de quitter les chemins de la normativité franche pour pénétrer sur les sentiers de la normativité fluctuante, de faire évoluer une légistique bien huilée.

Ce défi, Laurence Warin a su le relever alors qu'elle a dû faire face, tout au long de son travail, à la difficulté de rassembler et de mettre en cohérence un corpus de textes très disparate, alors qu'elle a dû conduire sa réflexion sur plusieurs ordres juridiques à la fois. L'auteure a su faire preuve d'une authentique démarche scientifique, en particulier lorsqu'elle a abordé la notion de « *flux normatif* », un des traits originaux de sa thèse. Cette notion, discutée par certains membres de la doctrine, est de plus en plus utilisée par les praticiens du droit, y compris le Conseil d'État. Elle oblige à repenser la notion de norme, à promouvoir un nouvel écosystème de parties prenantes et à dépasser les instruments juridiques obsolètes. Si la thèse reprend l'analyse positiviste du droit, elle en déplace aussi les enjeux, elle change le terrain sur lequel elle se déploie et les outils conceptuels qu'elle met en œuvre.

Avec « La santé dans toutes les politiques », on a affaire à un phénomène normatif qui donne une direction à l'action publique, à ce qui s'apparente à un modèle d'action pour l'État. On est davantage en présence de *modèles de référence pour l'action* que d'impératifs juridiques classiques. Cette idée de modèle a déjà été évoquée par le Conseil d'État : comme le déclarait Mme Questiaux à propos des directives issues de la jurisprudence « *Crédit Foncier de France » (CE Section 11 décembre 1970)*, l'administration fournit au juge un « modèle » pour l'examen de décisions prises dans le cadre d'un pouvoir discrétionnaire.

Sous cet angle, l'ordre juridique est envisagé non comme un ensemble *d'impératifs* mais comme un ensemble *de ressources*. Pour reprendre l'analyse de Max Weber, ce qui détermine la « validité » d'une prescription, ce n'est pas le fait qu'elle soit « observée », mais le fait que certaines activités soient « orientées » en fonction d'elle (*Essais sur la théorie de la science* (1918), Paris, Plon, 1965). Le droit est alors un système de potentialités à partir duquel se déploient des activités spécifiques de mobilisation des règles ; il s'agit ici d'orienter des conduites, non de les déterminer. N'est-ce pas ainsi que se présente l'approche intégrée de la santé étudiée par Mme Warin ? Ne cherche-t-elle pas d'abord à orienter l'action publique, à ce que les acteurs publics la prennent en compte ?

Mais il y a plus, nous explique l'auteure : tout comme on a pu parler de « démocratie continue », l'approche intégrée de la santé suppose *un processus continu* afin de concrétiser l'objectif normatif poursuivi. C'est dans cette élaboration et cette production ininterrompues, dans cette dynamique, que se trouve l'originalité de l'approche « La santé dans toutes les politiques ».

Reste un sujet : avec le flux va le reflux. Il n'est guère possible de penser l'un sans l'autre. Or, peut-on envisager un mouvement contraire ? La circulation des systèmes juridiques ne se fait-elle que dans un sens ? Même si des questions demeurent, la recherche menée par Laurence Warin mérite d'être partagée avec le plus grand nombre, tant elle ouvre de nouvelles pistes de réflexion.

Jean-David Dreyfus,
Professeur de droit public à l'Université Paris Cité
(Centre Maurice Hauriou - URP 1515).

Introduction. Le contexte de l'analyse

La « santé dans toutes les politiques » est une approche intersectorielle des politiques publiques qui tient compte systématiquement des conséquences sanitaires des décisions, qui recherche des synergies et qui évite les conséquences néfastes pour la santé afin d'améliorer la santé de la population et l'équité en santé (Déclaration d'Helsinki, 2013).

Elle est le fruit d'un contexte de santé publique mondial favorable aux concepts qui lui sont sous-jacents. Elle s'inscrit également dans une dynamique de mutation des normes juridiques. Voici quelques éléments historiques et juridiques esquissant le cadre dans lequel cette approche s'inscrit.

La santé publique est définie en 1952 par l'Organisation mondiale de la santé (OMS) comme la « science et l'art de favoriser la santé, de prévenir la maladie et de prolonger la vie grâce aux efforts organisés de la société[1] ». Les auteurs d'un Traité de santé publique proposent quant à eux comme définition de la santé publique « un ensemble de savoirs, de savoir-faire, de pratiques et de règles juridiques qui visent à connaître, à expliquer, à préserver, à protéger et à promouvoir l'état de santé des personnes[2] ».

Dans la première partie du XXème siècle, les suites de la Première Guerre mondiale conduisent à une plus grande attention portée à la santé des populations. Après la grande dépression économique, le New Deal aux Etats-Unis montre des impacts positifs sur la santé, du fait de la création d'emplois et d'une meilleure protection contre les crises. On assiste au développement des États-providences qui assurent éducation, santé, logement et protection sociale à leurs populations[3]. Dans les pays industrialisés, être en bonne santé est désormais vu comme le devoir d'un bon citoyen ; l'éducation à la santé progresse, notamment auprès des mères et des enfants.

La création de l'OMS après la Seconde Guerre mondiale marque le début d'une nouvelle ère de santé publique davantage dirigée vers l'objectif d'une santé globale et non seulement centrée sur les soins médicaux. L'année 1948 marque, d'une part, la naissance de l'OMS, et d'autre part l'adoption de la Déclaration universelle des droits de l'Homme.

Parallèlement, ce qu'on appelle la « médecine sociale » se développe, notamment en Amérique du sud : ce courant se fonde sur le constat que la santé a une base sociale, c'est-à-dire que l'on ne peut espérer une amélioration de la santé uniquement grâce au progrès médical ; il faut également du progrès

---

[1] OMS, Glossaire de la promotion de la santé, 1998.

[2] F. Bourdillon, G. Brücker, D. Tabuteau, *Traité de santé publique*, Lavoisier, Traités, 2016, 728 p.

[3] L. Kimmo *et al.*, Health in All Policies, Seizing opportunities, implementing policies, Seizing opportunities, implementing policies, Min. Aff. sociales et de la santé, Finlande, 2013, 358 p.

économique et financier permettant une hausse du niveau de vie[1]. Ce contexte est propice à une compréhension plus globale de la santé et donc à une approche intersectorielle pour améliorer la santé, que l'OMS commence à promouvoir. Dans les années 1980, de nouvelles idées continuent à émerger dans le champ de la santé publique. Le directeur général de l'OMS de l'époque, Halfdan Mahler, soutenu par l'expert Joshua Cohen, poursuit une dynamique d'innovation, illustrée notamment par la Déclaration d'Alma Ata sur les soins de santé primaires[2] et l'initiative « Santé pour tous ». Au niveau du bureau européen de l'OMS, les directeurs Leo Kaprio and Jo Asvall créent au même moment un climat propice au développement de la promotion de la santé et de projets associés, tels que l'initiative « Villes-Santé »[3]. De même, l'approche sanitaire et environnementale connue sous le nom de salutogenèse[4] se développe. Elle se concentre sur les facteurs favorisant la santé et le bien-être, par opposition à la pathogenèse qui étudie les causes des maladies[5]. Elle présente à ce titre des similitudes avec la « santé dans toutes les politiques » qui ne tardera pas à apparaître en tant que nouveau concept dans le secteur de la santé publique.

Au début du XXIème siècle, les objectifs du millénaire pour le développement sont adoptés : trois sur huit sont liés à la santé, et quatre sur huit sont liés à des déterminants de la santé[6]. Dans le contexte de crise financière mondiale, de prise de conscience de la crise écologique et de demande mondiale croissante pour un droit effectif à la santé – notamment pour l'accès aux soins et à de bons déterminants de la santé –, la santé s'intègre aux débats liés à de tous autres sujets (par exemple, le médicament soulève des enjeux pour le commerce ou la propriété intellectuelle)[7]. Après une ère centrée sur les conditions d'hygiène et le combat contre les maladies infectieuses, puis l'intérêt croissant pour l'impact des comportements individuels sur les maladies non transmissibles et les décès prématurés, une nouvelle ère dans le champ de la santé publique voit le jour, où la santé est

---

[1] Développée par R. VIRCHOW, la médecine sociale est apparue dans la seconde moitié du XVIIIème siècle et se distingue de la médecine clinique « par la dimension politique de ses objectifs et son approche « populationnelle » de la maladie » (P. PINELL, « La genèse du champ médical : le cas de la France (1795-1870) », RFS 2009, Vol. 50, n° 2, p. 315-349).

[2] Conférence internationale sur les soins de santé primaires, OMS et Unicef, Déclaration d'Alma-Ata sur les soins de santé primaires, Alma-Ata, URSS, 1978.

[3] M. MITTELMARK *et al.*, *International Encyclopedia of Public Health*, 2nd edition, Academic Press, 2016, 4470 p.

[4] WHO, Health in all policies, Training manual, Vivien Stone 2015.

[5] B. LINDSTRÖM, M. ERIKSSON, « The salutogenic approach to the making of HiAP/healthy public policy: illustrated by a case study », GHP 2009, Vol. 16, n° 1, p. 17-28 ; voir aussi I. KICKBUSCH, « The Contribution of the World Health Organization to a New Public Health and Health Promotion », AJPH 2003, Vol. 93, n° 3.

[6] L. KIMMO *et al.*, Health in All Policies, Seizing opportunities, implementing policies, *op. cit.*

[7] *ibid.*

appréhendée comme une dimension-clé de la qualité de vie[1]. En quarante ans, les experts ont favorisé le passage d'une perspective centrée sur la santé à un modèle dynamique multidirectionnel centré sur le bien-être[2]. Cependant, le manque de soutien politique et économique et le conservatisme de la profession médicale freinent ces évolutions[3]. Au XXIème siècle, nul doute que la pandémie de covid-19 pousse à appréhender les questions de santé d'une façon plus large que celle des soins. Cette crise souligne la place incontournable de la question de la santé et son rapport avec les enjeux d'autres secteurs.

L'évolution décrite est propice à la naissance d'une notion-clé : la promotion de la santé. Dans les années 1970, les experts en santé publique de nombreux pays – et notamment du Canada – s'intéressent de plus en plus aux modes de vie et aux changements comportementaux et à leurs influences sur l'état de santé de la population. De nouvelles théories voient le jour, notamment en psychologie, et sont destinées à réduire les facteurs de risques de maladies. Il apparaît alors évident que de véritables changements structurels sont nécessaires pour améliorer la santé, d'où un intérêt grandissant pour l'influence – négative ou positive – des autres secteurs sur la santé[4]. Ces évolutions marquent le début du mouvement de promotion de la santé.

Ce mouvement, dont la naissance officielle a eu lieu en 1986 lors de la Conférence d'Ottawa sur la promotion de la santé (concrétisée par l'adoption de la charte du même nom[5]), est le fruit d'une époque marquée par les mouvements sociaux des années 1960 et 1970, en particulier le mouvement féministe, le mouvement écologique, la libération religieuse, la revendication des droits des homosexuels ou de la liberté plus généralement. Le mouvement pour les droits civiques aux Etats-Unis, les oppositions en Europe de l'Est, la lutte contre l'apartheid en Afrique du Sud, mais aussi la catastrophe de Chernobyl en 1986 ont pu jouer un rôle dans ce renouveau et cette prise de conscience[6].

Dans les années 1980, les scientifiques qui portent cette nouvelle dynamique – médecins, sociologues, psychologues, épidémiologistes, etc. – extraient peu à peu l'idée d'action intersectorielle pour la santé, c'est-à-dire qu'ils mettent en avant l'intérêt de faire travailler plusieurs secteurs ensemble. Ils parlent alors de « politiques publiques favorables à la santé » qui

---

[1] I. KICKBUSCH, « The Contribution of the World Health Organization to a New Public Health and Health Promotion », *op. cit.*, et M. MITTELMARK *et al.*, *International Encyclopedia of Public Health*, *op. cit.*

[2] I. KICKBUSCH, K. BUCKETT, Implementing Health in All Policies, Adelaide, Department of Health, Government of South Australia, 2010.

[3] L. KIMMO *et al.*, Health in All Policies, Seizing opportunities, implementing policies, *op. cit.*

[4] *ibid.*

[5] 1ère Conférence internationale pour la promotion de la santé, OMS, Charte d'Ottawa pour la promotion de la santé, Canada, 1986.

[6] M. MITTELMARK *et al.*, *International Encyclopedia of Public Health*, *op. cit.*

permettraient d'améliorer l'impact qu'ont les politiques publiques sur la santé[1].

La promotion de la santé ne doit pas être confondue avec la prévention. Bien que voisins, ces concepts se distinguent. L'OMS définit la prévention uniquement par rapport à la maladie : elle « comprend des mesures qui visent non seulement à empêcher l'apparition de la maladie, telle que la lutte contre les facteurs de risque, mais également à en arrêter les progrès et à en réduire les conséquences[2] ». La promotion de la santé est définie comme « le processus qui confère aux populations les moyens d'assurer un plus grand contrôle sur leur propre santé, et d'améliorer celle-ci[3] ». La promotion de la santé « ne relève donc pas seulement du secteur de la santé : elle ne se borne pas seulement à préconiser l'adoption de modes de vie qui favorisent la bonne santé ; son ambition est le bien-être complet de l'individu[4] ». Selon l'OMS, la « santé dans toutes les politiques » inclut la promotion de la santé et la prévention[5]. Cela signifie que notre objet d'étude combine la volonté d'agir pour améliorer l'état de santé, et la nécessité de protéger la santé contre les risques. Certains spécialistes considèrent que la « santé dans toutes les politiques » fait partie de la promotion de la santé, et non l'inverse. À la lecture de la Charte d'Ottawa, fondatrice de la promotion de la santé, ils déduisent que la « santé dans toutes les politiques » en est une manifestation concrète[6].

Dans les années 1990, le contexte néolibéral conduit à ce que soit privilégiée la privatisation des services et des soins de santé[7]. La tendance est aux approches ciblées, avec des actions définies plus clairement dans le temps, des financements basés sur les résultats avec des budgets suivis, ce qui est peu compatible avec des actions et des politiques intersectorielles intégrées[8]. La Charte d'Ottawa promeut en effet une approche holistique de la santé, « tandis que les structures des institutions actuelles séparent l'action sur les déterminants de la santé en plusieurs secteurs ou départements[9] ». De façon générale, il est considéré que la Charte d'Ottawa, avec ses principes de promotion de la santé bousculant « certaines logiques institutionnelles [10]», n'a

---

[1] L. KIMMO *et al.*, Health in All Policies, Seizing opportunities, implementing policies, *op. cit.* ; On parlait aussi à cette époque de *healthy public policies* (« politiques publiques saines ») par opposition aux politiques publiques de santé.

[2] OMS, Glossaire de la promotion de la santé, *op. cit.*

[3] *ibid.*

[4] Première Conférence internationale pour la promotion de la santé, OMS, Charte d'Ottawa pour la promotion de la santé, *op. cit.*

[5] OMS, Ce qu'il faut savoir au sujet de la santé dans toutes les politiques, 2013.

[6] F. BOURDILLON, G. BRÜCKER, D. TABUTEAU, *Traité de santé publique*, *op. cit.*

[7] L. KIMMO *et al.*, Health in All Policies, Seizing opportunities, implementing policies, Min. Aff. sociales et de la santé, Finlande, 2013, 358 p.

[8] *ibid.*

[9] A. BACIGALUPE *et al.*, « Learning lessons from past mistakes: how can Health in All Policies fulfil its promises? », JECH 2010, n° 64.

[10] *ibid.*

pas été prise au sérieux par les décideurs politiques, bien qu'elle ait tout de même inspiré beaucoup d'initiatives locales et associatives notamment en France[1]. La réticence de groupes de pression industriels et financiers qui considéraient la promotion de la santé comme contraire à leurs intérêts économiques, mais aussi la perte de confiance en la politique dans les démocraties contemporaines, sont des éléments qui ont pu constituer des freins pour une réelle reconnaissance et mise en œuvre de la promotion de la santé.

De plus, la promotion de la santé fait face à des objections de taille. Considérée par certains comme un concept subversif[2], elle a été qualifiée d'« idéologie totalitaire » et de « fascisme sanitaire[3] » par le docteur Petr Skrabanek, ancien rédacteur en chef de la célèbre revue britannique *The Lancet*. Certains expliquent par ailleurs le peu d'applications concrètes de la Charte d'Ottawa par les limites conceptuelles et philosophiques de la promotion de la santé, qui souffre d'imprécision dans certains de ses concepts-clé – *empowerment*, équité[4].

La « santé dans toutes les politiques » a émergé dans le cadre d'un mouvement de santé publique international dont la France a bénéficié. Le choix d'aborder le cas français dans cet ouvrage n'est pas hasardeux : il résulte du constat selon lequel le secteur de la santé publique français, et *a fortiori* la classe politique, ne se sont pas encore totalement approprié ce sujet. Ce n'est pas le cas dans d'autres pays. La « santé dans toutes les politiques » a en effet émergé à l'origine en Finlande, puis elle a été développée par des experts internationaux sous l'égide de l'OMS et a été intégrée dans la législation de certains États. En France, si l'approche « santé dans toutes les politiques » semble encore insuffisamment mise en œuvre, c'est sans doute parce qu'il existe des difficultés méthodologiques et des particularités liées à la culture institutionnelle et à l'histoire française. La santé publique en France a pendant longtemps été le parent pauvre des politiques de santé, dans un système centré sur l'aspect curatif, et pourvu d'un ministère de la Santé faible[5]. Les deux dimensions de l'approche « santé dans toutes les politiques », à savoir la protection contre les éléments nuisant à la santé, et la création positive d'un cadre favorable à la santé, supposent une démarche anticipative qui est à première vue peu compatible avec l'histoire française de santé publique caractérisée avant tout par une logique de réaction aux crises.

---

[1] J-P. DESCHAMPS, « La Charte d'Ottawa a trente ans... », Santé publique 2016, Vol. 28, n° 6.
[2] *ibid.*
[3] D. FASSIN, *in* M-C GRANJON, *Penser avec Michel Foucault*, Karthala, Recherches internationales, 2005, 350 p. L'auteur se réfère à P. SKRABANEK, *La Fin de la médecine à visage humain*, Odile Jacob, 1995, 240 p.
[4] A. BACIGALUPE *et al.*, « Learning lessons from past mistakes: how can Health in All Policies fulfil its promises? », *op. cit.*
[5] A. MORELLE, D. TABUTEAU, *La santé publique*, PUF, Que sais-je ?, 2017, 128 p.

La succession de crises sanitaires qui ont frappé la France depuis les années 1980 a poussé à un renouvellement de la politique de santé française. En 2020, la crise mondiale du covid-19 a provoqué une nouvelle et brutale prise de conscience du lien entre l'environnement, l'alimentation et la santé humaine, et conduira sans doute à des bouleversements de long terme dans le champ de la santé publique française. Déjà, le constat est fait que face à cette pandémie, « loin de se cantonner au droit de la santé, ce mouvement [de riposte sanitaire] affecte de très nombreuses législations. Lois, ordonnances et décrets ne cessent d'être publiés au Journal officiel pour adapter la société à la lutte contre l'épidémie et aux conséquences qui en résultent. Notre pays connaît depuis mars 2020 un véritable tsunami juridique en réaction à la crise épidémique[1] ».

La « santé dans toutes les politiques » se conçoit donc dans un contexte historique, culturel et sanitaire spécifique, tant au niveau mondial qu'au niveau français. Elle gagnerait également à être conceptualisée sur le plan juridique. Elle est un objet normatif encore méconnu, entré en droit mondial de la santé et en droit de l'Union européenne, et encore peu identifié précisément par la doctrine juridique. C'est pourquoi nous parlons ici de juridicisation de notre objet d'étude. La juridicisation est définie dans peu de dictionnaires[2], et bien que ce terme soit utilisé par la doctrine, il est rarement défini[3]. Parfois désignée comme un processus[4], elle peut être définie comme « le phénomène social par lequel les rapports sociaux qui auparavant étaient réglés de manière informelle et particulière par les mœurs, la confiance, la déférence, la courtoisie, le lien familial ou le rapport (et la hiérarchie) traditionnel(le), deviennent de plus en plus organisés et signifiés par des règles formelles et dans un langage juridique[5] » mais est ici avant tout entendue comme l'entrée de quelque chose dans le champ juridique.

La particularité de cet ouvrage tient à ce que par son objet, il semble à première vue relever davantage de la science politique ou de la santé publique

---

[1] D. TABUTEAU, « Législations et épidémies », LTS 2020, Vol. 4, n° 66.

[2] Elle est absente de S. GUINCHARD, T. DEBARD (dir.), *Lexique des termes juridiques 2020-2021*, 28ème édition, Dalloz, 2020, 1150 p., et absente également de dictionnaires généralistes tels que le *Larousse 2021* ou encore du site internet du Centre national de ressources textuelles et lexicales.

[3] Par exemple, ce terme est mentionné mais non défini dans les articles suivants : C. LEQUESNE ROTH, « De l'Éthique et des Algorithmes : pour une juridicisation des enjeux », RD 2020, p. 1833 ; S. TORCOL, « Du discours sur les valeurs à leur juridicisation : le défi du droit constitutionnel européen », RUE 2017, p. 596 ; P. BINCZAK, « Acte de gouvernement – Contrôle et critères », RCA 2006 (Avril).

[4] Par exemple dans l'article et l'ouvrage suivants : J. PELISSE, « Judiciarisation ou juridicisation ? Usages et réappropriations du droit dans les conflits du travail », Politix, 2009, Vol. 2, n° 86, p. 73-96 ; S. HENNETTE-VAUCHEZ, C. GIRARD (dir.), *La dignité de la personne humaine : recherche sur un processus de juridicisation*, PUF, Droit et Justice, 2005, 320 p.

[5] L. MARTIN, M. LEIBOVICI, Droit/loi, État, juridicisation, judiciarisation, *in* D. MERKLEN, E. TASSIN, *La diagonale des conflits : Expériences de la démocratie en Argentine et en France*, IHEAL CREDA, 2018, 350 p.

que du droit. C'est précisément le défi que nous avons souhaité relever ici : traduire sur le plan juridique un sujet jusqu'à présent très peu appréhendé sous cet angle. En effet, quelques articles en droit américain sont consacrés à ce sujet, notamment D. PEPIN et al., « Collaborating for Health: Health in All Policies and the Law », The Journal of Law, Medicine & Ethics 2017, Vol. 45, p. 60-64. et C. POLSKY et al., « The Health in All Policies (HiAP) Approach and the Law: Preliminary Lessons from California and Chicago », Journal of Law, Medicine and Ethics 2015 (Spring). Dans la doctrine juridique française, le concept est simplement mentionné, comme on le voit par exemple dans les articles de M. BLANQUET, « Compétence et ambivalence de l'Union européenne en matière de santé publique », Revue de l'Union européenne 2019, n° 624, et d'E. BROSSET, « Article 35. - Protection de la santé » *in* F. PICOD *et al.* (dir.), *Charte des droits fondamentaux de l'Union européenne*, 3ème édition, Bruxelles, Bruylant, 2023, p. 953-977, où le principe d'intégration de la santé ne se voit pas consacrer de développement spécifique. Dans les ouvrages de droit de la santé consultés, la « santé dans toutes les politiques » est, au mieux, évoquée de façon extrêmement brève, et absente dans la plupart des cas[1].

Notre démarche vient du fait que l'idée d'intégrer la santé dans d'autres politiques comprend justement de nombreuses questions juridiques sous-jacentes qui méritent d'être mises en lumière. Cependant, une des difficultés rencontrées au cours de cette recherche réside dans la grande majorité de documents institutionnels de valeur plus politique que juridique, et de doctrine issue de disciplines telles que la science politique, la santé publique ou l'épidémiologie, ce qui a nécessité un tri et même, souvent l'exclusion de certaines sources. De manière générale dans les ouvrages et publications abordant la « santé dans toutes les politiques », il est surtout question de

[1] M. BELANGER, *Introduction à un droit mondial de la santé*, Éditions des archives contemporaines, Manuels, 2009, 170 p. ; M. BELANGER (dir.), *La mondialisation du droit de la santé*, Les études hospitalières, 2011, 174 p. ; M. BELANGER, *Droit européen général de la santé, Bilan d'un droit moderne*, Les études hospitalières, Les cahiers du CERDES, 2013, 308 p. ; C. BERGOIGNAN-ESPER, P. SARGOS, *Les grands arrêts du droit de la santé*, 3ème édition, Dalloz, Grands arrêts, 2010, 603 p. ; X. BIOY, A. LAUDE, D. TABUTEAU, *Droit de la santé*, 4ème édition, PUF, Thémis, 2020, 689 p. ; E. BROSSET (dir.), *Droit européen et protection de la santé, Bilan et perspectives*, Bruylant, Travaux de droit international, 2015, 450 p. ; J-M. DE FORGES, *Le droit de la santé*, 8ème édition, PUF, Que sais-je ? 2012, 128 p. ; N. DE GROVE-VALDEYRON, *Droit européen de la santé*, 2ème édition, LGDJ, Systèmes Cours, 2018, 192 p. ; A. LAUDE, B. MATHIEU, D. TABUTEAU, *Droit de la santé*, 3ème édition, PUF, Thémis, 2012, 728 p. ; A. LAUDE, D. TABUTEAU (dir.), *La loi santé, Regards sur la modernisation de notre système de santé*, Presses de l'EHESP, Références Santé Social, 2016, 480 p. ; N. MARTIN-PAPINEAU (dir.), *La loi du 9 août 2004 relative à la santé publique, Enjeux, réalisations, perspectives*, LGDJ, Université de Poitiers, Collection de la faculté de droit et des sciences sociales, 2006, 184 p. ; M-L. MOQUET-ANGER, *Droit hospitalier*, 6ème édition, LGDJ, 2021, 606 p. ; D. TRUCHET, *Droit de la santé publique*, 7ème édition, Dalloz, Mementos, 2009, 270 p ; B. APOLLIS, D. TRUCHET, *Droit de la santé publique*, 11ème édition, Dalloz, Mementos, 2022, 338 p.

présenter des stratégies possibles pour les décideurs politiques, destinées à les aider à la mettre en œuvre[1]. En particulier, l'OMS s'est beaucoup intéressée à la « santé dans toutes les politiques », comme l'attestent ses modes d'emploi et feuilles de route sur sa mise en œuvre au niveau des pays, contenant peu d'éléments théoriques[2].

Ce qui n'a pas encore été fait à notre connaissance, du moins en France, est de déplacer le point d'observation depuis le niveau des scientifiques et des décideurs politiques, au niveau du législateur. Or, la quantité de documents de mise en pratique consacrés à la « santé dans toutes les politiques », produits par des organisations internationales, institutions européennes et experts en santé publique du monde entier, pousse au constat suivant : sans cadre juridique, cette idée ne peut être qu'un vœu pieux. D'ailleurs, selon la Déclaration d'Adélaïde sur la « santé dans toutes les politiques », adoptée par les États du monde entier sous l'égide de l'OMS en 2010, le cadre législatif fait partie des six outils qui sont utiles aux différents stades d'élaboration des politiques publiques, au même titre que la mise en place de comités interministériels ou d'évaluations d'impacts[3]. Néanmoins, les travaux consacrés au cadre législatif nécessaire à la mise en œuvre de la « santé dans toutes les politiques » sont encore trop rares, tant au niveau de l'OMS qu'au niveau des États.

Les développements suivants permettront aussi d'identifier les parties prenantes concernées. Dans le cadre de l'approche « santé dans toutes les politiques », à qui s'adresse-t-on ? Qui est concerné par la ou les normes en jeu ? Selon Hans Kelsen, toute norme présuppose deux personnes : celle qui pose la norme, et celle qui en est l'adressataire ; une norme ne peut exister sans ces deux personnes[4]. On constate que cette double condition est réunie s'agissant de la « santé dans toutes les politiques ». D'une part, l'exigence d'intégration de la santé dans d'autres secteurs vient d'une volonté politique, qui dans certains cas se propage et devient la volonté des parties à un traité – comme dans le cas du TFUE, notamment dans son article 168 § 1 –, la volonté du législateur – en France, avec la loi de 1986 relative à la liberté de communication[5] – ou encore celle du juge – comme le montreront nos

---

[1] Par exemple, l'article américain suivant présente sept stratégies de mise en œuvre de la « santé dans toutes les politiques » aux niveaux fédéral, étatique et local en illustrant avec des exemples déjà mis en place : L. GASE, R. PENNOTTI, K. SMITH, « "Health in All Policies": Taking Stock of Emerging Practices to Incorporate Health in Decision Making in the United States », JPHMP 2013, Vol. 19, n° 6, p. 529-540.

[2] Par exemple, voir PaHO, Road Map for the Plan of Action on Health in All Policies, 2016.

[3] Réunion internationale sur l'intégration de la santé dans toutes les politiques, OMS, Déclaration d'Adélaïde sur l'intégration de la santé dans toutes les politiques, Vers une gouvernance partagée en faveur de la santé et du bien-être, Adélaïde, Australie, 2010.

[4] H. KELSEN, *Théorie générale des normes*, PUF, Léviathan, 1996, 616 p.

[5] Loi n° 86-1067 du 30 septembre 1986 relative à la liberté de communication, dont l'article 3-1 prévoit que « le Conseil supérieur de l'audiovisuel veille à ce que le développement du secteur de la communication audiovisuelle s'accompagne d'un niveau élevé de protection de

exemples tirés de la jurisprudence de la Cour de justice de l'Union européenne. D'autre part, l'idée d'intégrer la santé dans les autres politiques a bien un destinataire identifié. Contrairement à ce que l'on pourrait penser, il ne s'agit pas seulement de l'individu, mais surtout de l'État lui-même, garant de la protection de la santé, et, dans une autre mesure, de personnes morales publiques ou privées exerçant une mission de service public ou bien une activité économique. Il s'agit là d'une particularité de notre objet d'étude : tant l'auteur que l'adressataire de la « santé dans toutes les politiques » sont un groupe large et hétérogène de personnes – le plus souvent des personnes morales. Il s'agirait donc d'une norme (ou de normes) générale(s) et non individuelle(s), selon la classification de Kelsen[1]. Chacun de ces acteurs soulève des questions spécifiques : l'individu, l'État et les personnes morales.

Puisque l'on parle de la protection et de l'amélioration de la santé, on pense bien sûr en premier lieu à l'individu. Il est la cible principale de la « santé dans toutes les politiques ». Nous verrons dans le chapitre préliminaire que chaque dimension de la vie quotidienne d'un individu peut être prise en compte pour améliorer sa santé : son régime alimentaire, son environnement urbain, son mode de transport et donc son niveau d'activité physique, son niveau de revenu, d'études ou d'éducation, la nature de son emploi, son réseau social. Différents types d'actions politiques et législatives sont possibles pour que ces éléments aient un rôle favorable sur la santé – on se place ici dans le cadre de la promotion de la santé –, ou du moins pour qu'ils n'aient pas d'effet négatif – on parle alors de prévention, ou de stratégie d'évitement des risques.

La protection de la santé concerne aussi principalement le pouvoir politique : au niveau français, la protection de la santé fait partie des obligations qu'a l'État en faveur des citoyens, en vertu du Préambule de la Constitution du 27 octobre 1946, lui-même conforté par l'article 1 de la Charte de l'environnement qui consacre le droit de chacun à vivre dans un environnement équilibré et respectueux de la santé[2]. En droit de l'Union européenne, l'article 168 § 1 TFUE fait de la prise en compte de la santé dans toutes les politiques une obligation pour les institutions de l'Union. De nombreux textes internationaux et nationaux affirment l'idée que l'État exerce une mission obligatoire de santé publique et doit assurer un minimum de protection sanitaire à ses ressortissants[3] : le rôle majeur de l'État pour l'intervention en santé publique est rappelé notamment par le Préambule de la constitution de l'OMS et par la Déclaration d'Alma-Ata[4]. La mission réservée

---

l'environnement et de la santé de la population ». Cette disposition a été introduite dans cet article par la loi n° 2010-788 du 12 juillet 2010 portant engagement national pour l'environnement.

[1] H. KELSEN, *Théorie générale des normes*, *op. cit.*

[2] M. PRIEUR (dir.), *Droit de l'environnement*, 8ème édition, Dalloz, Précis, 2019, 1394 p.

[3] J-M. AUBY, « La légitimité de l'intervention publique dans le domaine de la santé », AJDA 1995, p. 588.

[4] *ibid.*

à l'État apparaît d'autant plus incontournable à une époque où le droit à la santé est ressenti comme un besoin et est à ce titre, revendiqué par des citoyens ; l'État apparaît ainsi le seul à pouvoir satisfaire pleinement ce besoin[1]. On assiste à un phénomène paradoxal de libéralisation de la sphère privée et en même temps de volonté de régulation de cette sphère privée par l'État au nom de l'intérêt général ou de la protection des plus vulnérables[2]. De façon générale, le politique reçoit en effet des « injonctions paradoxales[3] » visant à ce qu'il conjure « les risques par des règles plus strictes et des sanctions plus sévères », qu'il facilite « l'action des individus en réduisant le nombre et l'intensité des normes » et qu'il organise « l'action collective dans un cadre flexible mais lisible[4] ». Ce constat est *a fortiori* manifeste en France, où la demande sociale pour un interventionnisme étatique reste importante, notamment en matière de santé[5], à l'image d'un « État paternel », à l'opposé de la conception minimaliste anglo-saxonne[6]. En matière de santé, il peut même être avancé que le rôle de l'État s'affirme[7], et particulièrement pendant la gestion de l'épidémie de covid-19. L'État renforce ses capacités d'action en matière de santé et se centralise, comme ses homologues étrangers, au moyen d'agences sanitaires, de la « recomposition des administrations centrales, du rapprochement puis de la fusion des administrations déconcentrées, et de l'importation d'instruments d'action inventés à l'étranger[8] ». Si l'on suppose que la « santé dans toutes les politiques » nécessite une forte participation étatique, on peut ainsi avancer l'idée que la France représente un terrain très favorable à sa mise en œuvre.

Néanmoins, le contexte actuel d'affaiblissement de la légitimité étatique ne peut être ignoré. En effet, après la crise des États-providences qu'ont connue les sociétés occidentales dans les années 1970[9], l'heure est aux

---

[1] *ibid.*

[2] F. Capelier, Séminaire d'étude sociopolitique du droit, des sciences et des techniques, à l'Institut des sciences sociales et du politique, CNRS (UMR n° 7220), Université Paris Nanterre et École normale supérieure Paris-Saclay, dir. S. Lacour et J. Commaille, 2018.

[3] Y. Blanc, « L'État survivra-t-il à la prolifération des normes ? », AJDA 2014, p. 313.

[4] *ibid.*

[5] « De même que le milieu du XXème siècle avait été dominé par la quête d'une absolue sécurité routière (qui n'a pas été obtenue), le passage au XXIème siècle semble devoir être dominé par la recherche d'une absolue sécurité sanitaire, tant est violent l'intérêt que notre époque porte à la santé et à la vie » (J. Carbonnier, Droit civil. Les obligations, Tome 4, 21ème édition, PUF, Thémis, 1998, 625 p., cité par F. Marchadier, « Qualité de la santé, ordre public sanitaire et contrat », RDSS 2014, p. 1055).

[6] P-L. Frier, J. Petit, *Précis de droit administratif*, 15ème édition, LGDJ, Précis Domat, Public, 2021, 814 p. Les auteurs tirent l'expression d'« État paternel » de P. Legendre, *Trésor historique de l'État en France*, L'administration classique, Fayard, 1992, 638 p.

[7] F. Pierru, « Les recompositions paradoxales de l'État sanitaire français. Transnationalisation, étatisation et individualisation des politiques de santé », ES 2012, Vol. 2, n° 30, p. 107-129.

[8] *ibid.*

[9] E. Bernheim, J. Commaille, « Quand la justice fait système avec la remise en question de l'état social, Présentation du dossier », DS 2012, Vol. 2, n° 81, p. 281-298.

« incertitudes sur la place de l'État[1] » et à un « déclin de l'autorité politique traditionnelle[2] ». Cette tendance modifie la nature du pouvoir que peut exercer l'État. Celui-ci voit faiblir sa capacité à contraindre les individus, ce qui le pousse à devoir obtenir l'adhésion plutôt qu'imposer son autorité ou sa tutelle[3]. Les formes traditionnelles de pouvoirs autoritaires, hiérarchiques, verticales, évoluent en des formes davantage « négociées, réticulaires, horizontales, consensuelles », où l'on attend de l'action publique qu'elle soit co-construite[4].

L'action de l'État en matière de santé publique peut se déployer de deux façons. D'une part, l'action publique peut être dirigée sur les environnements, à savoir les lieux de vie, de travail, les écoles, la qualité de l'air dans les villes, le bruit, etc., d'autre part elle peut opérer sur les comportements des citoyens et des acteurs économiques privés. La distinction entre l'environnement et les comportements individuels n'est pas un hasard : si tous deux affectent la santé, ils ne sont pas perçus de façon identique par la population. Il semble en effet y avoir de plus fortes attentes de la population vis-à-vis des risques perçus comme extérieurs, liés à l'environnement, que vis-à-vis des risques perçus comme acceptés, issus de choix personnels, où l'intervention de l'État peut être interprétée comme une intrusion. Ainsi, les problèmes de santé et décès causés par un produit alimentaire, bien qu'ils fassent statistiquement moins de victimes par an que la cigarette, engendrent beaucoup plus d'indignation publique que le tabac, parce que ce type d'exposition au risque est involontaire[5]. Par ailleurs, la place des collectivités territoriales dans la mise en œuvre de la « santé dans toutes les politiques » en France est non négligeable, mais ne sera pas abordée dans le cadre de cet ouvrage.

Enfin, de façon moins intuitive mais tout aussi significative, les personnes morales de droit privé ou public et en particulier les opérateurs économiques peuvent être la cible de mesures plus ou moins contraignantes visant à limiter leur impact négatif sur la santé, voire à améliorer celle-ci. Au terme de ces paragraphes, on peut se rapprocher des propos du Professeur Marchadier en ce qu'il prend en compte tous les acteurs que nous avons identifiés : « L'ordre public sanitaire se renouvelle [...]. Il contraint les administrés en limitant leur liberté et s'impose à l'administration, tenue d'exercer ses prérogatives. L'intervention de l'autorité publique en matière de santé trouve ainsi un regain de légitimité. Les politiques publiques deviennent l'un des moyens de réaliser

---

[1] J. Commaille, « Les vertus politiques du droit. Mythes et réalités », DS 2010, Vol. 3, n° 76, p. 695-713.

[2] J. Commaille, « Code civil et nouveaux codes sociaux », *in Le Code civil, 1804-2004, Le livre du bicentenaire*, Dalloz-Litec, 2004, 718 p.

[3] *ibid.*

[4] *ibid.*

[5] G. Wyn, « Agricultural policy, food policy, and communicable disease policy », JHPPL 2012, Vol. 37, n° 6.

le droit à la santé. Pour la France, il existe une obligation générale de sécurité sanitaire à la charge des acteurs privés et publics[1] ».

Par ailleurs, la santé publique est le théâtre de la cohabitation de nombreuses normes : du droit « dur », du droit souple, des plans et programmes de santé publique, etc. Il semble incontestable que l'idée de « santé dans toutes les politiques » est portée par différentes normes juridiques, issues de différents systèmes juridiques et dotées d'une force normative[2] plus ou moins importante. Cette approche présente des points d'entrée multiples en droit, parmi lesquels le droit mondial de la santé, et le droit de l'Union européenne. Il convient donc d'exclure toute idée d'une norme juridique unique. Le point de départ de notre analyse est identifié dans les deux systèmes juridiques qui viennent d'être mentionnés. Notre point d'arrivée est le droit français.

Selon Hans Kelsen, il convient de distinguer l'énoncé de la norme, de la norme elle-même[3]. L'énoncé d'une norme correspond à la signification d'un acte de pensée[4] ; tandis que la norme est la signification d'un acte de volonté intentionnellement dirigé vers un certain comportement humain. Dans le cas de notre étude, le comportement humain poursuivi est – si l'on veut pour l'instant rester général – tout comportement agissant en faveur de la protection de la santé humaine. La difficulté vient du fait que cette norme est développée voire dissoute dans plusieurs énoncés distincts. Ces énoncés n'ont, en outre, pas forcément de lien entre eux, bien qu'ils portent tous la même idée sous-jacente. En effet, il n'y a pas de norme juridique qui consacre, en France, de façon générale, une obligation pour l'État d'intégrer la protection de la santé dans toutes les politiques publiques. Néanmoins, un ensemble plus ou moins cohérent de normes semble poursuivre la même idée conductrice. Il nous paraît ainsi essentiel de tenir compte de la théorie des flux normatifs, qui sont un faisceau de normes convergeant toutes dans la même direction. D'un point de vue quantitatif, un flux normatif peut se présenter comme « le résultat d'un processus de production du droit en continu » et dans un sens qualitatif, il peut apparaître comme une « convergence normative » générée « par la production en continu et à grande vitesse de normes juridiques[5] ». Ce serait un « flux normatif suffisamment fort, continu et convergent [...] qui crée les normes et les principes juridiques[6] ». Un flux normatif peut donc conduire à une norme ou à un principe.

[1] F. Marchadier, « Qualité de la santé, ordre public sanitaire et contrat », *op. cit.*

[2] Voir à ce sujet l'ouvrage C. Thibierge (dir.), *La force normative, naissance d'un concept*, LGDJ, Bruylant, 2009, 883 p.

[3] H. Kelsen, *Théorie générale des normes*, *op. cit.*

[4] *ibid.*

[5] E. Nicolas, *Penser les flux normatifs, Essai sur le droit fluide*, Mare & Martin, Libre droit, 2018, 364 p.

[6] E. Nicolas, *in* C. Thibierge *et al.*, *La densification normative, Découverte d'un processus*, Mare & Martin, 2014, 1204 p.

Appréhender les flux normatifs implique de se détacher de la conception traditionnelle du droit en tant que cadre normatif rigide et pyramidal[1]. Il convient de se placer ici dans une perspective de renouvellement de la théorie du droit, dans la mesure où « le concept de flux normatif permet d'opérer la transition d'une représentation verticale, solide et plutôt figée des ordres juridiques vers une conception horizontale, fluide et hyper dynamique de ces derniers[2] ». Selon Monsieur Nicolas, les flux normatifs sont « le signe d'une adaptation du droit dans un monde qui fonctionne de plus en plus en flux[3] ». Ils constituent « une révolution de la technologie juridique » dans un contexte général d'accélération du changement social, où le droit doit « apporter une réponse économique et efficace aux demandes de l'idéologie dominante : fluidifier, faciliter l'activité sociale[4] ».

Après avoir exposé le contexte historique, politique et juridique dans lequel s'inscrit notre analyse, voyons maintenant ce qui se cache derrière l'approche « santé dans toutes les politiques ».

---

[1] Voir notamment F. OST, M. VAN DE KERCHOVE, « De la pyramide au réseau ? Vers un nouveau mode de production du droit », RIEJ 2000, n° 44.

[2] E. NICOLAS, *Penser les flux normatifs, Essai sur le droit fluide*, *op. cit.*

[3] *ibid.*

[4] *ibid.*

Chapitre préliminaire. Qu'est-ce que la « santé dans toutes les politiques » ?

La « santé dans toutes les politiques » semble à première vue être une expression « transparente », compréhensible dès la première lecture, même pour les non-initiés. Pourtant, la seule définition qui en a été donnée officiellement est longue et complexe. Il s'agit de celle adoptée dans la Déclaration d'Helsinki en 2013 à l'occasion de la Huitième conférence mondiale pour la promotion de la santé : « La santé dans toutes les politiques est une approche intersectorielle des politiques publiques qui tient compte systématiquement des conséquences sanitaires des décisions, qui recherche des synergies et qui évite les conséquences néfastes pour la santé afin d'améliorer la santé de la population et l'équité en santé ». Cette approche est parfois mise en œuvre sans être nommée comme telle et existait déjà avant d'être théorisée[1]. La « santé dans toutes les politiques » étant une approche qui a été développée dans le champ de la santé publique, nous ne pouvons échapper ici à quelques précisions conceptuelles issues de cette discipline, avant de s'intéresser aux questions juridiques que nous identifions au regard de l'objet d'étude choisi. En s'appuyant notamment sur des documents issus du droit international souple, nous verrons que la « santé dans toutes les politiques » est fondée sur une vision large de la notion de santé (section 1), et répond à un cahier des charges précis (section 2).

Section 1. Le fondement : une définition extensive de la santé

La définition extensive de la santé est liée à l'émergence de plusieurs notions-clés : les déterminants de la santé et l'intersectorialité, elle-même intrinsèquement liée à la promotion de la santé. Ces éléments donnent une forte consistance au droit à la santé.

La santé, une notion multidimensionnelle

La « santé dans toutes les politiques » est fondée sur une définition de la santé donnée par l'Organisation mondiale de la santé (OMS) selon laquelle c'est « un état de complet bien-être physique, mental et social » ne consistant « pas seulement en une absence de maladie ou d'infirmité[2] ». Qualifiée

---

[1] Les activités destinées à améliorer l'impact sanitaire des politiques dans différents secteurs sont maintenant désignées par l'appellation « santé dans toutes les politiques », mais historiquement elles existaient déjà (L. Kimmo *et al.*, Health in All Policies, Seizing opportunities, implementing policies, *op. cit.*).

[2] OMS, Constitution adoptée par la Conférence internationale de la Santé, New York, 19/06 au 22/07/1946.

d'« étrangement excessive » par le Professeur de Forges[1], cette définition illustre une vision de la santé considérée comme extensive car elle inclut le bien-être et même l'idée que des mesures sociales concourent à la santé[2]. La définition de la santé donnée par l'OMS paraît en effet plus large que d'autres définitions qui ont été proposées. Si l'on regarde un dictionnaire de langue française, la santé est alors définie comme un « état de bon fonctionnement de l'organisme[3] ». Cette définition contraste par son périmètre qui est circonscrit au niveau physique. Le point commun entre les deux définitions est qu'elles considèrent la santé comme un « état ».

Le constat que la santé est influencée par des déterminants extérieurs au système de soins a été fait depuis longtemps. Dès le Vème siècle avant Jésus-Christ, le médecin et philosophe Hippocrate avait identifié les influences du climat et de la qualité de l'eau consommée sur la santé humaine[4]. La médecine de l'époque était attentive à l'environnement dans lequel vivait le patient.

Au XIXème siècle, le contexte de révolution industrielle, accompagnée du développement des grandes villes et de mauvaises conditions de travail, est propice aux épidémies[5]. Le lien est alors fait progressivement entre les conditions de vie quotidienne et de travail, et l'état de santé de la population[6]. Des experts comme Louis-René Villermé[7] en France, Friedrich Engels au Royaume-Uni[8], Rudolf Virchow[9] en Silésie, mettent en avant le fait que les maladies affectent davantage les pauvres que les riches.

L'action gouvernementale et locale apparaît alors nécessaire pour améliorer la santé et lutter contre les inégalités de santé constatées[10]. Avec la pression de la société civile et de syndicats qui réclament de meilleures conditions de vie, la mobilisation politique en matière de santé publique conduit peu à peu à d'importants progrès dans l'alimentation et le logement ce

---

[1] J-M. DE FORGES, *Le droit de la santé*, 8ème édition, PUF, Que sais-je ? 2012, 128 p.

[2] RFIPS, 25 ans d'histoire : les retombées de la Charte d'Ottawa pour la promotion de la santé dans divers pays francophones, Recueil de textes, Collection partage, 2012, 97 p.

[3] *Dictionnaire Larousse*, Larousse, 2018, 1088 p.

[4] HIPPOCRATE, *Airs, eaux, lieux (Traité), Les belles lettres*, Tome II, 2ème partie, Collection des universités de France Série grecque – Collection Budé, 2003.

[5] L. KIMMO *et al.*, Health in All Policies, Seizing opportunities, implementing policies, Min. Aff. sociales et de la santé, Finlande, 2013, 358 p.

[6] L'état de santé est défini par l'OMS comme la « description ou mesure de la santé d'un individu ou d'une population à un moment donné en fonction de normes définies, généralement par référence à des indicateurs de santé » (OMS, Glossaire de la promotion de la santé, *op. cit*). Voir aussi L. KIMMO *et al.*, Health in All Policies, Seizing opportunities, implementing policies, *op. cit*.

[7] P. BOURDELAIS, *in* A. LECLERC *et al.*, *Les inégalités sociales de santé*, La Découverte, Recherches, 2000, 448 p.

[8] Notamment avec son ouvrage *La Situation de la classe ouvrière en Angleterre* en 1844, paru en 1845.

[9] J-P. GAUDILLIERE, *La médecine et les sciences. XIXème - XXème siècles*, La Découverte, Repères, 2008, 121 p.

[10] L. KIMMO *et al.*, Health in All Policies, Seizing opportunities, implementing policies, *op. cit*.

qui résulte, à la fin du XIXème siècle, en l'allongement de la durée de vie[1]. Entre le XIXème et le XXème siècle, il est alors apparu évident que l'amélioration des conditions de vie, et non les progrès de la médecine, a permis la chute de mortalité observée[2].

Dans ce contexte, un courant émerge avec l'adoption de la Charte d'Ottawa, une déclaration politique adoptée en 1986 par les États membres de l'OMS lors de la première Conférence internationale pour la promotion de la santé. Cette charte met en avant l'idée qu'être en bonne santé implique que différents éléments soient réunis, éléments dont la particularité est de ne pas relever du secteur de la santé[3] : disposer d'un revenu suffisant, pouvoir s'alimenter, avoir un logement, un emploi, respirer un air sain, etc. Ces éléments sont désignés par les experts en santé publique comme les déterminants de la santé. Ces derniers sont définis par l'OMS de la façon suivante : ce sont les « facteurs personnels, sociaux, économiques et environnementaux qui déterminent l'état de santé des individus ou des populations[4] ». Si l'on mesure les facteurs, pouvant être pris en compte dans les politiques publiques, qui influencent l'état de santé, il apparaît que l'environnement physique compte pour 10% de cette influence, les facteurs sociaux et économiques (niveau d'éducation, d'emploi, revenu, soutien familial et social, sécurité dans la communauté) comptent pour 40%, les soins médicaux (accès et qualité) comptent pour 20% et les comportements (usage de tabac ou d'alcool, régime alimentaire, activité physique…) comptent pour 30%[5]. Les soins pèsent donc souvent moins dans la balance que d'autres facteurs influençant la santé. Le contexte juridique et politique est aussi considéré comme un déterminant de la santé : en effet, la loi et les politiques publiques peuvent changer l'environnement macro-économique, par exemple en ce qui concerne l'accès aux produits du tabac[6]. Le marketing et la publicité sont eux aussi considérés comme des déterminants de la santé, car ils ont un impact, notamment sur la consommation. En ce sens, s'agissant de

---

[1] *ibid.*

[2] *ibid.*

[3] Le secteur de la santé est défini par l'OMS comme le secteur « qui comprend les services de santé publics et privés organisés (y compris la promotion de la santé, la prévention de la maladie, le diagnostic, le traitement et les soins), les politiques et les activités des services sanitaires et des ministères de la santé, les organisations non gouvernementales et les groupes communautaires s'intéressant à la santé, et les associations professionnelles » (OMS, Glossaire de la promotion de la santé, 1998).

[4] *ibid.* Voir aussi le graphique de DAHLGREN et WHITEHEAD (1991). Selon cette théorie de santé publique sur les déterminants de la santé, « le déterminisme social vient contredire la vision traditionnelle individualiste de la médecine centrée autour du patient, de l'éducation pour la santé et des changements de comportements comme moyens de prévenir les maladies » (G. DAHLGREN, M. WHITEHEAD, Policies and strategies to promote social equity in health, Background document to WHO – Strategy paper for Europe, Institute for Future Studies, 1991, 69 p.).

[5] WHO, Health in all policies, Training manual, Vivien Stone 2015.

[6] S. DEGUEN, Formation à l'épidémiologie sociale, EHESP, Janvier 2021.

l'environnement, on peut en distinguer quatre types, qui peuvent tous être pris en compte dans l'analyse de l'état de la santé humaine : l'environnement physique, l'environnement socioculturel, l'environnement politique et l'environnement économique[1].

Dans ce cadre, est privilégiée une approche systémique, portant « une vision globale et dynamique qui permet d'appréhender l'individu dans son (ses) environnement(s) et de prendre en compte de multiples déterminants (sociaux, économiques, naturels, etc.) à différentes échelles » plutôt qu'une approche biomédicale qui se concentre uniquement sur une échelle individuelle et sur l'étiologie des maladies[2].

Après l'adoption de la Charte d'Ottawa en 1986, les déterminants de la santé ont occupé une place constante dans la série de textes consacrés à la promotion de la santé, adoptés au niveau mondial. Dans ce sens, nous ferons particulièrement référence à ces textes ici ainsi que dans le prochain chapitre. En 1997, la Déclaration de Jakarta attribue un large rôle aux déterminants de la santé, ainsi qu'au concept voisin de « conditions préalables à l'instauration de la santé », qui sont « la paix, un logement, l'éducation, la sécurité sociale, les relations sociales, l'alimentation, un revenu, la responsabilisation des femmes, un écosystème stable, une utilisation durable des ressources, la justice sociale, le respect des droits de l'homme, et l'équité. Par-dessus tout, la pauvreté reste la plus grave menace pour la santé[3] ». En 2000, les ministres de la Santé signataires de la Déclaration de Mexico soulignent l'urgence qu'il y a de « s'attaquer aux déterminants sociaux, économiques et environnementaux de la santé » et justifient ainsi la nécessaire mise en place de « mécanismes renforcés de collaboration pour la promotion de la santé dans tous les secteurs et à tous les niveaux de la société[4] ». Pour continuer sur cette lancée, les pays membres de l'OMS adoptent, avec la Charte de Bangkok pour la promotion de la santé dans un contexte de mondialisation, une méthode similaire pour accentuer l'importance des déterminants de la santé, illustrée par de nombreux exemples. Selon ce texte, les facteurs décisifs influençant la

---

[1] C. Delamaire, « Environnements favorables à une alimentation saine : état des lieux et recommandations », La santé en action 2018, n° 444.

[2] E. Cadot, Formation à l'épidémiologie sociale, EHESP, Janvier 2021. Voir aussi F. Bourdillon, G. Brücker, D. Tabuteau, *Traité de santé publique*, Lavoisier, Traités, 2016, 728 p.

[3] 4ème Conférence internationale sur la promotion de la santé, OMS, Déclaration de Jakarta sur la Promotion de la Santé au XXIème siècle, Jakarta, Indonésie, 1997. Les participants à la conférence de 1997 vont même plus loin dans les détails en citant de nombreux autres facteurs influençant la santé, tels que la sédentarité, la résistance aux antibiotiques et autres médicaments courants, les troubles civils ou la violence domestique, la mondialisation de l'économie, des marchés financiers et du commerce, la dégradation de l'environnement due à l'utilisation irresponsable des ressources.

[4] 5ème Conférence internationale pour la promotion de la santé, OMS, Déclaration ministérielle de Mexico pour la promotion de la santé, Des idées aux actes, Promotion de la santé : faire place à l'équité, Mexico, Mexique, 2000.

santé sont notamment les inégalités croissantes dans les pays et entre eux, les nouveaux modes de consommation et de communication, la commercialisation, les changements environnementaux, l'urbanisation, mais aussi les rapides changements sociaux, économiques et démographiques qui affectent les conditions de travail, les environnements d'apprentissage, les schémas familiaux, la culture et les liens sociaux dans les communautés[1].

On constate que l'expression « déterminants de la santé » n'est pas encore consacrée puisqu'elle coexiste encore avec des variantes qui sont utilisées d'un texte à l'autre. Elle est néanmoins récurrente au fil du temps dans la mesure où on la retrouve également dans les textes adoptés à Nairobi en 2009[2] et à Moscou en 2011[3]. Comme dans d'autres documents auparavant, la Déclaration des Nations unies en 2011 énumère un grand nombre de déterminants économiques, sociaux, politiques, environnementaux qui contribuent plus spécifiquement à la progression de l'incidence et de la prévalence de maladies non transmissibles[4].

La même année, la conférence mondiale sur les déterminants sociaux de la santé, qui s'est tenue à Rio entre les 19 et 21 octobre 2011, manifeste l'intérêt que portent chefs de gouvernements, ministres et représentants gouvernementaux pour les déterminants de la santé de nature sociale. La Déclaration politique de Rio sur les déterminants sociaux de la santé, qui en est issue, scelle l'engagement des États participants « à soutenir tous les secteurs dans la mise au point d'outils et le développement de capacités concernant les déterminants sociaux de la santé aux niveaux national et international ». Les signataires recommandent « de tenir dûment compte de l'approche des déterminants sociaux dans le cadre de la réforme actuelle de l'Organisation mondiale de la Santé », et suggèrent « à la Soixante-Cinquième Assemblée mondiale de la Santé d'adopter une résolution pour approuver la présente Déclaration politique[5] ».

Il paraît donc nécessaire d'appréhender la santé de façon large pour tenir compte de ses déterminants, c'est-à-dire de privilégier une approche transversale de la notion de santé. Le Professeur Ost a défini la notion de transversalité comme « cette qualité particulière d'un objet de politiques qui lui donne vocation à se concrétiser dans la mise en œuvre de programmes

---

[1] 6ème Conférence mondiale sur la promotion de la santé, OMS, Charte de Bangkok pour la promotion de la santé à l'heure de la mondialisation, Bangkok, Thaïlande, 2005.

[2] 7ème Conférence internationale pour la promotion de la santé, OMS, Appel à l'action de Nairobi : Promouvoir la santé et le développement, réduire le fossé de la mise en œuvre, Nairobi, Kenya, 2009.

[3] 1ère Conférence ministérielle mondiale sur les modes de vie sains et la lutte contre les maladies non transmissibles, OMS, Déclaration de Moscou, Moscou, Russie, 2011.

[4] Nations unies, Déclaration politique de la réunion de haut niveau de l'Assemblée générale des Nations Unies sur la prévention et la maîtrise des maladies non transmissibles, Genève, Suisse, 2011.

[5] Conférence mondiale sur les déterminants sociaux de la santé, OMS, Déclaration politique de Rio sur les déterminants sociaux de la santé, Rio de Janeiro, Brésil, 2011.

d'action qui ne lui sont pas directement consacrés plutôt que dans celle de programmes spécifiques[1] ».

En ce qui concerne la dimension intersectorielle de la santé, elle fait l'objet d'une reconnaissance dès la Déclaration d'Alma-Ata. Ce texte a été adopté le 12 septembre 1978[2] par la conférence internationale sur les soins de santé primaires, organisée par l'OMS et l'UNICEF. Il est encore considéré de nos jours comme un texte fondateur en matière de santé au niveau mondial[3] car c'est l'une des premières fois où les gouvernements reconnaissent leur responsabilité vis-à-vis de la santé de la population et que la santé acquiert une dimension politique[4].

La notion d'intersectorialité est introduite par le biais des soins de santé primaires, problématique au cœur de la conférence de 1978. Ces derniers « font intervenir, outre le secteur de la santé, tous les secteurs et domaines connexes du développement national et communautaire, en particulier l'agriculture, l'élevage, la production alimentaire, l'industrie, l'éducation, le logement, les travaux publics et les communications, et requièrent l'action coordonnée de tous ces secteurs[5] ». Les membres de la conférence internationale sur les soins de santé primaires reconnaissent ainsi que « la participation de nombreux secteurs socioéconomiques autres que celui de la santé » est un prérequis pour accéder au niveau de santé le plus élevé possible[6].

L'introduction de la notion de soins de santé primaires par la Déclaration d'Alma-Ata n'a toutefois pas été dépourvue d'ambiguïté. En effet, on peut trouver dans son article 6, deux conceptions distinctes des soins de santé primaires[7]. Il peut s'agir soit d'un premier niveau de soins, soit d'une approche globale du système de santé[8]. Cette dernière approche sera remise en cause par certains, qui l'ont considérée comme utopique[9]. Si l'opposition entre ces

---

[1] F. OST, *in* D. DE BECHILLON, J. CAILLOSSE, D. RENARD, *L'analyse des politiques publiques aux prises avec le droit*, LGDJ, Droit et société, 1970, 304 p. L'auteur donne cette définition en se référant à la problématique de l'environnement, mais nous pensons que cette vision de la transversalité peut s'appliquer aussi à la santé.

[2] Conférence internationale sur les soins de santé primaires, OMS et Unicef, Déclaration d'Alma-Ata sur les soins de santé primaires, *op. cit.*

[3] S. WIBULPOLPRASERT, M. CHOWDHURY, « World Health Organization: Overhaul or Dismantle? », AJPH 2016, Vol. 106, n° 11 : « The 1978 Alma Ata Declaration is still considered the Magna Carta for health ».

[4] A. MIDHA, M. SULLIVAN, « The need to redefine the practice of health promotion in the United Kingdom », HP 1998, n° 44, p. 19-30.

[5] Conférence internationale sur les soins de santé primaires, OMS et Unicef, Déclaration d'Alma-Ata sur les soins de santé primaires, *op. cit.*

[6] *ibid.*

[7] A. CRISMER, J-L. BELCHE, J-L. VAN DER VENNET, « Les soins de santé primaires, plus que des soins de première ligne », SP 2016, Vol. 28, n° 3, p. 375-379.

[8] *ibid.*

[9] *ibid.*

deux types d'approches perdure encore aujourd'hui au niveau de l'OMS, le rapport de 2008 de l'OMS sur la santé dans le monde apporte des précisions sur l'évolution du concept des soins de santé primaire depuis 1978 : ils sont caractérisés par le centrage sur la personne et par « la justice sociale, l'équité, l'accès universel aux soins, la participation des communautés et les approches multi et intersectorielles de la santé[1] ».

Peu après la Charte d'Ottawa, la Déclaration de Riga adoptée en 1988[2] et l'Appel à l'action de Genève en 1989[3] promeuvent la collaboration intersectorielle afin d'atteindre la santé pour tous (la Charte européenne de l'environnement et de la santé[4] adoptée la même année par l'OMS Europe souligne que la protection de l'environnement et de la santé est une question intersectorielle). Puis, en 1991, la Déclaration de Sundsvall sur les milieux favorables à la santé[5] insiste sur l'interdépendance entre les problématiques sanitaires et environnementales. Selon ce texte, pour rendre les environnements physiques, sociaux, économiques et politiques favorables à la santé plutôt que néfastes, il est nécessaire que tous les secteurs y contribuent, car « la solution se situe au-delà du système de santé traditionnel[6] ». En 1996, la Charte de Ljubljana applique l'idée d'intersectorialité à la question de la réforme des systèmes de santé : « Les services de santé jouent un rôle important, mais ne sont pas les seuls à avoir un impact sur le bien-être des individus : d'autres secteurs ont aussi une contribution à apporter et une responsabilité à assumer en matière de santé. L'intersectorialité doit donc être l'un des éléments essentiels de la réforme des systèmes de santé[7] ». La Déclaration de Jakarta adoptée en 1997 souligne qu'il convient de « surmonter le cloisonnement traditionnel existant à l'intérieur même des pouvoirs publics, entre organisations gouvernementales et non gouvernementales, et entre secteur public et secteur privé[8] ». Il s'agit non seulement d'impliquer différents secteurs mais aussi différents acteurs. Déjà en 1997, l'esprit de la « santé dans toutes les politiques » se lit implicitement : « Accroître les investissements pour développer la santé exige une approche véritablement multisectorielle prévoyant l'allocation de ressources aussi bien aux secteurs de

[1] *ibid.*

[2] OMS, Riga : La réaffirmation d'Alma-Ata, Déclaration réitérant et renforçant l'engagement en faveur de la santé pour tous en l'an 2000 et au-delà adoptée lors d'une réunion OMS : D'Alma-Ata à l'an 2000, Situation à la mi-parcours et perspectives, Riga, URSS, 1988.

[3] OMS, Appel à l'action, Promouvoir la santé dans les pays en développement, Genève, Suisse, 1989.

[4] OMS Europe, Charte européenne de l'environnement et de la santé, 1989.

[5] 3ème Conférence internationale pour la promotion de la santé, OMS, Déclaration de Sundsvall sur les environnements favorables à la santé, Sundsvall, Suède, 1991.

[6] *ibid.*

[7] OMS Europe, Charte de Ljubljana sur la réforme des systèmes de santé, Ljubljana, Slovénie, 1996.

[8] 4ème Conférence internationale sur la promotion de la santé, OMS, Déclaration de Jakarta sur la Promotion de la Santé au XXIème siècle, *op. cit.*

l'éducation et du logement qu'à celui de la santé[1] ». Les signataires de la conférence indonésienne insistent lourdement : « Les nouveaux défis qui se posent à la santé signifient qu'il faut créer de nouveaux réseaux de collaboration intersectorielle ». Pour mettre en œuvre la promotion de la santé, « tous les pays doivent s'employer à mettre en place l'environnement politique, juridique, éducatif, économique et social[2] » qui y soit favorable.

La Charte de Bangkok adoptée en 2005 reconnaît, elle aussi solennellement, que la santé concerne plusieurs secteurs et ne se cantonne pas à celui de la santé. Le texte s'adresse aux personnes, groupes et organisations qui jouent un rôle dans l'accomplissement d'une bonne santé : gouvernements et politiques à tous les niveaux, société civile, secteur privé, organisations internationales et communauté de santé publique[3]. Dans le prolongement de ces textes, l'Appel à l'action signé à Nairobi lors de la conférence mondiale sur la promotion de la santé de 2009 mentionne la nécessité de mener une action intersectorielle et interdisciplinaire pour mettre en œuvre la promotion de la santé de façon effective[4]. La Déclaration d'Adélaïde signée en 2010 adopte, elle aussi, une vision transversale de la santé, avec de multiples ramifications, ce qui démontre la nécessité de l'intersectorialité.

La Déclaration de Moscou poursuit sur cette voie. Elle est adoptée en 2011 lors de la première conférence ministérielle mondiale sur les modes de vie sains et la lutte contre les maladies non transmissibles organisée par l'OMS et le gouvernement de la Fédération de Russie. Les représentants des États signataires déclarent que la lutte contre les maladies non transmissibles exige « une large gamme de mesures multi-niveaux et plurisectorielles visant l'éventail complet des déterminants des maladies non transmissibles afin de créer les conditions qui favoriseront une vie en bonne santé[5] » et s'engagent à « répondre aux défis que posent les maladies non transmissibles y compris, le cas échéant, par le renforcement et la réorientation de politiques et de programmes privilégiant une action multisectorielle sur les facteurs comportementaux, environnementaux, économiques et sociaux[6] ». La prise de conscience récente sur la question des maladies non transmissibles a donc joué un rôle dans la reconnaissance de l'importance d'actions multisectorielles en santé. L'idée d'une action dans le secteur de la santé cumulée à des actions dans d'autres secteurs, de façon horizontale et non verticale, est récurrente dans la Déclaration de Moscou.

---

[1] *ibid.*
[2] *ibid.*
[3] 6ème Conférence mondiale sur la promotion de la santé, OMS, Charte de Bangkok pour la promotion de la santé à l'heure de la mondialisation, *op. cit.*
[4] 7ème Conférence internationale pour la promotion de la santé, OMS, Appel à l'action de Nairobi : Promouvoir la santé et le développement, réduire le fossé de la mise en œuvre, *op. cit.*
[5] 1ère Conférence ministérielle mondiale sur les modes de vie sains et la lutte contre les maladies non transmissibles, OMS, Déclaration de Moscou, *op. cit.*
[6] *ibid.*

On retrouve également la notion d'action et d'intervention multisectorielles dans la Déclaration politique de la réunion de haut niveau de l'Assemblée générale des Nations Unies sur la prévention et la maîtrise des maladies non transmissibles du 19 septembre 2011, qui inclut aussi les concepts anglophones de « whole-of-government approach » (approche pangouvernementale) et « whole-of-society approach » (approche pansociétale), ainsi que l'idée de politiques publiques multisectorielles[1]. En toute cohérence, la Déclaration politique de Rio sur les déterminants sociaux de la santé, adoptée au Brésil en 2011, promeut « une approche intersectorielle globale » et scelle un engagement pour mener des « politiques intersectorielles », autrement dit des « politiques dans tous les secteurs » pour agir sur les déterminants sociaux de la santé de façon exhaustive et globale[2].

Si l'on sort du cadre de ces conférences mondiales, il est possible de trouver une définition de l'action intersectorielle pour la santé, proposée dans le rapport de l'Agence de la santé publique du Canada et de l'OMS publié en 2008 et intitulé « L'équité en santé grâce à l'action intersectorielle : analyse d'études de cas dans 18 pays ». L'action intersectorielle pour la santé désigne « les actions mises en œuvre par des secteurs autres que celui de la santé, éventuellement mais pas nécessairement en collaboration avec ce dernier, visant des résultats pour la santé ou l'équité en santé ou portant sur des déterminants de la santé ou de l'équité en santé[3] ». La coopération intersectorielle est quant à elle définie comme la « relation entre des éléments de différents secteurs de la société qui a été établie en vue d'agir sur une question de façon à atteindre des résultats en matière de santé ou des résultats intermédiaires en matière de santé d'une façon qui soit plus efficace, plus rationnelle ou plus durable que si le secteur sanitaire avait agi seul[4] ».

L'idée d'intersectorialité soulève aussi une difficulté car « il s'agit parfois même de concilier l'inconciliable quand des politiques publiques menées dans différents domaines n'ont pas un objectif sanitaire par nature, ne prennent pas en compte leur possible impact sur la santé et peuvent même avoir des effets délétères[5] ».

Aux fondements de l'intersectorialité, se trouve la notion de promotion de la santé, consacrée à partir de 1986. Sans donner de définition concise de son concept-phare, la Charte d'Ottawa sur la promotion de la santé, adoptée le

---

[1] Nations unies, Déclaration politique de la réunion de haut niveau de l'Assemblée générale des Nations Unies sur la prévention et la maîtrise des maladies non transmissibles, Genève, Suisse, 2011.

[2] Conférence mondiale sur les déterminants sociaux de la santé, OMS, Déclaration politique de Rio sur les déterminants sociaux de la santé, *op. cit.*

[3] OMS, Agence de la santé publique du Canada, L'équité en santé grâce à l'action intersectorielle : analyse d'études de cas dans 18 pays, 2008.

[4] OMS, Glossaire de la promotion de la santé, 1998.

[5] F. ALLA, « La Charte d'Ottawa a trente ans : doit-elle encore faire référence ? », SP 2016, Vol. 28, n° 6, p. 717-720.

21 novembre 1986 par la première conférence mondiale pour la promotion de la santé, décrit longuement les caractéristiques de la promotion de la santé. Cette dernière « a pour but de donner aux individus davantage de maîtrise de leur propre santé et davantage de moyens de l'améliorer. Pour parvenir à un état de complet bien-être physique, mental et social, l'individu, ou le groupe, doit pouvoir identifier et réaliser ses ambitions, satisfaire ses besoins et évoluer avec son milieu ou s'y adapter. La santé est donc perçue comme une ressource de la vie quotidienne, et non comme le but de la vie ; c'est un concept positif mettant l'accent sur les ressources sociales et personnelles, et sur les capacités physiques[1] ». C'est à l'occasion de cette première conférence mondiale dédiée que la promotion de la santé acquiert une reconnaissance internationale. Certains spécialistes estiment que la Charte d'Ottawa est le document qui a le mieux saisi l'esprit de la « troisième révolution de santé publique » en faisant de la santé une ressource pour la vie et en amorçant le passage de la prévention des maladies au développement des compétences en santé[2].

Dans un contexte mondial favorable à l'avancée de la santé publique, la Charte d'Ottawa prend appui sur la Déclaration d'Alma-Ata sur les soins de santé primaires, sur « les buts fixés par l'OMS dans le cadre de la stratégie de la santé pour tous et le débat sur l'action intersectorielle pour la santé, à l'Assemblée mondiale de la Santé[3] ». Le périmètre de la promotion de la santé est d'emblée défini très largement, puisque celle-ci « va bien au-delà des simples soins de santé. Elle inscrit la santé à l'ordre du jour des responsables politiques de tous les secteurs et à tous les niveaux[4] ». Galvanisés par la nouvelle dynamique qu'ils enclenchent lors de cette conférence pionnière, les signataires de la Charte d'Ottawa embrassent une vision globale de la promotion de la santé, laquelle « ne se borne pas seulement à préconiser l'adoption de modes de vie qui favorisent la bonne santé ; son ambition est le bien-être complet de l'individu[5] ».

La Charte d'Ottawa reflète un consensus et même un mouvement social qui a pu rassembler des professionnels, des chercheurs et des membres de la société civile. Comme l'analyse le Professeur de santé publique Eric Breton, « Le mouvement de la promotion de la santé cherchait à poser un nouveau cadre dans lequel seraient pensés les problèmes, solutions et priorités à donner pour l'action publique afin d'améliorer la santé des populations[6] ». De plus,

---

[1] 1ère Conférence internationale pour la promotion de la santé, OMS, Charte d'Ottawa pour la promotion de la santé, Canada, 1986.
[2] I. KICKBUSCH, « The Contribution of the World Health Organization to a New Public Health and Health Promotion », *op. cit.*
[3] *ibid.*
[4] *ibid.*
[5] *ibid.*
[6] E. BRETON, « La Charte d'Ottawa : 30 ans sans plan d'action ? », SP 2016, Vol. 28, n° 6, p. 721-727.

« la Charte d'Ottawa avait aussi pour projet de révolutionner la pratique et les stratégies en santé publique. Pour ses tenants, il ne s'agissait pas d'ajouter « une corde à l'arc » de ce champ mais plutôt d'offrir à la santé publique un nouveau programme d'action qui s'inscrirait dans une nouvelle phase historique au même titre que l'ont été l'hygiénisme du XIXème siècle et la révolution pasteurienne[1] ».

La Charte d'Ottawa a le mérite de fournir de nombreuses précisions sur la promotion de la santé ; elle en détaille le squelette et les organes vitaux. On y trouve, comme raisonnement principal, l'idée que la santé « exige un certain nombre de conditions et de ressources préalables ». L'individu doit pouvoir « notamment se loger, accéder à l'éducation, se nourrir convenablement, disposer d'un certain revenu, bénéficier d'un écosystème stable, compter sur un apport durable de ressources, avoir droit à la justice sociale et à un traitement équitable[2] ».

Cette conception élargie de la santé, fidèle à la définition de l'OMS, irrigue l'ensemble de la Charte d'Ottawa et alimente chacun de ses axes. Elle justifie la nécessité d'impliquer, « à côté du secteur de la santé proprement dit, d'autres composantes de caractère social, politique, économique et environnemental[3] ». L'on notera pour exemple que l'acquisition d'aptitudes individuelles permettant de « faire face à tous les stades de [la] vie » et de « se préparer à affronter les traumatismes et les maladies chroniques » suppose des efforts dans les milieux scolaire, familial, professionnel et communautaire, et l'investissement de nombreux acteurs tels que « des organismes éducatifs, professionnels, commerciaux et bénévoles et dans les institutions elles-mêmes[4] ». L'importance de la nature multidimensionnelle et intersectorielle de la promotion de la santé se mesure au nombre de phrases ponctuant la Charte et tendant toutes vers le même message : « La santé est engendrée et vécue dans les divers contextes de la vie quotidienne, là où l'individu s'instruit, travaille, se délasse ou se laisse aller à manifester ses sentiments[5] ». La promotion de la santé intervient dans tous ces contextes.

Ce vaste périmètre ainsi défini n'empêche pas la promotion de la santé de bénéficier d'un élargissement de son champ d'application lors de la quatrième conférence mondiale sur la promotion de la santé, tenue à Jakarta en Indonésie en 1997. C'est la première de ces conférences à s'être déroulée dans un pays en développement et à avoir associé le secteur privé à la promotion de la santé[6]. L'objectif, à cette date, est d'adapter la promotion de la santé aux

---

[1] *ibid.*

[2] 1ère Conférence internationale pour la promotion de la santé, OMS, Charte d'Ottawa pour la promotion de la santé, *op. cit.*

[3] *ibid.*

[4] *ibid.*

[5] *ibid.*

[6] 4ème Conférence internationale sur la promotion de la santé, OMS, Déclaration de Jakarta sur la Promotion de la Santé au XXIème siècle, Jakarta, Indonésie, 1997.

enjeux du nouveau millénaire. La tendance est à l'optimisme ; la promotion de la santé, concept encore jeune, est vue comme pouvant s'adapter et faire face aux nouveaux défis mondiaux de la santé publique. Lors de cette conférence, la foi des participants dans l'avenir de la promotion de la santé se lit dans la Déclaration de Jakarta adoptée à cette occasion : il est décidé de créer une alliance mondiale pour la promotion de la santé « afin d'accélérer les progrès en faveur de la promotion de la santé dans le monde ». La volonté est donc d'aller encore plus loin que ne l'avait proposé la Charte d'Ottawa onze ans auparavant. Ces souhaits sont suivis d'actions : l'alliance en question est créée dans la foulée[1]. Ainsi, la conférence de Jakarta a permis de poursuivre la dynamique entamée en faveur de la promotion de la santé, en laissant une trace concrète sous la forme d'un organisme existant encore plus de vingt ans plus tard.

Le courant favorable à la reconnaissance mondiale de la promotion de la santé se poursuit en 2000, avec la « déclaration ministérielle de Mexico sur la promotion de la santé : des idées aux actes », adoptée lors de la cinquième conférence mondiale sur la promotion de la santé. Rédigée en anglais, arabe, chinois, espagnol, français, portugais et russe, « chaque texte étant également authentique[2] », cette déclaration se démarque des précédentes par sa nature ministérielle, qui lui confère un poids politique plus fort. Les ministres de la Santé signataires de cette déclaration affirment « que la promotion de la santé et du développement social est un devoir et une responsabilité essentielle des gouvernements, que partagent tous les autres secteurs de la société[3] ». La légitimité de la promotion de la santé en ressort grandie.

Cinq ans plus tard, la Charte de Bangkok pour la promotion de la santé dans un contexte de mondialisation[4] est adoptée par le groupe international d'experts participant à la sixième conférence mondiale sur la promotion de la santé, accueillie par la Thaïlande. Ce texte rappelle que la promotion de la santé est bâtie sur une conception positive et inclusive de la santé en tant que déterminant de la qualité de vie et incluant le bien-être mental et spirituel[5].

La Charte de Bangkok adoptée en 2005 contient quatre engagements-clés, dont deux méritent d'être soulignés ici. D'une part, les signataires déclarent avoir la volonté de faire de la promotion de la santé un élément central de

---

[1] Cette alliance a d'abord fonctionné sous la forme d'un comité consultatif, qui a évolué en 2006 en une organisation non-gouvernementale identifiée comme l'Alliance pour la promotion de la santé. Cette agence reçoit le soutien de l'OMS mais en est indépendante. http://www.ngos4healthpromotion.net/wordpressa4hp/archived-events/ [consulté le 06/06/2021].

[2] 5ème Conférence internationale pour la promotion de la santé, OMS, Déclaration ministérielle de Mexico pour la promotion de la santé, Des idées aux actes, Promotion de la santé : faire place à l'équité, Mexico, Mexique, 2000.

[3] *ibid.*

[4] 6ème Conférence mondiale sur la promotion de la santé, OMS, Charte de Bangkok pour la promotion de la santé à l'heure de la mondialisation, Bangkok, Thaïlande, 2005.

[5] *ibid.*

l'agenda de développement mondial, notamment grâce à des accords intergouvernementaux, et ainsi traiter les effets néfastes du commerce, des produits et services et des stratégies de marketing. D'autre part, il est décidé de faire de la promotion de la santé une responsabilité majeure pour l'ensemble du gouvernement de chaque État, parce que la santé est un déterminant essentiel du développement socioéconomique et politique. Il convient ainsi d'investir dans la santé, au sein et à l'extérieur du secteur de la santé[1]. Dans cette charte, les participants appellent fermement à l'action, en notant que beaucoup de résolutions ont été adoptées aux niveaux mondial et national en faveur de la promotion de la santé depuis la Charte d'Ottawa, sans être toutes suivies d'action[2]. Malgré une volonté mondiale, le concept de promotion de la santé n'a pas eu l'efficacité souhaitée – sans doute du fait de la faible normativité des textes qui la promeuvent – ce qui a pu contribuer plus tard à l'émergence d'une autre approche, celle d'intégration de la santé dans toutes les politiques, supposée plus opérationnelle. Le renouvellement constant de l'engagement des États pour la promotion de la santé et pour son large périmètre peut en effet être interprété comme une démarche à double tranchant : il traduit la résistance du concept au temps, mais instille un doute sur l'effectivité d'une idée qu'il faut sans cesse réaffirmer.

Les conférences mondiales sur la promotion de la santé se succèdent néanmoins et poursuivent le travail de sensibilisation des systèmes nationaux vis-à-vis de cette question. En 2009, à Nairobi, au Kenya, parmi les cinq thèmes choisis pour la septième conférence mondiale sur la promotion de la santé, on trouve en bonne place le développement de moyens et d'outils pour la promotion de la santé ainsi que l'action intersectorielle[3].

En 2010, la Déclaration d'Adélaïde sur l'intégration de la santé dans toutes les politiques[4], bien que consacrée à une nouvelle approche, fait le lien avec la promotion de la santé. Par ailleurs, même en-dehors du cadre direct des conférences mondiales supervisées par l'OMS, on retrouve la trace de la promotion de la santé. Ainsi, adoptée le 19 septembre 2011, la Déclaration politique de la réunion de haut niveau de l'Assemblée générale des Nations Unies sur la prévention et la maîtrise des maladies non transmissibles inclut explicitement la promotion de la santé et retient les idées suivantes : renforcer la capacité des individus à faire des choix favorables à leur santé et à adopter des modes de vie qui favorisent un bon état de santé ; faciliter les choix et les modes de vie sains. La reconnaissance de la promotion de la santé par les Nations unies peut être considérée comme un progrès. Le concept de

---

[1] *ibid.*

[2] *ibid.*

[3] J. Catford, « Implementing the Nairobi Call to Action: Africa's opportunity to light the way », HPI 2010, Vol. 25, n° 1.

[4] Réunion internationale sur l'intégration de la santé dans toutes les politiques, OMS, Déclaration d'Adélaïde sur l'intégration de la santé dans toutes les politiques, Vers une gouvernance partagée en faveur de la santé et du bien-être, *op. cit.*

promotion de la santé est désormais partie intégrante de la réflexion mondiale sur l'amélioration de la santé publique.

L'inclusion de ces multiples dimensions dans le droit à la santé

Le caractère multidimensionnel et transversal de la santé se reflète dans la terminologie variée rencontrée dans les différentes sources utilisées pour notre recherche : « santé publique », « santé humaine » ou tout simplement « santé ». La plupart des textes évoqués ici, qu'ils soient de nature constitutionnelle, conventionnelle, législative, jurisprudentielle ou doctrinale, utilisent ces termes de façon interchangeable sans les définir. La santé publique se rapporte logiquement à une santé collective, tandis que la santé en elle-même, décrite précédemment comme un état, peut être interprétée comme plutôt individuelle. Cela nous conduit à la question du droit à la santé, lequel comprend une réalité multiple et complexe. En droit international, où il est considéré par le Professeur Bélanger comme un principe général du droit[1], il apparaît dès le Préambule de la constitution de l'OMS sous la forme suivante : « La possession du meilleur état de santé qu'il est capable d'atteindre constitue l'un des droits fondamentaux de tout être humain, quelles que soient sa race, sa religion, ses opinions politiques, sa condition économique ou sociale ». Dans le même sens, l'article 25 § 1 de la Déclaration universelle des droits de l'homme de 1948 consacre le fait que « Toute personne a droit à un niveau de vie suffisant pour assurer sa santé, son bien-être et ceux de sa famille, notamment pour l'alimentation, l'habillement, le logement, les soins médicaux ainsi que pour les services sociaux nécessaires ».

En droit français, le Préambule de la Constitution du 27 octobre 1946 prévoit que la Nation « garantit à tous, notamment à l'enfant, à la mère et aux vieux travailleurs, la protection de la santé ». On parle donc plus précisément de droit à la protection de la santé, lequel se compose de plusieurs droits. Comme le soulignent les Professeurs Chagnollaud et Drago, la loi n° 2002-303 du 4 mars 2002 relative aux droits des malades et à la qualité du système de santé reconnaît, parmi les droits individuels liés à la santé : les droits de la personne, incluant le droit à l'absence de discrimination dans l'accès aux soins, le respect de la dignité, le droit à la prise en charge de la douleur, etc. ; ainsi que les droits des usagers du système de santé, qui comprennent par exemple le droit au consentement du patient à l'acte médical[2]. Cette loi crée également des droits collectifs et marque ainsi la reconnaissance des usagers du système de santé et de leurs représentants[3].

---

[1] M. Belanger, « Réflexions sur la réalité du droit international de la santé », RQDI 1985, Vol. 2, p. 19-62. À propos du droit à la santé, cet auteur écrit : « Ce principe général du droit a un contenu délicat à établir et son exercice est difficile ».

[2] D. Chagnollaud, G. Drago (dir.), *Dictionnaire des droits fondamentaux*, Dalloz, 2007, 750 p.

[3] *ibid.*

Selon la classification classique fondée sur la nature des droits fondamentaux, il y a trois catégories de droits et libertés, qui correspondent à trois générations de normes juridiques : les droits civils et politiques constituent les droits de première génération, les droits économiques et sociaux sont considérés comme les droits de seconde génération, et les droits de solidarité correspondent à ceux de la troisième génération[1]. Le droit à la santé relève des seconds, aussi appelés « droits-créances » car ils supposent une intervention de l'État pour se réaliser[2]. Si le droit à la santé est considéré comme un droit-créance, il n'est en revanche pas assorti d'un quelconque pendant en termes d'obligation pour l'individu : il n'existe pas d'obligation à mener une vie saine[3].

La responsabilité de la protection de la santé pèse donc fortement sur les États, lesquels n'ont pas une grande marge d'intervention sur le comportement des individus. Il est permis de s'interroger sur la nécessité et la pertinence d'agir tantôt sur les comportements, tantôt sur les environnements en vue d'agir sur l'état de santé. Les comportements individuels peuvent en effet être favorables à une bonne santé, ou néfastes[4]. Cependant, tenter d'agir, par des mesures législatives, uniquement sur les comportements montre vite des limites en termes d'efficacité mais aussi en termes de justice sociale[5]. Par ailleurs, l'action politique et législative sur l'environnement, en modifiant notamment l'accès à tel ou tel produit jugé dangereux, va automatiquement ricocher sur les comportements des individus, qui verront leurs possibilités de choix modifiées ou restreintes, par exemple si le législateur interdit la présence de fontaine à sodas disponibles de façon illimitée dans les restaurants[6].

Il est en réalité souhaitable de trouver un équilibre entre les deux approches, qui ont chacune des forces et des faiblesses : un modèle de pensée caractérisé par l'individualisme et par l'importance donnée à la responsabilité individuelle pour conserver un mode de vie sain est considéré comme problématique par les experts en santé publique car cette stratégie ne prend pas en compte le contexte social, culturel et économique dans lequel se

---

[1] *ibid.*

[2] *ibid.*

[3] Voir à ce sujet M. DEGUERGUE, « L'obligation de mener une vie saine ? », RGDM 2003, n° 11.

[4] La promotion de la santé a surmonté une approche individualiste centrée sur la compréhension des comportements et a recentré la vision sur les environnements sociaux et la politique ; l'approche axée sur la modification des facteurs de risque individuels ou des comportements à risque a cédé la place à une approche consistant à analyser le contexte et la signification des actions en santé et des déterminants qui permettent à la population de rester en bonne santé. Le rapport canadien Lalonde est considéré comme le point de départ de ce tournant (I. KICKBUSCH, « The Contribution of the World Health Organization to a New Public Health and Health Promotion », AJPH 2003, Vol. 93, n° 3). Voir aussi M. LALONDE, Une nouvelle perspective sur la santé des Canadiens, Ministre des Approvisionnements et Services Canada, Information Canada, 1974.

[5] Voir notamment F. BOURDILLON, G. BRÜCKER, D. TABUTEAU, *Traité de santé publique*, *op. cit.*

[6] Loi n° 2016-41 du 26 janvier 2016 de modernisation de notre système de santé.

trouvent les individus et sur lequel ils ont peu de contrôle. Inversement, une perspective purement structurelle qui nie l'influence de l'individu est inefficace aussi[1].

Cependant, puisque l'État peut difficilement agir sur les comportements des individus et leurs effets sur leur état de santé, il peut être suggéré que la « santé dans toutes les politiques » répond justement à cette volonté d'améliorer la santé collective et individuelle, en passant par une autre voie que l'individu, c'est-à-dire en ayant recours à des opérateurs extérieurs et transverses.

Section 2. Un cahier des charges précis

Si la « santé dans toutes les politiques » est une expression *a priori* transparente, elle pose de nombreuses questions concernant sa nature et sa mise en œuvre. La doctrine anglo-saxonne propose d'appréhender la « santé dans toutes les politiques » comme une stratégie qui permet aux décideurs politiques d'intégrer des considérations liées à la santé, au bien-être et à l'équité dans l'élaboration, la mise en œuvre et l'évaluation de politiques et de services[2]. Il nous semble en effet clair que notre objet d'étude est en fait un outil qui donne des clés pour atteindre un objectif, pour ne pas dire un idéal : un bon état de santé humaine. Il est important de souligner que la « santé dans toutes les politiques » n'est, à notre sens, ni une politique de santé, ni même une politique publique, mais une approche globale des politiques publiques. Un dictionnaire de sciences politiques retient pour définition d'une politique publique le « produit de l'activité d'une autorité investie de puissance publique et de légitimité gouvernementale[3] ». Les politiques publiques peuvent aussi être définies comme « des actions spécifiques interreliées et officielles, annoncées ou entreprises à un moment donné par une autorité étatique légitime, au niveau local, national ou international et orientées vers la résolution d'un problème public[4] ».

La « santé dans toutes les politiques » est donc un outil qui propose différentes méthodes permettant d'atteindre l'objectif identifié. La méthode principalement mise en avant consiste à chercher des intérêts complémentaires et convergents entre différents secteurs[5] mais aussi entre plusieurs parties prenantes. Pour ce faire, une approche holistique est nécessaire afin de

---

[1] A. Midha, M. Sullivan, « The need to redefine the practice of health promotion in the United Kingdom », HP 1998, n° 44, p. 19-30.

[2] D. Pepin *et al.*, « Collaborating for Health: Health in All Policies and the Law », JLME 2017, Vol. 45, p. 60-64.

[3] D. Alcaud, L. Bouvet, *et al.*, *Dictionnaire de sciences politiques*, 2ème édition, Sirey, Dictionnaires Sirey, 2020, 520 p.

[4] C. Nyeck, *in* N. Kada et M. Mathieu (Dir.), *Dictionnaire d'administration publique*, PUG, 2014, 576 p.

[5] M. Koivusalo, « The state of Health in All policies (HiAP) in the European Union: potential and pitfalls », JECH 2010, n° 64, p. 500-503.

combiner l'investissement du pouvoir politique avec la collaboration de la société civile, des médias, des entreprises et des citoyens eux-mêmes[1]. Cette démarche globale conduit à déplacer la responsabilité liée à la santé de la population, du secteur de la santé vers le gouvernement lui-même, en incluant tous les secteurs et les différents niveaux d'action dont il a la charge[2]. Le Comité interministériel pour la santé, en France, est d'ailleurs présidé par le Premier ministre[3].

Ce sont ces dimensions inclusives et intersectorielles qui permettent de qualifier la « santé dans toutes les politiques » d'approche « horizontale » des politiques publiques[4], par opposition à une approche verticale et segmentée, c'est-à-dire cantonnée au système de santé. Cette façon d'appréhender la question de la santé nous semble cohérente avec certains constats plus généraux sur les politiques publiques. Comme le souligne le Professeur Ost, « il apparaît difficile de réduire les politiques publiques aux programmes d'actions propres à l'autorité à qui la responsabilité de ce secteur d'activité a été confiée. Les autorités publiques ne sont pas les seuls acteurs pertinents : une politique publique passe par un ensemble de moyens organisationnels, de structures tant publiques que privées qui interviennent à tous les niveaux, de la définition et de la production de sens à la mise en œuvre et à l'évaluation de l'action collective[5] ».

Depuis 1978, les conférences qui se sont succédé et les déclarations et les chartes qui ont été adoptées se sont inscrites dans une cohérence, à la manière d'une suite l'une de l'autre et en se citant mutuellement. Construite sur les fondements de la promotion de la santé, l'idée d'intégration de la santé dans toutes les politiques acquiert peu à peu une existence à part entière. La Déclaration d'Helsinki, adoptée en 2013 lors de la huitième conférence mondiale sur la promotion de la santé, apparaît comme un aboutissement pour la « santé dans toutes les politiques », notion enfin officiellement définie et concrétisée. Au regard des composantes de cette définition de la « santé dans toutes les politiques », il apparaît que la mise en œuvre de cette dernière répond à des conditions strictes, permettant de tendre à l'amélioration de la santé et de l'équité en santé.

---

[1] I. KICKBUSCH, K. BUCKETT, Implementing Health in All Policies, Adelaide, Department of Health, Government of South Australia, 2010.

[2] H. HOFSTAD, « The ambition of Health in All Policies in Norway: The role of political leadership and bureaucratic change », HP 2016, n° 120, p. 567-575.

[3] Article D1411-31 du Code de la santé publique.

[4] P. FRANKLIN, « Public health within the EU policy space: a qualitative study of Organized Civil Society (OCS) and the Health in All Policies (HiAP) approach », PH 2016, n° 136, p. 29-34.

[5] F. OST, *in* D. DE BECHILLON, J. CAILLOSSE, D. RENARD, *L'analyse des politiques publiques aux prises avec le droit*, *op. cit.*

Des moyens précis pour atteindre la « santé dans toutes les politiques »

La « santé dans toutes les politiques » est une approche globale des politiques publiques qui nécessite de tenir compte, de façon systématique, des conséquences des décisions publiques sur la santé tout en cherchant à créer des synergies entre les différents secteurs d'action publique.

La « santé dans toutes les politiques est une approche des politiques publiques au sens large. De nombreux secteurs de politiques publiques sont ici concernés : dans la continuité de la Déclaration d'Alma-Ata et de la Charte d'Ottawa, les « Recommandations d'Adélaïde, Politiques pour la santé[1] », soulignent l'importance d'autres secteurs publics dans l'action pour la santé publique. Adoptées en avril 1988 lors de la conférence australienne sur la politique publique pour la santé – aussi désignée comme la deuxième conférence mondiale sur la promotion de la santé – ces recommandations affirment que « les secteurs publics responsables de l'agriculture, du commerce, de l'éducation, de l'industrie et des communications doivent tenir compte du rôle essentiel de la santé lorsqu'ils formulent leurs grandes orientations[2] ». La Déclaration de Sundsvall sur les milieux favorables à la santé adoptée en 1991 lors de la troisième conférence mondiale sur la promotion de la santé, en Suède, fait écho à la Charte d'Ottawa en ce qu'elle mentionne la nécessité d'un « engagement politique fort pour des politiques sanitaires [...] durables[3] ».

Par ailleurs, la notion de gouvernance[4] fait son apparition en 2005. En effet, parmi les nouvelles opportunités à exploiter, la Charte de Bangkok évoque « l'amélioration des mécanismes de gouvernance mondiale et de mise en commun des expériences ». L'apparition de ce terme dans la charte de 2005 marque un tournant vers une nouvelle perspective pour la promotion de la santé en lui conférant une véritable dimension politique. La « santé dans toutes les politiques » s'appuie fortement sur cette idée de gouvernance[5]. La gouvernance apparaît ensuite de façon récurrente dans les déclarations et

---

[1] 2ème Conférence internationale pour la promotion de la santé, OMS, Les recommandations d'Adélaïde : politiques pour la santé, Adélaïde, Australie, 1988.

[2] *ibid.*

[3] 3ème Conférence internationale pour la promotion de la santé, OMS, Déclaration de Sundsvall sur les environnements favorables à la santé, *op. cit.*

[4] À défaut de définition donnée dans la charte de 2005, on pourra se référer à ces éléments de définition : la gouvernance désigne « l'action d'orienter et de mener une action » de façon pragmatique, c'est une « méthode de régulation, un processus de coordination d'acteurs, de groupes sociaux, d'institutions, qui coopèrent pour atteindre des buts propres discutés et définis collectivement dans des environnements fragmentés et incertains » (D. ALCAUD, L. BOUVET *et al.*, *Dictionnaire de sciences politiques*, 2ème édition, Sirey, Dictionnaires Sirey, 2020, 520 p.).

[5] I. KICKBUSCH, K. BUCKETT, Implementing Health in All Policies, Adelaide 2010, *op. cit.*

chartes de Nairobi[1] (2009), d'Adélaïde[2] (2010), de Rio[3] (2011), d'Helsinki[4] (2013) et de Shanghai[5] (2016). Les propos figurant dans la Déclaration d'Adélaïde sur l'intégration de la santé dans toutes les politiques sont particulièrement illustratifs : ils soulignent la nécessité d'« une nouvelle forme de gouvernance dans laquelle il existe un leadership partagé au sein des gouvernements, englobant l'ensemble des secteurs et des niveaux gouvernementaux[6] » ; autrement dit, « l'interdépendance des politiques publiques exige une autre forme de gouvernance[7] ».

La « santé dans toutes les politiques est une approche au caractère systématique. En effet, selon sa définition adoptée en 2013, cette approche « tient compte systématiquement » des conséquences sanitaires des décisions. L'expression de « santé dans toutes les politiques » est elle-même évocatrice à cet égard, puisque « toutes » suggère l'exhaustivité. La notion de systématicité soulève des questions : est-ce que cette approche est en fait obligatoire pour celui qui en est responsable ? Y a-t-il alors des risques d'abus ? Jusqu'où faut-il et peut-on aller pour protéger la santé avant de basculer dans « l'utopie de la santé parfaite[8] » voire la surveillance excessive et le totalitarisme ? Nous avons relevé précédemment une volonté de globalité à travers la multitude de secteurs de politiques cités comme ayant une incidence sur la santé de la population et devant ainsi être intégrés à une action intersectorielle. Le caractère systématique de la prise en compte des implications sanitaires des décisions n'est pourtant pas l'élément qui se démarque le plus clairement de la réflexion mondialement menée au fil des conférences sur la promotion de la santé. Parmi les quatorze textes étudiés ici, seules la Charte d'Ottawa et les Déclarations d'Adélaïde et d'Helsinki évoquent le caractère systématique de la prise en compte de la santé dans les

---

1 7ème Conférence internationale pour la promotion de la santé, OMS, Appel à l'action de Nairobi : Promouvoir la santé et le développement, réduire le fossé de la mise en œuvre, *op. cit.*

2 Réunion internationale sur l'intégration de la santé dans toutes les politiques, OMS, Déclaration d'Adélaïde sur l'intégration de la santé dans toutes les politiques, Vers une gouvernance partagée en faveur de la santé et du bien-être, *op. cit.*

3 Conférence mondiale sur les déterminants sociaux de la santé, OMS, Déclaration politique de Rio sur les déterminants sociaux de la santé, *op. cit.*

4 8ème Conférence internationale pour la promotion de la santé, OMS, Déclaration d'Helsinki sur la santé dans toutes les politiques, Helsinki, Finlande, 2013.

5 9ème Conférence mondiale sur la promotion de la santé, OMS, Déclaration de Shanghai sur la promotion de la santé dans le Programme de développement durable à l'horizon 2030, Shanghai, Chine, 2016.

6 Réunion internationale sur l'intégration de la santé dans toutes les politiques, OMS, Déclaration d'Adélaïde sur l'intégration de la santé dans toutes les politiques, Vers une gouvernance partagée en faveur de la santé et du bien-être, *op. cit.*

7 *ibid.*

8 L. SFEZ, *La santé parfaite, critique d'une nouvelle utopie*, Seuil, L'histoire immédiate, 1995, 399 p.

autres politiques[1]. On peut supposer que la systématicité impliquant certainement un caractère obligatoire, ni les États signataires ni l'OMS n'ont souhaité s'aventurer sur un terrain contraignant juridiquement. Il est intéressant de souligner que la systématicité était présente très tôt dans les débats, c'est-à-dire dès 1986, et qu'elle n'est réapparue qu'en 2010, lorsque l'expression « santé dans toutes les politiques » a été mieux connue. En 1986, la Charte d'Ottawa soulignait que « l'évaluation systématique des effets sur la santé d'un environnement en évolution rapide notamment dans les domaines de la technologie, du travail, de l'énergie et de l'urbanisation est indispensable et doit être suivie d'une action garantissant le caractère positif de ces effets sur la santé du public[2] ». En 2010, à Adélaïde, le caractère systématique est présenté différemment et ne porte pas strictement sur les conséquences sanitaires des décisions mais plus largement sur l'association de différents secteurs pour les actions en faveur de la santé : « le secteur de la santé doit systématiquement associer l'ensemble des secteurs gouvernementaux afin qu'ils prennent en compte les aspects de leurs activités qui touchent à la santé et au bien-être[3] ». Selon ce texte, l'approche « santé dans toutes les politiques » est plus efficace quand elle cumule plusieurs critères et notamment lorsque « les processus systématiques tiennent compte des interactions entre les divers secteurs[4] ».

Enfin, la Déclaration d'Helsinki adoptée en 2013 entérine le caractère systématique de la prise en compte de la santé dans les autres secteurs. Mais l'on conviendra que cette consécration semble artificielle après si peu d'échanges sur cette question dans les précédentes conférences. Manifestement impopulaire, le caractère systématique fait probablement craindre un manque de réalisme, une trop forte demande en moyens de différentes natures, voire une dérive totalitaire.

La santé dans toutes les politiques « tient compte systématiquement des conséquences sanitaires des décisions » et « évite les conséquences néfastes pour la santé ». L'idée de conséquence sur la santé est centrale dans les textes adoptés lors des conférences mondiales entre 1986 et 2013. En premier lieu, selon la Charte d'Ottawa, la promotion de la santé incite les responsables politiques de tous les secteurs et de tous les niveaux « à prendre conscience des conséquences de leurs décisions sur la santé » et les pousse « à admettre

---

[1] L'appel à l'action signé à Nairobi lors de la Conférence mondiale sur la promotion de la santé de 2009 comprend une idée voisine : la promotion de la santé systématique (« *systematic and sustainable health promotion* »).

[2] 1ère Conférence internationale pour la promotion de la santé, OMS, Charte d'Ottawa pour la promotion de la santé, *op. cit.*

[3] Réunion internationale sur l'intégration de la santé dans toutes les politiques, OMS, Déclaration d'Adélaïde sur l'intégration de la santé dans toutes les politiques, Vers une gouvernance partagée en faveur de la santé et du bien-être, *op. cit.*

[4] *ibid.*

leur responsabilité à cet égard[1] ». L'important est de sensibiliser les décideurs politiques sur le lien entre leurs actes et leurs conséquences. Deux ans plus tard, en 1988, les Recommandations d'Adélaïde s'inscrivent dans le même esprit en affirmant que « les secteurs publics responsables de l'agriculture, du commerce, de l'éducation, de l'industrie et des communications [...] doivent [aussi] être tenus pour responsables des conséquences de leurs décisions politiques sur la santé[2] ». La notion d'analyse d'impact apparaît dans la Déclaration de Sundsvall, en 1991, selon laquelle atteindre un « développement durable de la santé » nécessite de conduire ce type d'analyses sur le plan sanitaire et environnemental pour les politiques et initiatives de programmes majeures[3]. La Déclaration de Jakarta, en 1997, mentionne aussi l'évaluation d'impact en santé et la notion d'impact négatif ou positif sur la santé[4]. De façon plus concrète, la Déclaration ministérielle de Mexico pour la promotion de la santé adoptée en 2000 place l'évaluation d'impact sur la santé à un haut niveau d'exigence en demandant à ce que « les institutions des Nations Unies soient tenues de rendre compte de l'impact sur la santé de leur action en faveur du développement[5] ». Puis, en 2005, les signataires de la Charte de Bangkok s'engagent à « faire de la promotion de la santé une responsabilité centrale de l'ensemble du secteur public » : cela implique que tous les niveaux de gouvernement rendent explicites les conséquences sanitaires de leurs politiques et lois, en utilisant par exemple des évaluations d'impact en santé centrée sur l'équité[6]. De même, l'idée exprimée dans la définition adoptée lors de la conférence d'Helsinki en 2013 est déjà formulée dès 2011, dans la Déclaration de Moscou, où les signataires scellent leur volonté de « renforcer la cohérence des politiques pour optimiser leur impact positif sur les facteurs de risque des maladies non transmissibles et pour réduire le plus possible l'impact négatif des politiques d'autres secteurs[7] ».

La même année, la Déclaration politique adoptée par la réunion de haut niveau de l'Assemblée générale des Nations Unies sur la prévention et la

---

[1] 1ère Conférence internationale pour la promotion de la santé, OMS, Charte d'Ottawa pour la promotion de la santé, *op. cit.*

[2] 2ème Conférence internationale pour la promotion de la santé, OMS, Les recommandations d'Adélaïde : politiques pour la santé, *op. cit.*

[3] 3ème Conférence internationale pour la promotion de la santé, OMS, Déclaration de Sundsvall sur les environnements favorables à la santé, *op. cit.*

[4] 4ème Conférence internationale sur la promotion de la santé, OMS, Déclaration de Jakarta sur la Promotion de la Santé au XXIème siècle, *op. cit.*

[5] 5ème Conférence internationale pour la promotion de la santé, OMS, Déclaration ministérielle de Mexico pour la promotion de la santé, Des idées aux actes, Promotion de la santé : faire place à l'équité, *op. cit.*

[6] 6ème Conférence mondiale sur la promotion de la santé, OMS, Charte de Bangkok pour la promotion de la santé à l'heure de la mondialisation, *op. cit.*

[7] 1ère Conférence ministérielle mondiale sur les modes de vie sains et la lutte contre les maladies non transmissibles, OMS, Déclaration de Moscou, *op. cit.*

maîtrise des maladies non transmissibles[1] exprime l'inquiétude de l'Assemblée générale des Nations unies en ce qui concerne les impacts négatifs de la crise économique et financière, du coût des produits alimentaires, de la sécurité alimentaire, des défis croissants posés par le changement climatique et par la perte de la biodiversité, et leurs effets sur la prévention des maladies non-transmissibles. Un mois plus tard, les participants à la conférence mondiale sur les déterminants sociaux de la santé, tenue à Rio de Janeiro au Brésil, s'engagent « à faire en sorte que les décideurs soient sensibilisés aux conséquences de toutes les politiques sur la santé, en tiennent compte et rendent davantage de comptes à cet égard[2] ». Le versant négatif des impacts sanitaires est lui aussi présent, la Déclaration de Rio suggérant d'« adapter ou de réformer les politiques, les programmes, les pratiques et les mesures législatives qui nuisent à la santé et à l'équité en santé » et de procéder à « l'examen et, le cas échéant, [à] la modification stratégique des politiques et des pratiques qui ont un impact négatif sur la santé et le bien-être des populations[3]».

La « santé dans toutes les politiques » est une approche qui « recherche des synergies », dans le but « d'améliorer la santé de la population et l'équité en santé[4] ». Peu de détails sont donnés sur ces synergies dans la définition de 2013. Il n'est pas précisé entre quels éléments ou quels acteurs les synergies doivent être recherchées, ni comment elles doivent être trouvées. La lecture des chartes et déclarations ayant précédé la définition adoptée à Helsinki en 2013 permet d'éclairer ces propos succincts. L'on rappellera en préambule qu'une synergie est la « mise en commun de plusieurs actions concourant à un effet unique et aboutissant à une économie de moyens[5]» ; la synergie contient l'idée d'interaction. L'idée de coopération et d'émulation peut se retrouver sous la forme des partenariats maintes fois évoqués au cours des conférences mondiales dont il est question ici. La Déclaration de Jakarta, par exemple, affirme la nécessité de créer de nouveaux partenariats pour la santé. Elle précise que « la promotion de la santé exige la mise en place de partenariats en faveur du développement sanitaire et social entre les différents secteurs à tous les niveaux de la gestion des affaires publiques[6] ».

Dans cette réflexion sur les synergies, peut sans doute aussi être inclue l'idée de concertation. La Déclaration ministérielle de Mexico pour la

---

[1] Nations unies, Déclaration politique de la réunion de haut niveau de l'Assemblée générale des Nations Unies sur la prévention et la maîtrise des maladies non transmissibles, *op. cit.*

[2] Conférence mondiale sur les déterminants sociaux de la santé, OMS, Déclaration politique de Rio sur les déterminants sociaux de la santé, *op. cit.*

[3] *ibid.*

[4] 8ème Conférence internationale pour la promotion de la santé, OMS, Déclaration d'Helsinki sur la santé dans toutes les politiques, *op. cit.*

[5] *Dictionnaire Larousse*, *op. cit.*

[6] 4ème Conférence internationale sur la promotion de la santé, OMS, Déclaration de Jakarta sur la Promotion de la Santé au XXIème siècle, *op. cit.*

promotion de la santé adoptée le 5 juin 2000 souligne les « efforts soutenus et concertés des gouvernements et de la société » qui ont permis d'améliorer la santé dans de nombreux pays. À lire ces mots, on peut imaginer à quel point cette concertation soigneusement menée a pu produire des effets positifs. On trouve d'ailleurs dans ce même texte la notion de « partenariats pour la santé[1] » déjà retenue auparavant.

Dans la Charte de Bangkok pour la promotion de la santé dans un contexte de mondialisation[2], adoptée en 2005 par le groupe international d'experts participant à la sixième conférence mondiale sur la promotion de la santé, est évoquée l'idée de construire des partenariats et des alliances entre tous les secteurs et avec des acteurs variés tels que des organismes publics, privés, non-gouvernementaux et internationaux, ainsi que la société civile. L'Appel à l'action de Nairobi adopté en 2009 insiste sur l'importance des partenariats au-delà du secteur de la santé afin de créer des collaborations, des coopérations et de l'intégration entre les différents secteurs dans le but de traiter la question des déterminants de la santé et de l'équité en santé de façon effective[3].

Les partenariats, associés à la notion de confiance entre les secteurs, apparaissent par ailleurs dans la Déclaration d'Adélaïde sur l'intégration de la santé dans toutes les politiques, adoptée en 2010. Dans le même esprit, la Déclaration de Moscou adoptée en 2011 mentionne l'intérêt et des partenariats pour la santé et de la concertation entre le secteur de la santé et d'autres secteurs. Ce texte aborde également l'idée de complémentarité entre plusieurs objectifs de santé. La notion de synergie, bien qu'implicite, est présente. Toutefois, les signataires du texte de 2011 auraient pu aller plus loin en évoquant la complémentarité entre plusieurs objectifs d'autres secteurs, et non cantonner cette complémentarité à la santé. Une avancée dans cette réflexion interviendra plus tard, notamment en 2024 avec la parution de l'ouvrage de l'Observatoire européen des systèmes et politiques de santé (partenariat hébergé par l'OMS) intitulé « *Health for all policies* »[4].

Globalement, les synergies peuvent intervenir à plusieurs niveaux : entre des secteurs de politiques, mais aussi entre des initiatives mondiales en faveur de la santé, comme le suggère la déclaration de Moscou. Mentionnant aussi des partenariats et même des « partenariats de collaboration », la Déclaration politique de la réunion de haut niveau de l'Assemblée générale des Nations

---

[1] 5ème Conférence internationale pour la promotion de la santé, OMS, Déclaration ministérielle de Mexico pour la promotion de la santé, Des idées aux actes, Promotion de la santé : faire place à l'équité, *op. cit.*

[2] 6ème Conférence mondiale sur la promotion de la santé, OMS, Charte de Bangkok pour la promotion de la santé à l'heure de la mondialisation, *op. cit.*

[3] 7ème Conférence internationale pour la promotion de la santé, OMS, Appel à l'action de Nairobi : Promouvoir la santé et le développement, réduire le fossé de la mise en œuvre, *op. cit.*

[4] European Observatory on Health Systems and Policies, *Health for All Policies, The Co-Benefits of Intersectoral Action*, CUP, 2024, 318 p.

Unies sur la prévention et la maîtrise des maladies non transmissibles évoque en outre un phénomène inverse à une synergie, autrement dit le cercle vicieux qui peut s'enclencher entre les maladies non-transmissibles et la pauvreté. Un autre concept guère éloigné de ces synergies négatives apparaît aussi dans cette même déclaration, à savoir les conflits d'intérêts, en l'occurrence celui qui existe entre l'industrie du tabac et la santé publique[1] – tel que l'avait déjà laissé entendre la Déclaration de Jakarta en 1997[2].

La déclaration de Rio, en 2011, poursuit cette réflexion et réitère l'intérêt de « conclure des partenariats efficaces, pour faire participer d'autres secteurs afin de déterminer leur rôle [...] dans l'amélioration de la santé et dans la réduction des inégalités en santé[3]». La nécessité d'éviter les conflits d'intérêts est également mentionnée.

La promotion de la santé et la « santé dans toutes les politiques » font intervenir, par nature, une multitude d'acteurs dans de nombreux secteurs ; l'arbitrage entre des intérêts antagonistes, afin de les rapprocher, est au cœur de ces approches. Néanmoins, il arrive que l'idée de réciprocité s'efface, comme dans la Charte de Ljubljana de 1996, qui affirme que « la protection et la promotion de la santé doivent être les préoccupations majeures de l'ensemble de la société[4] ».

Les deux objectifs de la « santé dans toutes les politiques » : l'amélioration de la santé et de l'équité en santé

La « santé dans toutes les politiques » tient compte systématiquement des conséquences sanitaires des décisions, recherche des synergies et évite les conséquences néfastes pour la santé « afin d'améliorer la santé de la population et l'équité en santé[5] ». L'amélioration de la santé et de l'équité en santé est le but de la « santé dans toutes les politiques ».

Ces deux objectifs apparaissent déjà dans les textes qui ont précédé l'adoption de la Déclaration d'Helsinki. S'agissant de l'amélioration de la santé de la population, la Charte d'Ottawa, les Recommandations d'Adélaïde et les Déclarations de Mexico et de Rio y font précisément référence mais force est de constater que cet objectif formulé de façon large comporte une valeur symbolique et se trouve en fait décliné selon les textes en des mesures plus concrètes et ciblées, notamment sur les déterminants de la santé, les maladies non-transmissibles ou encore la santé et l'environnement.

---

[1] Nations unies, Déclaration politique de la réunion de haut niveau de l'Assemblée générale des Nations Unies sur la prévention et la maîtrise des maladies non transmissibles, *op.cit.*

[2] 4ème Conférence internationale sur la promotion de la santé, OMS, Déclaration de Jakarta sur la Promotion de la Santé au XXIème Siècle, *op. cit.*

[3] Conférence mondiale sur les déterminants sociaux de la santé, OMS, Déclaration politique de Rio sur les déterminants sociaux de la santé, *op. cit.*

[4] OMS Europe, Charte de Ljubljana sur la réforme des systèmes de santé, Ljubljana, Slovénie, 1996.

[5] 8ème Conférence internationale pour la promotion de la santé, OMS, Déclaration d'Helsinki sur la santé dans toutes les politiques, *op. cit.*

L'amélioration de la santé rejoint l'idée de la promouvoir, c'est-à-dire d'en favoriser le développement[1]. À une posture défensive contre les risques pour la santé, se combine donc une posture plus proactive qui vise à aller au-delà de l'état de santé déjà acquis. Selon certains auteurs, le but de l'approche étudiée est en effet d'améliorer la santé, l'équité en santé et le bien-être en stimulant les déterminants positifs de la santé et en freinant ceux qui sont considérés comme négatifs[2]. L'équilibre entre la protection et l'amélioration de la santé diffère selon les systèmes qui ont adopté l'approche étudiée. Nous verrons qu'en droit de l'Union européenne, les sources de droit dur retiennent exclusivement la notion de protection de la santé – ce qui inclut les soins médicaux mais aussi le principe de précaution vis-à-vis, notamment, de substances utilisées dans l'agriculture –, tandis que d'autres sources de régulation plus souples contiennent la notion de « promouvoir » la santé. Le Comité des régions de l'Union européenne parle en effet, dans son avis sur « Le rôle des collectivités territoriales dans la mise en œuvre de la stratégie de santé pour les années 2008-2013[3] », d'« encourager les citoyens à adopter des habitudes de vie saines » ce qui traduit une volonté d'embrasser l'idéal d'une santé meilleure et donc d'assurer une certaine progression par rapport à un niveau initial de santé. C'est d'ailleurs, à notre sens, dans ce deuxième objectif que le caractère intersectoriel de l'approche étudiée se manifeste le plus : améliorer la santé implique d'améliorer les déterminants de la santé, lesquels sortent du champ sanitaire. La « santé dans toutes les politiques » met l'accent moins sur les origines biologiques de l'état de santé et davantage sur la compréhension de l'influence qu'ont les comportements et les modes de vie sur l'état de santé[4].

Selon les auteurs du Traité de santé publique, il y a trois modalités de gestion de la santé : premièrement, son « entretien et sa culture », c'est-à-dire tout ce qui permet de la promouvoir – l'éducation, l'optimisation de l'environnement de vie – deuxièmement, la protection contre les risques qui peuvent l'altérer, c'est-à-dire la prévention des maladies ; troisièmement, la « réparation de ceux que l'on n'aura pas su ou pas pu protéger, c'est-à-dire le soin[5] ». Sur le fondement des remarques du paragraphe précédent, nous suggérons que la « santé dans toutes les politiques » inclut ces trois modalités mais en priorité les deux premières.

---

[1] *Dictionnaire Larousse*, Larousse, 2018, 1088 p.

[2] H. HOFSTAD, « The ambition of Health in All Policies in Norway: The role of political leadership and bureaucratic change », HP 2016, n° 120, p. 567-575.

[3] Comité des régions de l'Union européenne, Avis sur « Le rôle des collectivités territoriales dans la mise en œuvre de la stratégie de santé pour les années 2008-2013 », 2011/C 42/08, 2011.

[4] D. PEPIN *et al.*, « Collaborating for Health: Health in All Policies and the Law », JLME 2017, Vol. 45, p. 60-64.

[5] F. BOURDILLON, G. BRÜCKER, D. TABUTEAU, *Traité de santé publique*, *op. cit.*

Pour atteindre l'objectif final, la « santé dans toutes les politiques » vise à apporter des solutions aux problèmes complexes de santé publique qui touchent plusieurs secteurs[1], tels que la résistance antimicrobienne, les risques sanitaires liés au changement climatique, la sécurité alimentaire, les accords commerciaux internationaux, l'obésité infantile, etc. En effet, on constate dans certains cas qu'un problème a des conséquences multisectorielles ; la drogue, par exemple, affecte profondément la société dans son ensemble, et notamment les systèmes judiciaire, carcéral, sanitaire et l'économie[2]. Inversement, certaines politiques peuvent répondre à des questions qui traversent les secteurs : il a été prouvé que l'éducation physique chez les enfants en milieu scolaire contribue non seulement à améliorer leur état de santé, mais permet aussi une amélioration du taux de réussite scolaire[3]. Les objectifs de différents secteurs peuvent ainsi converger. On peut citer d'autres exemples, comme le constat qu'aménager les rues pour permettre aux piétons et aux cyclistes de circuler est favorable à une bonne santé mais aussi à une meilleure qualité de l'air[4].

L'autre objectif de la « santé dans toutes les politiques », selon la Déclaration d'Helsinki, est de garantir l'équité en santé. L'OMS définit cette notion comme la situation où « chacun a la possibilité de réaliser pleinement son potentiel sanitaire et [où] nul n'est défavorisé dans la réalisation de ce potentiel en raison de sa situation sociale ou d'autres circonstances sociales[5] ». L'amélioration de l'équité en santé implique de changer « la distribution sous-jacente du rôle des déterminants sociaux de la santé[6] ». Déjà présente dans la Déclaration de Riga en 1988, l'équité en santé est un objectif central dans les textes adoptés par la suite par les conférences mondiales sur la promotion de la santé. Selon la Déclaration de Sundsvall de 1991, l'équité doit être une priorité élémentaire dans la création d'environnements favorables à la santé[7]. Autrement dit, elle fait partie, pour les participants de la conférence de Jakarta six ans plus tard, des conditions préalables à l'instauration de la santé[8].

En 2000, la cinquième conférence mondiale sur la promotion de la santé est, comme son titre l'indique, consacrée à l'équité : « Promotion de la santé :

---

[1] WHO, Health in all policies, Training manual, *op. cit.*

[2] L. Gase, R. Pennotti, K. Smith, « "Health in All Policies": Taking Stock of Emerging Practices to Incorporate Health in Decision Making in the United States », JPHMP 2013, Vol. 19, n° 6, p. 529-540.

[3] *ibid.*

[4] *ibid.* ; C. Polsky *et al.*, « The Health in All Policies (HiAP) Approach and the Law: Preliminary Lessons from California and Chicago », JLME 2015 (Spring).

[5] OMS, Ce qu'il faut savoir au sujet de la santé dans toutes les politiques, 2013.

[6] *ibid.*

[7] 3ème Conférence internationale pour la promotion de la santé, OMS, Déclaration de Sundsvall sur les environnements favorables à la santé, *op. cit.*

[8] 4ème Conférence internationale sur la promotion de la santé, OMS, Déclaration de Jakarta sur la Promotion de la Santé au XXIème siècle, *op. cit.*

faire place à l'équité, Mexico, 5 juin 2000 ». L'équité dans l'accès à la santé et au bien-être est au cœur de la réflexion[1]. En 2009, le lien entre équité et durabilité des interventions est mis en lumière par l'Appel à l'action de Nairobi : les interventions en promotion de la santé ne peuvent être durables que si elles sont mises en place dans des systèmes de santé qui encouragent l'équité en santé et répondent à des critères rigoureux[2]. On trouve par ailleurs un lien entre équité et réduction des inégalités en santé dans la Déclaration de Moscou en 2011, où ces deux aspirations se rejoignent[3]. Quant à la Déclaration de Rio, elle démontre que l'action sur les déterminants sociaux de la santé et du bien-être à travers une approche intersectorielle globale permet d'atteindre l'équité sociale et en santé. Le texte affirme le « caractère essentiel de l'équité en santé » et rappelle qu'elle est « une responsabilité partagée qui exige l'engagement de tous les secteurs des pouvoirs publics, de toutes les couches de la société et de tous les membres de la communauté internationale pour une action mondiale de « tous pour l'équité » et en faveur de la « santé pour tous » [4]». Il exprime la volonté politique de ses signataires « de faire de l'équité en santé un but national, régional et mondial » et de « renforcer la coopération internationale en vue de promouvoir l'équité en santé dans tous les pays[5] ». Par ailleurs, on peut constater là aussi le lien entre l'équité en santé et la notion de durabilité : « la promotion de l'équité en santé est essentielle au développement durable, à une meilleure qualité de vie et au bien-être de tous, facteurs qui contribuent à la paix et à la sécurité[6] ». Au travers de ces textes, l'équité en santé apparaît comme un objectif tangible qui s'inscrit en cohérence avec la lutte contre les inégalités de santé et la prise en compte des déterminants de la santé, ainsi qu'avec le développement durable.

La « santé dans toutes les politiques » peut s'interpréter à différents degrés d'intensité : elle peut consister en la prise en compte d'objectifs de santé en tant que but principal d'autres politiques ; elle peut rechercher une situation « gagnant-gagnant » entre différents secteurs, c'est-à-dire trouver les solutions qui répondront à la fois aux intérêts sanitaires et à d'autres intérêts, par exemple économiques ; elle peut aussi être déclinée en tant que stratégie de coopération entre différents secteurs, en mettant en avant ce que le secteur de la santé peut apporter aux intérêts d'autres secteurs d'activité ; elle peut aussi, plus simplement, correspondre à une stratégie de limitation des

---

[1] 5ème Conférence internationale pour la promotion de la santé, OMS, Déclaration ministérielle de Mexico pour la promotion de la santé, Des idées aux actes, Promotion de la santé : faire place à l'équité, *op. cit.*

[2] 7ème Conférence internationale pour la promotion de la santé, OMS, Appel à l'action de Nairobi : Promouvoir la santé et le développement, réduire le fossé de la mise en œuvre, *op. cit.*

[3] 1ère Conférence ministérielle mondiale sur les modes de vie sains et la lutte contre les maladies non transmissibles, OMS, Déclaration de Moscou, *op. cit.*

[4] Conférence mondiale sur les déterminants sociaux de la santé, OMS, Déclaration politique de Rio sur les déterminants sociaux de la santé, Rio de Janeiro, Brésil, 2011.

[5] *ibid.*

[6] *ibid.*

dommages, en proposant des mesures pour éviter que d'autres branches d'activités n'aient des effets néfastes sur la santé[1]. Selon la perspective américaine, adopter la « santé dans toutes les politiques » ne signifie pas que la santé doit être au centre de toutes les politiques : ce choix exprime seulement une nécessité de collaboration entre les secteurs pour atteindre des objectifs communs[2]. Voyons maintenant, dans le prochain chapitre, comment ce choix politique traverse la frontière du droit pour se manifester dans l'ordre juridique mondial.

---

[1] M. KOIVUSALO, « The state of Health in All policies (HiAP) in the European Union: potential and pitfalls », JECH 2010, n° 64, p. 500-503.

[2] L. GASE, R. PENNOTTI, K. SMITH, « "Health in All Policies": Taking Stock of Emerging Practices to Incorporate Health in Decision Making in the United States », *op. cit.*

Chapitre 1. Une première émergence en droit international souple

En droit international, mis à part les traités, il existe d'autres instruments tels que les actes concertés non conventionnels, les résolutions, les lignes directrices, les codes de conduite, qui sont qualifiés de droit souple mais qui n'ont pas pour autant un rôle négligeable[1]. L'approche « santé dans toutes les politiques » a circulé à travers différentes disciplines et différents systèmes politiques et juridiques : de l'épidémiologie en Finlande, au droit finlandais, puis à travers les travaux de l'OMS sur le sujet, qui génèrent, ce faisant, du droit international souple. En effet, tandis que l'OMS a fortement contribué à la conception de cette approche (Section 1), ses États membres réunis en conférences annuelles ont façonné une définition politique de la « santé dans toutes les politiques » à travers la réflexion déjà évoquée, menée sur plusieurs décennies et dont l'apothéose s'est manifestée en 2013 avec l'adoption de la Déclaration d'Helsinki (Section 2).

Section 1. La conception de la « santé dans toutes les politiques » par l'Organisation mondiale de la santé

La constitution de l'OMS, adoptée par la Conférence internationale de la Santé de New York en 1946, signée par les représentants de soixante-et-un États le 22 juillet 1946, intégrait déjà en son article 2 des éléments liés à la « santé dans toutes les politiques », bien que cette approche n'existât pas encore sous ce nom à l'époque. L'article 2 du texte constitutif prévoit en effet que « l'Organisation, pour atteindre son but, exerce les fonctions suivantes », parmi lesquelles on trouve en point « i » le fait de « favoriser, en coopérant au besoin avec d'autres institutions spécialisées, l'amélioration de la nutrition, du logement, de l'assainissement, des loisirs, des conditions économiques et de travail, ainsi que de tous autres facteurs de l'hygiène du milieu ».

L'OMS a joué un rôle d'architecte de la « santé dans toutes les politiques » à travers l'adoption par son assemblée, de nombreuses résolutions allant dans ce sens (1) mais le manque d'affirmation du rôle de cette organisation sur le plan juridique a joué en défaveur de la reconnaissance de la « santé dans toutes les politiques » (2).

---

[1] E. DECAUX, O. DE FROUVILLE, *Droit international public*, 12ème édition, Dalloz, HyperCours, 2020, 684 p.

1) L'Assemblée mondiale de la santé émettrice de normes douces à l'origine d'une construction lente de l'approche « santé dans toutes les politiques »

En produisant un droit « largement déclaratoire » par le biais, notamment des résolutions de son Assemblée, l'OMS « façonne la politique sanitaire mondiale[1] ». Au cœur de son action dirigée vers un objectif de santé globale, l'OMS a développé ses propres concepts et les a diffusés notamment par le biais de résolutions adoptées par son assemblée.

Des résolutions contribuant à la structuration et au rayonnement de la « santé dans toutes les politiques » dès les années 1970

Les résolutions de l'Assemblée mondiale de la santé ont contribué à l'émergence de la « santé dans toutes les politiques », approche qui s'est alors démarquée de celle connue sous le nom de « santé pour tous ». Initialement, en 1977, lors de la trentième Assemblée mondiale de la santé, est adoptée une résolution qui marque le commencement de la stratégie intitulée « santé pour tous », une expression consacrée encore utilisée de nos jours. Cette résolution intitulée WHA30.43[2] affirme que la santé est un droit fondamental, mais aussi une condition essentielle à la satisfaction des besoins humains de base et de la qualité de vie ; ainsi, dès 1977 deux visions de la santé coexistent. Elle est à la fois une finalité en soi et un outil. Les États réunis en Assemblée mondiale de la santé décident à cette occasion que l'objectif principal des gouvernements et de l'OMS dans les prochaines décennies devrait être d'atteindre pour tous les habitants de la planète, d'ici l'an 2000, un niveau de santé qui permette à chacun de mener une vie socialement et économiquement productive. Amorçant un mouvement qui se poursuivra en 1986 avec la Charte d'Ottawa, l'Assemblée mondiale de la santé inaugure à travers la « santé pour tous » une nouvelle perspective qui présente la santé comme un processus s'opérant tout au long de la vie et non comme un état, ce qui diffère fondamentalement de la vision initiale de l'OMS[3]. La stratégie de la « santé pour tous » s'inscrit en revanche en toute cohérence dans la tendance liant la santé, ses déterminants sociaux, et les inégalités en santé[4].

Lors de la même Assemblée, la résolution WHA30.51[5] est adoptée et reconnaît le rôle du secteur de la santé dans le développement de politiques nationales et internationales sur l'alimentation et la nutrition, en s'appuyant

---

[1] M. BELANGER, *Introduction à un droit mondial de la santé*, Éditions des archives contemporaines, Manuels, 2009, 170 p. L'auteur fait référence au rapport de l'OMS sur la santé dans le monde, 1996.

[2] WHO, 30th WHA, Part 1, Resolutions and decisions, Geneva, 2-19 May 1977.

[3] B. LINDSTROM, « Workshop salutogenesis and the future of health promotion and public health », SJPH 2018, n° 46, Suppl 20, p. 94-98.

[4] I. KICKBUSCH, K. BUCKETT, Implementing Health in All Policies, Adelaide 2010, *op. cit.*

[5] WHO, 30th WHA, Part 1, Resolutions and decisions, *op. cit.*

sur le constat que la malnutrition est un des problèmes majeurs de santé publique dans le monde. Afin de répondre à un besoin notamment de qualité et de sécurité alimentaire, les gouvernements sont appelés à donner une plus grande priorité aux questions d'alimentation et de nutrition dans les programmes de santé, développer davantage de programmes multisectoriels destinés à améliorer l'alimentation et la nutrition, etc. On constate une prise de conscience du lien entre la santé et d'autres secteurs, en l'espèce l'alimentation, ce qui est le signe d'un renforcement progressif de la vision transversale et globale de la santé.

Entre 1977 et 1978, de nombreuses réunions se tiennent aux niveaux international, national et régional sur le sujet des soins de santé primaires[1]. Les soins de santé primaires sont les « soins essentiels reposant sur des méthodes et des techniques pratiques, scientifiquement valables et socialement acceptables, accessibles à un coût que la communauté et le pays peuvent supporter[2] ». Puis la conférence internationale sur les soins de santé primaires est organisée du 6 au 12 septembre 1978 à Alma-Ata, capitale de la République socialiste soviétique de Kazakhie (l'actuel Kazakhstan), et débouche sur l'adoption de la Déclaration d'Alma-Ata sur les soins de santé primaires[3], dans laquelle les États réaffirment l'objectif fixé en 1977 en vue d'atteindre la santé pour tous en l'an 2000.

En 1979, la trente-deuxième Assemblée mondiale de la santé adopte la résolution WHA32.30[4], par laquelle l'OMS réaffirme que l'objectif principal des gouvernements et de l'OMS dans les prochaines décennies devrait être d'atteindre pour tous les habitants de la planète, d'ici l'an 2000, un niveau de santé qui permette à chacun de mener une vie socialement et économiquement productive. L'Assemblée prend note des conclusions de la conférence d'Alma-Ata sur les soins de santé primaires et le rapport qui en est issu, lequel insiste notamment sur la nécessité pour tous les États d'assurer la mise en place d'un système de santé national et de soins de santé primaires durables en coordination avec d'autres secteurs. Au regard de toutes les résolutions adoptées lors de cette Assemblée, la collaboration intersectorielle apparaît comme faisant partie intégrante des solutions pour atteindre la santé pour tous. Les États doivent prendre les mesures nécessaires tandis que l'OMS reconnaît son rôle d'autorité coordinatrice du travail international en matière de santé,

[1] Notamment la Réunion du comité d'experts sur les soins de santé primaires dans la région africaine, Brazzaville, 1977, la 4ème réunion extraordinaire de Ministres des pays membres de l'Organisation panaméricaine de la santé, Washington DC, 1977, etc. (OMS, Les soins de santé primaires, Rapport de la Conférence internationale sur les soins de santé primaires, Alma-Ata (URSS), 6-12 septembre 1978 (Rapport conjoint de l'OMS et du Fonds des Nations Unies pour l'Enfance)).

[2] OMS, Glossaire de la promotion de la santé, 1998.

[3] Conférence internationale sur les soins de santé primaires, OMS et Unicef, Déclaration d'Alma-Ata sur les soins de santé primaires, Alma-Ata, URSS, 1978.

[4] WHO, 32nd WHA, Resolutions and decisions, Annexes, Geneva, 7-25 May 1979.

dans la mise en œuvre de la santé pour tous, en facilitant la compréhension de cette stratégie et les méthodes de développement nécessaires pour atteindre cet objectif, en fournissant des informations, du soutien pour la coopération entre pays, et de l'aide technique et managériale à tous les niveaux de mise en œuvre.

Le plus important est que les membres de l'Assemblée reconnaissent que la santé pour tous ne peut pas être atteinte par les seuls efforts du secteur de la santé : il faut une volonté politique nationale et la mobilisation d'autres secteurs du développement économique et social aux côtés de celui de la santé. Les politiques de santé devraient être insérées globalement parmi les politiques de développement. Ainsi, les stratégies des secteurs de la santé, du social et de l'économie peuvent se soutenir mutuellement. On voit déjà apparaître en filigrane la notion de synergie que l'on retrouvera dans la définition de la « santé dans toutes les politiques » qui sera adoptée par les États membres de l'OMS en 2013. Dans ces résolutions de l'année 1979, les États se placent dans une dimension à la fois curative et préventive de la santé, intégrant aussi des mesures environnementales. S'ils se focalisent évidemment sur le secteur de la santé, nécessaire pour la mise en place effective des soins de santé primaires pour tous, les États insistent sur le rôle des autres secteurs : éducation, agriculture, alimentation et eau, protection de l'environnement, logement, industrie, etc. Tout comme pour l'Assemblée mondiale précédente, on peut lire dès 1979 une forte conscience du lien vertueux entre santé et économie (la réflexion sur ce sujet se poursuit d'ailleurs aujourd'hui[1]). Les solutions législatives sont très peu évoquées dans les résolutions, mais les États précisent que l'adoption de nouvelles lois peut être envisagée au niveau national pour la mise en place de la stratégie de santé pour tous.

En 1980, une stratégie régionale pour l'Europe en vue d'atteindre la santé pour tous est adoptée par le Bureau européen de l'OMS afin que la priorité soit davantage donnée à la promotion de la santé et à la prévention ; que les services de santé, mais aussi tous les secteurs ayant un impact sur la santé, mènent des actions positives pour préserver et améliorer la santé ; enfin que les soins de santé primaires soient l'approche privilégiée pour y parvenir[2]. Le premier programme de l'OMS donnant des directives pour la santé pour tous en Europe est adopté en 1984 et sera révisé en 1998[3]. Les pays de la zone Europe de l'OMS approuvent ce programme et acceptent les résolutions qui exigent qu'ils mettent en place un programme de santé pour tous au niveau national. En 1988, une douzaine de pays – la France n'en faisant pas partie – avaient mis en place une telle stratégie à leur niveau. Cela donne une idée de

---

[1] J. P. Smith *et al.*, « A proposal to recognize investment in breastfeeding as a carbon offset », Bull. of the WHO 2024, Vol. 102, n° 5, p. 336-343.

[2] R. SALMELA, « Health policies and Health For All strategies in the Nordic countries », HP 1991, n° 18, p. 207-218.

[3] I. KICKBUSCH, K. BUCKETT, Implementing Health in All Policies, Adelaide 2010, *op. cit.*

l'influence que peuvent avoir les résolutions de l'Assemblée mondiale de la santé, relayées par les travaux de l'OMS. Avec cette stratégie, l'OMS place la santé au cœur des politiques de développement et amorce un tournant révolutionnaire dans la mesure où les gouvernements sont désormais tenus responsables de l'état de santé de leur population, et non seulement de l'état du service de santé qu'ils fournissent[1].

L'OMS poursuit le développement de son mouvement pour la santé pour tous en inaugurant en 1987 le mouvement Villes-Santé destiné à déployer la stratégie au niveau local[2]. La même année, dans sa résolution WHA40.30[3], la quarantième Assemblée mondiale de la santé réaffirme que la santé est la responsabilité du secteur de la santé, des autres secteurs qui y sont liés, des individus et de la communauté en général. L'Assemblée pousse les États à promouvoir la responsabilité individuelle pour la santé, en incitant la population à adopter des modes de vie sains.

En 1988, lors de la présentation de son rapport sur le travail de l'OMS pour les années 1986 et 1987[4], le Directeur-Général de l'OMS de l'époque, le Docteur Mahler, déclare à l'Assemblée mondiale que la santé est une aspiration sociale et politique qui dépend lourdement de l'implication des plus hauts niveaux de gouvernance et de l'action coordonnée de plusieurs secteurs. Dix ans plus tard, cette idée se confirme et se précise : dans une déclaration adoptée par l'Assemblée mondiale de la santé[5], les États réaffirment leur engagement pour l'atteinte d'un niveau de santé le plus élevé possible envisagé comme un droit fondamental pour tous et reconnaissent une « responsabilité partagée » en matière de santé. Aucune référence n'est faite à une quelconque base juridique qui légitimerait ou clarifierait ce partage de responsabilité. D'après une étude, en 2004, quarante États sur les cinquante-deux de la zone de l'OMS Europe avaient mis en place dans leurs systèmes nationaux des politiques et stratégies pour la santé pour tous, conformément aux lignes de conduite développées par l'OMS[6].

L'adoption régulière de résolutions contribuant à la structuration et au rayonnement de la « santé dans toutes les politiques » : une tendance se confirmant au XXIème siècle

En 2009, la soixante-deuxième Assemblée mondiale de la Santé invite instamment les États membres « à tenir compte de l'équité en santé dans toutes les politiques nationales visant les déterminants sociaux de la santé », « à

[1] I. KICKBUSCH, « The Contribution of the World Health Organization to a New Public Health and Health Promotion », AJPH 2003, Vol. 93, n° 3.
[2] *ibid.*
[3] WHO, 40th WHA, Resolutions and decisions, Annexes, Geneva, 4-5 May 1987.
[4] WHO, 41st WHA, Verbatim records of plenary meetings, Reports of committees, Geneva, 2-13 May 1988.
[5] WHO, 51st WHA, Resolutions and decisions, Annexes, Geneva, 11-16 May 1998.
[6] I. KICKBUSCH, K. BUCKETT, Implementing Health in All Policies, Adelaide 2010, *op. cit.*

favoriser le dialogue et la coopération entre les secteurs concernés de sorte que la santé soit prise en considération dans les politiques publiques pertinentes et que l'action intersectorielle soit renforcée », « à contribuer à l'amélioration des conditions de vie quotidiennes qui favorisent le bien-être sanitaire et social tout au long de la vie en associant tous les partenaires intéressés, y compris la société civile et le secteur privé[1] ». Parmi d'autres demandes, elle prie le Directeur Général de l'OMS « de fournir un appui aux États Membres pour s'attaquer aux inégalités en matière de santé selon une approche fondée sur la prise en compte de la santé dans toutes les politiques[2] ».

Lors de sa soixante-septième réunion, en 2014, l'Assemblée mondiale de la Santé produit une résolution[3] imprégnée de l'idée d'intégrer la santé dans les autres politiques. Elle fait référence au rapport de son Secrétariat, intitulé « Contribuer au développement économique et social : une action intersectorielle durable pour améliorer la santé et l'équité en santé[4] » pour exprimer sa position. Prenant pour fondements la constitution de l'OMS, la Déclaration d'Alma-Ata de 1978 et la Stratégie mondiale de la santé pour tous d'ici l'an 2000, « qui préconisent la coordination, la coopération et l'action intersectorielle en faveur de la santé », l'Assemblée s'appuie également sur un document de l'Assemblée générale des Nations Unies intitulé « L'avenir que nous voulons[5] » selon lequel « la santé est à la fois une condition préalable, le résultat et un indicateur des trois volets du développement durable ». Ce document contient une invitation de tous les acteurs concernés à participer à une action multisectorielle concertée en vue de répondre d'urgence aux problèmes de santé de la population dans le monde. L'Assemblée mondiale de la santé fait également référence à la Déclaration politique de la Réunion de haut niveau de l'Assemblée générale sur la prévention et la maîtrise des maladies non transmissibles et à la Stratégie et au Plan d'action mondiaux de l'OMS pour la lutte contre les maladies non transmissibles, documents « qui reconnaissent le rôle primordial des gouvernements dans la lutte contre les maladies non transmissibles et l'impérieuse nécessité pour tous les secteurs d'agir et de s'investir au lieu de n'introduire des changements que dans la politique du secteur de la santé[6] ».

[1] OMS, 62ème AMS, WHA62.14, Point 12.5 de l'ordre du jour, 22 mai 2009.
[2] *ibid.*
[3] OMS, 67ème AMS, WHA67.12, Point 14.6 de l'ordre du jour, 24 mai 2014 ; et OMS, 67ème AMS, Résolutions et décisions, Annexes, Genève, 19-24 mai 2014.
[4] OMS, 67ème AMS, Rapport du Secrétariat, Contribuer au développement économique et social : une action intersectorielle durable pour améliorer la santé et l'équité en santé, Point 14.6 de l'ordre du jour provisoire, 2014.
[5] Conférence des Nations Unies sur le développement durable, L'avenir que nous voulons, A/CONF.261/L.1., Rio de Janeiro, 20-22 juin 2012.
[6] OMS, 67ème AMS, Résolutions et décisions, *op. cit.*

Dans la droite ligne de résolutions précédemment adoptées[1], l'Assemblée mondiale de la santé affirme que « le secteur de la santé joue un rôle primordial dans la collaboration avec d'autres secteurs pour assurer la qualité de l'eau potable, l'assainissement, la sécurité sanitaire des aliments, la sécurité nutritionnelle et la qualité de l'air et pour limiter l'exposition aux produits chimiques et à des niveaux de rayonnement nocifs pour la santé[2] ». Elle pousse les États membres à prendre des dispositions, y compris des solutions sur le plan législatif, afin d'élaborer des politiques qui « prennent en compte et tentent d'atténuer leur propre impact sur les déterminants de la santé, la protection de la santé, l'équité en santé et le fonctionnement des systèmes de santé[3] ».

Par cette prise de position, l'Assemblée mondiale de la santé se place en cohérence avec les chartes mondiales adoptées régulièrement en matière de promotion de la santé et de « santé dans toutes les politiques » depuis les années 1970, évoquées dans le chapitre préliminaire de cet ouvrage. Elle se fonde sur l'idée de « santé dans toutes les politiques », et en cite la définition adoptée dans la Déclaration d'Helsinki un an auparavant[4]. Elle souligne l'importance de synergies « entre les objectifs des politiques du secteur de la santé et d'autres secteurs[5] ». Le fait de mentionner le rapport de l'Assemblée générale des Nations Unies donne un poids supplémentaire à sa déclaration, dans la mesure où elle démontre ainsi que même les Nations Unies reconnaissent la notion d'action multisectorielle pour la santé.

De même, dix ans plus tard, lors de la soixante-dix-septième Assemblée mondiale de la santé, certains États proposent une résolution intitulée « Économie de la santé pour tous » où ils prônent l'approche « santé dans toutes les politiques » en vue d'atteindre la santé pour tous[6]. D'autres États en proposent une autre sur les changements climatiques et la santé, nécessitant elle aussi, selon eux, l'intégration de la santé dans toutes les politiques[7].

Au regard de cette évolution qui s'échelonne sur plus de quarante ans, on aboutit à un double paradoxe : d'une part, l'argumentaire de l'OMS en faveur de la santé est intégralement fondé sur le fait qu'il s'agit d'un droit fondamental, bien que les nombreuses résolutions adoptées par cette organisation depuis sa création frappent par l'absence de dimension juridique

---

[1] Résolutions de l'AMS n° WHA59.15, WHA61.19, WHA63.25, WHA63.26, WHA64.15, WHA64.24.

[2] OMS, 67ème AMS, Résolutions et décisions, *op. cit.*

[3] *ibid.*

[4] 8ème Conférence internationale pour la promotion de la santé, OMS, Déclaration d'Helsinki sur la santé dans toutes les politiques, Helsinki, Finlande, 2013.

[5] OMS, 67ème AMS, Résolutions et décisions, *op. cit.*

[6] OMS, 77ème AMS, Projet de résolution « Économie de la santé pour tous », A77/A/CONF./2, 29 mai 2024.

[7] OMS, 77ème AMS, Projet de résolution « Changements climatiques et santé », A77/A/CONF./2, 29 mai 2024.

– ce que l'on peut expliquer par le rôle normatif limité de l'OMS, que nous verrons prochainement. D'autre part, la « santé dans toutes les politiques » est une idée conductrice de la politique de santé internationale promue par l'OMS et donc par ses États membres ; cependant, elle reste très peu théorisée, en particulier sur le plan juridique.

2) L'Organisation mondiale de la santé porteuse d'un pouvoir normatif peu utilisé ne favorisant pas le développement de l'approche « santé dans toutes les politiques »

Le Professeur Bélanger a montré comment certaines résolutions adoptées par l'Assemblée mondiale de la santé ont pu conduire en fin de compte au même résultat que si un règlement avait été adopté[1]. Il donne l'exemple de l'adoption par l'OMS du Code international de commercialisation des substituts du lait maternel, en 1981, en tant que simple résolution. Les normes contenues dans ce code ont bien été transcrites dans les droits de certains États, notamment du Sud[2]. Si l'importance du droit souple et déclaratoire de l'OMS est à souligner au regard de l'émergence de notre objet d'étude, ces mesures non contraignantes ne suffisent cependant pas à en garantir la reconnaissance.

Un pouvoir normatif à l'origine d'une production importante de droit déclaratoire

L'OMS a une capacité juridique reconnue. La capacité juridique est « l'aptitude à acquérir des droits, compétences ou pouvoirs et à les exercer[3] ». Comme le rappelle Monsieur Kastler dans sa thèse[4], cette capacité juridique se décline en une capacité de droit interne[5] et une capacité de droit international.

La capacité juridique de droit international de l'OMS est plus pertinente pour le sujet qui nous intéresse ici. Il s'agit d'une notion intrinsèquement liée à celle de personnalité juridique, dont l'OMS est dotée si l'on se fonde sur l'avis consultatif de la Cour internationale de justice sur la réparation des

---

[1] M. BELANGER, *Introduction à un droit mondial de la santé*, *op. cit.*

[2] *ibid.*

[3] J. SALMON, *Dictionnaire de droit international public*, 2001, Bruylant, 1200 p.

[4] F. KASTLER, Le rôle normatif de l'OMS, Thèse, Université Paris Descartes, 2016.

[5] La capacité juridique de droit interne de l'OMS découle de l'article 66 du Chapitre XV de sa constitution, selon lequel « L'Organisation jouira sur le territoire de chaque État Membre de la capacité juridique nécessaire pour atteindre son but et exercer ses fonctions ». Il s'agit concrètement d'une aptitude permettant à l'OMS « d'intervenir sur le plan interne afin de prendre des mesures qui ont trait à son fonctionnement », telles que celles relatives à la répartition des compétences, aux rapports entre ses organes ou bien au statut de ses membres et agents. (F. KASTLER, Le rôle normatif de l'OMS, *op. cit.*).

dommages subis au service des Nations unies, rendu le 11 avril 1949[1], concernant les Nations unies et pouvant être généralisé « à d'autres organisations internationales du système des Nations unies dont l'OMS[2] ». La personnalité juridique est définie comme l'« aptitude à être sujet de droit qui est reconnue de plein droit et sans distinction à tous les êtres humains (personnes physiques) et, sous certaines conditions, variables selon leur nature, aux personnes morales[3] ».

Alors que la personnalité juridique internationale est une qualité passive, la capacité juridique internationale est quant à elle une vertu active définie comme « l'ensemble des pouvoirs que l'ordre juridique international reconnaît ou accorde aux entités qu'il érige en personnes juridiques, qu'il s'agisse de personnes morales [...] ou de personnes physiques [...] et qui leur permet d'exercer une activité juridique sur le plan international[4] ». La capacité juridique internationale de l'OMS fait référence en particulier aux règles qu'elle a produites et qui permettent « de régir le comportement des États membres indépendamment de leur participation au fonctionnement de l'organisation par l'intermédiaire de leurs représentants, ainsi que les rapports juridiques avec les autres sujets du droit international[5] ». Cette capacité inclut des pouvoirs processuels, bien que la capacité de l'OMS en matière d'action contentieuse devant la Cour de justice internationale reste limitée[6].

L'OMS est dotée d'une constitution. En droit international public, la constitution d'une organisation internationale est un acte constitutif qui est à la fois un accord de volontés conclu entre États souverains et, « aux sens à la fois formel et matériel où on l'entend en droit public interne, une constitution, déterminant les droits et obligations des États liés entre eux de même qu'aux organes institués, dont il précise les pouvoirs[7] ». Le traité constitutif est un acte mixte en ce qu'il est à la fois une convention multilatérale et une constitution, et c'est en tant que constitution que cet acte affirme sa spécificité par rapport aux autres traités entre États[8].

Par ce texte désigné comme constitution, adopté en 1946, l'OMS reçoit de la part des États signataires un mandat pour exercer plusieurs fonctions. Parmi elles, on trouve à l'article 2 k dudit texte le fait de « proposer des conventions, accords et règlements, faire des recommandations concernant les questions internationales de santé et exécuter telles tâches pouvant être assignées de ce

---

[1] Cour internationale de justice, Avis consultatif sur la réparation des dommages subis au service des Nations unies, 11 avril 1949, CIJ Rec. 1949.

[2] F. Kastler, Le rôle normatif de l'OMS, *op. cit.*

[3] S. Guinchard, T. Debard (dir.), *Lexique des termes juridiques*, 27ème édition, Dalloz, 2019, 1126 p.

[4] J. Salmon, *Dictionnaire de droit international public*, *op. cit.*

[5] J. Dehaussy, H. Ascensio, « Actes unilatéraux et action normative des organisations internationales », Jurisclasseur, DI 2005, fasc. 14, n° 11.

[6] F. Kastler, Le rôle normatif de l'OMS, *op. cit.*

[7] P. M. Dupuy, Y. Kerbrat, *Droit international public*, 14ème édition, Dalloz, 2018, 956 p.

[8] *ibid.*

fait à l'Organisation et répondant à son but[1] ». La particularité de ce texte fondateur est qu'il confie à l'OMS la capacité d'imposer des obligations aux États membres souverains[2]. Lors de sa création, confier à l'OMS des pouvoirs normatifs contraignants (articles 19 et suivants de sa constitution) permettait d'imaginer une action plus efficace que si elle n'était compétente que pour un soutien scientifique et technique[3].

Nous nous intéresserons ici au pouvoir non contraignant de l'OMS, car c'est par le biais des résolutions de l'Assemblée mondiale de la santé que l'OMS a développé la « santé dans toutes les politiques ». L'OMS a en effet tendance à privilégier l'utilisation de ses compétences en droit souple : en parallèle de ses actes ayant une portée directement exécutoire[4], l'OMS a la possibilité de produire des « normes douces » ou des « critères » (standards) étayés par des données scientifiques et justifiées par l'éthique et les droits fondamentaux[5]. Ces productions non contraignantes ont un « caractère proclamatoire[6] » mais n'en sont pas pour autant dépourvues d'influence puisque les États membres sont généralement enclins à les incorporer dans leurs législations[7]. Selon les Professeurs Dupuy et Kerbrat, ce type de textes peut aussi être désigné comme relevant d'une « activité paranormative », c'est-à-dire que ce sont des textes qui ne composent pas une catégorie juridique homogène, mais qui sont dotés « en pratique d'une grande importance pour l'harmonisation progressive des comportements, et surtout, des législations nationales des États membres dans les domaines techniques les plus variés[8] ». Nous parlons ici des recommandations prévues aux articles 2 et 23 de la constitution de l'OMS ainsi que des actions informelles de l'Assemblée mondiale de la santé, du Conseil exécutif ou du Secrétariat[9]. Par ses recommandations – qui incluent les résolutions – l'Assemblée mondiale de la santé demande aux États membres d'agir « en se conformant à une ligne de conduite qu'elle définit avec une précision souvent très relative[10] ». Les recommandations représentent le mode d'action privilégié de l'OMS qui préfère ces instruments de persuasion, et leur « fonction d'impulsion[11] » à une

---

[1] OMS, Constitution adoptée par la Conférence internationale de la Santé, New York, 19/06 au 22/07/1946.

[2] J.P. Deschamps, « Une « relecture » de la charte d'Ottawa », SP 2003, Vol. 15, n° 3, p. 313-325.

[3] L. O. Gostin *et al.*, « The normative authority of the World Health Organization », PH 2015, n° 129, p. 854-863.

[4] C. Evin, « La portée de la définition OMS de la santé », RGDM 1999, n° 1, p. 117-128.

[5] L. O. Gostin *et al.*, « The normative authority of the World Health Organization », *op. cit.*

[6] E. Mondielli, « La prise en compte des normes OMS par le droit français », RGDM 1999, n° 1, p. 87-116.

[7] L. O. Gostin *et al.*, « The normative authority of the World Health Organization », *op. cit.*

[8] P. M. Dupuy, Y. Kerbrat, *Droit international public*, *op. cit.*

[9] L. O. Gostin *et al.*, « The normative authority of the World Health Organization », *op. cit.*

[10] M. Virally, « La valeur juridique des recommandations des organisations internationales », AFDI 1956, Vol. 2, p. 66-96.

[11] C. Evin, « La portée de la définition OMS de la santé », *op. cit.*

action plus autoritaire. Faisant office d'avis, de « références théoriques[1] », elles n'obligent pas les États, mais en vertu de l'article 62 de la constitution de l'OMS, ces derniers doivent, de la même façon que pour les conventions et accords, rendre un rapport annuel à l'Organisation sur les mesures prises en application des recommandations. Ainsi, ces dernières peuvent bénéficier d'un « crédit important[2] ». En outre, le Professeur Virally estimait que « le refus d'exécution d'une recommandation n'est pas juridiquement indifférent » et produit des effets de droit dans la mesure où « l'État qui se conforme à la recommandation qui lui est adressée doit être considéré comme remplissant les obligations qu'il avait assumées en devenant membre de l'organisation internationale » et l'État qui refuse d'appliquer une recommandation peut « être présumé en faute à l'égard de l'organisation, à moins qu'il ne justifie sa position par une argumentation de fait ou de droit valable[3] ».

Les recommandations ont pour caractéristique et pour force leur adaptabilité : les États ne sont pas contraints d'adopter les dispositions contenues dans le texte et peuvent les adapter à leur système juridique[4]. Plus précisément, les résolutions opposent « la relative aisance de [leur] adoption et [leur] grande souplesse d'utilisation à la lourdeur de la négociation des conventions multilatérales comme aux incertitudes pesant sur leur entrée en vigueur », et gagnent ainsi « en souplesse et en rapidité » ce qu'elles perdent en sécurité juridique[5]. Par ailleurs, leur teneur doit être appréciée à la lumière de ce qui suit. La réunion de l'Assemblée mondiale de la santé se tient à Genève une fois par an et réunit surtout des diplomates et moins souvent des ministres, ce qui donne une portée plus relative aux actes adoptés par l'Assemblée mondiale de la santé[6]. Cependant, l'intérêt d'avoir analysé ces résolutions est de refléter plus étroitement la voix de l'OMS *stricto sensu*, car ces résolutions sont adoptées en son nom, contrairement aux chartes et déclarations mondiales qui traduisent la vision des assemblées d'experts internationaux réunis avec l'aide de l'OMS.

Un pouvoir normatif limité

Plusieurs facteurs contribuent à circonscrire le pouvoir d'intervention de l'OMS sur le plan juridique. À titre de remarque préliminaire, on peut déjà souligner que l'OMS pâtit en son sein d'un manque chronique de personnel juridique[7]. Par ailleurs, une partie de la doctrine dénonce un déficit

---

[1] *ibid.*
[2] *ibid.*
[3] M. VIRALLY, « La valeur juridique des recommandations des organisations internationales », *op. cit.*
[4] C. EVIN, « La portée de la définition OMS de la santé », *op. cit.*
[5] P. M. DUPUY, Y. KERBRAT, *Droit international public*, *op. cit.*
[6] Entretien du 23 novembre 2018 avec F. SAUER, ancien directeur de la santé publique à la Commission européenne, ancien membre du Collège du HCSP.
[7] F. KASTLER, Le rôle normatif de l'OMS, *op. cit.*

démocratique inhérent à l'OMS pouvant expliquer le faible investissement de l'Organisation sur le terrain des droits fondamentaux et de l'éthique[1]. Le champ de compétence théorique de l'OMS se trouve donc amputé proportionnellement à son manque de légitimité. Cela peut aussi expliquer le caractère sous-exploité du pouvoir normatif de l'OMS[2].

Une autre limite à son pouvoir d'intervention est l'absence de juridiction ou de procédure effective permettant de sanctionner le non-respect par les États membres des normes produites. C'est ce que l'on peut constater avec le cas des Etats-Unis, qui ont manqué plus d'une fois aux obligations imposées par le traité constitutif de l'OMS[3]. Dans le cadre du Règlement sanitaire international (RSI) adopté par l'OMS[4], les États signataires ont une obligation de notifier à l'OMS toute situation considérée, selon des critères définis dans l'annexe 2 du RSI, comme une urgence – potentielle ou vérifiée – de santé publique à portée internationale. Il n'y a pas de sanction spécifique prévue en cas de violation de cette obligation de notification, et comme en a conclu Monsieur Kastler au vu de l'article 56 du RSI portant sur les modes de règlement des différends entre États concernant l'interprétation ou l'application du Règlement, « le mécanisme potentiel de sanction en cas de manquement à l'obligation de notification est soumis au consentement des parties au litige. Cette condition rend très improbable la constatation d'une violation par un tribunal arbitral[5] ». En ce qui concerne la Convention-cadre anti-tabac, aucun mécanisme de sanction n'est prévu en cas de non-application de la convention par les États parties[6].

S'il est déjà difficile de veiller à l'application de ces deux normes contraignantes, il est *a fortiori* délicat d'en faire de même pour les productions de l'OMS non dotées de caractère contraignant. Par exemple, bien que l'on ait pu noter une bonne adhérence des États membres à la stratégie Santé pour tous de l'OMS, certains ont pu se montrer moins enclins à la suivre, à commencer par la France. Le manque d'autonomie financière et l'érosion de la légitimité de l'OMS ont pu contribuer à la limitation de l'effectivité de son pouvoir normatif[7].

---

[1] R. VAN DE PAS, L.G. VAN SCHAIK, « Democratizing the World Health Organization », PH 2014, n° 128, p. 195-201.

[2] S. WIBULPOLPRASERT, M. CHOWDHURY, « World Health Organization: Overhaul or Dismantle? », AJPH 2016, Vol. 106, n° 11.

[3] W.H. MCBEATH, « Health for all: A public health vision », AJPH 1991, Vol. 81, n° 12.

[4] Deux règlements ont été adoptés par l'OMS jusqu'à présent : le règlement sur la nomenclature des maladies et causes de décès adopté par la 1ère AMS en 1948 et le RSI, adopté en 1951, révisé en 2005 et amendé en 2024 (C. EVIN, « La portée de la définition OMS de la santé », *op. cit.*, p. 117-128 ; F. KASTLER, Le rôle normatif de l'OMS, *op. cit.*)

[5] F. KASTLER, Le rôle normatif de l'OMS, *op. cit.*

[6] *ibid.*

[7] À partir de 1984, les coupes budgétaires imposées à l'OMS par les principaux États donateurs ont affecté sa capacité d'action et cette tendance restrictive s'est confirmée en 1993. Avec les années, la situation de l'OMS en tant qu'organisation ayant un faible contrôle sur son budget et

Néanmoins, il existe une cohérence dans les résolutions adoptées par l'Assemblée mondiale de la santé présentées ici : à la manière d'un flux, de façon récurrente dans le temps, elles mènent peu à peu les États membres de l'OMS vers des idéaux politiques et des objectifs pratiques favorables à une prise en compte globale et transversale des questions de santé dans les politiques publiques. Malgré les limites inhérentes à ces textes dotés d'une faible portée juridique, des résultats peuvent donc être observés tant au niveau des objectifs adoptés et promus par l'OMS, qu'au niveau de la législation de certains États membres.

Section 2. La définition de la « santé dans toutes les politiques » par les États membres de l'Organisation mondiale de la santé

La définition de la « santé dans toutes les politiques » donnée par la Déclaration d'Helsinki a, à première vue, une portée limitée (1), mais des retombées concrètes peuvent être observées, à travers l'adoption, dans les années 2000, de plusieurs législations sur la « santé dans toutes les politiques » dans le monde (2).

1) La définition de la « santé dans toutes les politiques » donnée par la Déclaration d'Helsinki : une définition à la portée à première vue limitée

La définition de la « santé dans toutes les politiques » adoptée par des experts de nombreux pays lors de la huitième conférence mondiale sur la promotion de la santé à Helsinki en 2013 est l'aboutissement de quarante années de réflexion menée à travers les réunions mondiales sur la promotion de la santé. La définition de la « santé dans toutes les politiques » adoptée en 2013 à cette occasion est la suivante : « La santé dans toutes les politiques est une approche intersectorielle des politiques publiques qui tient compte systématiquement des conséquences sanitaires des décisions, qui recherche des synergies et qui évite les conséquences néfastes pour la santé afin d'améliorer la santé de la population et l'équité en santé[1] ».

Comme nous l'avons vu, cette définition s'est profilée au fur et à mesure qu'une nébuleuse de textes internationaux de nature variée fut adoptée. En effet, avant son adoption en 2013, nombre des composants de cette définition étaient déjà reconnus dans les déclarations et chartes adoptées lors d'événement internationaux organisés avec le soutien de l'OMS. Ces documents, dont certains ont été mentionnés précédemment, ont été adoptés

---

de ce fait une autonomie limitée est devenue structurelle (R. VAN DE PAS, L. G. VAN SCHAIK, « Democratizing the World Health Organization », *op. cit.*).

[1] 8ème Conférence internationale pour la promotion de la santé, OMS, Déclaration d'Helsinki sur la santé dans toutes les politiques, *op. cit.*

par des États membres de l'OMS réunis en conférences d'experts et de décideurs politiques dans le cadre des conférences mondiales pour la promotion de la santé ou de réunions internationales dédiées à une question en particulier et co-organisées par l'OMS. Quelques autres documents intitulés « appel à l'action » ou « recommandations » ont été intégrés à cette analyse car ils ont adopté une forme et une démarche similaire et sont donc éclairants pour notre étude. D'autres textes auraient pu être ajoutés à l'analyse, tels que ceux issus des conférences ministérielles sur l'environnement et la santé qui ont lieu tous les cinq ans, sous l'impulsion de l'OMS Europe, dont la dernière en date a donné lieu à l'adoption de la Déclaration de Budapest, en juin 2023[1].

On se trouve ici dans le cadre d'accords adoptés directement par les États membres de l'OMS lors de conférences diplomatiques et non dans le cadre du pouvoir conventionnel propre de cette organisation internationale.

Nous verrons que la volonté politique en faveur d'une prise en compte transversale de la santé dans les autres politiques publiques est matérialisée par des textes à la portée normative ambiguë. La conférence d'Helsinki marque une avancée théorique mais nuancée dans la pratique.

Une volonté politique matérialisée par des textes à la portée normative ambiguë

Le droit international déclaratoire de la santé fourmille de sources en faveur de la concrétisation de l'approche « santé dans toutes les politiques », mais ces sources ont une force toute relative dans la mesure où elles se trouvent à la lisière du champ juridique.

Il existe en effet un ensemble de sources dépourvues de valeur juridique formelle qui constituent une partie émergente du droit international et qui à ce titre reçoivent néanmoins l'attention des juristes.

Avant d'analyser la valeur des textes qui nous intéressent ici, il convient au préalable de rappeler quelles sont les sources formelles du droit international. Elles sont énumérées à l'article 38 du statut de la Cour internationale de justice : il s'agit des conventions internationales, de la coutume internationale, des principes généraux de droit reconnus par les nations civilisées – ces trois sources forment une première catégorie : les sources principales, à caractère obligatoire[2] – ainsi que les décisions judiciaires et la doctrine des publicistes les plus qualifiés des différentes nations – qui forment une seconde catégorie : les sources auxiliaires[3]. De

---

[1] Elles se sont déroulées à Francfort (Allemagne) en 1989, à Helsinki (Finlande) en 1994, à Londres (Royaume-Uni de Grande-Bretagne et d'Irlande du Nord) en 1999, à Budapest (Hongrie) en 2004, à Parme (Italie) en 2010, à Ostrava (République Tchèque) en 2017 et à Budapest (Hongrie) en 2023.

[2] C. ECONOMIDES, « Les actes institutionnels internationaux et les sources du droit international », AFDI 1988, Vol. 34, p. 131-145.

[3] *ibid.*

façon générale, le droit international public comporte très peu de sanctions[1]. Comme le rappellent les Professeurs Dupuy et Kerbrat, cet article 38 offre un guide utile et une typologie opératoire mais reste un instrument imparfait qu'il ne faut pas ériger en modèle absolu et suprême[2]. De toute façon, nous verrons que les textes étudiés ici s'éloignent de ce modèle classique de classification des sources du droit international public.

S'il s'agit avec certitude de textes écrits exprimant une volonté commune d'États souverains, on peut d'ores et déjà écarter de notre étude la notion de traité, défini comme « l'expression de volontés concordantes, émanant de sujets de droit dotés de la capacité requise, en vue de produire des effets juridiques régis par le droit international[3] ». En effet, il s'agit plus précisément ici, pour la plupart, de déclarations et de chartes adoptées par un grand nombre d'États membres de l'OMS. Ces textes successifs appelés alternativement « déclaration », « charte » et parfois même « recommandations » ou « appel à l'action » ont à première vue une valeur égale les uns aux autres, ce qui suggère un manque de rigueur juridique de la part des signataires dans le choix de la terminologie puisqu'aucun élément de précision n'est donné. À défaut de définition donnée lors de ces conférences mondiales, il ressort des dictionnaires juridiques consultés que ces notions sont polysémiques.

Très simplement, en droit international public une charte peut être un « acte constitutif d'une organisation internationale[4] ». C'est toutefois la signification suivante que nous retiendrons plutôt : une charte est un « instrument diplomatique proclamant de manière solennelle des principes que les parties entendent préserver et défendre[5] » : selon les cas il peut donc s'agir concrètement d'un traité, de résolutions adoptées par une organisation internationale ou bien d'un accord politique[6], ce dernier cas correspondant bien aux chartes étudiées ici. On peut faire un emprunt au droit constitutionnel pour conclure à une utilisation presque dévoyée du terme de charte : il peut en effet être employé « pour désigner des documents de nature très diverse, allant des plus sérieux (comme la Charte des Nations unies du 25 juin 1945, dans un sens identique à celui de constitution) à de plus discutables – le mot de charte est alors galvaudé – auxquels on veut donner une certaine importance politique (par exemple la Charte du contribuable en 2005) ou finalement, juridique (Charte des droits fondamentaux de l'Union européenne en 2000)[7] ».

---

[1] J. CARBONNIER, *Sociologie juridique*, 3ème édition, PUF, Quadrige, 2016, 416 p.
[2] P. M. DUPUY, Y. KERBRAT, *Droit international public*, *op. cit.*
[3] *ibid.*
[4] S. GUINCHARD, T. DEBARD (dir.), *Lexique des termes juridiques*, 27ème édition, Dalloz, 2019, 1126 p.
[5] J. SALMON, *Dictionnaire de droit international public*, *op. cit.*
[6] *ibid.*
[7] M. DE VILLIERS, A. LE DIVELLEC, *Dictionnaire du droit constitutionnel*, 9ème édition, Dalloz-Sirey, 2013, 408 p.

Quant à la déclaration, d'un point de vue matériel, le Professeur Salmon définit cette catégorie comme « tous les actes d'un État ou d'un groupe d'États qui notamment font connaître aux autres États leur position officielle sur tel fait ou telle situation (existante ou souhaitée), qui manifestent leur intention pour l'avenir et qui, parfois, peuvent constituer un engagement de leur part[1] ». Selon ce spécialiste de droit international, une déclaration exprime une volonté de solennité de la part de ses auteurs mais n'a pas automatiquement de valeur juridique ou politique. Sur le plan formel, la déclaration peut désigner une palette très large d'actes écrits ou verbaux, unilatéraux, conjoints ou multilatéraux, et pouvant exprimer « la volonté unilatérale d'un ou de plusieurs États[2] ».

Enfin, nous retiendrons aussi une définition proposée par le Professeur Salmon au sujet de la recommandation, qui peut être un « acte unilatéral non contraignant émanant d'un organe international et adressé à un ou plusieurs destinataires (en principe les États) les invitant à adopter un comportement déterminé, qu'il s'agisse d'une action ou d'une abstention ; elle exprime un simple vœu à l'égard de ceux auxquels elle s'adresse ; elle ne les lie pas en droit[3] ». Aucune définition juridique de la notion « d'appel à l'action » n'a été trouvée dans les ouvrages précités. Au regard de ces définitions, les textes étudiés semblent avoir pour point commun d'exprimer une volonté d'États, une manifestation d'intention sans caractère juridiquement contraignant.

A priori situés en dehors du droit, ces textes ne semblent pas pour autant totalement dépourvus de poids. Les Professeurs Dupuy et Kerbrat admettent qu'« il existe sans doute, à côté de l'ordre normatif structuré et plus ou moins formalisé par le droit, un autre ordre, de caractère non plus juridique mais politique, qui offre beaucoup plus de souplesse, mais n'est pas nécessairement moins contraignant[4] ». C'est sans doute ici que se rangent nos déclarations et chartes hétéroclites. Elles semblent en effet s'inscrire dans une tendance actuelle qu'a le droit international à se manifester sous de multiples formes nouvelles mais ayant pour dénominateur commun une nature « déclaratoire[5] » et non obligatoire. Ainsi, certaines « déclarations » pourtant issues de négociations longues et difficiles et dotées d'une grande importance politique ont ce caractère déclaratoire, tout comme « certains textes concertés au sein d'une conférence internationale et destinés à officialiser les résultats d'une négociation[6]». Ce « droit déclaratoire » peut désigner, selon le Professeur Salmon, « certaines normes issues d'instruments formellement non

---

[1] J. SALMON, *Dictionnaire de droit international public*, *op. cit.*
[2] *ibid.*
[3] *ibid.*
[4] P. M. DUPUY, Y. KERBRAT, *Droit international public*, *op. cit.*
[5] E. DECAUX, « Déclarations et conventions en droit international », Site internet du Conseil constitutionnel, https://www.conseil-constitutionnel.fr/nouveaux-cahiers-du-conseil-constitutionnel/declarations-et-conventions-en-droit-international, [consulté le 15/11/2019].
[6] P. M. DUPUY, Y. KERBRAT, *Droit international public*, *op. cit.*

obligatoires dont l'objet est néanmoins de déclarer l'existence, en tant que droit international, des principes qu'ils énoncent[1] ». Le Professeur Bélanger considère au contraire que le droit international déclaratoire de la santé relève du droit souple[2].

En ce qui concerne les textes déclaratoires émanant des Nations Unies par exemple, le Professeur Decaux les définit comme des textes consensuels comportant des affirmations et des engagements de nature politique sur les buts et principes des Nations Unies. Ces textes déclaratoires ont la valeur d'une « interprétation autorisée de la Charte [des Nations unies], qui impose aux États une obligation de cohérence, un principe de non-contradiction, dans leur comportement[3] ». Selon le Professeur Decaux, « alors que les normes conventionnelles ne concernent que les États parties et que les normes coutumières peuvent être récusées par un « objecteur persistant », le droit déclaratoire marque un consensus politique qui engage moralement tous les États, à défaut de les lier juridiquement[4] ». Ces propos peuvent s'appliquer à la Déclaration politique de la réunion de haut niveau de l'Assemblée générale des Nations Unies sur la prévention et la maîtrise des maladies non transmissibles adoptée en 2011 qui figure dans l'analyse précédente.

Enfin, si l'on prend pour exemple la Charte d'Ottawa, à en juger par son absence de la Table analytique du Journal officiel de l'année 1986 et de celle de l'année 1987[5], elle semble n'avoir été publiée dans aucun décret interne. Or, dans la mesure où le Conseil d'État considère que « la seule publication faite au Journal Officiel du 9 février 1949 du texte de la déclaration universelle des droits de l'homme ne permet pas de ranger cette dernière au nombre des traités ou accords internationaux qui, ayant été ratifiés et publiés, ont, aux termes de l'article 55 de la Constitution du 4 octobre 1958, « une autorité supérieure à celle des lois, sous réserve, pour chaque accord ou traité, de son application par l'autre partie »[6] », la Charte d'Ottawa, n'a bénéficié, *a fortiori*, d'aucune reconnaissance juridique en France.

Si certains des textes analysés avancent l'idée d'une responsabilité individuelle ou étatique dans le domaine de la santé, la plupart n'évoquent pas de portée juridique à ces responsabilités qui relèvent plus de l'ordre moral. La Charte de Ljubljana de 1996 énonce par exemple succinctement que « les citoyens doivent aussi partager la responsabilité de leur propre santé[7] ».

---

[1] J. SALMON, *Dictionnaire de droit international public*, *op. cit.*

[2] M. BELANGER, *Introduction à un droit mondial de la santé*, *op. cit.*

[3] E. DECAUX, « Déclarations et conventions en droit international », *op. cit.*

[4] *ibid.*

[5] https://www.legifrance.gouv.fr/ [consulté le 27/09/2021].

[6] CE, ass., 21 déc. 1990, *Confédération nationale des associations familiales catholiques*, n°105743, 105810, 105811, 105812, Lebon (concl. STIRN ; AJDA 1991. 91, chron. C. M., F. D. et Y. A).

[7] OMS, Charte de Ljubljana sur la réforme des systèmes de santé, *op. cit.*

On peut penser qu'il impliquerait qu'un justiciable soulève la question de la santé devant un tribunal international pour que les déclarations et chartes étudiées prennent éventuellement une réelle valeur juridique, dans la mesure où « le juge a un rôle essentiel d'élucidation des normes. C'est déjà le cas de la Cour européenne des droits de l'homme qui se réfère de plus en plus au droit déclaratoire régional ou onusien, qu'il s'agisse de bonne administration de la justice, de lutte contre l'impunité, de disparitions forcées, ou de prohibition de la torture, pour interpréter et développer la Convention européenne des droits de l'homme[1] ». Actuellement, la portée des textes en question trouve en effet une limite au niveau de la justiciabilité qui semble pour l'instant nulle mais envisageable au regard du droit à la santé. Les propos du Professeur Decaux vont dans ce sens : « La Cour internationale de justice qui se servait déjà elle aussi du droit déclaratoire pour interpréter le droit applicable, sera sans doute de plus en plus amenée à se référer aux engagements politiques et aux déclarations solennelles des États pour déterminer l'existence de normes de jus cogens (norme impérative)[2] ».

Il s'agira donc ici d'un dernier indice et non des moindres : « pour apprécier cependant la force d'imprégnation de ces textes, il demeure à constater si les bonnes résolutions ainsi prises par les États sont ou non suivies d'effets[3] ». Une absence de transposition en droit interne ou du moins le défaut d'adaptation des idées promues dans ces textes signifierait clairement une autre limite concernant leur portée.

On peut déjà s'intéresser au traitement que l'OMS elle-même a réservé à ces textes. Leur a-t-elle donné une force particulière ? Il semblerait que non, car parmi les déclarations, chartes et autres textes étudiés ici, très peu ont été approuvés officiellement ensuite par l'Assemblée mondiale de la santé lors de sa réunion annuelle, ce qui limite encore davantage leur portée. Parmi ceux qui ont été approuvés, on trouve la Déclaration d'Alma-Ata, issue de la conférence de septembre 1978 placée sous la supervision de l'OMS et du Fonds des Nations Unies pour l'enfance, approuvée non seulement par la trente-deuxième Assemblée mondiale de la santé en 1979, mais aussi par l'Assemblée générale des Nations unies lors de sa trente-quatrième session en 1979[4]. La Déclaration de Riga adoptée en 1988 a, elle aussi, reçu l'approbation officielle de l'Assemblée mondiale de la santé, tout comme la Déclaration de

[1] E. DECAUX, « Déclarations et conventions en droit international », *op. cit.*

[2] *ibid.*

[3] P. M. DUPUY, Y. KERBRAT, *Droit international public*, *op. cit.* Les auteurs précisent également que « Le test de la pratique demeure ainsi incontournable. La « soft law » ne prend consistance dans l'ordre juridique que si à la déclaration succède, même partiellement et progressivement, l'application ».

[4] Nations unies, Assemblée générale, 34ème session, 82ème séance plénière, *« La santé en tant que partie intégrante du développement »*, 29 novembre 1979.

Jakarta – qui fut « confirmée » par l'Assemblée mondiale de la santé – et la Déclaration de Moscou de 2011[1].

La plupart des textes ont simplement été cités dans les échanges de l'Assemblée mondiale de la santé qui ont suivi ou bien ont figuré, pour certains cas, dans des résolutions ultérieures – c'est le cas de la Charte de Bangkok[2] et de la Déclaration de Mexico[3] – mais sans être officiellement approuvés : la Charte d'Ottawa, les Recommandations d'Adélaïde, la Déclaration de Sundsvall, la Déclaration politique de la réunion de haut niveau de l'Assemblée générale des Nations Unies sur la prévention et la maîtrise des maladies non transmissibles, la Déclaration d'Helsinki[4]. Enfin, certains textes

---

[1] WHO, 41st WHA, Verbatim records of plenary meetings, Reports of committees, Geneva, 2-13 May 1988 : le Président de l'AMS mentionne la réunion de Riga dans son discours, et la résolution 41.34, adoptée lors de cette AMS, et intitulée en anglais *Strengthening primary health care* approuve la déclaration de Riga (« *endorses* »).

WHO, 51st WHA, Resolutions and decisions, Annexes, Geneva, 11-16 May 1998 : les membres de l'AMS confirment les priorités identifiées par la Déclaration de Jakarta et demandent au Directeur général de l'OMS de s'investir pour créer l'alliance pour la promotion de la santé et pour permettre aux États membres de mettre en œuvre la Déclaration de Jakarta.

OMS, 64ème AMS, Résolutions et décisions, Annexes, Genève, 16-24 mai 2011 : l'AMS accueille « avec satisfaction les résultats de la Première Conférence ministérielle mondiale sur les modes de vie sains et la lutte contre les maladies non transmissibles, organisée par la Fédération de Russie et l'OMS les 28 et 29 avril 2011 à Moscou » et « approuve la Déclaration de Moscou ».

[2] Suite à son adoption, la Charte de Bangkok a fait l'objet d'un rapport préalable du Secrétariat de l'OMS, intitulé « La promotion de la santé à l'heure de la mondialisation » en vue de l'AMS de 2006 ; ce rapport A 59/21 invitait à « promouvoir le suivi de la Charte de Bangkok », « faciliter l'application de la Charte de Bangkok », et encourageait la « mise en œuvre des quatre engagements énoncés dans la Charte de Bangkok », mais surtout invitait l'AMS à examiner « le projet de résolution contenu dans la résolution EB117.R9 ». L'AMS a décidé de reporter cet examen : « La Cinquante-Neuvième Assemblée mondiale de la Santé a décidé de soumettre le texte du projet de résolution intitulé « La promotion de la santé à l'heure de la mondialisation », incorporant les amendements proposés par des États Membres, au Conseil exécutif, à sa cent vingtième session, pour un examen plus approfondi. ». C'est la 60ème AMS, en 2007, qui adopte finalement cette résolution intitulée WHA 60.24 « La promotion de la santé à l'heure de la mondialisation ».

[3] Elle est mentionnée dans la résolution WHA 60.24 six ans après son adoption.

[4] La Charte d'Ottawa est notamment citée (et non réaffirmée ou approuvée) au cours de la 40ème AMS (1987), de la 41ème AMS (1988) et de la 42ème AMS (1989). Les Recommandations d'Adélaïde sont citées lors de la 41ème AMS (1988) et de la 42ème AMS (1989). La Déclaration de Sundsvall est citée et prise en compte par le Directeur général lors de la 45ème AMS (1992). Elle n'apparaît pas dans les comptes rendus de la 46ème AMS (1993). Elle est citée dans une résolution WHA60.24 lors de la 60ème AMS, en 2007. La Déclaration politique de la réunion de haut niveau de l'Assemblée générale des Nations Unies sur la prévention et la maîtrise des maladies non transmissibles est prise en compte dans le rapport WHA64 de 2010 intitulé « Lutte contre les maladies non transmissibles : Rôle de l'OMS dans la préparation, la mise en œuvre et le suivi de la réunion de haut niveau de l'Assemblée générale des Nation Unies sur la prévention et la maîtrise des maladies non transmissibles (sept. 2011) : Rapport du Secrétariat (doc A64/21) » ainsi que dans les rapports du Secrétariat A65/6, A65/7, A65/8 (notamment sur l'action multisectorielle) de la 65ème AMS (2011) et dans la résolution WHA 65(8) intitulée « Prevention and control of noncommunicable diseases: follow-up to the High-level Meeting

ne seront tout bonnement pas mentionnés par les Assemblées mondiales de la santé qui les ont suivis : c'est le cas de la Charte de Ljubljana, l'Appel à l'action de Nairobi (qui apparaît néanmoins dans un rapport[1]), et la Déclaration d'Adélaïde.

En revanche, si l'on consulte les documents de la soixante-cinquième Assemblée mondiale de la santé, l'on constate que la résolution WHA65.3 adoptée à cette occasion et intitulée « Renforcement des politiques de lutte contre les maladies non transmissibles pour promouvoir un vieillissement actif » prend acte de la Déclaration politique de Rio sur les déterminants sociaux de la santé[2]. Quant à la résolution WHA65.8 sur les « Résultats de la Conférence mondiale sur les déterminants sociaux de la santé », elle fait sienne la Déclaration politique de Rio sur les déterminants sociaux de la santé « en tant que contribution majeure à l'action des États Membres et du Secrétariat de l'OMS[3] ». La résolution invite les États membres à y donner suite, et « exhorte la communauté internationale à soutenir la mise en œuvre des engagements formulés dans la Déclaration politique de Rio sur les déterminants sociaux de la santé concernant l'action sur les déterminants sociaux de la santé ». Elle prie le Directeur général « de faire rapport aux soixante-sixième et soixante-huitième Assemblées mondiales de la Santé, par l'intermédiaire du Conseil exécutif, sur les progrès réalisés dans l'application de la présente résolution et de la Déclaration politique de Rio sur les déterminants sociaux de la santé[4] ». La Déclaration de Rio a donc bien été approuvée par l'Assemblée mondiale de la santé suivante, conformément à la demande des signataires. Cela confère une valeur plus significative à ce texte puisqu'il a ainsi la validation officielle de l'OMS elle-même.

En ce qui concerne les demandes formulées dans la résolution WHA65.8 à l'intention du Directeur général de l'OMS, si l'on se réfère au Rapport du Conseil exécutif sur ses cent trente et unième et cent trente-deuxième sessions[5] émis lors de la soixante-sixième Assemblée mondiale de la santé, nous constatons que le Conseil exécutif, dans sa cent trente-deuxième session, prend note d'un rapport sur les déterminants sociaux de la santé. Ledit rapport[6] souligne que « depuis la Conférence mondiale de 2011, le Secrétariat a observé une augmentation considérable des mesures visant à influer sur les déterminants sociaux de la santé » et donne quelques illustrations d'actions

---

of the General Assembly on the Prevention and Control of Non-communicable Diseases » adoptée lors de la 66ème AMS (2012) (exemple : « se rappelle »).

[1] WHO, Report by the Secretariat, EB126/12 26, Prevention and control of non-communicable diseases: implementation of the global strategy, November 2009.

[2] OMS, 65ème AMS, Résolutions et décisions, Annexes, Genève, 21-26 mai 2012.

[3] *ibid.*

[4] *ibid.*

[5] OMS, 66ème AMS, Rapport du Conseil exécutif sur ses 131ème et 132ème sessions, Point 2 de l'ordre du jour provisoire, 2013.

[6] OMS, 66ème AMS, Déterminants sociaux de la santé, Rapport du Secrétariat, Point 14.3 de l'ordre du jour provisoire, 2013.

accomplies sur les déterminants sociaux de la santé au niveau régional[1]. On soulignera que « l'intégration de la santé dans toutes les politiques » est une expression apparaissant plusieurs fois dans ce rapport.

Les travaux de la soixante-huitième Assemblée mondiale de la santé semblent respecter moins fidèlement la demande formulée dans la résolution WHA65.8. Le Rapport du Conseil exécutif sur ses cent trente-cinquième et cent trente-sixième sessions et sur sa session extraordinaire sur Ébola ne fait pas mention de la Déclaration de Rio et de la nécessité d'agir sur les déterminants sociaux de la santé[2]. Toutefois, l'ordre du jour de la soixante-huitième Assemblée mondiale de la santé indique que la Commission A traitera des rapports de situation, dont l'un porte sur les « Déterminants sociaux de la santé (résolution WHA65.8) »[3]. Il s'agit peut-être d'une tentative de réponse à la résolution WHA65.8 qui priait le Directeur général de rendre compte lors de la soixante-huitième Assemblée mondiale de la santé, par l'intermédiaire du Conseil exécutif, des progrès réalisés dans l'application de cette résolution et de la Déclaration politique de Rio sur les déterminants sociaux de la santé. Mais en définitive, si l'on regarde les six projets de rapports de la Commission A[4], aucun ne mentionne les déterminants sociaux de la santé, sauf le rapport numéro six, qui comporte une occurrence, concernant le thème « Santé et environnement : agir face aux conséquences sanitaires de la pollution de l'air » mais qui n'évoque ni la Déclaration politique de Rio sur les déterminants sociaux de la santé, ni la résolution WHA65.8[5]. Cette démonstration révèle la faiblesse rencontrée très rapidement, après l'adoption d'une déclaration, en termes de suivi de son application par l'OMS.

Enfin, il nous semble opportun de replacer notre réflexion dans le contexte plus large du droit international de la santé. Le Professeur Bélanger s'interrogeait à juste titre sur l'unité de ce droit en soulignant la distinction entre un « droit technique », composé de normes juridiques et techniques, et un « droit idéologique », fondé sur des principes à portée politique[6]. En matière de « santé dans toutes les politiques », le droit mondial repose majoritairement sur ces derniers. Force est de constater que quarante ans après

---

[1] Le Bureau de la Méditerranée orientale de l'OMS, par exemple, a adopté des orientations stratégiques régionales pour mettre en œuvre la Déclaration politique de Rio, conformément au plan de travail mondial et en réponse à la résolution WHA65.8. En Thaïlande, l'Assemblée nationale de la Santé réunie en 2012 a porté sur l'intégration de la santé dans toutes les politiques afin d'influer sur la large gamme des déterminants et d'améliorer l'impact sur la santé.

[2] OMS, 68ème AMS, Rapport du Conseil exécutif sur ses 135ème et 136ème sessions et sur sa session extraordinaire sur Ébola, Point 2 de l'ordre du jour provisoire, 2015.

[3] OMS, 68ème AMS, Résolutions et décisions, Annexes, Genève, 18-26 mai 2015.

[4] Les versions définitives n'ont pas pu être trouvées au cours de la recherche.

[5] OMS, 68ème AMS, Résolutions et décisions, Annexes, *op. cit.*

[6] M. BELANGER, « Réflexions sur la réalité du droit international de la santé », RQDI 1985, Vol. 2, p. 19-62.

qu'ils ont été écrits, les propos suivants du Professeur Bélanger sont toujours d'actualité : « Les sources du droit international de la santé apparaissent comme inégalement importantes. Principes généraux du droit, jurisprudence internationale, coutume et même traités ont, en réalité, une place assez réduite. [...] Les principes généraux du droit ont, dans le domaine de la santé, une portée assez limitée dans la mesure où ils doivent faire l'objet d'une analyse réaliste. La jurisprudence internationale en matière sanitaire est, quant à elle, pratiquement inexistante[1] ».

Une avancée théorique apportée par la conférence d'Helsinki mais limitée dans la pratique

Si la déclaration adoptée en 2013 à Helsinki par les États membres de l'OMS marque une avancée significative dans la construction théorique de l'approche que nous étudions, il nous faut toutefois replacer cela dans une perspective plus large et reconnaître que la conférence et la déclaration qui en a découlé ont finalement eu un bilan nuancé au niveau de l'OMS.

Ce n'est sans doute pas un hasard si la conférence d'Helsinki de 2013 s'est tenue dans le pays auteur d'un document fondateur de la « santé dans toutes les politiques » intitulé « Santé dans toutes les politiques : perspectives et potentiels » (en anglais *« HIAP : Prospects and Potentials »*) et publié en 2006 lors de la présidence de la Finlande pour l'Union européenne[2]. Les années précédant le sommet d'Helsinki ont vu un climat favorable s'installer : la Déclaration d'Adélaïde en avril 2010 sur l'intégration de la santé dans toutes les politiques marque la première utilisation de l'expression « santé dans toutes les politiques » dans une déclaration mondiale, et l'on voit se multiplier les initiatives pendant l'année 2011 avec la Déclaration politique des Nations unies mais aussi la première conférence ministérielle mondiale sur les modes de vie sains et la lutte contre les maladies non transmissibles (qui donne lieu à la Déclaration de Moscou) et la conférence mondiale sur les déterminants sociaux de la santé (qui donne lieu à la Déclaration politique de Rio sur les déterminants sociaux de la santé). En vue de la conférence de 2013, l'OMS avait réalisé un travail préparatoire de grande ampleur comprenant des guides pratiques et des exemples de cas menés dans différents continents et pays[3].

Même avant cela, en 2000, une nouvelle forme d'expression de la volonté politique s'est concrétisée sous la forme d'un mouvement qui tentera de donner en 2013 une portée plus significative à la Déclaration d'Helsinki. Il s'agit d'une initiative citoyenne nommée Mouvement populaire pour la santé qui réunit des « activistes de base de la santé, des organisations de la société

---

[1] *ibid.*

[2] T. STAHL *et al.*, Health in All Policies: Prospects and potentials, Min. finlandais Aff. sociales et de la santé, Observatoire européen des systèmes et des politiques de santé, 2006, 299 p.

[3] OMS, 67ème AMS, Rapport du Secrétariat, Contribuer au développement économique et social : une action intersectorielle durable pour améliorer la santé et l'équité en santé, *op. cit.*

civile et des institutions universitaires du monde entier, en particulier dans les pays à faibles et moyens revenus[1] ». Ils se sont réunis pour la première fois en 2000 au Bangladesh sous la forme de la première Assemblée populaire pour la santé, réunissant près de 1500 personnes provenant de quatre-vingt-douze pays différents, et ont érigé une « charte populaire pour la santé » qui « approuve la déclaration d'Alma-Ata et proclame que la santé est une question sociale, économique et politique, mais par-dessus tout, un droit humain fondamental[2] ». Il s'agit d'un réel plaidoyer pour la « santé dans toutes les politiques », appliqué de façon concrète à un projet de justice sociale et demandant à utiliser comme principal outil la loi. Cette charte citoyenne pose aussi de façon centrale la question de la mise en place de la « santé dans toutes les politiques » du point de vue de la démocratie : ce sont ici les peuples qui demandent directement à leurs gouvernements d'agir en ce sens, ce qui donne une nouvelle dimension à l'idée de « santé dans toutes les politiques », dans la mesure où elle n'est plus un apanage institutionnel ou gouvernemental. Cette tendance se poursuit en 2013 au moment de la conférence d'Helsinki sur la « santé dans toutes les politiques », puisqu'en parallèle de l'adoption de la Déclaration d'Helsinki par les experts nationaux, le Mouvement populaire pour la santé adopte une déclaration alternative intitulée « Promouvoir la santé pour tous et la justice sociale à l'ère du capitalisme mondial[3] » qui se veut un appel à l'action éclairant les points de vue de la société civile qui étaient absents de la Déclaration d'Helsinki officielle.

La conférence d'Helsinki s'est tenue entre le 9 et le 14 juin 2013, réunissant six cent cinquante-neuf représentants de gouvernements et experts de cent vingt-deux États membres différents[4] avec une vingtaine d'organisations non gouvernementales ainsi que dix organisations du système des Nations Unies et organisations intergouvernementales[5]. Chaque État avait été prié de désigner comme représentant à la conférence un spécialiste du secteur de la

---

[1] People's Health movement, https://phmovement.org/fr [consulté le 04/07/2024].

[2] Mouvement populaire pour la santé, Charte populaire pour la santé, 2000 : cette charte « populaire » fait le constat de l'échec de l'objectif de « santé pour tous » proclamé dans la déclaration d'Alma Ata vingt ans plus tôt et propose de substituer à l'action des gouvernements et des organismes internationaux un nouvel élan pour atteindre cet objectif. Le Mouvement populaire pour la santé plaide pour une approche équitable, participative et intersectorielle pour la santé et les soins de santé et pour le développement d'actions populaires incitant les gouvernements à incorporer les droits fondamentaux et le droit à la santé dans les constitutions et législations nationales et à soumettre les politiques économiques à des évaluations d'impacts en termes de santé, d'équité, d'égalité de genre et d'environnement.

[3] People's Health Movement, Promoting Health for All and Social Justice in the Era of Global Capitalism, A call to action by the People's Health Movement at the 8th Global Conference on Health Promotion, Helsinki, Finland, 14 June 2013.

[4] K.C TANG *et al.*, « The Eighth Global Conference on Health Promotion: Health in All Policies: From Rhetoric to Action », HPI 2014, Vol. 29.

[5] OMS, 67ème AMS, Rapport du Secrétariat, Contribuer au développement économique et social : une action intersectorielle durable pour améliorer la santé et l'équité en santé, Point 14.6 de l'ordre du jour provisoire, 2014.

santé et un d'un autre secteur que la santé[1]. La conférence a abouti à l'adoption de deux documents : la Déclaration d'Helsinki sur la santé dans toutes les politiques et le « Cadre d'action pour les pays sur la santé dans toutes les politiques » (*Health in All Policies Framework for Country Action*), un guide de mise en œuvre de la santé dans les autres politiques, à destination des gouvernements. L'objectif de cette conférence était d'identifier et de promouvoir une méthode pouvant être utilisée et adaptée par chaque État membre dans son système national et notamment pour aider à ce que les secteurs autres que celui de la santé puissent atteindre leurs propres objectifs ainsi que les objectifs sanitaires, en vue d'aboutir à une situation « gagnant-gagnant »[2]. Cette dimension pratique concrétisée par le cadre d'action, un « mode d'emploi » à destination des États, a pu jouer un rôle dans l'accélération de la reconnaissance de la « santé dans toutes les politiques » à travers le monde à la suite de la conférence. En parallèle des sessions de la conférence – qui ont couvert des thématiques telles que les structures et les mécanismes nécessaires pour la prise en compte de la santé dans toutes les politiques, l'utilisation des études d'impact, et des analyses plus ciblées notamment sur « la santé et le commerce » – des visites de terrain ont été organisées par le Ministère finlandais des Affaires sociales et de la Santé, pour illustrer concrètement la « santé dans toutes les politiques »[3].

L'apport principal de la Déclaration d'Helsinki est de donner une définition de ce qu'est l'intégration de la santé dans toutes les politiques. On ne parle donc pas d'innovation majeure ici, mais plutôt de consolidation[4], dans la mesure où la conférence d'Helsinki a eu pour utilité de synthétiser la réflexion menée jusque-là. À partir de cette conférence et de cette définition adoptée collectivement, la « santé dans toutes les politiques » apparaît comme un objectif sociétal majeur pour les gouvernements et comme la pierre angulaire du développement durable[5]. Les États reconnaissent en effet cette approche comme faisant partie intégrante de la poursuite des objectifs du Millénaire pour le développement adoptés par les Nations unies[6]. Dans le rapport du Secrétariat de l'OMS de 2014 intitulé « Contribuer au développement économique et social : une action intersectorielle durable pour améliorer la santé et l'équité en santé » il est aussi rappelé que l'action

---

[1] *ibid.*

[2] K.C Tang *et al.*, « The Eighth Global Conference on Health Promotion: Health in All Policies: From Rhetoric to Action », *op. cit.*

[3] *ibid.*

[4] S. Van den Broucke, « Implementing health in all policies post Helsinki 2013: why, what, who and how », HPI 2013, Vol. 28, n° 3.

[5] H. Hofstad, « The ambition of Health in All Policies in Norway: The role of political leadership and bureaucratic change », *op. cit.*

[6] 8ème Conférence internationale pour la promotion de la santé, OMS, Déclaration d'Helsinki sur la santé dans toutes les politiques, *op. cit.*

intersectorielle pour la santé est un élément central de la « réalisation de la santé en tant que droit de l'homme[1] ».

La Déclaration d'Helsinki s'inscrit en cohérence avec les textes adoptés auparavant, faisant référence à la Déclaration d'Alma-Ata (1978), la Charte d'Ottawa (1986), la Déclaration politique de Rio sur les déterminants sociaux de la santé (2011), la Déclaration politique de la réunion de haut niveau de l'Assemblée générale des Nations Unies sur la prévention et la maîtrise des maladies non transmissibles (2011) ainsi qu'aux conférences précédemment tenues à Adélaïde (1988), Sundsvall (1991), Jakarta (1997), Mexico (2000), Bangkok (2005) et Nairobi (2009). Le texte cite aussi la stratégie de santé pour tous de l'OMS.

Après la phrase-clé de définition analysée précédemment[2], le texte énonce que la « santé dans toutes les politiques » « renforce la responsabilité des décideurs politiques concernant les impacts sanitaires à tous les niveaux de l'action publique. Cette approche fait une place importante aux conséquences des politiques publiques sur les systèmes de santé, et sur les déterminants de la santé et du bien-être[3] ». La question de la responsabilité n'est pas développée davantage, ce qui confirme le manque de volonté des États signataires à s'aventurer sur un terrain juridiquement contraignant. Le texte adopté à Helsinki laisse en effet très peu de place à la dimension juridique. On peut toutefois constater que la réflexion qui y a conduit en a tenu compte, dans la mesure où les conséquences légales de la mise en œuvre de la « santé dans toutes les politiques » ont bien été traitées pendant la conférence[4], qui incluait d'ailleurs dans son programme plusieurs sessions abordant des questions juridiques.

Dans le passage susvisé ainsi que dans le reste de la déclaration, la notion de conséquence est centrale : les termes « impacts » et « conséquences » apparaissent plusieurs fois et de façon très rapprochée. Cette redondance renforce le message. Il y a à la fois la prise en compte des conséquences sur la santé de façon large (« conséquences sanitaires ») et de façon plus précise (« conséquences néfastes pour la santé »). Puis, la distinction se manifeste dans les verbes « tenir compte » et « éviter ». D'une part, il convient de prendre en considération les conséquences sanitaires que chaque décision prise pourrait avoir, ce qui revient à inclure ce paramètre dans la réflexion

---

[1] OMS, 67ème AMS, Rapport du Secrétariat, Contribuer au développement économique et social : une action intersectorielle durable pour améliorer la santé et l'équité en santé, *op. cit.*

[2] « La santé dans toutes les politiques est une approche intersectorielle des politiques publiques qui tient compte systématiquement des conséquences sanitaires des décisions, qui recherche des synergies et qui évite les conséquences néfastes pour la santé afin d'améliorer la santé de la population et l'équité en santé » (8ème Conférence internationale pour la promotion de la santé, OMS, Déclaration d'Helsinki sur la santé dans toutes les politiques, *op. cit.*)

[3] *ibid.*

[4] K.C Tang *et al.*, « The Eighth Global Conference on Health Promotion: Health in All Policies: From Rhetoric to Action », *op. cit.*

menée par chaque responsable politique ; d'autre part il convient de rechercher activement à éviter tout effet négatif sur la santé. Ces deux actions partagent la même racine : elles impliqueront toutes deux une certaine anticipation. Cela signifie que les décisions et les actions doivent être accompagnées d'une réflexion sur l'après, c'est-à-dire sur les résultats de la démarche engagée et même ceux qui ne sont pas directement souhaités. La mention « évite les conséquences néfastes pour la santé » suggère une prise en compte des risques pour la santé. Or, la notion de risque renvoie à la définition de la prévention donnée par l'OMS[1]. La prévention peut être primaire, secondaire ou tertiaire, selon qu'elle met des moyens en œuvre pour empêcher l'apparition des pathologies, qu'elle œuvre pour leur thérapie, ou éventuellement pour la réinsertion sociale des malades. La prévention primaire intervient avant l'apparition de la maladie et englobe les actes visant à diminuer l'incidence d'une maladie dans une population et donc à réduire, autant que faire se peut, les risques d'apparition de nouveaux cas. La prévention primaire prend donc en compte les conduites individuelles à risque, tout comme les risques environnementaux ou sociétaux[2]. La « santé dans toutes les politiques » s'inscrit ainsi dans une démarche de prévention des risques.

La Déclaration d'Helsinki a été prise en note « avec satisfaction » par l'Assemblée mondiale de la santé de 2014 dans la résolution intitulée « WHA67.12 Contribuer au développement économique et social : une action intersectorielle durable pour améliorer la santé et l'équité en santé »[3]. Mais celle-ci a à nouveau fait preuve d'une grande légèreté face aux enjeux juridiques associés. Dans ses demandes formulées aux États membres en lien avec la Déclaration d'Helsinki, l'Assemblée mondiale de la santé les invite notamment à « prendre des dispositions, y compris, le cas échéant, à mettre en place une législation efficace, des structures transversales, des processus, des méthodes et des ressources [...] permettant d'adopter des politiques sociétales qui prennent en compte et tentent d'atténuer leur propre impact sur les déterminants de la santé, la protection de la santé, l'équité en santé et le fonctionnement des systèmes de santé [...][4] ». Dans ces propos, la mise en place d'une législation apparaît accessoire et facultative. L'idée de systématicité présente dans la définition officielle de la « santé dans toutes les politiques » s'avère donc plutôt chimérique.

Au cours de sa réunion en 2014, l'Assemblée mondiale de la santé prie le Directeur général de l'OMS d'établir un « cadre d'action dans les pays adaptables à différents contextes, en tenant compte de la Déclaration

---

[1] OMS, Glossaire de la promotion de la santé, 1998.

[2] A. Flajolet, Les disparités territoriales des politiques de prévention sanitaire, Mission au profit du gouvernement relative aux disparités territoriales des politiques de prévention sanitaire, 2008, 91 p.

[3] OMS, 67ème AMS, Résolutions et décisions, Annexes, Genève, 19-24 mai 2014.

[4] OMS, 67ème AMS, WHA67.12, Point 14.6 de l'ordre du jour, 24 mai 2014.

d'Helsinki sur la santé dans toutes les politiques, destiné à soutenir les pays dans les efforts qu'ils font pour améliorer la santé et assurer la protection de la santé, l'équité en santé et le fonctionnement des systèmes de santé, y compris en agissant dans tous les secteurs sur les déterminants de la santé et sur les facteurs de risque de maladies non transmissibles, sur la base des connaissances et des données les plus fiables dont on dispose en vue qu'elle soit examinée par la Soixante-huitième AMS, en 2015[1] ». Il n'y a aucune trace de ce cadre d'action dans les résolutions, décisions et annexes de l'Assemblée mondiale de la santé de 2015, où l'intégration de la santé dans toutes les politiques n'est mentionnée que deux fois. Les Assemblées mondiales de la santé des années suivantes n'en feront pas davantage[2].

L'Assemblée mondiale de la santé de 2014 demande également au Directeur général « de faire rapport à la soixante-neuvième Assemblée mondiale de la Santé sur les progrès accomplis dans l'application de la présente résolution[3] ». Aucun rapport ni déclaration n'est dédié à ce sujet lors de la soixante-neuvième Assemblée mondiale de la santé, mais deux résolutions prennent en compte l'idée de santé dans toutes les politiques, à savoir la WHA69.4 sur le « Rôle du secteur de la santé dans l'Approche stratégique de la gestion internationale des produits chimiques, dans la perspective de l'objectif fixé pour 2020 et au-delà » et la WHA69.11 sur « La santé dans le Programme de développement durable à l'horizon 2030 ».

Après avoir soutenu pendant près de quarante ans l'adoption de plus de quinze textes convergeant tous vers un même faisceau d'idées – la promotion de la santé et l'intégration de la santé dans les autres politiques – l'Assemblée mondiale de la santé refuse obstinément de les reconnaître sous une autre forme qu'une simple résolution. Néanmoins, la tendance continue inlassablement encore aujourd'hui.

En effet, conformément au souhait exprimé par le Secrétariat de l'OMS dans son rapport intitulé « Contribuer au développement économique et social : une action intersectorielle durable pour améliorer la santé et l'équité en santé » rendu le 14 mars 2014 en vue de la soixante-septième Assemblée mondiale de la santé[4], la conférence organisée à Shanghai en novembre 2016 a abouti à la Déclaration sur la promotion de la santé dans le Programme de

---

[1] OMS, 67ème AMS, Résolutions et décisions, Annexes, Genève, 19-24 mai 2014.

[2] Pour 2016, l'idée d'intégrer la santé dans toutes les politiques apparaît dix fois dans le compte-rendu des résolutions et décisions de la 69ème AMS ; en 2017 cette idée apparaît quatre fois dans le compte-rendu de la 70ème AMS ; en 2018, deux fois ; en 2019, neuf fois ; en 2020, deux fois ; en 2021, une fois.

[3] OMS, 67ème AMS, Résolutions et décisions, *op. cit.*

[4] OMS, 67ème AMS, Rapport du Secrétariat, Contribuer au développement économique et social : une action intersectorielle durable pour améliorer la santé et l'équité en santé, *op. cit.* : « Les progrès accomplis en matière de promotion de la santé dans toutes les politiques seront examinés à la neuvième conférence mondiale, qui devrait avoir lieu vers la fin de 2016 ».

développement durable à l'horizon 2030[1]. Ce texte s'inscrit dans le cheminement de pensée initié avec la Charte d'Ottawa pour la promotion de la santé et insiste sur le lien entre santé et développement durable. Il affirme qu'« il est indispensable de promouvoir la santé dans tous les objectifs de développement durable » et de « mobiliser l'ensemble de la société dans le processus de développement sanitaire », et notamment le niveau local avec l'action au niveau des villes[2]. On constate surtout d'une part un abandon de l'idée de « santé dans toutes les politiques » au profit de « la santé dans tous les objectifs de développement durable », d'autre part le retour de la promotion de la santé pour véhiculer pourtant le même message : « Nous exhortons les responsables politiques de différents secteurs et à différents niveaux de gouvernance, issus du secteur privé comme de la société civile, à nous rejoindre en vue de promouvoir de façon déterminée la santé et le bien-être dans l'ensemble des objectifs de développement durable. La promotion de la santé appelle une action coordonnée de toutes les personnes concernées et constitue une responsabilité partagée[3] ».

On ne peut pas faire le constat d'un même recul de l'approche « santé dans toutes les politiques » dans la déclaration suivante. En 2018, à l'occasion des quarante ans de la Déclaration d'Alma-Ata sur les soins de santé primaires, tous les États membres de l'OMS se sont réunis au Kazakhstan pour la « Conférence internationale sur les soins de santé primaires : d'Alma-Ata à la couverture sanitaire universelle et aux objectifs de développement durable » et ont adopté à l'unanimité la Déclaration d'Astana[4], réaffirmant ainsi les engagements pris dans la Déclaration d'Alma-Ata de 1978 et dans le Programme des Nations Unies de développement durable à l'horizon 2030, avec pour but de « parvenir à la santé pour tous ». Dans cette nouvelle déclaration les gouvernements clament leur engagement en faveur « du droit fondamental de tout être humain d'accéder au meilleur état de santé qu'il est capable d'atteindre, sans distinction d'aucune sorte » et s'engagent notamment à « faire des choix politiques ambitieux pour la santé dans tous les secteurs[5] ». Le modèle de soins de santé primaires défendu ici marque la réconciliation entre l'approche curative et préventive de la santé : « Nous améliorerons les capacités et l'infrastructure pour les soins primaires – le premier contact avec les services de santé – en privilégiant les fonctions de

---

[1] 9ème Conférence mondiale sur la promotion de la santé, OMS, Déclaration de Shanghai sur la promotion de la santé dans le Programme de développement durable à l'horizon 2030, Shanghai, Chine, 2016.

[2] *ibid.*

[3] *ibid.*

[4] Conférence internationale sur les soins de santé primaires, Déclaration d'Astana, d'Alma-Ata à la couverture sanitaire universelle et aux objectifs de développement durable, Astana, Kazakhstan, 2018.

[5] Ils ajoutent qu'ils s'attaqueront « aux déterminants économiques, sociaux et environnementaux de la santé et [s']efforceron[t] de réduire les facteurs de risque en intégrant l'approche pour la santé dans toutes les politiques ».

santé publique essentielles. La prévention des maladies et la promotion de la santé seront considérées comme prioritaires [...][1] ». Lors de sa soixante-douzième réunion, en 2019, l'Assemblée mondiale de la santé adopte une résolution sur les soins de santé primaires (WHA72.2) dans laquelle elle prend acte de la Déclaration d'Astana et encourage les États à en concrétiser la vision et les engagements.

En 2021, les États membres réunis lors de la dixième Conférence mondiale sur la promotion de la santé adoptent la charte de Genève pour le bien-être. Ce texte n'a pas été traduit en français, ce qui indique peut-être un désintérêt français à son égard. En tout état de cause, cela diminue la puissance de son message au sein de la classe politique française. Cette charte semble portée par un nouvel élan, dans la mesure où elle est focalisée sur le bien-être et non plus seulement sur la santé. Ainsi, elle ne promeut pas la « santé dans toutes les politiques », elle évoque l'urgence d'agir face aux crises mondiales (notamment celle du covid-19), en rappelant l'impact des différents déterminants qui agissent sur la santé, ainsi que leurs conséquences sur les inégalités[2]. Innovant à cet égard, ce texte conserve tout de même une cohérence avec les textes précédents car il est fondé sur les concepts de promotion de la santé, de déterminants de la santé, d'équité en santé et de politiques multi-sectorielles pour la santé.

Au regard de cette nébuleuse de déclarations, chartes et autres textes déclaratoires adoptés par les États membres de l'OMS réunis en conférences dédiées à la santé, de discrets résultats ont été soulignés. Notons par exemple la création, à la suite de la Déclaration de Jakarta en 1997, d'une alliance mondiale pour la promotion de la santé destinée à faire accélérer les progrès en faveur de la promotion de la santé dans le monde.

Ainsi, il est frappant de constater un décalage entre la détermination politique des États membres de l'OMS, qui manifestent de façon claire et répétée leur volonté en faveur de l'intégration de la santé dans toutes les politiques, et l'absence de mesures prises au niveau de l'OMS – supposée être l'autorité coordinatrice de l'action internationale en matière de santé – pour donner à ces engagements un caractère juridiquement contraignant. S'il est incontestable que ce vivier de déclarations, chartes, appels à l'action et

---

[1] Conférence internationale sur les soins de santé primaires, Déclaration d'Astana, d'Alma-Ata à la couverture sanitaire universelle et aux objectifs de développement durable, *op. cit.* Ils ajoutent « et nous aurons pour objectif de satisfaire les besoins en santé de toutes les populations tout au long de la vie moyennant des services complets de promotion de la santé et de prévention, de traitement et de réadaptation ainsi que des soins palliatifs. Les soins de santé primaires fourniront un ensemble complet de services et de soins, notamment, mais non seulement, des services de vaccination ; de dépistage ; de prévention, de maîtrise et de prise en charge des maladies non transmissibles et des maladies transmissibles ; des soins et des services qui promeuvent, protègent et améliorent la santé de la mère, du nouveau-né, de l'enfant et de l'adolescent, ainsi que la santé mentale, sexuelle et reproductive ».

[2] 10ème Conférence mondiale sur la promotion de la santé, OMS, Charte de Genève sur le bien-être, Genève, Suisse, 2021.

recommandations fait partie intégrante du « nouveau paysage du droit international avec sa gradation de normes, du foisonnement déclaratoire à l'impératif catégorique[1] » il est encore difficile d'affirmer si d'un point de vue juridique le caractère répété en fait une force ou une limite. Certains estimeront que « la répétition des déclarations ne renforce pas leur valeur, par une sorte d'incantation qui ferait rimer déclaratoire et déclamatoire. Bien au contraire, elle risque de banaliser des affirmations de principe, vite démenties dans les faits[2] » tandis que d'autres avanceront, à propos de la « redondance résolutionnaire » mais aussi sans doute plus généralement du droit souple international que « cette accumulation concordante peut être significative de l'émergence progressive d'une règle nouvelle. La renégociation et l'adoption répétées et rapprochées des mêmes règles martèlent et façonnent les mentalités, hâtant ainsi la genèse normative[3] ».

On peut aussi s'étonner du manque de prise en compte par les juristes, notamment ceux spécialisés en droit de la santé, de ces textes adoptés dans le cadre de l'OMS. En effet, dans d'autres domaines, des sources de droit informelles sont inclues dans les analyses : par exemple, le Professeur Auby, pour illustrer le processus d'harmonisation du droit suscité par la globalisation juridique, évoque des sources « informelles » et en particulier les « doctrines » produites par la Banque mondiale et le Fonds monétaire international en matière de gouvernance[4]. Non contraignantes, ces sources sont néanmoins considérées comme ayant une certaine influence sur le droit des différents États.

En effet, sans nécessairement souhaiter que la « santé dans toutes les politiques » devienne une règle contraignante en droit international, on peut tout de même s'attendre à une meilleure considération à son égard. Du reste, le Professeur de Béchillon note qu'« il est à peu près certain que de grandes notions du Droit international actuel, comme le droit des peuples à disposer d'eux-mêmes ou la proclamation de la souveraineté de l'État sur les ressources naturelles, ne seraient pas advenues et n'auraient jamais accédé à la dignité de règles obligatoires et reconnues comme telles si elles n'avaient d'abord commencé leur carrière dans le registre le plus soft et le moins obligatoire. En Droit international (notamment), le mou préfigure souvent le dur[5] ».

Par ailleurs, dans le contexte actuel de globalisation, le Professeur Frydman considère qu'il n'est pas forcément pertinent « de déterminer la valeur d'une norme exclusivement en fonction de son origine ou de son auteur. [...] l'intérêt d'un objet, d'une norme, d'un dispositif se mesure souvent moins à la qualité de son « pedigree » qu'à l'importance des effets de régulation qu'il produit. Plusieurs exemples, tirés des standards techniques, codes de conduite,

---

[1] E. Decaux, « Déclarations et conventions en droit international », *op. cit.*

[2] *ibid.*

[3] P. M. Dupuy, Y. Kerbrat, *Droit international public*, *op. cit.*

[4] J.B. Auby, *La globalisation, le droit et l'État*, 3ème édition, LGDJ, 2020, 242 p.

[5] D. De Bechillon, *Qu'est-ce qu'une règle de droit ?* Odile Jacob, 1997, 291 p.

classements et autres labels, montrent que leur force normative n'a que peu ou parfois pas de lien avec la puissance, la qualité officielle ou la légitimité de ceux qui les ont d'abord conçus et diffusés[1]».

2) Des retombées néanmoins concrètes : les années 2000 marquées par l'adoption de plusieurs législations sur la « santé dans toutes les politiques » dans le monde

Les chartes et déclarations adoptées par les États membres, ajoutées aux résolutions de l'Assemblée mondiale de la santé évoquées, ont eu des retombées tardives mais concrètes : par exemple, le Québec a adopté en 2001 une loi sur la santé publique dont les articles 54 et 55 prévoient la prise en compte de la santé dans les autres politiques[2], notamment du fait d'un rôle affirmé du Ministre en charge de la santé. Ce texte permet ainsi de mener des études d'impact en santé intergouvernementales[3] et légitime la prise en compte des questions de santé dans les autres secteurs gouvernementaux[4].

En Suède, un texte sur la « santé dans toutes les politiques » a été adopté en 2003. Il prévoit un système coordonné par le ministre de la Santé et les directeurs généraux des agences concernées[5]. En 2007, c'est au tour de l'Australie-Méridionale d'adopter officiellement la « santé dans toutes les politiques ». Cette décision est le fruit d'une réflexion menée dans le cadre du dispositif intitulé « Les penseurs d'Adélaïde » mis en place entre 2003 et 2013 à l'initiative du Premier ministre entrant d'Australie-Méridionale, Mike Rann[6]. Pendant cette période, une vingtaine d'experts internationalement reconnus, les « penseurs », sont venus à Adélaïde périodiquement. L'objectif était de faire émerger de nouvelles idées et des conseils stratégiques pour les politiques publiques d'Australie-Méridionale, en cohérence avec le Plan stratégique sud-australien (*South Australian Strategic Plan*)[7], afin de trouver des moyens de réduire le cloisonnement entre secteurs et les obstacles à l'innovation. La réflexion a mis en lumière certains thèmes récurrents, notamment la nécessité de mettre en œuvre une action intersectorielle et

---

[1] J-Y. Cherot, B. Frydman (dir.), *La science du droit dans la globalisation*, Bruylant, Penser le droit, 2012, 302 p.
[2] Loi sur la santé publique, 19 décembre 2001, Article 54.
[3] K. Shankardass *et al.*, « Strengthening the implementation of Health in All Policies: a methodology for realist explanatory case studies », HPP 2015, Vol. 30, n° 4, p. 462-473.
[4] I. Kickbusch, K. Buckett, Implementing Health in All Policies, Adelaide 2010, *op. cit.*
[5] A. Pinto *et al.*, « Economic considerations and health in all policies initiatives: evidence from interviews with key informants in Sweden, Quebec and South Australia », BMC PH 2015, n° 15.
[6] F. Baum *et al.*, « New norms new policies: Did the Adelaide Thinkers in Residence scheme encourage new thinking about promoting well-being and Health in All Policies? », SSM 2015, Vol. 147, p. 1-9.
[7] *ibid.*

l'importance de la prévention et de la promotion du bien-être[1]. En 2007, l'un des penseurs, Madame Ilona Kickbusch, a formulé une recommandation concernant la « santé dans toutes les politiques », impliquant une action intersectorielle, préventive et promotrice de santé[2]. Cette proposition a été retenue par le gouvernement sud-australien. La « santé dans toutes les politiques » correspondait en effet aux objectifs généraux du gouvernement sud-australien, qui souhaitait décloisonner la politique et orienter les résultats des services publics vers la santé et l'équité[3]. Le fait que Madame Kickbusch ait travaillé à l'OMS et en tant que conseillère de l'Union européenne en matière de santé a beaucoup contribué à ce que sa proposition sur la « santé dans toutes les politiques » ait une telle influence en Australie-Méridionale.

L'Australie-Méridionale a mis en œuvre la « santé dans toutes les politiques » comme un processus gouvernemental central, et non comme une approche conduite uniquement pour le secteur de la santé et imposée aux autres secteurs[4]. Sur la base des recommandations de Madame Kickbusch, le Département de la santé, le Bureau central du gouvernement et le Département du Premier ministre ont testé et développé cette approche à partir de 2007. Une unité spéciale pour la « santé dans toutes les politiques » fut créée au sein du Département de la santé afin de travailler avec d'autres Départements du gouvernement d'Australie-Méridionale[5].

Par la suite, une conférence internationale fut co-organisée en 2010 à Adélaïde par le gouvernement d'Australie-Méridionale et l'OMS, aboutissant à l'adoption par une centaine d'experts internationaux de la Déclaration d'Adélaïde sur la « santé dans toutes les politiques »[6].

En 2011, la « santé dans toutes les politiques » acquiert une valeur légale en Australie-Méridionale, avec l'adoption d'une nouvelle loi de santé publique[7] rédigée avec le soutien de Madame Kickbusch[8]. Cette loi impose à toutes les autorités locales de développer des plans de santé[9] et donne au

---

[1] F. BAUM *et al.*, « New norms new policies: Did the Adelaide Thinkers in Residence scheme encourage new thinking about promoting well-being and Health in All Policies? », *op. cit.*
[2] *ibid.*
[3] F. BAUM *et al.*, « New norms new policies: Did the Adelaide Thinkers in Residence scheme encourage new thinking about promoting well-being and Health in All Policies? », *op. cit.*
[4] I. KICKBUSCH, K. BUCKETT, Implementing Health in All Policies, Adelaide 2010, *op. cit.*
[5] T. DELANY *et al.*, « Health in All Policies in South Australia: what has supported early implementation? », HPI 2016, Vol. 31, n° 4.
[6] Réunion internationale sur l'intégration de la santé dans toutes les politiques, OMS, Déclaration d'Adélaïde sur l'intégration de la santé dans toutes les politiques, Vers une gouvernance partagée en faveur de la santé et du bien-être, Adélaïde, Australie, 2010.
[7] South Australian Public Health Act 2011.
[8] F. BAUM *et al.*, « New norms new policies: Did the Adelaide Thinkers in Residence scheme encourage new thinking about promoting well-being and Health in All Policies? », *op. cit.*
[9] K. LEPPO. *et al.*, Health in All Policies, Seizing opportunities, implementing policies, Min. Aff. sociales et de la santé, Finlande, 2013, 358 p.

ministre de la Santé la responsabilité de travailler avec d'autres branches du gouvernement afin de promouvoir la santé[1].

Aujourd'hui, l'Australie poursuit sa mise en œuvre de projets innovants intégrant la santé dans d'autres politiques. Par exemple, la construction d'un second aéroport pour Sydney est en cours depuis 2016. L'idée ici est innovante : le défi est de faire d'un lieu traditionnellement considéré comme nocif pour la santé un endroit désormais promoteur et protecteur de la santé. Pour ce projet, qui prévoit l'ouverture de l'aéroport pour 2026, les impacts sanitaires ont été mesurés, à savoir les effets potentiels de la pollution de l'air et de la pollution sonore liées aux moteurs des avions, ainsi que les conséquences sur la santé et le bien-être des populations locales liées au développement urbain associé au projet[2]. L'objectif est de construire un aéroport répondant aux critères du développement durable, à la fois favorable à la santé et respectueux de l'environnement. La démarche n'allait pas de soi : comme l'a indiqué l'un des membres du projet, lors de leur première réunion avec les experts de l'Organisation de l'aviation civile internationale (OACI), ces derniers ne percevaient pas la dimension sanitaire des aéroports[3]. Avec un tel projet, l'Australie continue de jouer un rôle de précurseur en mettant en pratique la « santé dans toutes les politiques » et peut servir ainsi d'exemple à d'autres pays.

Aux Etats-Unis, à partir de 2010, différents États ont adopté des lois sur la « santé dans toutes les politiques », soit de façon explicite en utilisant cette appellation, soit de façon implicite. La plupart de ces lois ont été adoptées à partir de 2016 au niveau des États fédérés mais aussi au niveau local[4]. La création du Conseil national de prévention (*National Prevention Council*) par la Loi sur la Protection des Patients et les Soins Abordables (*Patient Protection and Affordable Care Act*) en 2010, et du Groupe de travail californien sur la « santé dans toutes les politiques » (*California Health in All Policies Task Force*), créé en 2010 aussi, ainsi que l'utilisation croissante des études d'impact en santé[5], ont contribué au développement de dispositifs de « santé dans toutes les politiques » aux Etats-Unis.

La Norvège développe des politiques de promotion de la santé depuis plus d'un siècle[6] et a mis en place sa première politique intersectorielle pour la

---

[1] F. BAUM *et al.*, « New norms new policies: Did the Adelaide Thinkers in Residence scheme encourage new thinking about promoting well-being and Health in All Policies? », *op. cit.*

[2] S. BARMANIA, « Improving the health impacts of airports », Bull. of the WHO 2018, Vol. 96, n° 8, p. 518-519.

[3] *ibid.*

[4] D. PEPIN *et al.*, « Collaborating for Health: Health in All Policies and the Law », JLME 2017, Vol. 45, p. 60-64.

[5] L. N. GASE, R. PENNOTTI, K.D. SMITH, « "Health in All Policies": Taking Stock of Emerging Practices to Incorporate Health in Decision Making in the United States », JPHMP 2013, Vol. 19, n° 6, p. 529-540.

[6] M. HELGESEN, « Governance of public health: Norway in a Nordic context », SJPH 2014, Vol. 42, p. 25-30.

santé en 1987[1]. Plus récemment, la loi norvégienne de santé publique adoptée en 2011 compte la « santé dans toutes les politiques » parmi ses cinq principes clés[2]. Selon ce texte, la base pour une bonne santé réside principalement en dehors du secteur de la santé. C'est pourquoi les administrations locales tout entières, et non les seuls services de santé, sont responsables de la santé de la population[3]. Ce texte de 2011 entré en vigueur en 2012 reconnaît le caractère fondamental de l'équité en santé ainsi que des déterminants sociaux de la santé. Il définit la santé comme le produit de relations complexes et dynamiques entre différents types de déterminants, tels que le comportement, les conditions physiques, biologiques et environnementales et les facteurs démographiques[4]. Selon le principe de « santé dans toutes les politiques » retenu dans la loi norvégienne de 2011, la promotion de la santé est la responsabilité de tous les secteurs et implique l'évaluation systématique de l'impact sur la santé de toutes les politiques et actions[5].

Avant de ruisseler vers les droits nationaux, la « santé dans toutes les politiques » a d'abord émergé en tant qu'idée, voire en tant qu'idéal politique, et non comme une norme juridique. Le Professeur Aledo, en parlant du « jaillissement de la normativité », souligne qu'à côté des sources formelles du droit international, qui sont à l'origine de la création des normes juridiques, il y a les sources matérielles, lesquelles renvoient « à l'ensemble fort vaste des causes politiques, morales, économiques, culturelles, sociales influant sur la formation de la norme[6] ». Selon cet auteur, la normativité internationale est la réunion des normes et des sources du droit international, et a pour traits essentiels le fait d'être non hiérarchisée, décentralisée, et dotée d'une puissance juridique limitée[7]. Gardons aussi à l'esprit les limites du droit mondial de la santé, rappelées par le Professeur Bélanger, selon lequel ce droit tient un rôle limité de « droit d'accompagnement » d'autres constructions juridiques, par exemple le droit de l'Union européenne[8] – ce que nous allons voir dans le prochain chapitre.

---

[1] I. KICKBUSCH, K. BUCKETT, Implementing Health in All Policies, Adelaide 2010, *op. cit.*

[2] H. HOFSTAD, « The ambition of Health in All Policies in Norway: The role of political leadership and bureaucratic change », HP 2016, n° 120, p. 567-575.

[3] *ibid.*

[4] S. HAGEN *et al.*, « Promoting health by addressing living conditions in Norwegian municipalities », HPI 2017, Vol. 32, n° 6, p. 977-987.

[5] *ibid.*

[6] L-A. ALEDO, *Le droit international public*, 3ème édition, Dalloz, 2014, 180 p.

[7] *ibid.*

[8] M. BELANGER (dir.), *La mondialisation du droit de la santé*, Les études hospitalières, 2011, 174 p.

Chapitre 2. Une entrée progressive en droit de l'Union européenne

La « santé dans toutes les politiques » a émergé initialement au niveau mondial dans les années 1970 et fut portée par l'OMS et ses États membres. Elle a fait son entrée dans le champ juridique par ce biais, c'est-à-dire par le droit mondial de la santé et ses instruments de droit souple dont certains ont une normativité limitée.

L'idée conductrice de la « santé dans toutes les politiques » a tout de même perduré, a circulé et a été intégrée à la construction de l'Union européenne. La protection de la santé a fait partie des préoccupations présentes dans les traités fondateurs dès le début de la construction communautaire. Cette prise en compte de la santé a évolué et s'est renforcée au fil du temps, pour finalement se manifester sous la forme du principe d'intégration de la santé dans toutes les politiques et actions de l'Union européenne, à partir de 1992. Nous verrons comment le principe d'intégration de la santé a montré des premiers signes d'émergence dès les années 1980 (section 1) et a fait son entrée en droit de l'Union européenne avec l'adoption du Traité de Maastricht (section 2)[1].

Section 1. Les premiers signes d'émergence du principe d'intégration de la santé lors de la relance des politiques communautaires dans les années 1980

Avec l'adoption du Traité instituant la Communauté Européenne du Charbon et de l'Acier (CECA), du traité sur la Communauté Économique Européenne (CEE) et du traité instituant la Communauté Européenne de l'Energie Atomique (CEEA) dans les années 1950, la santé reçoit une place à travers la prise en compte des conditions de vie et de travail, l'exception de santé publique et la protection sanitaire contre les dangers résultant des radiations ionisantes. La santé est par définition un domaine qui appartient aux États membres, mais cela n'a pas empêché qu'elle soit présente sous différentes formes dans les traités dès le début de la construction européenne. Plus tard, les États membres se sont inspirés de la question environnementale pour entamer une réflexion sur l'intégration de la santé dans les autres politiques et actions de la Communauté.

La prise en compte progressive de la question environnementale dans les questions européennes a constitué une porte d'entrée pour la future « santé

[1] Pour une approche historique plus approfondie depuis les années 1950, voir L. Warin, *L'approche « santé dans toutes les politiques » saisie par le droit*, Thèse, 2022, 657 p.

dans toutes les politiques » (1). En parallèle, une volonté grandissante de prendre en compte la santé y compris dans d'autres secteurs s'affirme à partir de la fin des années 1980 (2).

1) La prise en compte progressive de la question environnementale dans les questions européennes, une porte d'entrée pour la future « santé dans toutes les politiques »

L'avancée de la question environnementale dans la construction communautaire se manifeste dans les programmes instaurant une politique commune de l'environnement puis dans l'adoption de l'Acte unique en 1986 et du principe d'intégration de l'environnement dans les autres politiques de la Communauté.

Les programmes instaurant une politique communautaire de l'environnement

En 1972, l'une des premières conférences au sommet est organisée à Paris pour réunir les chefs d'États et de gouvernements des Communautés européennes[1]. Lors de cette conférence, les États membres se remémorent l'article 2 du traité de Rome et sa référence au « relèvement accéléré du niveau de vie » ; et s'affirment en faveur de la mise en place de politiques de « la qualité de vie », en matière d'environnement, de protection des consommateurs et de protection des travailleurs[2]. L'importance d'une politique de l'environnement dans la Communauté est particulièrement soulignée. À cette occasion, les États membres se fixent l'objectif de créer une union européenne avant la fin de l'actuelle décennie et commandent aux institutions communautaires un rapport sur ce sujet qui devra paraître d'ici la fin 1975 en vue d'être soumis à une prochaine conférence au sommet[3].

À la suite du sommet de Paris, trois programmes d'action successifs en matière d'environnement sont adoptés en 1973, 1977 et 1983. Ils marquent la mise en place d'une politique communautaire de l'environnement[4]. Dans le premier programme, adopté en 1973, le Conseil des Communautés

---

[1] À ce sujet, voir : F. JONGEN, « Le Conseil européen », Courrier hebdomadaire du CRISP 1985, Vol. 7, n° 1072. Les sept réunions au sommet organisées entre 1961 et 1974 constituent les antécédents du Conseil européen proprement dit qui verra véritablement le jour à partir de mars 1975.

[2] S. CHAPPELLON *et al.*, « Europe communautaire et santé publique » (Dossier), ADSP 1993, n° 3.

[3] Déclaration du sommet de Paris, 19-21 octobre 1972, Office des publications officielles des Communautés européennes, Bulletin des Communautés européennes, Octobre 1972, n° 10.

[4] Conseil des Communautés européennes et des Représentants des gouvernements des États membres réunis au sein du Conseil, Résolution du 7 février 1983 concernant la poursuite et la réalisation d'une politique et d'un programme d'action des Communautés européennes en matière d'environnement (1982-1986).

européennes et les représentants des gouvernements des États membres réunis au sein du Conseil considèrent que l'amélioration de la qualité de vie et la protection du milieu naturel font partie des tâches essentielles de la Communauté et qu'il est nécessaire de mettre en œuvre une politique communautaire de l'environnement[1]. Ce programme d'action des Communautés européennes en matière d'environnement fixe les objectifs et les principes de la politique de l'environnement dans la Communauté et décrit les actions à entreprendre dans ce cadre ; cela inclut la réduction des pollutions et nuisances – en premier lieu, l'évaluation des risques de cette pollution sur la santé humaine et l'environnement –, l'amélioration de l'environnement, ainsi qu'une combinaison d'actions de la Communauté et d'actions communes des États membres au sein des organismes internationaux. Le Conseil des Communautés européennes et les représentants des gouvernements des États membres réunis au sein du Conseil soulignent qu'il impliquera d'intégrer l'amélioration des conditions de vie et les facteurs écologiques dans la conception et la mise en œuvre des politiques communes, c'est-à-dire non seulement dans celle de l'environnement mais aussi dans les autres politiques sectorielles, telles que les politiques énergétique, sociale, agricole, etc. L'amélioration de la qualité, du cadre et des conditions de vie et de travail apparaît comme un objectif essentiel dans ce programme et est présentée comme intrinsèquement liée à la question environnementale. En ce qui concerne les produits polluants, la protection de l'homme et celle du milieu ambiant sont présentées comme aussi importantes l'une que l'autre[2].

Le programme d'action en matière d'environnement prévu en 1977[3] s'inscrit en cohérence avec celui de 1973 et vise à le mettre à jour. Il indique qu'il convient notamment de renforcer la dimension préventive de la politique environnementale. Le programme d'action adopté en 1983[4] complète les deux premiers. Il insiste sur l'importance d'une approche préventive et sur l'intérêt d'intégrer les préoccupations environnementales dans les autres politiques communautaires. Il rappelle que la politique commune de l'environnement est un élément indissociable de la poursuite des objectifs fondamentaux de la Communauté. Il constate que la politique commune de l'environnement a déjà porté ses fruits et a notamment permis de créer un cadre de référence communautaire, notamment grâce à un travail législatif et réglementaire. Il

---

[1] Conseil des Communautés européennes et des représentants des gouvernements des États membres réunis au sein du Conseil, Déclaration du 22 novembre 1973 concernant un programme d'action des Communautés européennes en matière d'environnement, JO CE n° C 112/1, 20 décembre 1973.

[2] *ibid.*

[3] Conseil des Communautés européennes et des représentants des gouvernements des États membres réunis au sein du Conseil, Résolution du 17 mai 1977 concernant la poursuite et la réalisation d'une politique et d'un programme d'action des Communautés européennes en matière d'environnement, JO CE n° C 139/1, 13 juin 1977.

[4] Conseil des Communautés européennes et des Représentants des gouvernements des États membres réunis au sein du Conseil, Résolution du 7 février 1983, *op. cit.*

réaffirme les mêmes objectifs et les mêmes principes que ceux adoptés dans les programmes précédents, et ce malgré un contexte socio-économique difficile. On notera que selon ce programme, l'un des premiers objectifs de la politique environnementale est la protection de la santé de l'homme.

Ces trois programmes reconnaissent le lien nécessaire entre les enjeux environnementaux et le développement économique et social au sein des Communautés, en particulier celui de 1983 qui affirme que la politique de l'environnement peut contribuer à faciliter le règlement des problèmes économiques actuels, « y compris celui du chômage[1] ».

L'adoption de l'Acte unique afin de poursuivre la construction européenne

On compte plusieurs initiatives développant l'idée de créer une union européenne. Ainsi, un rapport est remis par Leo Tindemans, premier ministre de Belgique de l'époque, à ses homologues, chefs de gouvernement des États membres de la Communauté européenne le 29 décembre 1975[2]. Il propose le renforcement des institutions, une politique extérieure commune, une politique économique et sociale et l'Europe des citoyens. Mais les retombées de ce rapport sont relativement modestes car il ne conduit qu'à « une nouvelle déclaration du Conseil européen de La Haye, en novembre 1976, relative à la réalisation progressive de l'Union européenne[3] ».

L'idée d'une révision des traités se précise au cours des années 1980. En novembre 1981, les gouvernements allemand et italien soumettent aux États membres, au Parlement européen et à la Commission, un projet d'« Acte européen », visant à faire progresser l'intégration européenne. Le Conseil européen des 26 et 27 novembre 1981 donne mandat aux ministres des affaires étrangères de faire un rapport au Conseil européen de Stuttgart sur les travaux menés sur ce projet d'Acte[4]. Les États font le point sur ce rapport lors de la réunion de Stuttgart qui a lieu en 1983. À cette occasion ils reconnaissent notamment que « pour résoudre les sérieux problèmes économiques qui se posent aux États membres, la Communauté doit renforcer sa cohésion, retrouver son dynamisme et approfondir son action dans des domaines jusqu'ici insuffisamment explorés[5] ». Si la lutte contre le chômage, la culture et la protection des consommateurs sont évoqués, la santé ne figure pas parmi les domaines mentionnés. La priorité est surtout donnée à la « stratégie économique globale dans la Communauté pour lutter contre le chômage et

---

[1] *ibid.*
[2] P. De Schoutheete, « Le rapport Tindemans : dix ans après », PE 1986, n° 2, p. 527-538.
[3] G. Cabanel, Rapport fait au nom de la commission des affaires étrangères, de la défense et des forces armées, sur le projet de loi, adopté par l'Assemblée nationale, autorisant la ratification de l'Acte unique européen, Sénat, Première session ordinaire de 1986-1987.
[4] Communauté européenne, Déclaration solennelle sur l'Union européenne, Stuttgart, 19 juin 1983, Bull. CE 6-1983.
[5] *ibid.*

l'inflation et pour favoriser la convergence des niveaux de développement économique des pays membres[1] ». La Déclaration solennelle de Stuttgart sur l'Union européenne est signée par les dix chefs d'État et de gouvernement le 19 juin 1983[2]. Selon certains, ce texte ne dépasse « guère le niveau des bonnes intentions[3] ».

Cependant, l'idée de faire avancer la construction européenne par un nouveau texte fait son chemin. On retiendra notamment le projet de traité instituant l'Union européenne adopté le 14 février 1984, dit aussi projet Spinelli. Bien que jamais adopté, ce projet est reconnu pour avoir donné une impulsion à la création du comité Dooge, qui sera présenté ci-après, puis à la préparation de l'Acte unique[4]. Le projet Spinelli était largement consacré aux institutions communautaires, mais il contenait aussi quelques éléments sur les politiques sectorielles. Dans sa partie sur la « Politique de la société », le projet de traité prévoyait de confier à la future Union européenne une compétence en matière de politique de santé : « L'Union a une compétence concurrente en matière de politique sociale et de politique de la santé, de politique de protection des consommateurs, de politique régionale, de politique de l'environnement, de politique de l'éducation et de la recherche, de politique culturelle et de politique de l'information[5] ». Il prévoyait aussi, dans la politique à l'égard des consommateurs, une dimension de protection de la santé de ceux-ci[6]. Il était donc, sur ces points, plus ambitieux que l'Acte unique qui sera finalement adopté.

À l'occasion du Conseil européen de Fontainebleau en juin 1984, la mission est confiée à un comité *ad hoc*, le comité Dooge – dit aussi « Spaak II » – de « faire des suggestions pour l'amélioration du fonctionnement de la coopération européenne, dans le domaine communautaire comme dans celui de la coopération politique ». Ce comité, composé d'un représentant par État membre et d'un membre de la Commission européenne, recommande dans son rapport final la transformation des Communautés européennes en une Union européenne, la réalisation d'un espace économique intérieur et la promotion d'une identité européenne extérieure. Il préconise la création d'un espace social européen et la mise en œuvre d'un espace juridique homogène[7]. Il propose aussi comme objectif d'améliorer l'efficacité et le caractère démocratique des institutions

---

[1] *ibid.*
[2] *ibid.*
[3] G. CABANEL, Rapport fait au nom de la commission des affaires étrangères, de la défense et des forces armées, sur le projet de loi, adopté par l'Assemblée nationale, autorisant la ratification de l'Acte unique européen, *op. cit.*
[4] *ibid.*
[5] Parlement européen, Projet de traité instituant l'Union européenne, 14 février 1984.
[6] *ibid.*
[7] Rapport du Comité *ad hoc* pour les questions institutionnelles, Bruxelles, 29-30 mars 1985, CVCE.

de la Communauté. Il suggère de promouvoir des valeurs communes de civilisation, telles que la protection de l'environnement, car la pollution est une menace « pour l'environnement et la santé des personnes » et souligne la nécessité d'améliorer les conditions de travail et la sécurité sur les lieux de travail[1]. Il adopte ainsi une vision large de la question environnementale. Il demande, malgré les réticences des délégués danois, grecs et britanniques, la convocation d'une conférence intergouvernementale pour préparer la rédaction d'un nouveau traité sur l'Union européenne[2].

Le Conseil européen de Milan tenu en juin 1985 discute du rapport fourni par le comité Dooge et à cette occasion, décide de convoquer une conférence intergouvernementale pour réviser les traités[3]. La conférence intergouvernementale reçoit le triple mandat d'accélérer l'achèvement du marché intérieur d'ici 1992, d'améliorer le fonctionnement des institutions communautaires et de mettre en œuvre une politique étrangère et de sécurité commune[4].

Par ailleurs, une directive du 27 juin 1985 concernant l'évaluation des incidences de certains projets publics et privés sur l'environnement[5] dans son article 3, illustre la vision humano-centrée des États membres sur la protection de l'environnement : « L'évaluation des incidences sur l'environnement identifie, décrit et évalue de manière appropriée, en fonction de chaque cas particulier et conformément aux articles 4 à 11, les effets directs et indirects d'un projet sur les facteurs suivants : l'homme, la faune et la flore, le sol, l'eau, l'air, le climat et le paysage, l'interaction entre les facteurs visés aux premier et deuxième tirets, les biens matériels et le patrimoine culturel ». L'homme est le premier facteur pris en compte dans les mesures d'évaluation des incidences sur l'environnement.

Dans ce contexte, une note de réflexion de la Conférence des Représentants des Gouvernements des États membres datée du 5 septembre 1985 suggère que d'autres objectifs, comme la culture, l'éducation ou la santé, puissent être intégrés dans un traité européen, car leur lien est désormais reconnu avec la libre circulation des personnes et des marchandises dans la Communauté ainsi qu'avec le libre établissement et la libéralisation des services. Ces questions pourraient faire l'objet d'une coopération, tel que c'était déjà proposé dans la

---

[1] *ibid.*

[2] E. Deschamps, L. Maufort, « La préparation de l'Acte unique européen », CVCE, 2016.

[3] Secrétariat général du Conseil, Le Conseil européen, Cinquante années de conférences au sommet, décembre 2011.

[4] E. Deschamps, L. Maufort, « La préparation de l'Acte unique européen », *op. cit.*

[5] Directive du Conseil du 27 juin 1985 concernant l'évaluation des incidences de certains projets publics et privés sur l'environnement (85/337/CEE) ; Texte abrogé par l'article 14 de la Directive n° 2011/92/UE du Parlement Européen et du Conseil du 13 décembre 2011.

Déclaration solennelle de Stuttgart, en ce qui concerne la culture (« coopération culturelle »)[1].

La conférence intergouvernementale est ouverte à Luxembourg le 9 septembre 1985. Les notes de réflexion des différents États membres et de la Présidence de la conférence, échangées entre septembre et décembre 1985, portent en grande partie sur le marché intérieur. Mais certains éléments peuvent néanmoins éclairer l'analyse développée ici.

Dans une note du 17 octobre 1985, le Danemark aborde notamment la question de l'environnement. Il justifie une meilleure prise en compte de l'environnement dans le projet d'acte par l'effet positif que cela aurait sur l'économie : « Il importe de sauvegarder l'environnement étant donné qu'il constitue le fondement et fixe les limites du progrès économique futur[2] ». Dans une proposition pour un article D du futur acte, la délégation danoise précise que « dans le but de protéger la santé humaine et l'environnement », il est indispensable de tenir compte des objectifs de conservation, de protection et d'amélioration de l'environnement dès l'élaboration des dispositions générales sur le marché commun, « notamment dans les domaines de l'agriculture et de la pêche, de l'industrie, du commerce, des transports et de la production d'énergie[3] ».

Dans une note de la Présidence de la conférence en date du 4 novembre 1985 il est envisagé que les États membres puissent, dans le cadre du marché intérieur, appliquer des normes plus élevées et justifiées par des exigences concernant la santé, la sécurité, la protection de l'environnement et la protection des consommateurs. Dans ces cas de figure, la Commission examinerait la situation afin de proposer au Conseil les dérogations appropriées, en s'assurant que ces dérogations aient « un caractère temporaire et apporte[nt] le moins de perturbations au fonctionnement du marché commun[4] ». La Présidence réitère cette proposition dans sa note du 26 novembre 1985[5]. L'Acte unique qui sera finalement adopté ne retient pas une telle disposition, mais son article 18, qui modifie l'article 100 du TCE, prévoit en son paragraphe 4° une garantie similaire assurée par la Commission[6].

---

[1] Conférence des représentants des gouvernements des États membres, Note de réflexion du 5 septembre 1985, Conf-RGEM 1/85.

[2] Conférence des représentants des gouvernements des États membres, Note de réflexion du 17 octobre 1985, de Jakob ESPER LARSEN, Représentant permanent du Danemark auprès des Communautés européennes adressée à Niels ERSBOLL, Secrétaire général du Conseil des Communautés européennes, CONF-RGEM 44_85.

[3] *ibid.*

[4] Conférence des représentants des gouvernements des États membres, Note de réflexion du 4 novembre 1985, de la Présidence au Groupe préparatoire, CONF-RGEM 58_85 REV1.

[5] Conférence des représentants des gouvernements des États membres, Note de réflexion de la Présidence, 26 novembre 1985, CONF-RGEM 103_85.

[6] « Lorsque, après l'adoption d'une mesure d'harmonisation par le Conseil, statuant à la majorité qualifiée, un État membre estime nécessaire d'appliquer des dispositions nationales justifiées

Dans une note de la Présidence du 15 novembre 1985, on trouve aussi une proposition quasiment identique à la disposition qui sera adoptée dans l'article 18 de l'Acte unique concernant le niveau élevé de protection sur lequel doit se baser la Commission dans ses propositions visant au rapprochement des dispositions en matière de santé, de sécurité, de protection de l'environnement et de protection des consommateurs. La note propose par ailleurs que si les États membres appliquent des normes plus élevées justifiées par l'un de ces impératifs (par exemple la santé), le Conseil peut prévoir des dérogations dans sa décision. La Commission vérifie régulièrement que ces dérogations sont toujours nécessaires[1]. Cet aspect ne sera pas retenu dans le texte définitif.

Le même jour, la Présidence de la conférence recommande également de mettre en place une « obligation générale pour la Commission de proposer un niveau de protection élevé dans les domaines de la santé, de la sécurité, de la protection de l'environnement et des consommateurs » et suggère que la Commission puisse prévoir des dérogations appropriées. L'idée est que la dérogation soit seulement un recours ultime en cas de conflit entre une situation nationale et la poursuite de l'établissement du marché intérieur. Le but est donc plutôt de donner à la Commission et au Conseil de larges possibilités de trouver des solutions menant à des décisions à la majorité qualifiée[2].

La conférence intergouvernementale achève ses travaux le 17 décembre 1985, après l'adoption d'un accord politique des chefs d'État et de Gouvernement à l'occasion du Conseil européen de Luxembourg des 2 et 3 décembre[3]. L'Acte unique européen est signé les 17 et 28 février 1986 par la Belgique, le Danemark, la République fédérale d'Allemagne, la Grèce, l'Espagne, la France, l'Irlande, l'Italie, le Luxembourg, les Pays-Bas, le Portugal et le Royaume-Uni. Il est entré en vigueur le 1er juillet 1987.

L'Acte unique européen s'est vu reprocher une certaine modestie[4] par rapport aux propositions contenues dans certains projets antérieurs tels que le rapport Dooge ou le projet de traité Spinelli[5]. Il a néanmoins été considéré par certains comme « un instrument efficace de relance institutionnelle et

---

par des exigences importantes visées à l'article 36 ou relatives à la protection du milieu de travail ou de l'environnement, il les notifie à la Commission. La Commission confirme les dispositions en cause après avoir vérifié qu'elles ne sont pas un moyen de discrimination arbitraire ou une restriction déguisée dans le Commerce entre États membres. [...] ».

[1] Conférence des représentants des gouvernements des États membres, Note de réflexion de la Présidence, 15 novembre 1985, CONF-RGEM 71_85.

[2] Conférence des représentants des gouvernements des États membres, Note de réflexion de la Présidence, 15 novembre 1985, CONF-RGEM 72_85.

[3] G. Cabanel, Rapport fait au nom de la commission des affaires étrangères, de la défense et des forces armées, sur le projet de loi, adopté par l'Assemblée nationale, autorisant la ratification de l'Acte unique européen, *op. cit.*

[4] *ibid.*

[5] E. Deschamps, L. Maufort, « La préparation de l'Acte unique européen », *op. cit.*

économique de l'Europe[1] ». Un rapport du Sénat français de 1986 lui reconnaît une forte portée dans la mesure où il fut le premier texte révisant le Traité de Rome et rassemblant le volet économique et politique de la Communauté en un texte unique, exprimant la volonté des États membres d'aller vers une Union européenne[2].

L'Acte unique apparaît comme un texte concentré sur l'essentiel, dont les auteurs ont avant tout souhaité consolider ce que faisait déjà la Communauté, et non innover en créant de nouveaux secteurs d'action. On comprend ainsi pourquoi le domaine culturel, par exemple, est absent de l'Acte unique malgré l'existence de propositions prévoyant de lui accorder une place[3]. Il convient à ce titre de rappeler les conditions de l'adoption de l'Acte, à savoir des discussions exceptionnellement rapides. En effet, « trois mois de discussions et sept réunions auront suffi entre la première session du 9 septembre 1985 et la septième à l'issue de laquelle, le 17 décembre suivant, la conférence intergouvernementale conclut ses travaux par l'adoption de l'Acte unique européen[4] ».

L'Acte unique donne un double objectif à la Communauté : réaliser le marché intérieur européen avant le 1er janvier 1993 et relancer les politiques communes[5]. Le texte modifie le Traité instituant la CECA, le Traité instituant la CEE et le Traité instituant la CEEA[6].

L'intégration de la protection de l'environnement dans les autres politiques communautaires

L'Acte unique ne représente pas à proprement parler une progression fondamentale de la prise en compte de la santé dans les politiques communautaires, mais il a une importance significative en ce qu'il met en place un mécanisme juridique d'intégration des enjeux environnementaux dans les autres politiques de la Communauté, qui servira d'exemple lors de l'adoption de l'article 129 du Traité de Maastricht quelques années plus tard[7].

S'agissant du Traité sur la CEE et plus précisément du marché intérieur, l'article 18 3° de l'Acte unique crée l'article 100 A du Traité sur la CEE, qui

---

[1] *ibid.*

[2] G. CABANEL, Rapport fait au nom de la commission des affaires étrangères, de la défense et des forces armées, sur le projet de loi, adopté par l'Assemblée nationale, autorisant la ratification de l'Acte unique européen, *op. cit.*

[3] *ibid.*

[4] *ibid.*

[5] Commission des CE, Le dossier de l'Europe, La mise en œuvre de l'Acte unique européen, octobre 1990.

[6] Acte unique européen, Titre II.

[7] D'autres clauses transversales ont été inscrites en droit de l'UE, par exemple en matière d'égalité homme-femme (article 8 TFUE), de bien-être animal (article 13 TFUE) d'industrie (article 173-3 TFUE). Voir à ce sujet notamment V. CONSTANTINESCO, V. MICHEL, « Compétences de l'Union européenne », RDE 2011 (Juin).

prévoit que « La Commission, dans ses propositions prévues au paragraphe 1 en matière de santé, de sécurité, de protection de l'environnement et de protection des consommateurs, prend pour base un niveau de protection élevé[1] ». Dans cette énumération, il est intéressant de noter que la santé occupe la première place, avant même l'environnement, alors qu'elle n'a par ailleurs pas une place significative dans l'Acte unique – contrairement à la question environnementale comme nous le verrons. On peut néanmoins adhérer aux propos de Maître Cassan formulés dans sa thèse et qui tombent à propos ici : « La santé est une matière mouvante qui tend à s'infiltrer dans les différents aspects de la vie économique et sociale[2] ».

L'article 18 4° de l'Acte unique fait référence à l'article 36 du Traité de Rome lequel énonce : « Les dispositions des articles 30 à 34 inclus ne font pas obstacle aux interdictions ou restrictions d'importation, d'exportation ou de transit, justifiées par des raisons de moralité publique, d'ordre public, de sécurité publique, de protection de la santé et de la vie des personnes et des animaux ou de préservation des végétaux, de protection des trésors nationaux ayant une valeur artistique, historique ou archéologique, ou de protection de la propriété industrielle et commerciale. Toutefois, ces interdictions ou restrictions ne doivent constituer ni un moyen de discrimination arbitraire, ni une restriction déguisée dans le commerce entre les États membres ». L'article 18, 4° de l'Acte unique précise que c'est la Commission qui veille à ce que ces dispositions ne soient pas un moyen de discrimination ou une restriction déguisée dans le commerce entre les États membres.

En se fondant sur l'article 18, 4° de l'Acte unique[3], on peut remarquer que la santé s'insère dans une échelle de valeurs communautaires : d'une part, la « protection de la santé » est positionnée après la moralité publique, l'ordre public et la sécurité publique, d'autre part elle passe avant la sécurité, la protection de l'environnement et la protection des consommateurs. L'article 21 de l'Acte unique ajoute quant à lui des dispositions à l'article 118 du Traité sur la CEE. Les États signataires doivent protéger la sécurité et la santé des travailleurs, notamment en promouvant l'amélioration du milieu de travail. L'harmonisation dans ce domaine se fera par l'adoption par le Conseil de directives comportant des prescriptions minimales[4].

---

[1] Article 100 du Traité sur la Communauté économique européenne devenu Article 114 du Traité sur l'Union européenne. La Commission, selon le 1° du même article, fait des propositions au Conseil concernant les mesures relatives au rapprochement des dispositions législatives, réglementaires et administratives des États membres qui ont pour objet l'établissement et le fonctionnement du marché intérieur.

[2] M. CASSAN, L'Europe communautaire de la santé, Economica, 1989, 292 p.

[3] Article 18 4° : « Lorsque, après l'adoption d'une mesure d'harmonisation par le Conseil, statuant à la majorité qualifiée, un État membre estime nécessaire d'appliquer des dispositions nationales justifiées par des exigences importantes visées à l'article 36 ou relatives à la protection du milieu de travail ou de l'environnement, il les notifie à la Commission. ».

[4] Article 118 A du Traité sur la Communauté économique européenne.

Il convient à présent de s'attarder sur le titre VII ajouté au Traité sur la CEE par l'Acte unique. Ce titre porte sur l'environnement. Il est désormais clair pour les États membres que les questions environnementales pèsent dans un espace économique unique, dans la mesure où les pollutions dépassent et ignorent les frontières[1]. L'article 130 R 1 nouvellement créé énonce : « L'action de la Communauté en matière d'environnement a pour objet : de préserver, de protéger et d'améliorer la qualité de l'environnement ; de contribuer à la protection de la santé des personnes ; d'assurer une utilisation prudente et rationnelle des ressources naturelles[2] ». Jusqu'à présent cantonnée à des objectifs économiques dans le cadre communautaire, la question environnementale reçoit dans l'Acte unique des objectifs propres[3]. La mention de la protection de la santé des personnes est en deuxième position dans l'article. À la suite de cela, le deuxième paragraphe de l'article 130 R précise notamment que « Les exigences en matière de protection de l'environnement sont une composante des autres politiques de la Communauté ». Cela implique que les considérations environnementales soient intégrées dans les autres politiques de la Communauté, de façon transversale. Cette formulation sera reprise pour l'intégration de la santé dans les autres politiques lors de l'adoption du Traité de Maastricht. On peut donc penser que la notion d'intégration des questions environnementales dans les autres politiques a servi de modèle à la notion d'intégration des questions sanitaires dans les autres politiques communautaires. L'adoption de cette disposition dans l'Acte unique peut être interprétée comme une étape préliminaire qui a contribué à l'adoption de l'article 129 du Traité de Maastricht en 1992. Ce principe d'intégration apparaît comme un principe méthodologique permettant de mettre en œuvre les autres principes de l'article 130 R qui constituent, eux, les principes « d'action » de la politique de l'environnement[4].

On remarquera cependant que l'article 130 R § 2 ne retient pas la formulation plus stricte qui avait été proposée par la représentation permanente de la République fédérale d'Allemagne le 30 octobre 1985 dans le cadre du groupe préparatoire à la Conférence des représentants des gouvernements des États membres : la proposition germanique retenait en effet la formulation suivante : « Les exigences de la politique environnementale doivent être intégrées dans les autres politiques[5] ». Malgré

---

[1] Commission of the European Communities, The Single Act: A new frontier, Programme of the Commission for 1987, Statement by J. DELORS, President of the Commission, to the European Parliament, Strasbourg, 18 February 1987, Bulletin of the European Communities, Supplement 1/87.

[2] Devenu article 174 TCE puis 191 TFUE.

[3] G. CABANEL, Rapport fait au nom de la commission des affaires étrangères, de la défense et des forces armées, sur le projet de loi, adopté par l'Assemblée nationale, autorisant la ratification de l'Acte unique européen, *op. cit.*

[4] R. ZACCARIA, « Principe de subsidiarité et environnement », REDE 2000, n° 3, p. 255-280.

[5] Conférence des représentants des gouvernements des États membres, Copie de lettre de la Représentation permanente de la République fédérale d'Allemagne en date du 30 octobre 1985

le choix d'une formulation moins autoritaire, l'Acte unique confirme le principe d'intégration des enjeux environnementaux qui avait été reconnu par les trois premiers programmes d'action de la Communauté en matière environnementale à partir de 1973. D'ailleurs l'Acte unique européen a surtout « juridicisé » l'action mise en œuvre depuis 1973 mais n'en a pas modifié les principes généraux[1].

Le quatrième paragraphe du même article prévoit que « La Communauté agit en matière d'environnement dans la mesure où les objectifs visés au paragraphe 1 peuvent être mieux réalisés au niveau communautaire qu'au niveau des États membres pris isolément ». On peut déjà lire ici une première affirmation du principe de subsidiarité, bien qu'il ne soit pas nommé en tant que tel[2]. Enfin, le dernier paragraphe ajouté prévoit la coopération de la Communauté et des États membres avec les pays tiers et les organisations internationales compétentes en matière d'environnement. De façon très similaire, ce type de coopération sera maintes fois évoqué en matière de santé lors des échanges entre États membres qui précédèrent l'adoption du traité de Maastricht.

Il semble ainsi que la vision adoptée par la Communauté européenne sur la question de l'environnement ait été le signe précurseur de l'intégration ultérieure des questions de santé dans les autres politiques communautaires.

La création par l'Acte unique d'un titre consacré à la question environnementale présente toutefois ses limites. En effet, au vu du document de travail de la Commission proposant de potentiels compléments au Traité sur la CEE en date du 16 septembre 1985[3], on constate que la politique communautaire de l'environnement est en fait peu détaillée par l'Acte unique. L'article 2 qui avait été envisagé par la Commission, précisant scrupuleusement les éléments de cette politique, n'a pas été retenu[4]. Cela peut s'expliquer par le fait que certaines de ces activités dépassent le cadre actuel des compétences de la Communauté, comme l'a fait remarquer à l'époque la délégation danoise[5].

à M. Ersboll, Secrétaire général du Conseil des Communautés européennes, CONF-RGEM 55 85 fr.

1 V. Constantinesco, « Les clauses de « coopération renforcée » : le protocole sur l'application des principes de subsidiarité et de proportionnalité », RTDE 1997, Vol. 33, n° 4, p. 751-800.

2 Il sera consacré par le Traité de Maastricht en 1992.

3 Conférence des représentants des gouvernements des États membres, Lettre de M. Noel, Secrétaire général de la Commission des CE, en date du 16 septembre 1985, à M. Ersboll, Secrétaire général du Conseil, CONF-RGEM 9 85.

4 *ibid.* On y lit à l'article 2 : « La politique de la Communauté en matière d'environnement porte notamment sur la protection de l'atmosphère et l'amélioration de la qualité de l'air, la protection des eaux, la lutte contre le bruit, la préservation des sites, sols et paysages, la conservation de la faune et de la flore et la protection des animaux, la lutte contre le gaspillage des ressources naturelles […] ».

5 Conférence des gouvernements des États membres, Note du Secrétariat au groupe préparatoire, Bruxelles, 25 septembre 1985, CONF-RGEM 17/85.

Pour finir, on ne peut, certes, contredire ceux qui lisent dans l'Acte Unique la consécration indirecte de la compétence sanitaire de la Communauté, et ce par trois biais : en premier lieu, l'intégration de l'objectif de santé publique dans la politique de l'environnement avec les articles 130 et suivants. Deuxièmement, l'intégration de l'objectif de santé publique dans la politique du marché intérieur, avec l'ajout de l'article 100 A du Traité sur la CEE et la formule retenant un « niveau de protection élevé en matière de santé, de sécurité, etc. » ; enfin, l'intégration de l'objectif de santé publique dans la politique sociale, à travers l'ajout au Traité sur la CEE de l'article 118 A[1]. Néanmoins, nous retiendrons plutôt, dans l'intérêt de notre analyse, la place consacrée par l'Acte unique à la question environnementale dans les autres politiques de la Communauté, mécanisme qui pose les rudiments de l'intégration de la santé dans les autres politiques communautaires, laquelle apparaîtra dans le traité adopté huit ans plus tard à Maastricht.

2) La volonté grandissante de prendre en compte la santé y compris dans d'autres secteurs à partir de la fin des années 1980

Les institutions européennes s'efforcent de contribuer à combattre certaines maladies qui touchent la population européenne et cherchent progressivement à adopter une approche transversale des questions sanitaires.

La volonté des institutions européennes de lutter contre certaines maladies

L'attention des institutions européennes en matière de santé, à l'époque, est dirigée surtout vers le sida[2] et le cancer. La Commission européenne, dès 1979, crée un groupe interservices interdisciplinaire ayant pour mission d'élaborer un programme de travail sur la santé, de mener des études et des séminaires afin d'épauler le Conseil à mesure qu'il se familiarise avec les questions sanitaires[3]. En ce qui concerne le Conseil des Communautés européennes, avant de commenter certaines de ses prises de position, il convient de préciser la composition et le rôle de cet organe ainsi que la valeur de ses décisions.

Jusqu'en 1967, les Conseils des CEE, CECA et CEEA sont trois institutions distinctes. Puis, le Traité instituant un Conseil unique et une Commission unique des Communautés européennes, adopté le 13 juillet 1967,

---

[1] N. De Grove-Valdeyron, *Droit européen de la santé*, *op. cit.*, p. 20 : par la suite, l'Acte unique européen du 1er juillet 1987 renforce cette vision positive de la santé et « élargit directement et positivement la protection de la santé non seulement aux travailleurs mais aussi aux consommateurs et à l'environnement » (articles 100, 118 et 130).

[2] Ainsi désigné dans les documents exploités ici.

[3] G. Coron (dir.), *L'Europe de la santé, Enjeux et pratiques des politiques publiques*, Presses de l'EHESP, 2018, 176 p.

procède, comme son nom l'indique, à la fusion des Conseils des trois Communautés. Dans le chapitre 1 de ce traité est énoncé à l'article premier qu'« il est institué un Conseil des Communautés européennes, ci-après dénommé le Conseil. Ce Conseil se substitue au Conseil spécial de ministres de la Communauté européenne du charbon et de l'acier, au Conseil de la Communauté économique européenne et au Conseil de la Communauté européenne de l'énergie atomique. Il exerce les pouvoirs et les compétences dévolus à ces institutions dans les conditions prévues aux traités instituant respectivement la Communauté européenne du charbon et de l'acier, la Communauté économique européenne et la Communauté européenne de l'énergie atomique ainsi qu'au présent traité ».

Tout comme ses trois prédécesseurs (relatifs à la CEE, à la CECA et à la CEEA), le Conseil des Communautés européennes est composé de membres des gouvernements de chaque État membre[1]. On déduit naturellement que ce qui valait pour les membres des Conseils avant 1967 vaut pour le Conseil nouvellement créé, ainsi, ses membres « encore qu'issus des Gouvernements des États membres des Communautés, sont au moins autant les représentants, les mandataires des intérêts communautaires que des intérêts nationaux[2] ». De même, logiquement, le principe posé avant 1967 est conservé : le Conseil représente les Communautés européennes ; partant, la volonté qui émane de ses décisions « est une volonté propre, distincte de celles de ses membres » et celle-ci « s'impose aux États membres sans qu'une procédure soit nécessaire pour l'introduire dans les ordres juridiques nationaux[3] ».

De la même façon, l'ancienne pratique est appliquée au nouveau Conseil s'agissant du choix du représentant par chaque État membre, de sorte que l'on peut retenir que « chaque Gouvernement est libre de désigner selon ses convenances le membre du gouvernement qui lui paraît convenir le mieux à telle ou telle session des Conseils voire à tel ou tel point de l'ordre du jour[4] ».

Les directeurs généraux des administrations nationales de la santé se rencontrent déjà de façon informelle mais régulière depuis 1972[5]. Le Conseil des ministres de la santé se réunit pour la première fois officiellement le 13 décembre 1977 puis le 16 novembre 1978 à Bruxelles[6]. Ces réunions intergouvernementales exploratoires avaient pour but de rapprocher les États membres sur des sujets d'intérêt commun tout en contournant la réticence de certains États hostiles à la communautarisation de la santé, comme le Danemark ou le Royaume-Uni[7]. À partir de 1986, le Conseil des ministres de

---

[1] Traité instituant un Conseil unique et une Commission unique des Communautés européennes, 13 juillet 1967, 67/443/CEE.

[2] J. MEGRET, « Les Conseils des Communautés Européennes », AFDI 1961, Vol. 7, p. 632-667.

[3] *ibid.*

[4] *ibid.*

[5] G. CORON (dir.), *L'Europe de la santé, Enjeux et pratiques des politiques publiques, op. cit.*

[6] *ibid.*

[7] *ibid.*

la santé se réunira régulièrement en tant que formation du Conseil[1], après sept années d'interruption de ses travaux[2]. Nous verrons prochainement certaines décisions prises par le Conseil formé des ministres de la santé.

Si l'on se réfère à nouveau à l'article premier du chapitre premier du Traité instituant un Conseil unique et une Commission unique des Communautés européennes, ainsi qu'aux traités visés[3], il apparaît que le Conseil des Communautés européennes a un rôle de coordination et d'harmonisation de l'action des institutions de la Communauté et des États membres.

Avant de mentionner certaines résolutions, conclusions et décisions du Conseil des Communautés européennes, rappelons que selon les traités en vigueur à l'époque, les décisions sont obligatoires[4], tandis que les conclusions et résolutions, non visées par les textes officiels, n'ont pas vocation à produire des effets juridiques. Cependant, nous pensons que la cohérence et la répétition dans le temps de ces outils juridiques ont pu avoir un rôle important dans l'évolution de notre objet d'étude en droit communautaire.

Le 29 mai 1986, le Conseil des Communautés européennes et les représentants des gouvernements des États membres réunis au sein du Conseil produisent une résolution concernant l'abus d'alcool[5]. Cette problématique est d'ores et déjà présentée sous l'angle de ses multiples facettes : la santé publique, le bien-être social, l'économie, et la protection et l'information des consommateurs. On y trouve une référence aux « réalisations déjà entreprises à l'égard de ce problème » par l'OMS : le Conseil et les représentants des gouvernements des États membres expriment la volonté d'inscrire les futures activités communautaires en la matière en harmonie avec les travaux de l'OMS.

Peu de temps après, le Conseil européen (qui est « l'organe supérieur de l'Union[6] » et ne saurait être confondu avec le Conseil des Communautés européennes) à la suite de sa réunion des 5 et 6 décembre 1986 à Londres, rend des conclusions dans lesquelles il aborde notamment la lutte contre le cancer et le sida[7]. À ce titre, il affirme son soutien aux travaux de l'OMS. Avec l'Acte unique, le Conseil européen a vu son existence consacrée et sa composition définie dans le traité[8]. Ses décisions à partir de là en ressortent renforcées.

---

[1] S. CHAPPELLON *et al.*, « Europe communautaire et santé publique (Dossier) », *op. cit.*

[2] G. CORON (dir.), *L'Europe de la santé, Enjeux et pratiques des politiques publiques*, *op. cit.*

[3] Traité sur la CEE, Traité sur la CECA, Traité sur la CEEA.

[4] Traité CEEA : Chapitre II - Dispositions communes à plusieurs institutions, Article 161 ; Traité CEE : Chapitre 2 - Dispositions communes à plusieurs institutions, Article 189.

[5] Conseil et représentants des gouvernements des États membres réunis au sein du Conseil, Résolution du 29 mai 1986 concernant l'abus d'alcool (86/C 184/02).

[6] J-L. CLERGERIE, A. GRUBER, P. RAMBAUD, *L'Union européenne*, 11ème édition, Dalloz, 2016, 950 p.

[7] Conseil européen, Conclusions, 5-6 décembre 1986.

[8] Acte unique, Titre 1, Article 2 : « Le Conseil européen réunit les chefs d'État ou de gouvernement des États membres ainsi que le président de la Commission des Communautés

En 1987, l'objectif central des États membres est le grand marché commun[1]. Parmi les autres priorités de la Commission, on trouve dans son programme annuel de l'année 1987 l'adoption de la directive, proposée en 1983, concernant les émissions des larges installations de combustion, la réponse aux problèmes posés par l'accident chimique de Sandoz[2], et la nécessité de faire de l'Europe une réalité pour les Européens au quotidien, en traitant des questions qui les touchent directement telles que la santé (lutte contre le cancer et le sida), la lutte contre la drogue, les échanges entre la jeunesse des différents États membres, les programmes de formation[3]. Avec le contexte de l'époque, marqué par la catastrophe de Tchernobyl le 26 avril 1986 et l'épisode de pollution du Rhin le 1er novembre 1986, il y a une réelle mobilisation pour les questions environnementales au sein de la Communauté européenne. L'année 1987 est l'année européenne de l'environnement[4]. L'idée est de sensibiliser la population aux questions environnementales, à la qualité de vie, à la contribution de l'environnement à la croissance et à l'emploi, aux technologies propres, à la qualité de l'eau, etc. À la suite de l'Acte unique, les États membres passent d'une attitude réactive aux problèmes environnementaux, à une approche globale préventive, fondée sur des critères stricts et des choix économiques rationnels[5].

Le Conseil des communautés européennes, avec les représentants des gouvernements des États membres, réunis au sein du Conseil, rend lui aussi des conclusions sur la lutte contre le sida le 31 mai 1988[6], à la suite du Conseil européen. Il souligne l'importance de la prévention de cette maladie par l'information et l'éducation à la santé. Il fait référence à l'OMS et au Conseil de l'Europe.

La volonté des institutions européennes d'adopter une approche transversale des questions sanitaires

C'est dans une résolution du Conseil et des ministres de l'éducation du 23 novembre 1988 que l'on trouve les premiers éléments significatifs sur l'état de la réflexion des membres de la Communauté en matière de santé. Dans cette résolution sur l'éducation à la santé dans les écoles, le Conseil et les ministres de l'éducation prennent acte de l'augmentation du taux de

---

européennes. Ceux-ci sont assistés par les ministres des affaires étrangères et par un membre de la Commission. Le Conseil européen se réunit au moins deux fois par an ».

1 Commission of the European Communities, The Single Act: A new frontier, Programme of the Commission for 1987, Statement by J. DELORS, President of the Commission, to the European Parliament, Strasbourg, 18 February 1987, Bulletin of the European Communities, Supplement 1/87.

2 *ibid.*

3 *ibid.*

4 *ibid.*

5 *ibid.*

6 Conseil et représentants des gouvernements des États membres réunis au sein du Conseil, Conclusions concernant le sida, 31 mai 1988.

maladies cardiovasculaires, du cancer et du sida[1]. La Déclaration de Londres du 28 janvier 1988, adoptée lors du sommet mondial des ministres de la santé sur les programmes de prévention du sida, dans le cadre de la stratégie mondiale contre le sida mise en œuvre par l'OMS, est encore dans les esprits. Surtout, le Conseil et les ministres de l'éducation reconnaissent que de nombreux problèmes de santé sont causés par des facteurs sociaux et économiques, sur lesquels les individus n'ont pas de contrôle direct, et par les modes de vie et les comportements individuels[2]. Ainsi, ils soulignent que les habitudes alimentaires, l'utilisation de drogues ou de tabac, la pollution de l'environnement, parmi d'autres facteurs, ont une influence sur la santé. En ce qui concerne le sujet principal de leur réunion, ils précisent que l'éducation à la santé dans les écoles s'inscrit dans le cadre familial puis à l'école et qu'elle devrait reposer sur « toutes les disciplines enseignées », autrement dit sur une approche globale et transversale, afin de faire acquérir aux élèves des comportements et des connaissances favorables à la santé[3]. Ils mentionnent les « actions communes actuellement engagées par la Commission des Communautés européennes, le bureau européen de l'OMS, le Conseil de l'Europe et l'Union internationale pour l'éducation à la santé », montrant ainsi qu'ils s'appuient sur les connaissances développées à cette époque aux niveaux européen et mondial en matière d'éducation à la santé et de santé publique plus généralement[4]. On peut en déduire que les liens existant entre ces différentes structures internationales et européennes ont favorisé un échange de savoirs[5]. Il n'est en effet pas anodin de relever la perspective adoptée sur la santé, ici prise en compte dans le milieu de vie qu'est l'école : déjà en 1988, les États membres de la Communauté européenne reconnaissaient une santé globale dépassant la question des soins médicaux. Au regard du contexte plus large de l'époque, on suppose que les déclarations adoptées lors de conférences mondiales chapeautées par l'OMS – vues dans le chapitre préliminaire et le chapitre 1 – ne sont pas étrangères à cette reconnaissance : la déclaration adoptée à Alma Ata en 1978 sur les soins de santé primaires mentionne l'éducation, la Charte d'Ottawa sur la promotion de la santé adoptée en 1986 évoque l'éducation et l'éducation pour la santé, et les Recommandations d'Adélaïde adoptées en 1988 abordent elles aussi la question de l'éducation, dans le cadre des « politiques pour la santé ».

---

[1] Conseil et ministres de l'éducation réunis au sein du Conseil, Résolution sur l'éducation à la santé dans les écoles, 23 novembre 1988.

[2] *ibid.*

[3] *ibid.*

[4] *ibid.*

[5] Cette remarque est corroborée par les propos recueillis lors de l'entretien avec F. SAUER, ancien directeur de la santé publique à la Commission européenne, ancien membre du Collège du HCSP, le 23 novembre 2018. Cela rejoint également la notion de « perméabilisation des systèmes juridiques » développée par J-B. AUBY dans *La globalisation, le droit et l'État*, 3ème édition, LGDJ, 2020, 242 p.

Si certains considèrent l'approche communautaire en matière de santé comme principalement verticale « par pathologies ou facteurs de risque » jusqu'au début des années 1990[1], on peut tout de même distinguer une volonté de prendre en compte la santé dans d'autres secteurs, en l'occurrence ici l'éducation, dès la fin des années 1980. Cette volonté va s'affirmer au cours des années 1990.

Dans un rapport rendu en 1988 sur la comparaison des systèmes de santé européens, le Parlement européen déclare qu'« un examen des traités de la Communauté européenne confirmera qu'il n'existe pas de politique européenne de la santé. Mais un certain nombre d'autres politiques contiennent des éléments de politique sanitaire : l'Euratom prévoit des mesures de protection contre les radiations, le traité de la CECA, des mesures de protection sanitaire des travailleurs du charbon et de l'acier ; de plus, la protection du consommateur, l'environnement et la recherche renferment tous des éléments se rapportant à la santé[2] ». Ainsi, dès 1988, il y avait une conscience que la santé dépasse les systèmes de soins, et qu'elle touche à d'autres domaines. Ce rapport parle notamment de « dispersion des questions sanitaires[3] », ce qui est révélateur pour notre étude : cette « dispersion » peut en effet être négative – elle est présentée de la sorte, en l'occurrence – mais selon nous elle peut aussi être bénéfique, productive, si elle est observée à travers le prisme de la « santé dans toutes les politiques ». En fin de compte, on peut parler de dispersion, mais aussi d'un étalement des questions de santé dans les politiques communautaires. D'ailleurs, le rapport fait état à l'époque, « au niveau communautaire, [d']un intérêt plus vif que jamais pour les questions de santé[4] ».

C'est dans ce contexte que la Commission des Communautés européennes adopte, au nom de la Communauté européenne, la Charte européenne sur l'environnement et la santé en décembre 1989, aux côtés des ministres de l'environnement et de la santé des États membres de la région européenne de l'OMS.

Le 17 mai 1990, le Conseil et les représentants des gouvernements des États membres adoptent une décision pour un plan d'action couvrant les années 1990 à 1994 dans le cadre du programme « l'Europe contre le cancer », dont les objectifs sont la prévention et le traitement du cancer[5]. Dans cette décision, qui a un caractère obligatoire, le Conseil et les représentants des gouvernements des États membres précisent que des actions pour réduire le

---

[1] S. Chappellon *et al.*, « Europe communautaire et santé publique (Dossier) », *op. cit.*

[2] Parlement européen, Les systèmes de santé des pays membres de la Communauté européenne, Série environnement, santé publique et protection des consommateurs, n° 12, 1988.

[3] *ibid.*

[4] *ibid.*

[5] Conseil et représentants des gouvernements des États membres réunis au sein du Conseil, Décision n° 90/238/EURATOM, CECA, CEE du 17 mai 1990 adoptant un plan d'action 1990-1994 dans le cadre du programme « L'Europe contre le cancer ».

risque de cancer sont déjà développées dans plusieurs programmes de la Communauté européenne, dans les domaines de l'environnement, de la protection des travailleurs, de la protection des consommateurs, de la nutrition, de l'agriculture et du marché intérieur[1]. Avant même l'adoption, dans un traité européen, du principe d'intégration de la santé dans toutes les politiques, la question du cancer est déjà abordée de façon intersectorielle. On perçoit en effet dès cette époque une connaissance du lien entre cancer et mode de vie : parmi les actions présentées dans la décision et devant être mises en œuvre, figurent la prévention du tabagisme, l'action sur les habitudes alimentaires y compris la consommation d'alcool, et la prise en compte des agents cancérigènes dans l'environnement de vie. Le Conseil et les représentants des gouvernements des États membres mentionnent également l'éducation à la santé, nécessaire notamment dans les écoles pour changer les pratiques alimentaires, et en particulier dans l'« incitation à la consommation de fruits et de légumes pendant les récréations et les repas[2] ». Là encore, la décision comporte une référence à la coopération avec l'OMS (ainsi qu'avec le Centre international de recherches sur le cancer), preuve que les décisions concernant la santé publique dans la Communauté européenne sont prises, déjà dans les années 1990, en tenant compte de l'état des connaissances mondiales sur le sujet.

Dans une résolution du 3 décembre 1990[3], le Conseil et les représentants des gouvernements des États membres rendent compte de l'action communautaire sur la nutrition et la santé. Ils attestent le lien entre l'alimentation et l'état de santé et rappellent l'importance de la prévention, en s'appuyant notamment sur la notion de « protection de la santé par une alimentation optimale ». Allant plus loin que la seule prévention, le Conseil et les représentants des gouvernements visent aussi une action positive afin de « promouvoir une bonne santé[4] ». Ils reconnaissent le « rôle déterminant pour la santé et le bien-être que joue une alimentation correcte à l'égard de différentes maladies et facteurs de risque » et soulignent que « l'accès à des quantités suffisantes d'aliments sains est un « facteur déterminant de la santé[5] ». On peut probablement déceler ici l'influence de la Charte d'Ottawa, adoptée quatre ans auparavant, qui promeut la notion de « conditions indispensables à la santé », et notamment le fait de pouvoir « se nourrir convenablement ». L'influence de la déclaration d'Alma-Ata, un peu plus ancienne (1978), transparaît sans doute elle aussi dans la mesure où ce texte encourageait notamment « la promotion de bonnes conditions alimentaires et

[1] *ibid.*
[2] *ibid.*
[3] Conseil et représentants des gouvernements des États membres réunis au sein du Conseil, Résolution du 3 décembre 1990 concernant une action communautaire sur la nutrition et la santé, 90/C 329/01.
[4] *ibid.*
[5] *ibid.*

nutritionnelles » dans le cadre de l'éducation à la santé, qui fait partie intégrante des soins de santé primaires. Le Conseil et les représentants des gouvernements des États membres constatent que la Communauté européenne s'est occupée à plusieurs occasions de la question nutritionnelle dans différents contextes tels que le cancer, l'abus d'alcool, la jeunesse, l'éducation à la santé, mais qu'elle n'a jamais examiné globalement les questions de « l'éducation alimentaire » et de « l'information des consommateurs afin d'encourager des habitudes et une consommation alimentaires adaptées aux besoins de chacun ». Ils affirment l'importance d'« encourager davantage la prise en considération des aspects nutritionnels et de la santé dans le cadre des actions des différents secteurs y afférents de la Communauté et de ses États membres », se positionnant à l'évidence dans une perspective d'action intersectorielle dans le cadre des politiques communautaires. La résolution comprend également une recommandation tendant à la prise en compte, pour les activités communautaires menées dans ce secteur, des activités de l'OMS et de l'Organisation des Nations unies pour l'alimentation et l'agriculture. Cette résolution témoigne d'une prise de conscience de la nécessité d'une vision plus globale des questions touchant à la santé dans la Communauté européenne. Lors de la session du Conseil des ministres de la santé qui s'est tenue le même jour, le 3 décembre 1990, la présidence a demandé à ce que les compétences en matière de santé dans la Communauté soient mieux définies[1].

Les États membres poursuivent sur cette lancée : le 4 juin 1991, réunis au sein du Conseil en présence de leurs ministres de la santé respectifs, ils adoptent une décision pour un plan d'action couvrant les années 1991 à 1993 dans le cadre du programme « l'Europe contre le sida[2] ». L'idée dominante est d'intervenir en amont pour prévenir la transmission de cette maladie, ainsi que développer l'éducation à la santé. On trouve une nouvelle fois une référence à la nécessaire collaboration avec l'OMS et le Conseil de l'Europe.

Entre 1986 et 1991, dans les six résolutions, conclusions et décisions du Conseil des Communautés européennes qui ont été analysées, toutes font référence aux travaux de l'OMS. Il y a une cohérence entre le contenu adopté par les conférences mondiales sur la promotion de la santé tenues régulièrement depuis 1978 – ainsi que les travaux de l'OMS associés – et la perspective choisie par la Communauté européenne pour traiter la question de la « santé dans ses politiques ».

---

[1] Parlement européen, Rapport de la commission de l'environnement, de la santé publique et de la protection des consommateurs sur la politique de santé publique après Maastricht, 20 octobre 1993, A3-0311/93.

[2] Conseil et ministres de la santé des États membres réunis au sein du Conseil, Décision adoptant un plan d'action 1991-1993 dans le cadre du programme « l'Europe contre le sida », 4 juin 1991, 91/317/CEE.

Section 2. L'entrée de la « santé dans toutes les politiques » en droit de l'Union européenne : le Traité de Maastricht et son article 129

Le Traité de Maastricht, adopté en 1992, apporte des modifications au Traité instituant la CEE, au Traité instituant la CECA et au Traité instituant la CEEA. Ces modifications portent sur de nombreux aspects de la construction européenne. Nous en soulignerons certains (1) et mettrons en lumière une avancée substantielle en matière de santé (2).

1) Constats généraux sur le Traité de Maastricht

Dans l'intérêt de notre étude, nous retiendrons surtout que le Traité de 1992, dans le Titre II, en son article G prévoit que les termes « Communauté économique européenne » sont remplacés dans tout le Traité sur la Communauté économique européenne par le terme « Communauté européenne ». La Communauté ne se limite officiellement plus à sa dimension économique. On peut le constater notamment avec l'article G-C qui introduit les dispositions sur la citoyenneté de l'Union européenne.

Selon l'article G-B du Titre II, la Communauté a pour mission « de promouvoir un développement harmonieux et équilibré des activités économiques dans l'ensemble de la Communauté, une croissance durable et non inflationniste respectant l'environnement, un haut degré de convergence des performances économiques, un niveau d'emploi et de protection sociale élevé, le relèvement du niveau et de la qualité de vie, la cohésion économique et sociale et la solidarité entre les États membres ». Si l'on s'appuie sur la résolution du Conseil et des ministres de la santé du 11 novembre 1991 sur la santé et l'environnement[1], on peut éventuellement considérer que les termes de « relèvement du niveau et de la qualité de vie » englobent la notion d'état de santé.

L'article G-B enrichit l'article 3 du Traité instituant la CEE qui énumère les champs d'intervention de la Communauté. Il s'agit pour certains de véritables « politiques communes » (commerce, agriculture et pêche, transports), pour d'autres de simples « politiques » (domaine social, environnement, coopération au développement) ou encore seulement de

[1] Résolution commentée précédemment. De plus, on peut aussi se rattacher au travail de l'OMS qui, peu de temps après, propose une définition de la qualité de vie dans le cadre de son groupe de travail sur la qualité de vie (WHOQOL Group) : « La qualité de la vie est la façon dont les individus perçoivent leur position dans la vie, dans le contexte de la culture et du système de valeurs dans lesquels ils vivent et en relation avec leurs buts, attentes, normes et préoccupations. Il s'agit d'un concept large, qui incorpore de façon complexe la santé physique d'une personne, son état psychologique, son degré d'indépendance, ses relations sociales, ses convictions personnelles et sa relation avec des éléments importants de l'environnement ». (World Health Forum, WHO, Quality of Life Assessment. What Quality of Life? The WHOQOL Group, 1996).

« contributions ». C'est dans cette dernière catégorie que l'on trouve la santé : le point o) de l'article G mentionne la « contribution à la réalisation d'un niveau élevé de protection de la santé » mais aussi la protection des consommateurs. Les États membres reconnaissent que certaines questions liées à la santé doivent faire l'objet d'un traitement commun, mais ils ne souhaitent pas pour autant se priver de leur compétence en la matière : le terme de « contribution » peut être interprété comme donnant un « caractère d'appoint » à l'action européenne de santé publique[1].

2) Constat spécifique : la création d'un titre dédié à la santé publique dans le traité sur la CEE

À l'époque, dans la perspective de compétences élargies, il n'est pas étonnant que l'Union se dote d'un titre dédié à la santé publique dans le nouveau traité. Le titre X intitulé « Santé publique » comprend un seul article. Cet article 129 prévoit, fidèlement à l'article G-B / 3 / o), la « contribution à la réalisation d'un niveau élevé de protection de la santé humaine », qui doit être réalisée par la Communauté « en encourageant la coopération entre les États membres et, si nécessaire, en appuyant leur action ». La prévention des maladies, la recherche sur leurs causes et leur transmission, l'information et l'éducation à la santé font partie des actions à mener par la Communauté. Le Traité de Maastricht marque le début du mandat donné à l'Union européenne en matière de santé[2]. Cependant, comme l'a fait remarquer la Direction générale de la Recherche du Parlement européen dans un document de travail rendu en 1993[3], la coordination entre différentes branches de la politique de santé existait déjà avant le Traité de Maastricht, notamment du fait de la libre circulation des personnes et des biens et services au sein du Marché unique, qui pose dès le début des questions concernant les patients, les produits de santé, les produits alimentaires, les assurances, etc.

Le troisième paragraphe de l'article 129 est le plus déterminant pour notre étude : en effet, il énonce que « Les exigences en matière de protection de la santé sont une composante des autres politiques de la Communauté ». Cette ambitieuse déclaration semble apporter une forme de compensation au fait que la santé n'est pas considérée, dans ce traité, comme une politique commune ni même une simple politique de la Communauté. Peu de temps après l'adoption au niveau international des Déclaration d'Alma-Ata de 1978, de la Charte d'Ottawa de 1986, des Recommandations d'Adélaïde de 1988 et de la Déclaration de Sundsvall sur les environnements favorables à la santé de 1991,

---

[1] J-S. CAYLA, « La protection de la santé publique dans l'Union européenne selon le Traité de Maastricht du 7 février 1992 », RDSS 1992, p. 259.

[2] N. ROSENKÖTTER *et al*, « Twentieth anniversary of the European Union health mandate: taking stock of perceived achievements, failures and missed opportunities - a qualitative study », BCPH 2013, Vol. 13, n° 1074.

[3] The European Parliament, Directorate general for research, The health systems of European Community Member States, A comparative analysis, May 1993.

la protection de la santé acquiert donc un statut considérable dans l'action de la Communauté, qui doit la prendre en compte dans ses autres domaines de compétence. Cette disposition, première expression officielle de l'intégration de la santé dans toutes les politiques de l'Union européenne, est en bonne place puisque positionnée dans le premier paragraphe de l'article 129. Toutefois, elle n'est pas développée davantage et, si sa formulation a le mérite d'être concise, elle laisse subsister des interrogations quant à sa mise en œuvre concrète. En outre, si l'on replace cette disposition dans le cadre plus général de l'article 129, on remarque une imprécision dans les termes qui y figurent : l'utilisation tantôt de « santé publique », de « santé humaine »[1] ; puis de « santé » tout court – à connotation sans doute plus individuelle[2] –, aucune de ces expressions n'étant définie dans le texte. On peut néanmoins avancer l'idée que l'article 129 du traité s'inscrit lui aussi dans la conception positive de la santé précédemment évoquée. Mais certains interpréteront tout simplement cette disposition comme donnant à la politique de santé un rôle de politique d'accompagnement des autres politiques de l'Union européenne[3]. D'autres voient l'article 129 comme consacrant une dualité d'actions de l'Union en matière de santé : en créant d'une part une nouvelle compétence spécifique, à savoir l'action de la Communauté portant sur la prévention des maladies, et notamment des grands fléaux, y compris la toxicomanie, en favorisant la recherche sur leurs causes et leur transmission ainsi que l'information et l'éducation en matière de santé, et d'autre part en prévoyant l'intégration des objectifs de santé dans l'ensemble du champ des politiques communautaires[4].

Quoiqu'il en soit, il apparaît dans la jurisprudence européenne que « l'obligation des institutions communautaires d'assurer un niveau élevé de protection de la santé humaine, prévue à l'article 129, paragraphe 1, premier alinéa, du traité, implique en effet que celles-ci doivent garantir que leurs décisions sont prises en pleine considération des meilleures données scientifiques disponibles et qu'elles sont fondées sur les résultats les plus

---

[1] Cette variation terminologique se retrouve dans certains actes de droit dérivé, par exemple dans la directive n° 2014/40/UE du Parlement européen et du Conseil du 3 avril 2014, relative au rapprochement des dispositions législatives, réglementaires et administratives des États membres en matière de fabrication, de présentation et de vente des produits du tabac et des produits connexes, et abrogeant la directive n° 2001/37/CE ; notamment à l'article 24, où sont employées dans la même phrase les expressions « santé publique » et « santé humaine » sans qu'aucune justification ne soit donnée.

[2] N. De Grove-Valdeyron, *Droit européen de la santé*, *op. cit.*, p. 15. Selon cet auteur, la notion de « santé » a une dimension plus individuelle, tandis que la notion de « santé publique » du Traité de Maastricht montre la reconnaissance de l'implication des pouvoirs publics dans l'organisation des systèmes de santé.

[3] *ibid.*

[4] M. Blanquet, « Compétence et ambivalence de l'Union européenne en matière de santé publique », RUE 2019, n° 624.

récents de la recherche internationale[1] ». Néanmoins, et bien que la formulation de l'exigence d'intégration de la santé dans les autres politiques ait évolué – nous le verrons plus loin avec les articles 152 puis 168 du Traité sur le fonctionnement de l'Union européenne (TFUE) – cette exigence ne sera jamais énoncée telle qu'un véritable devoir pour les institutions européennes. Le résultat est un statut particulier pour la santé en droit de l'Union européenne : elle n'est pas une politique communautaire, mais elle doit être omniprésente dans les autres politiques communautaires. À la manière d'un colosse aux pieds d'argile, l'action de l'Union européenne en matière de santé a donc une large envergure mais des moyens d'action faibles car peu opérationnels, qui s'expliquent par son fondement juridique théorique et, selon notre hypothèse, peu exploité.

Sans surprise, on trouve ensuite la disposition suivante : « La Communauté et les États membres favorisent la coopération avec les pays tiers et les organisations internationales compétentes en matière de santé publique », tout à fait cohérente avec ce qui a été relevé plus haut dans la réflexion en amont de l'adoption du Traité de Maastricht. Enfin, l'article 129 § 4 du traité prévoit comme moyens juridiques d'action que le Conseil peut adopter deux types d'actes, à savoir des « actions d'encouragement » ainsi que des « recommandations », « c'est-à-dire des actes sans valeur obligatoire[2] ».

Après le Titre X, vient celui consacré à la protection des consommateurs, laquelle n'est pas non plus une politique de l'Union à proprement parler. On y trouve la notion de santé en première position dans l'énumération : l'article 129 A 1 b) prévoit « des actions spécifiques qui appuient et complètent la politique menée par les États membres en vue de protéger la santé, la sécurité et les intérêts économiques des consommateurs et de leur assurer une information adéquate[3] ». La santé – dans son sens large et positif – est ici prise en compte dans les enjeux de la consommation.

Dans le Titre XVI, l'article 130 R énumère les quatre objectifs de la Communauté en matière d'environnement. Après « la préservation, la protection et l'amélioration de la qualité de l'environnement », on trouve en deuxième position « la protection de la santé des personnes ». Si la notion de protection rappelle naturellement l'article 129, l'introduction d'une expression différente, à savoir la santé « des personnes », par opposition à « santé publique », « santé humaine » ou « santé » tout court, accentue l'ambiguïté produite par la coexistence de ces termes voisins. L'environnement est une politique de la Communauté. Ainsi, on trouve d'ores et déjà une application de l'article 129 : conformément à la formule

---

[1] TPICE, 11/09/2002, *Alpharma, Inc. contre Conseil de l'Union européenne*, n° T-70/99, ECLI:EU:T:2002:210, Rec. II-03495.

[2] M. BLANQUET, « Compétence et ambivalence de l'Union européenne en matière de santé publique », *op. cit.*

[3] Traité sur l'Union européenne, 7 février 1992.

commentée plus haut, la santé est une composante de la politique environnementale de la Communauté.

Par ailleurs, on trouve au paragraphe 2 de l'article 130 R une formule qui rappelle celle de l'article 129 : « Les exigences en matière de protection de l'environnement doivent être intégrées dans la définition et la mise en œuvre des autres politiques de la Communauté ».

De la même façon, dans les annexes au traité, la déclaration relative à la protection des animaux prévoit la pleine prise en compte, « lors de l'élaboration et de la mise en œuvre de la législation communautaire dans les domaines de la politique agricole commune, des transports, du marché intérieur et de la recherche, des exigences en matière de bien-être des animaux ». Le mécanisme d'intégration d'une question précise dans les autres politiques communautaires s'applique pour plusieurs domaines. Ainsi, l'interpénétration entre différents secteurs dans les actions de la Communauté n'est pas propre à la santé ou à l'environnement.

Après une lente maturation, l'idée d'intégration de la santé dans toutes les politiques accède au statut tangible de norme juridique en droit de l'Union européenne lors de l'adoption du Traité de Maastricht en 1992. Nous verrons dans le prochain chapitre que ce fondement juridique sera renforcé par les traités européens suivants, mais restera un aspect du droit européen de la santé peu commenté par la doctrine et peu exploité par les institutions de l'Union européenne.

Chapitre 3. Une place fluctuante dans la réglementation européenne

La prise en compte de la santé dans les autres politiques et actions de la Communauté a vu son fondement juridique évoluer entre 1992 et 2007 (Section 1) mais ce principe souffre d'un manque de considération de la part de l'exécutif européen, ce qui freine sa mise en œuvre (Section 2).

Section 1. Un fondement juridique évolutif

L'évolution du fondement écrit du principe d'intégration de la santé dans d'autres politiques aurait pu conduire à un renforcement de son effectivité, or nous verrons qu'il n'en est rien. L'intégration de la « santé dans toutes les politiques » en droit de l'Union européenne a d'abord figuré à l'article 129 TCE, puis à l'article 152 § 1, pour figurer enfin – encore actuellement – à l'article 168 § 1 TFUE (1), mais aussi dans d'autres dispositions du droit de l'Union européenne (2).

1) Vers le Traité d'Amsterdam

S'il existe un consensus entre les institutions européennes quant à la nécessité d'intégrer la santé dans les autres politiques et actions de la Communauté, cette entente ne suffit pas à donner une portée pratique forte à ce principe, même lors de la révision de l'article 129 due à l'adoption du Traité d'Amsterdam.

Les États membres négocient l'adoption d'un nouveau traité. Ce texte est pensé pour intégrer des sujets plus proches des préoccupations des citoyens que les questions institutionnelles – comme, par exemple, la lutte contre le chômage, la santé publique, la protection de l'environnement – afin d'essayer de combler le « décalage » entre opinions publiques et construction européenne qui était apparu lors de la ratification du Traité de Maastricht[1]. Une conférence intergouvernementale est lancée en mars 1996 à Turin, pour prendre fin lors du Conseil européen d'Amsterdam en juin 1997[2]. Le Traité d'Amsterdam est signé le 2 octobre 1997.

Parmi les modifications qu'il apporte au Traité sur l'Union européenne, le Traité d'Amsterdam remplace l'article 2 par le texte suivant : « La Communauté a pour mission, par l'établissement d'un marché commun, d'une Union économique et monétaire et par la mise en œuvre des politiques ou des actions communes visées aux articles 3 et 3 A, de promouvoir dans l'ensemble

[1] G. MAGANZA, « Réflexions sur le Traité d'Amsterdam, contexte général et quelques aspects particuliers », AFDI 1997, Vol. 43, p. 657-670.

[2] Secrétariat général du Conseil, Le Conseil européen, Cinquante années de conférences au sommet, Déc. 2011.

de la Communauté un développement harmonieux, équilibré et durable des activités économiques, un niveau d'emploi et de protection sociale élevé, [...] un niveau élevé de protection et d'amélioration de la qualité de l'environnement, le relèvement du niveau et de la qualité de vie, la cohésion économique et sociale et la solidarité entre les États membres ». Il ajoute donc parmi les missions de la Communauté, les notions d'environnement et de qualité de vie, à côté du « niveau de vie ».

Le contexte d'adoption est perturbé par une crise majeure de sécurité alimentaire. L'affaire de l'ESB éclate au Royaume-Uni en 1996. C'est la première véritable crise sanitaire ébranlant les institutions communautaires et en particulier la Commission européenne[1]. La remise en question est telle que la Commission est poussée à la démission en 1999[2]. La « vache folle » est l'élément déclencheur d'une profonde réforme de la politique de sécurité alimentaire européenne[3]. Cette crise de grande ampleur et le scandale du sang contaminé révélé à la même époque contribuent à faire de la santé publique l'une des questions débattues activement lors des négociations pour l'adoption du Traité d'Amsterdam[4].

Le Traité d'Amsterdam contient des dispositions censées apporter des réponses au scandale de la vache folle et permet d'engager la réforme de la politique alimentaire de l'Union européenne. L'article 152 du Traité, qui sera analysé dans les pages suivantes, a élargi les compétences de l'Union européenne en matière de santé publique et sur le fondement de ces nouvelles dispositions, une restructuration des services de la Commission est opérée afin qu'elle soit en mesure à l'avenir de répondre aux crises de sécurité alimentaire[5].

Au sein des services de la Commission, le monopole de la Direction générale (DG) « Agriculture » sur la sécurité alimentaire ayant été vivement critiqué, cette question est désormais placée sous l'autorité de la DG « Politique des consommateurs et protection de leur santé », qui devient la DG « SANCO » (« Santé et protection des consommateurs »)[6]. Celle-ci est dotée de moyens humains et financiers renforcés et affiche ainsi l'importance

---

[1] D. Tabuteau, « Crises et réformes », LTS 2009, Vol. 22, n° 1, p. 19-40.

[2] *ibid.*

[3] M. Grosset, « Sécurité alimentaire et politiques nutritionnelles : enjeux et perspectives », JDSAM 2017, n° 17.

[4] R. Geyer, S. Lightfoot, « The Strengths and Limits of New Forms of EU Governance: The Cases of Mainstreaming and Impact Assessment in EU Public Health and Sustainable Development Policy », JEI 2010, Vol. 32, n° 4, p. 339-356.

[5] S. Guigner, « L'odyssée de l'administration européenne de la santé : la quête d'un leadership », PE 2003, Vol. 3, n° 11, p. 31-56.

[6] *ibid.*, et H. Bergeron *in* O. Borraz, V. Guiraudon (dir.) *Politiques publiques 2. Changer la société*, Presses de Sciences Po, 2010, 316 p.

désormais donnée aux questions sanitaires dans l'Union européenne[1]. Compte tenu des missions de cette nouvelle DG, un lien clair est affirmé entre santé et sécurité alimentaire[2], mais certains estiment que cette dernière tend même à prendre le dessus sur la santé publique : « L'activité de la DG SANCO n'est pas motivée prioritairement par la santé de la population, c'est-à-dire par la santé publique, mais par celle du consommateur[3] ». Néanmoins, la configuration de la DG SANCO favorise l'abandon progressif de politiques uniquement sectorielles, thématiques (cancer, addictions, accidents...) au profit d'une politique horizontale, matérialisée par le premier programme pluriannuel de santé européen et ses trois objectifs transversaux : information en santé, menaces sanitaires et déterminants de la santé[4]. Elle embrasse un large éventail de problématiques et incarne ainsi à sa façon l'intégration de la santé dans d'autres politiques. Parmi elles, la question alimentaire se détache alors un peu de la Politique agricole commune (PAC) et du marché unique pour se rapprocher du secteur de la santé publique[5].

En fin 2021, la ré-autorisation de l'utilisation des protéines animales transformées de non-ruminants pour les porcs et les volailles par la Commission européenne impliquera des contrôles réguliers pour éviter une nouvelle rupture de la sécurité alimentaire telle que l'Union européenne l'a connue dans les années 1990-2000[6].

C'est désormais à l'article 152 du traité (l'ancien article 129), que l'on trouve l'intégration de la santé dans les autres politiques de l'Union européenne, et dont l'adoption s'explique par la crise de la vache folle[7], qui a rendu criante la nécessité de renforcer les dispositions sur la santé dans le traité. Le texte confirme le principe de subsidiarité en matière de santé, qui implique une logique de partenariat et ainsi l'absence de « politique commune de santé » européenne[8].

---

[1] R. GEYER, S. LIGHTFOOT, « The Strengths and Limits of New Forms of EU Governance: The Cases of Mainstreaming and Impact Assessment in EU Public Health and Sustainable Development Policy », *op. cit.*

[2] W. GRANT, « Agricultural policy, food policy, and communicable disease policy », JHPPL 2012, Vol. 37, n° 6.

[3] S. GUIGNER, « L'odyssée de l'administration européenne de la santé : la quête d'un leadership », *op. cit.*

[4] N. ROSENKÖTTER *et al*, « Twentieth anniversary of the European Union health mandate: taking stock of perceived achievements, failures and missed opportunities – a qualitative study », BCPH 2013, Vol. 13, n° 1074.

[5] W. LAMPING, M. STEFFEN, « European Union and Health Policy: The ''Chaordic'' Dynamics of Integration », SSQ 2009, Vol. 90, n° 5.

[6] Voir à ce sujet E. CASALEGNO, « Farines animales Un retour discret et encadré », UFC Que Choisir, 30/05/2021, https://www.quechoisir.org/actualite-farines-animales-un-retour-discret-et-encadre-n91706/ [consulté le 08/09/2021].

[7] K. LEPPO *et al.*, Health in All Policies, Seizing opportunities, implementing policies, Min. Aff. sociales et de la santé, Finlande, 2013, 358 p.

[8] M. BELANGER, *Droit européen général de la santé, Bilan d'un droit moderne*, Les études hospitalières, Les cahiers du CERDES, 2013, 308 p.

En ce qui concerne la « santé dans toutes les politiques », le Traité d'Amsterdam remplace l'expression de l'article 129 suivant laquelle « Les exigences en matière de protection de la santé sont une composante des autres politiques de la Communauté[1] » par la phrase « Un niveau élevé de protection de la santé humaine est assuré dans la définition et la mise en œuvre de toutes les politiques et actions de la Communauté », qui est désormais en toute première position dans l'article. Changement de formulation, mais même méthode : le texte est une affirmation contenant une mission relativement imprécise[2]. Parmi les autres modifications faites dans l'article 129, le deuxième alinéa du § 1[3] est étoffé avec les ajouts des « affections humaines et des causes de danger pour la santé humaine » après la « prévention des maladies ». Il n'est pas certain que ces ajouts soient pertinents d'autant plus que les termes d'« affection » et de « danger » ne sont pas clairement définis. La notion de « danger » peut sans doute se rattacher à la protection contre les risques. Le paragraphe 4 est étoffé également : le Conseil adopte désormais des « mesures fixant des normes élevées de qualité et de sécurité des organes et substances d'origine humaine, du sang et des dérivés du sang » ainsi que « des mesures dans les domaines vétérinaire et phytosanitaire ayant directement pour objectif la protection de la santé publique » et non plus seulement des actions d'encouragement. On voit ici les leçons tirées de l'affaire du sang contaminé et de l'affaire de la maladie de la vache folle[4].

Mais d'autres aspects restent inchangés : l'Union européenne conserve un rôle secondaire en matière de santé. Ce sont les États membres qui agissent en premier lieu sur ce sujet. Le niveau européen complète et appuie leurs actions. Le nouvel article 152 conserve la même ambition : la santé, sur le papier, est placée en tant qu'objectif sur une échelle élevée, avec la recherche du meilleur

---

[1] Article 129 § 1 3ème alinéa (ancienne version du traité).

[2] Malgré l'absence du verbe « devoir » ou de toute autre injonction explicite dans cet article, la Cour de justice a considéré qu'il s'agit d'une réelle obligation : « En vertu de l'article 152, paragraphe 1, du traité et selon la jurisprudence de la Cour de justice des Communautés européennes, les exigences en matière de santé doivent faire partie intégrante des autres politiques communautaires » (CJCE, 10/12/2002, *The Queen contre Secretary of State for Health, ex parte British American Tobacco (Investments) Ltd et Imperial Tobacco Ltd.*, n° C-491/01, ECLI:EU:C:2002:741, Rec. I-11453). Même constat dans l'arrêt CJUE, 21/12/2011, *Commission européenne contre Rép. d'Autriche*, n° C-28/09, ECLI:EU:C:2011:854, Rec. I-13525 : « aux termes des articles 6 CE et 152, paragraphe 1, CE, les exigences de protection de l'environnement et de la santé publique doivent être prises en compte dans la définition et la mise en œuvre des politiques et des actions de la Communauté ».

[3] Article 129 § 1 : « Un niveau élevé de protection de la santé humaine est assuré dans la définition et la mise en œuvre de toutes les politiques et actions de la Communauté.
L'action de la Communauté, qui complète les politiques nationales, porte sur l'amélioration de la santé publique et la prévention des maladies et des affections humaines et des causes de danger pour la santé humaine. Cette action comprend également la lutte contre les grands fléaux, en favorisant la recherche sur leurs causes, leur transmission et leur prévention ainsi que l'information et l'éducation en matière de santé ».

[4] N. DE GROVE-VALDEYRON, *Droit européen de la santé*, *op. cit.*

résultat. Certains auteurs remarquent, à propos de l'article 38 du même traité, en matière de consommation, qu'on ne recherche pas le « niveau le plus élevé », mais simplement un « niveau élevé[1] ». Les États membres peuvent adopter des mesures de protection plus strictes que celles adoptées par le Conseil. L'ajout de l'objectif consistant à « protéger et améliorer la santé humaine » confirme le positionnement vers une recherche de la meilleure santé possible, par tous les moyens donnés par chaque secteur.

L'article 152 est vu comme le premier vrai instrument législatif donné aux décideurs européens en matière de santé publique[2]. Cependant, il comprend des limites puisque l'Union européenne peut rarement avoir recours à des actes législatifs contraignants en matière de santé publique. Elle doit, le plus souvent, se cantonner à avoir recours au droit souple ou à des actes *sui generis* – des « décisions »[3]. Comme l'a rappelé le Tribunal de première instance des Communautés européennes (TPICE), dans le secteur de la santé, « la Communauté ne peut procéder, en vertu de l'article 152, paragraphes 1 et 5 CE, qu'à des actions juridiquement non contraignantes tout en respectant pleinement les responsabilités des États membres en matière d'organisation et de fourniture de services de santé et de soins médicaux[4] ».

En outre, la Cour a tempéré l'objectif de l'article 129 dans un arrêt de 1998[5], et le Tribunal considère que cela vaut aussi pour l'article 152 § 1 (ainsi que plus tard pour l'article 168 § 1 TFUE[6]) : « Lors de la détermination de ce niveau de risque, les institutions communautaires sont tenues par leur obligation, en vertu de l'article 152, paragraphe 1, premier alinéa, CE, d'assurer un niveau élevé de protection de la santé humaine. Ce niveau élevé ne doit pas nécessairement, pour être compatible avec cette disposition, être techniquement le plus élevé possible[7] ».

En 1998, une nouvelle stratégie en santé est jugée nécessaire du fait des nouvelles dispositions du Traité d'Amsterdam et de l'évolution du contexte

---

[1] J. Calais-Auloy, H. Temple, M. Depince, *Droit de la consommation*, 10ème édition, Dalloz, Précis, 2020, 778 p.

[2] T. Stahl *et al.*, Health in All Policies : Prospects and potentials, *op. cit.*

[3] N. De Grove-Valdeyron, « Reconnaissance progressive d'une compétence communautaire », RDE 2008.

[4] TPICE, 12/02/2008, *British United Provident Association Ltd (BUPA), BUPA Insurance Ltd et BUPA Ireland Ltd contre Commission des Communautés européennes*, n° 289/03, ECLI:EU:T:2008:29, Rec. II-00081.

[5] CJUE, 14/07/1998, *Safety Hi-Tech Srl contre S. & T. Srl.*, n° C-284/95, ECLI:EU:C:1998:352, Rec. I-04301. Sa position est suivie par le Tribunal dans : TPICE, 11/09/2002, *Alpharma, Inc. contre Conseil de l'Union européenne*, n° T-70/99, ECLI:EU:T:2002:210, Rec. II-03495.

[6] TUE, 12/12/2014, *Xeda International SA contre Commission européenne*, n° T-269/11, ECLI:EU:T:2014:1069, Rec. num.

[7] TUE, 09/09/2011, *Dow AgroSciences Ltd et autres contre Commission européenne*, n° T-475/07, ECLI:EU:T:2011:445, Rec. II-05937 ; TUE, 19/01/2012, *Xeda International SA et Pace International LLC contre Commission européenne*, n° T-71/10, ECLI:EU:T:2012:18, Rec. num. ; et TUE, 12/04/2013, *Du Pont de Nemours (France) SAS et autres contre Commission européenne*, n° T-31/07, ECLI:EU:T:2013:167, Rec. num.

européen[1]. Huit programmes sont lancés pour traiter chacun d'une question de santé : le cancer, la promotion de la santé, les maladies rares, le VIH, la surveillance sanitaire, les blessures, l'addiction aux drogues et les maladies liées à la pollution[2]. On suit donc ici une approche verticale des problématiques de santé[3] et non une approche transversale comme le suggèrent les promoteurs de la « santé dans toutes les politiques ».

2) A partir de 2000, le déploiement d'un nouvel arsenal juridique

L'une des dispositions de la Charte des droits fondamentaux de l'Union européenne adoptée en 2000 fait un écho très fidèle à l'article 152 du Traité de Rome, tandis qu'en 2007, le Traité de Lisbonne consolide le principe européen d'intégration transversale de la santé, sans toutefois y apporter de modification substantielle.

La Charte des droits fondamentaux

Dès l'année 2000, un autre texte consacre l'intégration de la santé dans toutes les politiques en droit de l'Union européenne : il s'agit de la Charte des droits fondamentaux, laquelle selon l'article 6 du Traité sur l'Union européenne, a la même valeur juridique que les traités européens[4]. Situé au chapitre IV sur la solidarité, l'article 35 de cette charte est comme suit : « Protection de la santé : Toute personne a le droit d'accéder à la prévention en matière de santé et de bénéficier de soins médicaux dans les conditions établies par les législations et pratiques nationales. Un niveau élevé de protection de la santé humaine est assuré dans la définition et la mise en œuvre de toutes les politiques et actions de l'Union[5] ». La dernière phrase de l'article 35 de la charte est identique à la première phrase de l'article 152 du Traité d'Amsterdam[6]. Pourquoi avoir choisi une telle répétition ? Si c'était pour en souligner l'importance, pourquoi ne pas avoir choisi une formulation identique à celle retenue pour l'environnement, deux articles plus loin ? En effet, l'article 37 de la charte énonce : « Protection de l'environnement : Un

---

[1] Décision n° 1786/2002/CE du Parlement européen et du Conseil du 23 septembre 2002 adoptant un programme d'action communautaire dans le domaine de la santé publique (2003-2008).

[2] F. Sauer, « Role of the European Union in public health », RPF 2010, n° 2.

[3] F. Sauer, Interview, Eurohealth 2001, Vol. 7, n° 2.

[4] Avant d'être intégrée au TUE par le Traité de Lisbonne, en 2007, cette charte avait une simple valeur déclaratoire et était dépourvue d'une valeur juridiquement obligatoire (M. Clapie, *Manuel d'institutions européennes*, 3ème édition, Flammarion, Champs Université, 2010, 444 p. Voir également à ce sujet F. Rouvillois, *Libertés fondamentales*, 3ème édition, Flammarion, Champs Université, 2019, 476 p.)

[5] Charte des droits fondamentaux de l'Union européenne, 7 décembre 2000.

[6] Traité d'Amsterdam, Article 152 (ancien article 129) : « Un niveau élevé de protection de la santé humaine est assuré dans la définition et la mise en œuvre de toutes les politiques et actions de la Communauté ».

niveau élevé de protection de l'environnement et l'amélioration de sa qualité doivent être intégrés dans les politiques de l'Union et assurés conformément au principe du développement durable ». La santé reçoit le même sort que la protection des consommateurs, consacrée dans l'article 38 du même texte : « Protection des consommateurs : Un niveau élevé de protection des consommateurs est assuré dans les politiques de l'Union ». Voilà une nouvelle fois un texte qui esquisse une hiérarchie entre la protection de l'environnement d'abord – une véritable obligation –, puis la protection de la santé et des consommateurs – un vœu. Cette répartition paraîtra surprenante quelques années plus tard lorsque le Traité de Lisbonne inclura, à l'article 4 du Traité sur l'Union européenne, l'environnement et la protection des consommateurs parmi les compétences partagées de l'Union.

Si ce n'était pas pour souligner l'importance de l'intégration de la santé dans les autres politiques, une autre explication à ce doublon – la dernière phrase de l'article 35 de la charte et la première phrase de l'article 152 du Traité d'Amsterdam – s'impose : c'est tout simplement un aveu de faiblesse de la part du législateur européen face à un principe censé être conducteur de l'action européenne et qui se révèle lettre morte. La charte consacre néanmoins à la fois un droit à la prévention et aux soins médicaux, et cette approche globale et moderne de la santé a été saluée[1]. Cependant le lien entre les deux phrases de l'article 35 n'est pas précisé : le droit à la prévention et aux soins médicaux est-il invocable dans le cadre des autres « politiques et actions de l'Union » ? Selon le Professeur Karagiannis, « aucune sorte de droit subjectif à la santé n'est ici reconnue », et il est difficile d'évaluer au cas par cas si un « niveau élevé » de protection de la santé a réellement été atteint ou non[2]. Cet auteur affirme même que puisque « l'Union n'a pas une vraie compétence dans le domaine de la protection de la santé, la proclamation d'un droit à la santé dans l'article 35 de la Charte, fût-il formulé de la manière dont il est formulé, apparaît comme singulièrement gratuite. En pure logique, on ne peut donner ce qu'on n'a pas[3] ».

Le Traité sur le fonctionnement de l'Union européenne

Peu de temps après la Charte des droits fondamentaux, le Traité de Lisbonne, ou Traité sur le fonctionnement de l'Union européenne, adopté en 2007, modifie l'article 152 qui devient l'article 168 dans sa version consolidée. En voici le paragraphe 1 en son premier alinéa, essentiellement identique à l'article 152 : « Un niveau élevé de protection de la santé humaine est assuré dans la définition et la mise en œuvre de toutes les politiques et actions de l'Union ». Présente dans un traité fondateur du droit de l'Union

---

[1] S. Karagiannis, « Droit à la santé – Le droit à la santé dans certains textes internationaux et constitutionnels : entre généreuse utopie et mesquin pragmatisme ? », JDI (Clunet) 2012, n° 4.
[2] *ibid.*
[3] *ibid.*

européenne, l'intégration de la santé dans toutes les politiques demeure un principe à valeur fondamentale, d'autant que l'article 168 a été qualifié de « base constitutionnelle principale de l'activité normative de l'Union européenne en matière de santé[1] ». De plus, les articles 168 § 1 et 9 du TFUE qui seront détaillés ci-après, signifient que « la sphère de compétence de l'Union en matière de santé ne se limite pas aux actions portant spécifiquement sur la santé publique[2] ». Le fait que le titre consacré à la santé publique soit placé à la fin du TFUE pourrait porter à croire que la santé est vue comme étant secondaire, mais nous considérons que l'aspect transversal attribué à la santé en droit de l'Union européenne compense cette situation.

Selon le Professeur Blanquet, « si l'article 168 du Traité sur le fonctionnement de l'Union européenne commence en faisant d'un niveau élevé de protection de la santé humaine une obligation pour toutes les politiques et actions de l'Union, il finit sur un tout autre ton : « L'action de l'Union est menée dans le respect des responsabilités des États membres en ce qui concerne la définition de leur politique de santé, ainsi que l'organisation et la fourniture de services de santé et de soins médicaux », ce qui instille le doute sur cette soi-disant nouvelle compétence de l'Union[3] ».

Le nouvel article conserve en effet l'idée d'origine : l'Union européenne garde un rôle de complément à l'action des États membres et appuie leur action en matière de santé. La Commission peut prendre des initiatives pour promouvoir la coordination entre les États membres. Ce propos est en phase avec l'article 6 du Traité sur l'Union européenne[4], qui prévoit que l'Union « dispose d'une compétence pour mener des actions pour appuyer, coordonner ou compléter l'action des États membres. Les domaines de ces actions sont, dans leur finalité européenne : a) la protection et l'amélioration de la santé humaine [...] ».

L'article 168 du Traité sur le fonctionnement de l'Union européenne (TFUE) prévoit qu'« un niveau élevé de protection de la santé humaine est assuré dans la définition et la mise en œuvre de toutes les politiques et actions de l'Union » : l'obligation de prendre en compte la santé comme paramètre dans les autres secteurs ne se situe pas au niveau du contenu de chaque loi, mais au niveau de « toutes les politiques et actions de l'Union ». L'obligation légale est ici un principe conducteur de l'action politique globale, c'est une injonction supérieure à destination des acteurs institutionnels agissant dans les différents secteurs. On distingue donc deux niveaux : en droit de l'Union européenne, la « santé dans toutes les politiques » a une valeur

---

[1] M. BELANGER, *Droit européen général de la santé, Bilan d'un droit moderne*, *op. cit.*

[2] N. DE GROVE-VALDEYRON, « Reconnaissance progressive d'une compétence communautaire », *op. cit.*

[3] M. BLANQUET, « Compétence et ambivalence de l'Union européenne en matière de santé publique », RUE 2019, n° 624.

[4] Qui correspond à l'article 2 E du Traité de Lisbonne.

juridique et agit à un niveau métapolitique, mais elle doit se concrétiser au niveau inférieur dans les politiques et actions elles-mêmes.

Selon l'article 4 du Traité sur l'Union européenne[1], l'Union bénéficie aussi d'une compétence partagée avec les États membres pour « les enjeux communs de sécurité en matière de santé publique, pour les aspects définis dans le présent traité ». La santé est ainsi le « seul domaine que le traité de Lisbonne a écartelé entre un statut de compétence d'appui et un statut de compétence partagée[2] ». Dans ce traité qui clarifie pour la première fois les différentes compétences de l'Union, la santé est la seule à recevoir « une dualité de statut[3] ». Les trois domaines permettant de « faire face aux enjeux communs de sécurité » sont les suivants. Dès le Traité d'Amsterdam, en dérogation aux faibles possibilités d'actions normatives, l'Union pouvait adopter « des mesures fixant des normes élevées de qualité et de sécurité des organes et substances d'origine humaine, du sang et des dérivés du sang [...] », et « des mesures dans les domaines vétérinaire et phytosanitaire ayant directement pour objectif la protection de la santé publique », elle peut à présent également adopter des « mesures fixant des normes élevées de qualité et de sécurité des médicaments et des dispositifs à usage médical[4] ». Le rôle de complément à l'action des États membres implique que, mis à part les trois domaines très précis qui ont le statut de compétence partagée, l'Union européenne n'a pas la possibilité de s'appuyer sur des instruments juridiques contraignants – tels que les règlements, les directives et les décisions – pour mener sa politique de santé[5].

Le Traité de Lisbonne ajoute un article 5 bis – désormais article 9 du TFUE – selon lequel « dans la définition et la mise en œuvre de ses politiques et actions, l'Union prend en compte les exigences liées à la promotion d'un niveau d'emploi élevé, à la garantie d'une protection sociale adéquate, à la lutte contre l'exclusion sociale ainsi qu'à un niveau élevé d'éducation, de formation et de protection de la santé humaine ». Le principe de l'article 168 § 1 se retrouve ici aux côtés d'autres principes semblables applicables à d'autres secteurs. Ces clauses d'intégration, aussi appelées clauses transversales, sont apparues dans les traités européens depuis Maastricht (1992) mais se voient précisées par le Traité de Lisbonne[6].

On notera que la santé est l'élément qui vient en dernier dans cet article, après l'emploi, la protection sociale, la lutte contre l'exclusion, l'éducation et

---

[1] Qui correspond à l'article 2 C du Traité de Lisbonne.

[2] M. BLANQUET, « Compétence et ambivalence de l'Union européenne en matière de santé publique », *op. cit.*

[3] *ibid.*

[4] *ibid.*

[5] S. GUIGNER, « L'influence de l'Union européenne sur les pratiques et politiques de santé publique : européanisation verticale et horizontale », SSS 2011, Vol. 29, n° 1, p. 81-106.

[6] V. MICHEL, « Traité de Lisbonne – Politiques et actions de l'Union », RDE 2010 (Sept.).

la formation. La recherche d'un niveau d'emploi élevé étant un objectif central de l'Union européenne, prioritaire sur la santé, il est donc cohérent de constater la récurrence de l'argument économique en faveur des actions pour la santé dans les travaux de l'Union européenne sur la santé.

Section 2. Un fondement juridique peu exploité par l'exécutif européen

La prise en compte du principe d'intégration de la santé dans les programmes de santé publique européens aurait pu contribuer à un déploiement effectif de ce principe (1). Cependant, ce dernier a suscité un intérêt déclinant de la part de la Commission malgré les efforts du Conseil (2). Les fondements juridiques qui l'énoncent – vus dans la section précédente – apparaissent donc limités dans leurs effets.

1) Des outils opérationnels pouvant donner corps au principe européen d'intégration de la santé

S'il existe des actes législatifs[1], notamment des directives, concernant la sécurité sanitaire et la sécurité et santé au travail[2], très peu de ces actes portent explicitement sur la « santé dans toutes les politiques ». D'autres textes retiendront notre attention ici. Il s'agit de ceux adoptant les programmes pluriannuels de santé européens entre 2003 et 2027. Depuis 2003, des programmes pluriannuels de santé ont été élaborés et adoptés par le Parlement et le Conseil au moyen de deux décisions et de deux règlements[3] et ont bénéficié d'un budget croissant[4]. D'une durée moyenne de six années, ces programmes ont succédé au « cadre de santé publique » de l'Union européenne en place depuis 1993.

Ils présentent des points communs et des éléments de divergence. La présence de la « santé dans toutes les politiques » dans les programmes

---

[1] Selon l'article 289 TFUE.

[2] M. BELANGER, *Droit européen général de la santé, Bilan d'un droit moderne*, *op. cit.*

[3] Décision n° 1786/2002/CE du Parlement européen et du Conseil du 23 septembre 2002 adoptant un programme d'action communautaire dans le domaine de la santé publique (2003-2008) ; Décision n° 1350/2007/CE du Parlement européen et du Conseil du 23 octobre 2007 établissant un deuxième programme d'action communautaire dans le domaine de la santé (2008-2013) ; Règlement (UE) n° 282/2014 du Parlement européen et du Conseil du 11 mars 2014 portant établissement d'un troisième programme d'action de l'Union dans le domaine de la santé (2014-2020) et abrogeant la décision n° 1350/2007/CE ; Règlement (UE) n° 2021/522 du Parlement européen et du Conseil du 24 mars 2021 établissant un programme d'action de l'Union dans le domaine de la santé (programme « L'UE pour la santé ») pour la période 2021-2027, et abrogeant le règlement (UE) n° 282/2014.

[4] Le budget du programme 2014-2020 s'élève à 449,4 millions d'euros, ce qui représente une augmentation du budget de près de 40 % par rapport au programme précédent (321,5 millions d'euros). Le premier programme, entre 2003 et 2007, avait reçu un budget de 312 millions d'euros. En 2021, le programme adopté pour la période 2021-2027 bénéficie d'un budget plus de dix fois supérieur à celui des programmes de santé précédents (5,1 milliards d'euros).

européens de santé publique a marqué quelques oscillations voire un recul à la fin des années 2010, mais la volonté des institutions européennes d'accorder une réelle place à ce principe persiste finalement encore aujourd'hui dans ces programmes.

La présence de la « santé dans toutes les politiques » dans les programmes pluriannuels de santé publique : une simple « carte de visite »

La nouvelle stratégie de santé, lancée en 2003 par la Commission européenne, se fonde sur l'article 152 du traité. Selon le Conseil, le Comité économique et social, le Comité des régions, le Parlement européen, et en phase avec la communication de la Commission[1], il était alors nécessaire « d'inscrire l'action au niveau communautaire dans un programme global, à mener pendant une période d'au moins cinq ans et comprenant trois objectifs généraux[2] ». Le premier programme intégré de santé publique est adopté en septembre 2002 par le Conseil et le Parlement européen[3]. Ce nouveau programme européen, qui complète ses équivalents nationaux, permet le financement de projets trans-européens selon trois axes principaux : information, menaces et déterminants de la santé[4].

Les programmes de santé suivants (2008-2013 et 2014-2020) poursuivront eux aussi ces objectifs, formulés de manière quelque peu différente : l'amélioration de l'information aux fins de la santé publique, la réponse rapide aux menaces pour la santé et l'action sur les facteurs déterminants pour la santé à travers la promotion de la santé et la prévention des maladies. Le programme 2014-2020 prévoit en outre un objectif spécifique lié à l'innovation dans les systèmes de santé. On note par ailleurs, dans ce troisième programme, un exposé plus dense des objectifs, avec une distinction entre objectifs généraux et spécifiques. Ceci est d'autant plus étonnant que ce programme était supposé être plus ciblé que ses prédécesseurs[5]. Les deux premiers programmes présentent quant à eux les trois objectifs de manière claire et identique. Ce triptyque d'objectifs a survécu tout au long des trois premiers programmes et en constitue le fil conducteur. La « santé dans toutes les politiques » y a théoriquement sa place dans l'objectif portant sur la prévention et la promotion de la santé. Le quatrième programme, en vigueur à partir de 2021, se démarque par la présence de quatre objectifs : deux sont

---

[1] Commission des CE, Communication de la Commission au Parlement européen, au Conseil, au Comité économique et social et au Comité des régions. Programme législatif et de travail de la Commission pour 2003, COM (2002) 590 final/2.

[2] M. BELANGER, *Droit européen général de la santé, Bilan d'un droit moderne*, *op. cit.*

[3] Décision n° 1786/2002/CE du Parlement européen et du Conseil du 23 septembre 2002, *op. cit.*

[4] F. SAUER, « Les ambitions européennes en matière de santé », RFAP 2005, Vol. 1, n° 113, p. 147-157.

[5] T. CLEMENS *et al.*, « The Directorate-General for Health and Consumers 1999-2014: An assessment of its functional capacities », HP 2017, Vol. 121, p. 594-603.

en cohérence avec ceux des programmes précédents. Il s'agit de la réponse aux crises sanitaires et de l'amélioration de la santé par la promotion de la santé et la prévention des maladies. En outre, le programme vise à « améliorer la disponibilité, l'accessibilité et le caractère abordable, dans l'Union, des médicaments et des dispositifs médicaux ainsi que des produits nécessaires en cas de crise, et soutenir l'innovation concernant ces produits » et « renforcer les systèmes de santé en améliorant leur résilience et l'efficacité des ressources[1] ».

Des points communs entre les quatre programmes sont à souligner[2]. La prise en compte des principes de subsidiarité et de proportionnalité consacrés par les traités européens est une caractéristique partagée par les quatre programmes de santé. La priorité est donc donnée aux actions où l'Union européenne a une valeur ajoutée, c'est-à-dire les « domaines revêtant manifestement une dimension transfrontalière ou relevant du marché intérieur, ou [sur] les cas où la collaboration à l'échelle de l'Union procure des avantages et des gains d'efficacité importants[3] ». Les textes mettant en œuvre ces programmes n'excèdent pas « ce qui est nécessaire pour atteindre [les] objectifs[4] ». La réponse aux pandémies, le système de sécurité sociale sont des exemples de « domaines revêtant manifestement une dimension transfrontalière ou relevant du marché intérieur[5] ». Par conséquent, les domaines de santé n'ayant pas de caractère transfrontalier ou ne relevant pas du marché intérieur n'ont pas à être traités au niveau de l'Union européenne. Cependant, les principes de subsidiarité et de proportionnalité ne sauraient être utilisés comme prétexte pour justifier l'absence de prise en compte de la « santé dans toutes les politiques »[6]. En effet, selon notre lecture, la « santé dans toutes les politiques » semble répondre à un autre type de problématique : elle ne se fonde ni sur un critère géographique, ni sur un critère économique. Elle se situe sur un autre plan que ceux de la subsidiarité et de la

---

[1] Règlement (UE) n° 2021/522 du Parlement européen et du Conseil du 24 mars 2021, *op. cit.*

[2] Si l'on s'intéresse aux points de divergence entre les quatre programmes, on peut noter que le programme 2008-2013 est le seul à souligner l'importance de la prise en compte du principe de précaution dans davantage d'actions et politiques communautaires (Décision n° 1350/2007/CE du Parlement européen et du Conseil du 23 octobre 2007, *op. cit.*).

[3] Règlement (UE) n° 282/2014 du Parlement européen et du Conseil du 11 mars 2014, *op. cit.*

[4] *ibid.*

[5] *ibid.*

[6] D'ailleurs, ce n'est pas le cas puisque d'après la CJUE dans un arrêt du 24/10/2002, *Procédure pénale contre Walter Hahn*, C-121/00, ECLI:EU:C:2002:611, Rec. I-09193, « Selon une jurisprudence constante, parmi les motifs susceptibles de justifier des dérogations à l'article 28 CE, la protection de la santé et de la vie des personnes occupe le premier rang ».
Voir à ce sujet : D. Simon, « Restrictions quantitatives et mesures d'effet équivalent – Limites à la prohibition », RDE 2004 : « La Cour fait preuve d'une certaine bienveillance pour les mesures nationales prises en cas de menace sérieuse pour la santé publique : c'est ainsi par exemple que le principe de proportionnalité ne s'oppose pas à l'adoption de règles de « tolérance zéro » quant à la présence de listeria dans les produits alimentaires (CJCE, 24/10/2002, Hahn, C-121/00) ».

proportionnalité. Il s'agit de deux méthodologies distinctes : la « santé dans toutes les politiques » n'est pas une politique de santé, c'est une approche transversale des politiques publiques. Par conséquent, le principe de subsidiarité qui limite l'action en santé de l'Union européenne, ne peut limiter de la même façon l'action de l'Union européenne en matière de « santé dans toutes les politiques ».

Bien qu'une ligne directrice évolutive et commune aux quatre programmes successifs se dessine clairement, un certain recul de la « santé dans toutes les politiques » se manifeste dans les années 2010 au sein de ces programmes pourtant dédiés à la santé. En effet, le programme 2003-2007 initiait une « politique sanitaire offensive[1] » en dessinant les contours d'une « véritable politique communautaire de la santé », une « stratégie à la fois intégrée et intersectorielle[2] ». Ce programme attribuait une réelle place à la « santé dans toutes les politiques », ce qui peut être interprété comme une suite logique après la résolution du Conseil de l'Union européenne du 18 novembre 1999 concernant la garantie de la protection de la santé dans toutes les politiques et actions de la Communauté[3] adoptée peu de temps auparavant. La décision n° 1350 pour le programme 2008-2013 accordait elle aussi une place importante à la « santé dans toutes les politiques », laquelle apparaît plusieurs fois[4], et soulignait l'importance d'une coordination avec les autres politiques et programmes communautaires. On peut donc s'étonner de la moindre importance de la « santé dans toutes les politiques » dans le programme pluriannuel pour 2014-2020, en contradiction avec l'esprit des programmes précédents. En effet, celui-ci évoque cette approche uniquement dans son introduction et dans son annexe 1, cette dernière la positionnant certes dans la « priorité thématique n° 1 », mais sans la développer. Ce recul paraît cohérent avec l'attitude réservée de la Commission à ce sujet. Néanmoins, la notion de « modes de vie sains » étant présente dans ce programme, on pourrait y voir une illustration implicite de la « santé dans toutes les politiques ». En insistant davantage sur les systèmes de santé et de soins, le programme 2014-2020 se démarque aussi des deux premiers par des objectifs plus divers. Comme nous le verrons prochainement, le contexte économique complexe des années 2014 et suivantes dans l'Union européenne peut aussi être un élément d'explication. En tout état de cause, la façon irrégulière pour les institutions européennes d'avoir recours au principe d'intégration de la santé au gré de l'évolution des programmes pluriannuels de santé européens traduit une instrumentalisation de l'approche « santé dans toutes les politiques », surtout affichée par

---

[1] M. BELANGER, *Droit européen général de la santé, Bilan d'un droit moderne*, *op. cit.*

[2] *ibid.*

[3] Conseil de l'UE, Résolution concernant la garantie de la protection de la santé dans toutes les politiques et actions de la Communauté, 18 novembre 1999, 2000/C 86/02.

[4] La « santé dans toutes les politiques » est mentionnée aux pages 1, 2, 7 et dans l'annexe (Décision n° 1350/2007/CE du Parlement européen et du Conseil du 23 octobre 2007, *op. cit.*).

principe, pour donner une valeur symbolique forte aux textes qui la contiennent.

L'affirmation de la « santé dans toutes les politiques » dans les programmes pluriannuels de santé publique

Le dernier programme en date représente un récent rebond dans l'application de la « santé dans toutes les politiques », ce qui peut s'expliquer par une prise de conscience liée à la pandémie de covid-19 qui a révélé de fortes faiblesses dans la capacité de réponse des institutions européennes en cas de crise majeure. Le programme adopté par le Règlement (UE) n° 2021/522 du Parlement européen et du Conseil du 24 mars 2021 établissant un programme d'action de l'Union dans le domaine de la santé (programme « L'UE pour la santé ») pour la période 2021-2027, et abrogeant le règlement (UE) n° 282/2014, adopte une vision de la santé extrêmement transversale et de long-terme. Il tient pleinement compte de la variété de problématiques liées au maintien en bonne santé, à l'accès aux soins, à la réduction des inégalités de santé et à l'incidence de la santé sur la qualité de vie, la productivité et la compétitivité[1]. Un réel effort est prévu pour créer des synergies et de la complémentarité entre ce programme et d'autres domaines d'action de l'UE, tels que le numérique, l'emploi et l'innovation sociale, l'alimentation, l'éducation et la formation, etc[2].

Cette avancée est d'autant plus significative que l'on constate un renforcement du caractère général des textes adoptant les programmes. Tandis que les programmes 2003-2007 et 2008-2013 furent respectivement adoptés par la décision n° 1786/2002/CE du Parlement européen et du Conseil du 23 septembre 2002 adoptant un programme d'action communautaire dans le domaine de la santé publique (2003-2008) et la décision n° 1350/2007/CE du Parlement européen et du Conseil du 23 octobre 2007 établissant un deuxième programme d'action communautaire dans le domaine de la santé (2008-2013), le programme 2014-2020 a quant à lui été adopté par le règlement (UE) n° 282/2014 du Parlement européen et du Conseil du 11 mars 2014 portant établissement d'un troisième programme d'action de l'Union dans le domaine de la santé (2014-2020) et abrogeant la décision n° 1350/2007/CE ; le dernier programme en date a été adopté par le règlement n° (UE) 2021/522 du Parlement européen et du Conseil du 24 mars 2021 établissant un programme d'action de l'Union dans le domaine de la santé (programme « L'UE pour la santé ») pour la période 2021-2027, et abrogeant le règlement (UE) n° 282/2014. En droit de l'Union européenne la décision est, comme le règlement, obligatoire dans toutes ses dispositions et

[1] Notamment aux paragraphes 19 et 20 du programme. Voir le règlement (UE) n° 2021/522 du Parlement européen et du Conseil du 24 mars 2021 établissant un programme d'action de l'Union dans le domaine de la santé (programme « L'UE pour la santé ») pour la période 2021-2027, et abrogeant le règlement (UE) n° 282/2014.

[2] Notamment au paragraphe 26 du programme (*ibid*).

applicable directement, sans transposition dans le droit national, mais elle s'en distingue par une absence de portée générale[1]. Ce changement de nature de texte à partir de 2014 laisse penser que le Parlement et le Conseil ont eu la volonté de donner davantage de poids aux nouveaux programmes pluriannuels de santé.

Une autre avancée récente particulièrement intéressante se trouve dans l'article 2 du règlement (UE) n° 2021/522 où sont données les définitions des termes-clés du programme 2021-2027 : on y trouve pour la première fois depuis l'adoption des programmes européens de santé une véritable définition de la « santé dans toutes les politiques », fortement calquée sur celle adoptée par les États membres de l'OMS en 2013 lors de la conférence d'Helsinki. Cet article du règlement définit l'« intégration des questions de santé dans toutes les politiques » comme « une approche de l'élaboration, de la mise en œuvre et de la révision des politiques publiques, quel que soit le secteur, qui tient compte des implications sanitaires des décisions et qui cherche à réaliser des synergies et à éviter que ces politiques aient des effets dommageables sur la santé, de manière à améliorer l'état de santé de la population et l'équité en matière de santé ».

De façon cohérente, les quatre programmes pluriannuels déployés entre 2003 et 2027 font une référence, dès leur première page, au principe selon lequel l'Union européenne doit rechercher un niveau élevé de protection de la santé dans la mise en œuvre de toutes ses politiques et actions. La décision n° 1786 du Parlement et du Conseil, instituant le programme pour les années 2003-2007, et la décision n° 1350 du Parlement et du Conseil pour le programme 2008-2013, visaient l'article 152 du Traité instituant la Communauté européenne. À partir du Traité d'Amsterdam, les programmes de santé publique ont bénéficié de ce nouveau fondement juridique, dans la mesure où l'article 152 a permis « de rationaliser ces activités en proposant une approche horizontale centrée sur des objectifs transversaux plutôt que sur des problèmes particuliers[2] ». Après la révision du traité et le changement de numérotation des articles, le règlement instituant le programme 2014-2020 et celui instituant le programme pour la période 2021-2027 se réfèrent à l'article 168 TFUE.

La notion d'intersectorialité, considérée comme une composante essentielle de la « santé dans toutes les politiques » en droit de l'Union européenne comme en droit international de la santé, a connu une reconnaissance en dent de scie dans les programmes de santé de l'Union européenne. L'approche intersectorielle de la santé n'est évoquée nulle part dans la décision adoptant le programme 2008-2013 et dans le règlement instituant le programme 2014-2020. En comparaison, le premier programme

---

[1] Article 288 TFUE.

[2] S. GUIGNER, « L'influence de l'Union européenne sur les pratiques et politiques de santé publique : européanisation verticale et horizontale », *op. cit.*

pluriannuel, pour la période 2003-2007, présentait une forte dimension intersectorielle et transversale. On peut en effet lire dans la décision n° 1786/2002/CE qu'« il convient de veiller à ce que ces autres politiques et actions communautaires comportent un aspect « santé » et soient étayées par une politique intersectorielle[1] ». La « santé dans toutes les politiques » occupe une place notable dans ce texte, non seulement dans l'introduction mais surtout dans le corps du texte : « Il y a lieu d'assurer la cohérence et la complémentarité entre les actions à mettre en œuvre dans le cadre du programme et celles envisagées ou mises en œuvre dans le cadre d'autres politiques et actions, compte tenu, en particulier, de la nécessité d'assurer un niveau élevé de protection de la santé humaine dans la définition et la mise en œuvre de toutes les politiques et actions de la Communauté ». La disparition de la mention d'intersectorialité à partir du programme 2008-2013 est donc à déplorer puisqu'elle va de pair avec un affaiblissement, dans les programmes pluriannuels suivants, de la prise en compte de la « santé dans toutes les politiques ». Le programme 2021-2027 marque un nouveau pas en avant en renforçant significativement la dimension intersectorielle de l'action européenne en santé[2].

Enfin, un élément constant en faveur de la « santé dans toutes les politiques » réside dans la présence, dans les quatre programmes pluriannuels de santé étudiés, des notions de bien-être et de qualité de vie parmi leurs objectifs. On citera pour exemple le Programme de santé 2003-2007 : la Communauté entend « contribuer au bien-être » des citoyens européens[3]. Toutefois, ni le bien-être ni la qualité de vie ne sont définis dans les programmes, ce qui permet de s'interroger dans quelle mesure ces termes se rapprochent de celui de « santé ». Les quatre programmes incluent aussi l'idée selon laquelle la Communauté entend « promouvoir et améliorer la santé ». Nous avons vu que la notion d'amélioration de la santé est caractéristique de l'approche « santé dans toutes les politiques ». Le troisième programme a aussi adopté une formulation relativement proche, à savoir l'idée de « favoriser la bonne santé ». Le bien-être, la qualité de vie et l'amélioration de la santé sont souvent associés aux concepts de modes de vie et d'environnements sains et favorables à la santé, notions relevant du champ sémantique de la « santé dans toutes les politiques ». Les programmes 2008-2013, 2014-2020 et 2021-2027 en font mention, ce qui suggère une meilleure prise en compte de la définition large et positive de la santé dans ces programmes.

---

[1] Décision n° 1786/2002/CE du Parlement européen et du Conseil du 23 septembre 2002, *op. cit.*

[2] Règlement (UE) n° 2021/522 du Parlement européen et du Conseil du 24 mars 2021, *op. cit.*

[3] Décision n° 1786/2002/CE du Parlement européen et du Conseil du 23 septembre 2002, *op. cit.*

2) Une volonté politique en berne : le peu d'effet donné au principe d'intégration de la santé

Malgré les demandes répétées du Conseil de l'Union européenne à cet égard, on constate une faible intégration de la « santé dans toutes les politiques » dans les travaux de la Commission entre la fin des années 1990 et la fin des années 2010.

Une volonté du Conseil de l'Union européenne non suivie d'effet

Il convient de rappeler que le Conseil de l'Union européenne peut adopter des conclusions, des résolutions et des déclarations, qui n'ont pas vocation à produire des effets juridiques, et que certains qualifieront de droit souple (« soft law »)[1]. Avec ces documents, le Conseil exprime une position politique sur une question touchant un des domaines d'activité de l'Union européenne. Les résolutions du Conseil présentent généralement les travaux futurs prévus dans un domaine d'action spécifique, tandis que les conclusions, adoptées à la suite d'un débat tenu au cours d'une session du Conseil, contiennent généralement une position politique sur un thème spécifique[2]. La résolution de 1999 et les conclusions de 2006 et 2008 dont il sera question ici ne sont pas juridiquement contraignantes. Il semble néanmoins nécessaire d'observer les programmes annuels de travail de la Commission qui ont suivi ces textes du Conseil pour en apprécier leur prise en compte.

Après l'adoption et l'entrée en vigueur de l'article 152 en 1999, qui représente le fondement de l'approche « santé dans toutes les politiques » au niveau de l'Union européenne, le Conseil de l'Union européenne adopte la résolution du 18 novembre 1999 concernant la garantie de la protection de la santé dans toutes les politiques et actions de la Communauté[3]. Dans cette résolution, le Conseil rappelle le principe de l'intégration de la santé dans toutes les politiques de l'Union européenne tel que présent dans l'article 152 du Traité instituant la Communauté européenne. Il se réjouit de la réorganisation interne de la Commission qui donne une place importante à la santé, avec la création de la DG SANCO, et plusieurs directions spécialisées[4]. Dans la continuité de résolutions précédentes adoptées au sujet de la santé[5], le Conseil adresse des invitations à la Commission, sans occulter l'investissement nécessaire des États membres dans la prise en compte de la

---

[1] B. BERTRAND, I. BOSSE-PLATIERE, « La soft law en droit de l'Union européenne », RUE 2014, p. 72.

[2] Conseil de l'UE, Conclusions et résolutions du Conseil, http://www2.consilium.europa.eu/fr/council-eu/conclusions-resolutions/ [consulté le 08/01/2017].

[3] Conseil de l'UE, Résolution concernant la garantie de la protection de la santé dans toutes les politiques et actions de la Communauté, 18 novembre 1999, 2000/C 86/02.

[4] M. BELANGER, *Droit européen général de la santé, Bilan d'un droit moderne*, *op. cit.*

[5] Voir notamment la résolution du Conseil du 20 décembre 1995 relative à l'intégration dans les politiques communautaires des exigences en matière de protection de la santé.

santé. Parmi ces sollicitations, le Conseil demande à la Commission de mettre tout en œuvre pour « concrétiser l'obligation d'intégrer la protection de la santé dans toutes les politiques de la Communauté[1] ». Il réclame notamment qu'elle mette en place des méthodes d'évaluation des effets des politiques communautaires sur la santé et qu'elle procède rapidement à ces évaluations. Il attend qu'elle « signale, dans son programme de travail annuel, toutes les propositions qui peuvent avoir un impact sur la protection de la santé[2] ».

Cette perspective semble reposer sur une vision restrictive de l'approche « santé dans toutes les politiques » dans la mesure où l'accent est mis sur les conséquences potentielles des politiques européennes sur l'état de santé de la population, et non sur la santé comme une fin en soi dans les autres politiques[3]. Le Conseil ne parle pas de mesures positives pouvant être prises en faveur de la santé dans d'autres secteurs. Les notions de protection de la santé et de prévention des risques sont néanmoins centrales. Cette invitation de sa part n'étonne pas dans ce contexte de réflexion sur l'avenir de la politique européenne de santé, lancé par le commissaire David Byrne en 2004 afin de mettre « la santé au centre du processus d'élaboration de toutes les politiques[4] ».

En 2006, le Conseil rend ses conclusions sur l'intégration des questions de santé dans toutes les politiques[5]. Il rappelle qu'il a montré un investissement durable dans l'action intersectorielle en santé. Il réaffirme le principe de « santé dans toutes les politiques » et souligne que les différentes politiques peuvent avoir des impacts positifs ou négatifs sur l'état de santé. Dans ces conclusions, le Conseil invite la Commission à préparer un plan de travail pour la « santé dans toutes les politiques ». Il invite les États membres à développer leurs politiques nationales en lien avec les acteurs de différents secteurs, publics et privés, et à développer les études d'impact en santé. Enfin, il invite le Parlement européen à veiller à une coopération intersectorielle effective pour garantir un haut niveau de protection de la santé dans toutes les politiques ; et l'encourage à mener des études d'impact en santé pour les projets législatifs.

Puis, le Conseil réitère sa demande à la Commission dans ses conclusions de 2008 portant sur un mécanisme de coopération avec la Commission pour la mise en œuvre de la stratégie de santé[6]. Ce document accorde une place

---

[1] Conseil de l'UE, Résolution concernant la garantie de la protection de la santé dans toutes les politiques et actions de la Communauté, *op. cit.*

[2] *ibid.*

[3] Par opposition à la vision plus utopique vue dans les textes de droit international adoptés sous l'égide de l'OMS depuis 1978 (Voir Chapitres préliminaire et 1).

[4] N. De Grove-Valdeyron, *Droit européen de la santé*, *op. cit.*

[5] Conseil de l'UE, Conclusions sur la santé dans toutes les politiques, 30 novembre et 1er décembre 2006.

[6] Council Conclusions on a cooperation mechanism between the Council and the Commission for the implementation of the EU Health Strategy, 2876th Employment, Social policy, Health and Consumer Affairs Council meeting, Luxembourg, 10 June 2008.

explicite à la « santé dans toutes les politiques ». Le Conseil souhaite une coopération stratégique avec la Commission pour faire progresser les objectifs de santé dans les actions de l'Union européenne. Il invite la Commission à prendre les mesures nécessaires pour mettre en œuvre cette coopération avec lui, ce qui inclut un retour et des propositions appropriés de la part de tous les secteurs présentant des implications pour la santé. Le « Groupe santé publique » (*Working party on public health*), moyennant une révision de son mode de fonctionnement, peut contribuer à atteindre les objectifs proposés et entre autres la mise en œuvre de la « santé dans toutes les politiques ». Il n'est pas nécessaire de créer un nouvel organe. Il semble ainsi que le Conseil reformule dix ans plus tard l'invitation faite à la Commission en 1999 en lien avec la mise en œuvre de la « santé dans toutes les politiques ».

L'échec de la prise en compte de la « santé dans toutes les politiques » dans les programmes de travail de la Commission

La faible prise en compte de la « santé dans toutes les politiques » dans les programmes de travail de la Commission peut être nuancée pour plusieurs raisons. On constate certes l'absence de référence à la « santé dans toutes les politiques » dans les programmes annuels de travail de la Commission, en contradiction avec les demandes formulées par le Conseil de l'Union européenne. À première vue, il est clair que les programmes de travail de la Commission pour les années 2001, 2003, 2004, 2010, 2016, 2017, 2022 et 2024[1] ne font pas écho aux propos du Conseil précédemment relevés dans sa résolution de 1999 sur la « santé dans toutes les politiques ». On devine un manque de communication entre le Conseil et la Commission, voire de la

[1] Commission des CE, Communication de la Commission au Conseil, au Parlement européen, au Comité économique et social et au Comité des régions, Programme de travail de la Commission pour 2001, COM(2001) 28 final ; Communication de la Commission au Parlement européen, au Conseil, au Comité économique et social et au Comité des régions, Programme législatif et de travail de la Commission pour 2003, COM (2002) 590 final/2 ; Communication de la Commission au Parlement européen et au Conseil, Programme législatif et de travail de la Commission pour 2004, COM(2003) 645 final ; Communication de la Commission au Parlement européen, au Conseil, au Comité économique et social européen et au Comité des régions, Programme de travail de la Commission pour 2010, Le moment d'agir, COM(2010) 135 final ; Communication de la Commission au Parlement européen, au Conseil, au Comité économique et social européen et au Comité des régions, Programme de travail de la Commission pour 2016, L'heure n'est plus à une gestion conventionnelle, COM(2015) 610 final ; Communication de la Commission au Parlement européen, au Conseil, au Comité économique et social européen et au Comité des régions, Programme de travail de la Commission pour 2017, Répondre aux attentes – Pour une Europe qui protège, donne les moyens d'agir et défend, COM(2016) 710 final ; Communication de la Commission au Parlement européen, au Conseil, au Comité économique et social européen et au Comité des régions, Programme de travail de la Commission pour 2022, Ensemble pour une Europe plus forte, COM(2021) 645 final ; Communication from the Commission to the European Parliament, the Council, the European economic and social Committee and the Committee of the Regions, Commission work programme 2024, Delivering today and preparing for tomorrow, COM(2023) 638 final.

négligence de la part de celle-ci. Sans parler de l'approche intersectorielle de l'article 168 § 1 TFUE, le terme même de « santé » est très peu présent dans les programmes annuels de la Commission : pour les années citées, le mot « santé » apparaît entre une et quatre fois par programme, à l'exception du programme pour 2022, qui en parle davantage afin de dresser un bilan de la crise du covid-19. Il est regrettable que le programme de travail de la Commission pour l'année 2000 ne soit pas répertorié ni consultable par le public puisque c'est celui qui est vraisemblablement paru juste après la demande formulée par le Conseil de l'Union européenne dans sa résolution en 1999. Peut-être n'y a-t-il pas eu de programme de travail publié cette année-là ou alors celui-ci est-il passé inaperçu du fait de l'adoption de l'Agenda 2000[1] au même moment.

Dans certains programmes annuels de travail de la Commission entre 2001 et 2024, la question de la santé est présente mais n'est pas abordée d'un point de vue intersectoriel. Par exemple, le programme de l'année 2001 mentionne bien la santé, mais ne fait pas référence à l'invitation pourtant récente du Conseil de l'Union européenne dans sa résolution de 1999 : ledit programme ne signale pas les politiques pouvant impacter la santé[2]. Inversement, certaines politiques sont développées dans les programmes de travail, mais sans aucune allusion aux implications sanitaires qui leurs sont attachées. Par exemple, le programme de 2001 inclut la politique de l'emploi et décrit ses différents enjeux[3] mais ne mentionne pas l'enjeu de la santé au travail. Le programme de 2022 évoque la crise climatique et la crise de la biodiversité[4], mais sans faire de lien avec les enjeux sanitaires qui sont liés à ces questions, à l'heure où l'éco-anxiété fait pourtant l'objet d'un nombre croissant de recherches scientifiques[5]. Le programme de travail pour l'année 2024[6] ne mentionne pas l'approche « santé dans toutes les politiques », mais s'appuie sur la stratégie

---

[1] Commission européenne, Communication, Agenda 2000 pour une Union plus forte et plus large, 1997.

[2] Commission des CE, Communication de la Commission au Conseil, au Parlement européen, au Comité économique et social et au Comité des régions, Programme de travail de la Commission pour 2001, *op. cit.*

[3] *ibid.*

[4] Commission européenne, Communication de la Commission au Parlement européen, au Conseil, au Comité économique et social européen et au Comité des régions, Programme de travail de la Commission pour 2022, *op. cit.*

[5] Y. COFFEY *et al.*, « Understanding Eco-anxiety: A Systematic Scoping Review of Current Literature and Identified Knowledge Gaps », JCCH 2021, Vol. 3 ; C. HICKMAN *et al.*, « Climate anxiety in children and young people and their beliefs about government responses to climate change: a global survey », TLPH, Dec. 2021, Vol. 5, Issue 12, p. 863-873.

[6] European Commission, Communication from the Commission to the European Parliament, the Council, the European economic and social Committee and the Committee of the Regions, Commission work programme 2024, *op. cit.*

globale de santé de l'Union européenne (*EU Global health strategy*) de 2022, qui affiche son fort attachement pour cette approche[1].

Cette absence de référence à l'impact que les autres secteurs de politiques peuvent avoir sur la santé s'explique par les autres priorités identifiées par la Commission européenne, liées à un contexte particulier. Au début des années 2000, l'une des priorités de l'Union européenne était l'arrivée de nouveaux États membres[2]. La perspective imminente de l'élargissement sans précédent de l'Union européenne a probablement fait reculer la santé en tant que priorité dans l'agenda communautaire. De même, le contexte de menace terroriste et la nécessité de renforcer la sécurité au sein de l'Union, étaient à cette époque une préoccupation majeure[3]. Puis, en 2004, les élections au Parlement européen et surtout le renouvellement de la Commission européenne ont pu influer sur l'agenda politique de l'Union, ce qui peut expliquer le caractère très ciblé du programme de travail de la Commission européenne cette année-là. En 2010, la crise économique fut placée au premier plan dans les priorités de la Commission[4]. À partir de 2015, le taux élevé de chômage dans l'Union européenne, l'instabilité politique dans le voisinage oriental et méridional, la crise des réfugiés et le changement climatique, ont pu inciter la Commission à recentrer son action et à privilégier un programme plus ciblé[5].

L'identification de priorités d'une autre nature n'a donc pas été favorable à l'intégration de la santé dans toutes les politiques. Cela se confirme à la lecture du programme de travail de la Commission pour 2016 : « le principe guidant l'action de la Commission reste clair : être très visible sur les grands enjeux et plus efficace dans la manière d'y répondre, et rester plus discrète sur les questions de moindre importance qui ne nécessitent pas d'action commune de l'Union européenne[6] ». Il serait exagéré d'en déduire que la santé publique n'est pas pour la Commission un « grand enjeu » et se range parmi les questions « de moindre importance ».

À partir de 2020, la crise du covid-19 a accéléré le développement et la reconnaissance institutionnelle de l'approche « Une seule santé » *(« One Health »*), qui favorise les interactions entre santé humaine, santé animale et

---

[1] Publication Office of the European Union, EU Global health strategy, 2022, https://health.ec.europa.eu/document/download/25f21cf5-5776-477f-b08e-d290392fb48a_en?filename=international_ghs-report-2022_en.pdf [consulté le 10/06/2024].

[2] Commission des CE, Communication de la Commission au Parlement européen, au Conseil, au Comité économique et social et au Comité des régions, Programme législatif et de travail de la Commission pour 2003, *op. cit.*

[3] *ibid.*

[4] Commission des CE, Communication de la Commission au Parlement européen, au Conseil, au Comité économique et social européen et au Comité des régions, Programme de travail de la Commission pour 2010, Le moment d'agir, *op. cit.*

[5] Voir notamment Commission des CE, Communication de la Commission au Parlement européen, au Conseil, au Comité économique et social européen et au Comité des Régions, Programme de travail de la Commission pour 2016, *op. cit.*

[6] *ibid.*

santé environnementale[1]. Cependant, la « santé dans toutes les politiques » ne semble pas être au cœur des préoccupations de la Commission européenne dans ses programmes de travail annuels des deux dernières décennies. On peut s'interroger sur le rôle qu'a pu jouer le principe de subsidiarité dans l'interprétation de l'article 168 § 1 TFUE puis de la résolution du Conseil précédemment citée. Des difficultés matérielles de mise en œuvre de la « santé dans toutes les politiques » ont pu également se poser au cours des travaux de la Commission européenne.

In fine, il peut donc être constaté que la Commission, dans ses programmes de travail élaborés entre 1999 et 2024, ne mentionne pas l'intégration de la santé dans toutes les politiques de l'Union européenne, et n'a donc pas réagi concrètement à l'adoption de l'article 152 ni à la demande du Conseil de l'Union européenne à ce sujet. Les travaux de recherche effectués n'ont pas permis d'identifier un plan de travail de la Commission pour la « santé dans toutes les politiques » tel que l'avait formulé le Conseil en 2006, ni des éléments sur les secteurs présentant des implications pour la santé ou une contribution active et explicite de la part du « Groupe santé publique » ou encore du Parlement européen sur la question.

Cependant, le constat précédent ne signifie pas que la santé soit totalement absente des programmes de travail annuels de la Commission européenne. On remarque en effet la présence implicite de la « santé dans toutes les politiques » dans les travaux de la Commission. En 2001, le programme de travail de la Commission prévoit un nouvel agenda économique et social, qui inclut le bien-être et une meilleure qualité de vie pour tous[2]. Parmi les mesures prévues dans ce sens, figurent un Livre blanc sur la stratégie future relative aux produits chimiques qui identifiera les mesures visant à améliorer la protection de l'environnement et de la santé humaine, ainsi que des actions pour la sécurité alimentaire et pour la protection des consommateurs et de la santé publique.

Dans le programme pour l'année 2003, on trouve dans la troisième priorité politique le « développement durable » et plus particulièrement une « économie durable et solidaire », qui, du fait de son large champ, laisse penser que la santé peut y avoir sa place, tout comme de multiples autres enjeux mentionnés dans le document (notamment la responsabilité sociale des entreprises, la pêche…)[3]. Parmi les « autres politiques intérieures » citées dans le programme de 2003, on trouve la sécurité alimentaire et les maladies

---

[1] https://www.nouvelobs.com/sante/20220623.OBS60059/l-europe-de-la-sante-est-en-marche.html, [consulté le 08/08/2022].

[2] Commission des CE, Communication de la Commission au Conseil, au Parlement européen, au Comité économique et social et au Comité des régions, Programme de travail de la Commission pour 2001, *op. cit.*

[3] Commission des CE, Communication de la Commission au Parlement européen, au Conseil, au Comité économique et social et au Comité des régions, Programme législatif et de travail de la Commission pour 2003, *op. cit.*

transmissibles au même titre que l'agriculture, l'environnement, les transports, l'énergie et l'immigration. Dans les annexes figurent également le terme de « santé et sécurité au travail » ainsi qu'une mention du programme de santé publique 2003-2008. On y trouve aussi des propos sur les « politiques en faveur de la santé » en lien avec l'éducation en vue de lutter contre la pauvreté, ce qui suggère que la santé est ici prise en compte comme facteur de développement, dans une perspective de recul de la pauvreté[1]. Le programme de 2003 étant le premier programme de travail à avoir été élaboré à la suite d'un dialogue préparatoire approfondi avec le Parlement européen et le Conseil, dans le cadre du cycle de planification stratégique et de programmation de la Commission, il marque le début d'une méthode de planification politique plus intégrée et plus cohérente pour l'Union européenne[2]. C'est pourquoi la place de la santé dans ce programme peut être vue comme d'autant plus positive et comme un pas en avant vers l'application par la Commission de la demande du Conseil de l'Union européenne de 1999.

En revanche, il faut souligner que si ce même programme prend très au sérieux l'importance de l'évaluation d'impact, il a ici manqué une occasion de répondre aux attentes précises du Conseil. En effet, la santé n'est pas visée explicitement dans le descriptif des analyses d'impact. Celles-ci s'appliqueront « à toutes les propositions majeures adoptées par la Commission dans le cadre de la stratégie politique annuelle et/ou du programme de travail, qu'il s'agisse de mesures réglementaires ou d'autres propositions ayant des incidences économiques, sociales et environnementales[3] ». Peut-être la santé pourrait-elle tout de même être prise en compte dans les évaluations, par exemple par le biais de l'impact environnemental ou social.

Dans le programme de l'année 2004, on peut supposer que la santé est implicitement incluse dans « la politique sociale », dans la mesure où l'agenda social comprend la santé au travail[4]. Dans ce programme, la santé est aussi prise en compte dans la « qualité de vie », qui intègre explicitement la santé publique et l'environnement. Elle figure aussi dans les dispositions sur la protection de l'environnement puisqu'il est fait allusion au Plan d'action pour l'environnement et la santé 2004-2010. Le programme de la Commission de 2004 cite par ailleurs le Fonds mondial pour la santé, le plan d'action sur les maladies transmissibles et la santé reproductive, mais aussi la proposition de règlement relatif à la coopération en matière de protection des consommateurs et la proposition de règlement instituant un Centre européen de prévention et

---

[1] *ibid.*
[2] *ibid.*
[3] *ibid.*
[4] Communication de la Commission au Parlement européen et au Conseil, Programme législatif et de travail de la Commission pour 2004, *op. cit.*

de contrôle des maladies. Il évoque également la nécessaire coordination des systèmes de sécurité sociale en vue de la libre circulation des personnes[1].

Par ailleurs, en 2004, David Byrne, le Commissaire européen pour la santé, promeut une vision proactive de la santé en Union européenne, qui implique d'anticiper les actions dans les différents secteurs afin d'améliorer la santé, de façon « positive », dans la mesure où il estime que la protection de la santé ne suffit pas[2]. Le rôle de l'Union européenne doit alors être de favoriser les échanges et les synergies entre les différentes parties prenantes[3]. La notion de synergie rappelle ici le contenu des textes de droit international souple vus précédemment et permet de conclure à une circulation des idées entre l'OMS et l'Union européenne.

En 2010, le programme annuel rappelle que « la raison d'être de l'Union européenne est d'améliorer le bien-être de ses citoyens et de défendre leurs intérêts[4] ». Il mentionne la santé à plusieurs reprises dans ses annexes, en abordant différentes questions, notamment la santé mondiale, la santé en ligne (dossiers médicaux électroniques, télémédecine), la préparation aux pandémies, les dispositifs médicaux, les essais cliniques et le système de soins. Mais ces sujets, traités par des textes tantôt juridiquement contraignants, tantôt non contraignants, ne sont pas présentés de façon intersectorielle : ils restent cloisonnés au secteur de la santé *stricto sensu*, à l'exception des questions évoquées sur la protection des travailleurs contre les risques électromagnétiques et contre les troubles musculo-squelettiques ainsi que celle de l'alimentation et de la prévention des maladies liées à l'alimentation. Il convient de souligner l'exemple intéressant de la politique de sécurité routière européenne, qui, selon l'annexe du même programme, implique la mobilisation de plusieurs secteurs, notamment la santé publique. De même, le programme de l'année 2010 contient, comme d'autres programmes annuels avant lui[5], un développement sur l'intégration de l'environnement dans d'autres politiques, y compris dans le secteur de la santé[6]. Il semble que la Commission a mieux assimilé l'approche intersectorielle en ce qui concerne l'environnement et la sécurité routière, que pour la santé. Un dernier exemple est la mention dans le programme 2010 de la directive n° 94/25/CE relative aux bateaux de plaisance dont le but est d'améliorer les émissions sonores et

---

[1] *ibid.*

[2] D. BYRNE, « European Commission, Enabling Good Health For All, A reflection process for a new EU health strategy », European Commission, 2004, 56 p.

[3] *ibid.*

[4] Commission européenne, Communication de la Commission au Parlement européen, au Conseil, au Comité économique et social européen et au Comité des régions, Programme de travail de la Commission pour 2010, *op. cit.*

[5] Notamment le programme de 2001, et celui de 2004 : implicitement à travers les analyses d'impact.

[6] Commission des CE, Communication de la Commission au Parlement européen, au Conseil, au Comité économique et social européen et au Comité des régions, Programme de travail de la Commission pour 2010, *op. cit.*, et son annexe p. 13.

gazeuses des bateaux de plaisance et de mieux protéger la santé humaine et l'environnement tout en limitant les coûts de mise en conformité résultant des différences de normes d'émissions entre juridictions. On peut ici parler de prise en compte de la santé dans un secteur commercial, à savoir celui des bateaux de plaisance.

Dans le programme annuel de l'année 2016, la présence de la « santé et sécurité au travail » dès la quatrième page du document est à souligner[1]. Parmi les dix priorités définies par le Président Juncker au début du mandat de la Commission figurent l'emploi, la croissance et l'investissement, ce qui inclut selon lui un « environnement sain », une notion par définition intersectorielle. En revanche, d'autres sujets de santé évoqués dans ce programme, comme le défi de la résistance aux agents antimicrobiens et l'amélioration du fonctionnement du marché unique des produits de santé, semblent plutôt être perçus comme exclusifs à un secteur[2].

Un exemple tiré du programme de 2017 confirme l'abstention de la Commission européenne vis-à-vis de la nécessité de signaler les mesures impactant la santé, bien que cette tendance puisse être vue comme moins significative plus de quinze ans après la demande du Conseil. La Commission entend prendre des « initiatives visant à régler les problèmes d'équilibre entre vie professionnelle et vie privée rencontrés par les familles qui travaillent », initiatives incluant une analyse d'impact[3]. Ici, il semble évident que l'impact sur la santé mentale des travailleurs entre dans le cadre du sujet sur la conciliation entre la vie privée et la vie professionnelle, mais cet aspect sanitaire n'est pas mentionné explicitement par la Commission. Celle-ci a une nouvelle fois manqué une occasion de signaler dans son programme les mesures impactant la santé.

En 2022, la crise sanitaire qui a commencé en 2020 a conduit à une prise de conscience du lien entre les enjeux de santé et ceux d'autres secteurs : la Commission évoque l'action de l'UE face aux « conséquences sociales et économiques de la pandémie[4] ». Enfin, le programme pour 2022 annonce la révision prochaine du règlement REACH[5] afin de protéger plus efficacement et conjointement les enjeux sanitaires et environnementaux.

---

[1] Commission européenne, Communication de la Commission au Parlement européen, au Conseil, au Comité économique et social européen et au Comité des régions, Programme de travail de la Commission pour 2016, *op. cit.*

[2] *ibid.*

[3] Commission des CE, Communication de la Commission au Parlement européen, au Conseil, au Comité économique et social européen et au Comité des régions, Programme de travail de la Commission pour 2017, *op. cit.*, et son Annexe 1 p. 5.

[4] Commission européenne, Communication de la Commission au Parlement européen, au Conseil, au Comité économique et social européen et au Comité des régions, Programme de travail de la Commission pour 2022, *op. cit.*

[5] Règlement (CE) n° 1907/2006 du Parlement européen et du Conseil du 18 décembre 2006 concernant l'enregistrement, l'évaluation et l'autorisation des substances chimiques, ainsi que les restrictions applicables à ces substances (REACH), instituant une agence européenne des

Nous avons retracé l'évolution du fondement juridique du principe d'intégration de la santé en droit de l'Union européenne, et mis en lumière le manque de reconnaissance de ce principe, en particulier dans les travaux de la Commission européenne. Nous verrons dans le prochain chapitre comment ce principe est appréhendé dans la jurisprudence du droit de l'Union européenne.

---

produits chimiques, modifiant la directive n° 1999/45/CE et abrogeant le règlement (CEE) n° 793/93 du Conseil et le règlement (CE) n° 1488/94 de la Commission ainsi que la directive n° 76/769/CEE du Conseil et les directives n° 91/155/CEE, 93/67/CEE, 93/105/CE et 2000/21/CE de la Commission.

Chapitre 4. Un rôle figuratif dans la jurisprudence de l'Union européenne

Dans ce chapitre, nous verrons comment la norme prévoyant l'intégration de la santé de façon transversale dans les autres politiques et actions européennes est mise en œuvre dans la jurisprudence de l'Union européenne.

Pour ce faire, nous avons procédé à une recherche systématique des jurisprudences de la Cour de justice et du Tribunal de l'Union européenne contenant les articles suivants dans les motifs : « 129, paragraphe 1 », « 152, paragraphe 1 » (Traité CE) ou « 168, paragraphe 1 » (TFUE), ainsi que l'article 9 TFUE et l'article 35 de la Charte des droits fondamentaux. Afin de désigner ce corpus de textes consacrant tous la même règle d'intégration de la santé dans les autres actions et politiques de l'Union, nous aurons recours à l'expression de la Professeure Brosset qui la considère comme « le principe général dit « d'intégration »[1] », reconnu aussi, en droit de l'Union européenne, dans les domaines de l'environnement et de la protection des consommateurs notamment.

Cette recherche a abouti à un corpus d'une cinquantaine d'arrêts allant des années 1980 à aujourd'hui, ce qui est très peu et reflète la faible utilisation, dans la jurisprudence de l'Union européenne, du principe d'intégration de la santé pourtant consacré par les traités. Cette cinquantaine d'arrêts représente en effet une proportion infinitésimale de la jurisprudence européenne et montre ainsi le peu de reconnaissance de ce principe par le juge de l'Union. En recherchant plus largement les décisions du juge européen qui portent sur la santé et une autre politique, telle que celle de la pêche ou celle des transports, les résultats sont, sans surprise, beaucoup plus abondants, mais le principe d'intégration qui nous intéresse ici n'y est pas appliqué explicitement. Si l'on adopte une démarche analogue en ce qui concerne le droit dérivé de l'Union européenne, les résultats sont tout aussi faibles : le principe d'intégration de la santé apparaît rarement[2]. Par exemple, le règlement (UE) n° 1169/2011 du Parlement européen et du Conseil du 25 octobre 2011 concernant l'information des consommateurs sur les denrées alimentaires[3] ne contient pas de référence aux articles 168, 152 ou

[1] E. BROSSET, « Le juge de l'Union et le principe de précaution : état des lieux », RTDE 2015, p. 737.

[2] Une recherche par mots-clés sur le logiciel Eur-Lex, sur la présence de l'article 168 § 1 TFUE dans le texte (et non dans le titre) a donné très peu de résultats ; les mêmes recherches pour l'article 152 TCE et pour l'article 129 du traité de Maastricht n'ont donné aucun résultat.

[3] Règlement (UE) n° 1169/2011 du Parlement européen et du Conseil du 25 octobre 2011 concernant l'information des consommateurs sur les denrées alimentaires, modifiant les règlements (CE) n° 1924/2006 et (CE) n° 1925/2006 du Parlement européen et du Conseil et abrogeant la directive n° 87/250/CEE de la Commission, la directive n° 90/496/CEE du Conseil, la directive n° 1999/10/CE de la Commission, la directive n° 2000/13/CE du

129, mais parle du « niveau élevé de protection de la santé », que l'on peut sans doute plutôt rattacher à l'obligation de l'article 169 du Traité de Rome qui porte sur la protection des consommateurs.

Ainsi, il est paradoxal de constater que le principe d'intégration de la santé et ses fondements textuels – en particulier l'article 168 § 1 TFUE – ont une faible représentativité dans la jurisprudence de l'UE ; mais que le principe d'intégration et de protection de la santé irrigue un champ bien plus large de la jurisprudence européenne. L'ensemble d'arrêts évoqué permet de dégager le champ d'application du principe (Section 1). Dans un second temps, l'étude de ce corpus alors enrichi d'arrêts évoquant le principe d'intégration de la santé sans systématiquement citer les articles des traités permet de mettre en lumière ses conditions de mise en œuvre (Section 2).

Section 1. Le champ d'application limité du principe d'intégration de la santé

L'article 168 § 1 TFUE[1] – et ses prédécesseurs, les articles 129 puis 152 TCE – sont succincts et donnent peu d'indices sur le champ d'application réel du principe d'intégration de la santé dans les autres politiques et actions de l'Union européenne. Les articles 35 de la Charte des droits fondamentaux de l'Union européenne[2] et 9 TFUE[3] – lesquels, comme nous l'avons vu, font écho à l'article 168 – sont eux aussi utilisés dans la jurisprudence comme fondement pour le principe d'intégration de la santé, mais plus rarement. L'article 9 du TFUE semble être interprété davantage comme l'affirmation du caractère « d'objectif d'intérêt général » attribué à la protection de la santé, que comme celle d'une obligation à la prendre en compte de façon transversale dans toutes les politiques et actions de l'Union européenne[4]. En l'absence de détails dans les textes, il convient de préciser, à l'aide de la jurisprudence, le champ d'application personnel (1) et le champ d'application matériel (2) du principe d'intégration de la santé en droit de l'Union européenne.

Parlement européen et du Conseil, les directives n° 2002/67/CE et n° 2008/5/CE de la Commission et le règlement (CE) n° 608/2004 de la Commission.

[1] Article 168 § 1 TFUE : « Un niveau élevé de protection de la santé humaine est assuré dans la définition et la mise en œuvre de toutes les politiques et actions de l'Union ».

[2] Charte des droits fondamentaux de l'Union européenne, article 35 : « Protection de la santé : Toute personne a le droit d'accéder à la prévention en matière de santé et de bénéficier de soins médicaux dans les conditions établies par les législations et pratiques nationales. Un niveau élevé de protection de la santé humaine est assuré dans la définition et la mise en œuvre de toutes les politiques et actions de l'Union ».

[3] TFUE, article 9 : « Dans la définition et la mise en œuvre de ses politiques et actions, l'Union prend en compte les exigences liées à la promotion d'un niveau d'emploi élevé, à la garantie d'une protection sociale adéquate, à la lutte contre l'exclusion sociale ainsi qu'à un niveau élevé d'éducation, de formation et de protection de la santé humaine ».

[4] On le voit notamment aux propos de la Cour dans son arrêt du 06/09/2012, *Deutsches Weintor eG contre Land Rheinland-Pfalz*, n° C-544/10, ECLI:EU:C:2012:526, Rec. num.

1) Le champ d'application personnel du principe d'intégration de la santé

La mise en œuvre de l'article 168 § 1 TFUE pose automatiquement la question de son application : à qui cette obligation de prendre en compte la santé « dans toutes les actions et politiques de l'Union » s'adresse-t-elle ? Les institutions de l'Union sont-elles les seules visées ? Les États membres doivent-ils eux aussi, par ricochet, tenir compte de ce principe d'intégration de la santé ? Qu'en est-il des acteurs privés tels que les industriels et entreprises commerciales ? Par ailleurs, qui invoque le plus ce principe et dans quelles circonstances ? Le développement suivant offre une première analyse de ces questions au regard de la jurisprudence existante. Il permet de constater que le principe étudié est introduit dans les décisions de justice principalement par le juge européen lui-même, et qu'il est peu invoqué par les États membres et par les particuliers à l'encontre des institutions de l'Union.

Un principe soulevé la plupart du temps par le juge européen

En ce qui concerne l'application du principe d'intégration de la santé, le juge européen s'est montré cohérent dès les premiers signes d'apparition, puis avec l'inscription dudit principe au sein du Traité de Maastricht et sa modification par le Traité d'Amsterdam en 1997. Il s'inscrit dans la même logique dans ses arrêts rendus à partir de l'adoption de l'article 168 § 1 TFUE en 2007.

Deux arrêts antérieurs à l'adoption officielle, dans les traités européens, du principe d'intégration de la santé donnent des éléments intéressants sur le positionnement du juge de l'Union européenne vis-à-vis de cette question qui émergeait déjà au sein des institutions communautaires dans les années 1980.

L'arrêt de la CJUE, du 23 février 1988, Royaume-Uni contre Conseil, dit « affaire des hormones[1] » et l'arrêt de la même date dit « des poules pondeuses[2] » méritent d'être retenus ici pour les propos de la Cour suivants : « La poursuite des objectifs de la politique agricole commune [...] ne saurait faire abstraction d'exigences d'intérêt général telles que la protection des

---

[1] CJCE, 23/02/1988, *Royaume-Uni de Grande-Bretagne et d'Irlande du Nord contre Conseil des Communautés européennes*, n° C-68/86, ECLI:EU:C:1988:85, Rec. 855. Voir à ce sujet notamment C. BLUMANN, « L'affaire des hormones devant la Cour de justice des Communautés européennes », RDR 1988, p. 505-513 ; R. BARENTS, « Hormones and the Growth of Community Agricultural Law: Some Reflections on the Hormones Judgment (Case 68/86) », LIEI 1988, n° 1, p. 1-19 ; J. BRIDGE, CMLR 1988, p. 733-742 ; V. CONSTANTINESCO, « Chronique de jurisprudence de la Cour de justice des Communautés européennes. Institutions et ordre juridique communautaire », JDI 1989, p. 392-395.

[2] CJCE, 23/02/1988, *Royaume-Uni de Grande-Bretagne et d'Irlande du Nord contre Conseil des Communautés européennes*, n° C-131/86, ECLI:EU:C:1988:86, Rec. 905. Voir là aussi J. BRIDGE, Common Market Law Review 1988, *op, cit.* et V. CONSTANTINESCO, « Chronique de jurisprudence de la Cour de justice des Communautés européennes. Institutions et ordre juridique communautaire », *op. cit.*

consommateurs ou de la santé et de la vie des personnes et des animaux, exigences dont les institutions communautaires doivent tenir compte en exerçant leurs pouvoirs[1] ». Le Professeur Petit y voit une interprétation extensive des objectifs de la Politique agricole commune (PAC), grâce à la jurisprudence « évolutionniste[2] » de la Cour et son choix d'une méthode téléologique. Il note que l'article 39 portant sur la PAC dans le Traité CE a été adopté « à une époque où l'environnement n'était pas une préoccupation de premier plan », ce qui explique qu'il ne contienne « que des objectifs reposant sur une approche économique, sociale et productiviste et ignorant la dimension écologique[3] ». On retiendra surtout, dans le passage commun aux arrêts du 23 février 1988, que la Cour considérait, même avant l'adoption de l'article 129 du Traité de Maastricht, qu'il revient aux institutions communautaires de tenir compte d'exigences transversales telles que la protection de la santé.

Un autre arrêt est révélateur pour notre propos. Il s'agit de l'arrêt « vache folle » de la CJCE, adopté dix ans plus tard, le 5 mai 1998[4] : il est considéré par la Commission comme une décision ayant éclairé « les obligations des institutions communautaires concernant l'intégration dans les politiques communautaires des exigences en matière de protection de la santé fixées à l'article 129[5] ». Dans son rapport sur l'intégration dans les politiques communautaires des exigences en matière de protection de la santé paru en 1999[6], la Commission explique en quoi cet arrêt souligne le rôle que doit jouer la Cour de justice pour évaluer la façon dont l'obligation prévue à l'article 129 est mise en œuvre. En l'espèce, il s'agit d'une application dans le cadre de la PAC. Parmi les moyens avancés par le Royaume-Uni, partie requérante, le

---

[1] L'arrêt *Kydep* (CJCE, 15/09/1994, *Kydep contre Conseil et Commission*, n° C-146/91, ECLI:EU:C:1994:329, Rec. I. 4199), fait écho à ces décisions : « le Conseil dispose d'un large pouvoir d'appréciation dans la réalisation des différents buts énumérés à l'article 39 [...]. Dans le cadre de l'exercice de ce pouvoir, le Conseil ne saurait cependant faire abstraction d'exigences d'intérêt général telles que la protection des consommateurs ou de la santé et de la vie des personnes ». Cet arrêt de 1994 ne cite pas l'article 129 adopté en 1992 lors du Traité de Maastricht, mais l'on peut considérer que l'exigence « d'intérêt général » liée à la santé est désormais éclairée par cet article, et se comprend donc dans un sens transversal. Cette intuition se confirme d'ailleurs à la lecture d'un arrêt de la Cour de 2015 : CJUE, 17/12/2015, *Neptune Distribution SNC contre Ministre de l'Économie et des Finances*, n° C-157/14, ECLI:EU:C:2015:823, Rec. num., lequel énonce : « la protection de la santé humaine [...] à un niveau élevé », telle que prévue notamment par l'article 168 § 1 TFUE, est un « des objectifs légitimes d'intérêt général mis en œuvre par le droit de l'Union ».

[2] Selon le terme qu'il emprunte au doyen Claude Blumann (Y. Petit, « Agriculture, Portée des objectifs de la PAC », RDE 2002 (Déc.)).

[3] *ibid.*

[4] CJCE, 05/05/1998, *Royaume-Uni de Grande-Bretagne et d'Irlande du Nord contre Commission des Communautés européennes*, n° C-180/96, ECLI:EU:C:1998:192, Rec. I. 2265, voir les pages suivantes pour plus de détails.

[5] Commission des CE, 4ème rapport sur l'intégration dans les politiques communautaires des exigences en matière de protection de la santé, COM(1999)587 final, 16/11/1999.

[6] *ibid.*

septième était tiré de la violation de l'article 39 § 1 du traité. Le Royaume-Uni estimait que la décision n° 96/239/CE de la Commission du 27 mars 1996 relative à certaines mesures d'urgence en matière de protection contre l'encéphalopathie spongiforme bovine n'était justifiée par aucun des objectifs de la PAC énoncés à l'article 39 § 1. Selon le Royaume-Uni, « loin de contribuer à l'accroissement de la productivité de l'agriculture ou à assurer un niveau de vie équitable à la population agricole, la décision a créé un dommage au détriment des opérateurs du secteur du bœuf [...] au Royaume-Uni, a déstabilisé le marché de la Communauté et [...] a empêché d'assurer des prix raisonnables aux consommateurs[1] ». Face au Royaume-Uni, la Commission plaidait que « la protection de la santé animale et publique fait partie intégrante de la politique agricole commune et que la santé publique est une question d'importance majeure. D'ailleurs, aucun des objectifs énoncés à l'article 39, paragraphe 1, ne peut être atteint sans le degré nécessaire de confiance du consommateur et sans les contrôles nécessaires de la santé publique[2] ».

En réponse à cela, la Cour considère en effet que « selon l'article 129, paragraphe 1, troisième alinéa, du Traité CE, les exigences en matière de protection de la santé sont une composante des autres politiques de la Communauté et [...] selon la jurisprudence de la Cour, la poursuite des objectifs de la politique agricole commune ne saurait faire abstraction d'exigences d'intérêt général telles que la protection des consommateurs ou de la santé et de la vie des personnes et des animaux, exigences dont les institutions communautaires doivent tenir compte en exerçant leurs pouvoirs[3] ». Elle tranche la question en jugeant que « la protection de la santé contribue à la réalisation des objectifs de la politique agricole commune visés à l'article 39, paragraphe 1, du traité, notamment lorsque la production agricole est immédiatement dépendante de son écoulement auprès de consommateurs de plus en plus soucieux de leur santé[4] ». Elle conclut qu'en adoptant la décision attaquée, la Commission n'a pas violé l'article 39 § 1 du traité.

Par ailleurs, dans le même rapport de 1999, la Commission estimait que c'est à elle-même, ainsi qu'aux autres institutions communautaires et aux États membres que revient l'intérêt « de faire apparaître clairement comment

[1] CJCE, 05/05/1998, *Royaume-Uni de Grande-Bretagne et d'Irlande du Nord contre Commission des Communautés européennes*, n° C-180/96, *op. cit.*

[2] *ibid.*

[3] Elle fait, ce faisant, référence à son arrêt du 23/02/1988, CJCE, *Royaume-Uni de Grande-Bretagne et d'Irlande du Nord contre Conseil des Communautés européennes*, n° C-68/86, *op. cit.*, point 12, ainsi qu'à celui de la même date : CJCE, 23/02/1988, *Royaume-Uni de Grande-Bretagne et d'Irlande du Nord contre Conseil des Communautés européennes*, n° C-131/86, *op. cit.*

[4] CJCE, 05/05/1998, *Royaume-Uni de Grande-Bretagne et d'Irlande du Nord contre Commission des Communautés européennes*, n° C-180/96, *op. cit.*

les exigences sanitaires sont inscrites dans les politiques ou les actions communautaires et comment elles sont ensuite mises en œuvre pour veiller à ce que les obligations soient respectées[1] ». C'est, à notre sens, une des rares fois où est mentionné le rôle des États membres en vue de l'intégration de la santé dans les autres politiques et actions.

En ce qui concerne cette fois une ordonnance relative à la demande de sursis à exécution du Royaume-Uni concernant l'interdiction d'exportation du bétail et de produits connexes dans le contexte de l'ESB, la Commission estime, dans son rapport du 27 janvier 1998[2], que « l'importance que revêt l'intégration des exigences en matière de santé dans d'autres politiques afin de garantir un niveau élevé de la santé humaine a été confirmée par la Cour de justice » dans ladite ordonnance[3].

Le Tribunal de première instance des Communautés européennes va dans le même sens dans son arrêt du 11 septembre 2002, Pfizer Animal Health SA contre Conseil de l'Union européenne, soulignant qu'« ainsi qu'il est prévu à l'article 129, paragraphe 1, troisième alinéa, du Traité CE (devenu, après modification, article 152 CE) et conformément à une jurisprudence constante[4] [...], les exigences en matière de protection de la santé sont une composante des autres politiques de la Communauté et doivent dès lors être prises en compte dans la mise en œuvre de la politique agricole commune par les institutions communautaires[5] ».

De même, dans deux arrêts du 12 juillet 2005, Alliance for natural health e. a. et National association of health stores, la Cour tient compte de « l'obligation pour le législateur communautaire de garantir un niveau élevé de protection de la santé des personnes[6] ».

En 2010, la Cour rend l'arrêt Gowan Comercio Internacional e Serviços Lda[7], dans le cadre duquel un tribunal administratif italien lui a posé la question préjudicielle suivante : « La directive 2006/134/CE qui a

---

[1] Commission des CE, 4ème rapport sur l'intégration dans les politiques communautaires des exigences en matière de protection de la santé, *op. cit.*

[2] Commission des CE, 3ème rapport au Conseil, au Parlement européen, au Comité économique et social et au Comité des régions sur l'intégration dans les politiques communautaires des exigences en matière de protection de la santé, COM(1998) 34 final, 27 janvier 1998, p. 7.

[3] CJCE, 12/07/1996, *Royaume-Uni de Grande-Bretagne et d'Irlande du Nord contre Commission des Communautés européennes*, n° C-180/96 R, ECLI:EU:C:1996:308, Rec. I-03903.

[4] CJCE, 15/09/1994, *Kydep contre Conseil et Commission*, n° C-146/91, *op. cit.*

[5] TPICE, 11/09/2002, *Pfizer Animal Health SA contre Conseil de l'Union européenne*, n° T-13/99, ECLI:EU:T:2002:209, Rec. II-03305.

[6] CJCE, 12/07/2005, *Alliance for natural health e.a*, n° C-154/04, ECLI:EU:C:2005:449, Rec. I-06451 et CJUE, 12/07/2005, *National Association of Health Stores e.a.*, n° C-155/04, ECLI:EU:C:2004:848, Rec. II-04797 (aff. jointes).

[7] CJUE, 22/12/2010, *Gowan Comercio Internacional e Serviços*, n° C-77/09, ECLI:EU:C:2010:803, Rec. I-13533. Voir S. Roset, « Chronique de jurisprudence 2010 de la Cour de justice de l'Union européenne (1ère partie). Principe de précaution et autorisation de mise en marché des produits phytopharmaceutiques », RDR 2011, n° 396, p. 20-21.

significativement limité l'usage du fénarimol est-elle valide compte tenu du fait que le résultat de l'évaluation technico-scientifique conduite par l'État rapporteur semblerait conclure que le risque découlant de cet usage est acceptable ? ». La réponse de la Cour confirme ici que l'obligation contenue dans l'article 168 § 1 TFUE pèse sur « les institutions de l'Union[1] ». En effet, pour répondre à la question préjudicielle, la Cour précise, au sujet de la violation des principes de précaution et de proportionnalité, qu'« ainsi qu'il est prévu à l'article 168 TFUE, les exigences en matière de protection de la santé humaine sont une composante de toutes les politiques et actions de l'Union et doivent dès lors être prises en compte dans la mise en œuvre de la politique agricole commune par les institutions de l'Union[2] ».

La Cour précise également un point important pour notre étude dans son arrêt du 11 juillet 2013[3] portant sur l'évolution des connaissances pouvant donner lieu à l'assouplissement de mesures de protection contre l'ESB. Y est abordée la question du respect de l'article 168 § 1 (anciennement 152 § 1 CE) par la Commission, qui a pris le règlement ayant conduit au litige. Les encéphalopathies spongiformes transmissibles (EST) sont des maladies neurodégénératives qui affectent les animaux et les humains et dont l'évolution est lente et l'issue fatale. Parmi les EST pouvant affecter les ovins, les caprins ou les bovins, l'ESB est transmissible à l'homme, et pourrait théoriquement infecter également les ovins et les caprins dans des conditions naturelles. De ce fait, plusieurs mesures pour la prévention et l'éradication des EST chez les ovins et les caprins ont été introduites dans la législation de l'Union, en particulier le règlement n° 999/2001 du 22 mai 2001 qui rassemble au sein d'un même texte l'ensemble des dispositions existantes en matière de lutte contre les EST.

Ce règlement a été modifié plusieurs fois entre les années 2001 et 2008. Ces modifications ont notamment porté sur des mesures de lutte contre les EST chez les ovins et les caprins eu égard à l'évolution des connaissances scientifiques en matière d'EST. En 2005, le premier cas d'infection par l'ESB d'un petit ruminant dans des conditions naturelles a été confirmé en France. Un programme de surveillance accrue des caprins a été mis en place. Le 15 juillet 2005, la Commission européenne a adopté la communication intitulée « Feuille de route pour les EST », annonçant son intention de

---

[1] *ibid.*

[2] *ibid.*

[3] CJUE, 11/07/2013, *Rép. française contre Commission européenne*, n° C-601/11 P, ECLI:EU:C:2013:465, Rec. num. Voir notamment S. ROSET, « Principe de précaution et évaluation des risques. Suite et fin du contrôle de la légalité des mesures assouplissant la lutte contre les encéphalopathies spongiformes transmissibles dans les troupeaux ovins et caprins : quelques précisions sur la place de l'acceptabilité des risques dans la mise en œuvre du principe de précaution », Europe 2013, Octobre, n° 10, p. 29-30 ; D. GADBIN, « Principe de précaution et assouplissement des mesures à prendre en présence d'EST chez les ovins et caprins », RDR 2014, n° 419, p. 54-56.

proposer de nouvelles mesures visant à assouplir les règles d'éradication en vigueur pour les petits ruminants en tenant compte des nouveaux instruments de diagnostic disponibles et en maintenant le niveau actuel de protection des consommateurs[1]. La Commission était d'avis que, lorsque l'ESB était exclue, il n'y avait plus de risque pour la santé publique et qu'un abattage de la totalité du cheptel apparaissait disproportionné par rapport aux enjeux liés à la protection de la santé publique. Dans un avis du 15 mai 2006, l'Agence française de sécurité sanitaire des aliments (AFSSA) s'était opposée à la proposition de la Commission d'assouplir la politique d'abattage afin de permettre une mise à la consommation humaine de viande d'animaux issus de cheptels de petits ruminants infectés par la tremblante[2]. La Commission a néanmoins procédé à la modification du règlement.

Dans ce contexte, la République française a formé un recours devant le Tribunal de l'Union européenne tendant à l'annulation partielle du règlement (CE) n° 746/2008 de la Commission, du 17 juin 2008, modifiant l'annexe VII du règlement (CE) n° 999/2001. Le Tribunal a rejeté sa demande[3]. La France a alors formé un pourvoi devant la Cour de justice de l'Union européenne, demandant l'annulation de l'arrêt du Tribunal de l'Union européenne du 9 septembre 2011[4]. Elle contestait les points 2.3, sous b), iii), et sous d), ainsi que 4 du chapitre A de l'annexe VII du règlement n° 999/2001.

Dans cette affaire, à la lecture des ordonnances du Tribunal de première instance des Communautés européennes en tant que juge des référés, du 28 septembre 2007 et du 30 octobre 2008, puis du jugement du Tribunal de 2011 et de l'arrêt de la Cour de 2013, il semble que la France n'ait pas invoqué nommément l'article 152 § 1 mais seulement « le principe de précaution ». On considère donc ici que c'est le juge qui a introduit l'article 152 § 1 dans le raisonnement lié à ce litige, notamment sur la base du fait que le Tribunal présente cet article dans ses considérations de principe sur « la protection de la santé humaine » puis sur « le principe de précaution[5] ».

Parmi les moyens avancés par la France, nous en retiendrons un seul ici, dans la mesure où il nous éclaire sur le champ d'application personnel du principe d'intégration de la santé (en l'espèce il s'agissait encore de l'article 152 § 1 CE). Il s'agit de la première branche du quatrième moyen, qui porte sur une erreur de droit tenant à la violation de l'article 24 bis du règlement n° 999/2001 et du principe de précaution. L'article 24 bis du

---

[1] Commission européenne, Feuille de route pour les EST, COM(2005) 322 final, 15 juillet 2005.

[2] Agence française de sécurité sanitaire des aliments, Avis relatif aux évolutions de la réglementation communautaire proposées par la feuille de route pour les encéphalopathies spongiformes transmissibles (EST), 15 mai 2006, Saisine n° 2005-SA-0291.

[3] TUE, 09/09/2011, *Rép. française contre Commission européenne*, n° T-257/07, ECLI:EU:T:2011:444, II-05827.

[4] CJUE, 11/07/2013, *Rép. française contre Commission européenne*, n° C-601/11 P, *op. cit.*

[5] TUE, 09/09/2011, *Rép. française contre Commission européenne*, n° T-257/07, *op. cit.*

règlement en cause dispose : « Les décisions à adopter conformément à l'une des procédures visées à l'article 24 sont fondées sur une évaluation appropriée des risques potentiels pour la santé humaine et animale et, en tenant compte des preuves scientifiques existantes, maintiennent, ou si cela est justifié du point de vue scientifique, augmentent le niveau de protection de la santé humaine et animale assuré dans [l'Union] ». La France soutient que l'article 24 bis pose une exigence supplémentaire par rapport à l'article 152 § 1 CE. Elle estime par conséquent que le Tribunal a eu tort de se limiter à considérer que les mesures adoptées par la Commission en vertu de cette dernière disposition assuraient un niveau élevé de protection de la santé humaine. La France considère que le Tribunal a commis une erreur de droit en considérant dans son arrêt[1] que la Commission n'avait pas violé les dispositions de l'article 24 bis du règlement n° 999/2001 dès lors qu'elle avait respecté l'obligation contenue dans l'article 152 § 1 CE.

La Cour écarte la première branche du quatrième moyen en énonçant que « le Tribunal mentionne, certes [...] l'obligation des institutions de garantir un niveau élevé de protection de la santé publique, de la sécurité et de l'environnement, ce qui peut donner l'impression, ainsi que le soutient la République française, que le Tribunal se contente de vérifier si les mesures contestées respectent l'obligation contenue à l'article 168, paragraphe 1, premier alinéa, TFUE. Cependant, il ressort clairement [...] de l'arrêt attaqué que le Tribunal interprète l'article 24 bis du règlement n° 999/2001 en prenant dûment en compte l'obligation de maintenir le niveau de protection de la santé humaine assuré dans l'Union[2] ».

Bien que ce soit le juge européen lui-même qui ait le plus souvent recours au principe d'intégration de la santé sans que les parties ne l'aient invoqué elles-mêmes, il garde à l'esprit, dans son analyse, la liberté dont disposent les institutions de l'Union pour mettre en œuvre ce principe. Le Tribunal l'a rappelé dans un arrêt du 11 février 2015[3] : « les institutions de l'Union jouissent d'un large pouvoir d'appréciation dans la mise en œuvre des mesures à prendre pour la protection de la santé humaine » – tout comme pour la définition des objectifs poursuivis et le choix des instruments d'action appropriés en matière de PAC. Ce large pouvoir d'appréciation signifie que le juge de l'Union effectue un contrôle limité : il se borne à examiner la présence d'une erreur manifeste de la part des institutions, d'un détournement de pouvoir ou encore d'un dépassement, par les institutions, des limites de leur pouvoir d'appréciation[4].

---

[1] Aux points 249 et 250.

[2] CJUE, 11/07/2013, *Rép. française contre Commission européenne*, n° C-601/11 P, *op. cit.*

[3] TUE, 11/02/2015, *Royaume d'Espagne contre Commission européenne*, n° T-204/11, ECLI:EU:T:2015:91, Rec. num.

[4] Le Tribunal renvoie ici aux décisions de la Cour suivantes : CJCE, 09/09/2003, *Monsanto Agricoltura Italia SpA et autres contre Presidenza del Consiglio dei Ministri et autres*, n° C-236/01, ECLI:EU:C:2003:431, point 135 ; CJUE, 15/10/2009, *Enviro Tech (Europe) Ltd contre*

Un principe rarement soulevé par les États membres et les particuliers

Dans les arrêts étudiés, ce ne sont généralement ni les États membres ni les particuliers qui invoquent le principe étudié, mais le juge lui-même, qui y a recours pour justifier son raisonnement.

En effet, plusieurs décisions du juge de l'Union européenne permettent de constater une tendance : le principe d'intégration de la santé n'a pas vocation à être invoqué par les États membres. Certes, dans l'arrêt de la CJCE du 9 septembre 2003[1], l'article 152 § 1 est invoqué par un État membre, à savoir la Norvège, pour attaquer une disposition du règlement n° 258/97[2]. Il s'agit d'un des rares cas rencontrés au cours de cette analyse des décisions du juge européen où un État membre invoque lui-même le principe d'intégration de la santé. La Norvège l'invoque à l'encontre du Parlement européen et du Conseil de l'Union européenne, auteurs du règlement qui auraient dû respecter le principe.

Dans un arrêt du Tribunal du 11 février 2015[3], l'Espagne invoque dans son premier moyen une violation de l'article 168 TFUE et du principe de proportionnalité en raison du choix, par le règlement attaqué (le règlement (UE) n° 15/2011 de la Commission, du 10 janvier 2011, modifiant le règlement (CE) n° 2074/2005 en ce qui concerne les méthodes d'analyse reconnues des biotoxines marines chez les mollusques bivalves vivants), de la méthode LC-MS/MS comme méthode de référence pour la détection de toxines lipophiles dans des mollusques bivalves vivants destinés à la consommation humaine. Elle estime que le règlement attaqué violait l'article 168 TFUE dans la mesure où le remplacement de la méthode biologique par la méthode LC-MS/MS comme méthode de référence pour la détection des toxines lipophiles porte gravement préjudice à la protection de la santé publique. La Commission conteste cette position, estimant au contraire que l'introduction de la méthode LC-MS/MS comme méthode de référence par le règlement attaqué était une mesure nécessaire pour garantir un degré élevé de protection de la santé humaine en ce qui concerne la consommation de mollusques bivalves vivants. Le Tribunal considère que l'Espagne n'a pas correctement démontré en quoi le règlement entraîne un

---

État belge, n° C-425/08, ECLI:EU:C:2009:635, Rec. I-10035, point 47 ; et à son propre jugement du 09/09/2011, *Rép. française contre Commission européenne*, n° T-257/07, *op. cit.*, point 85.

[1] CJCE, 09/09/2003, *Monsanto Agricoltura Italia SpA et autres contre Presidenza del Consiglio dei Ministri et autres*, n° C-236/01, *op. cit.*

[2] « Dans ces conditions, le gouvernement norvégien soutient que l'application de la procédure simplifiée pour des aliments contenant des protéines transgéniques est contraire aux articles 95, paragraphe 3, CE, 152, paragraphe 1, CE, 153, paragraphe 1, CE et 174, paragraphe 2, CE et que, dès lors, la référence à l'article 1er, paragraphe 2, sous b), du règlement n° 258/97, qui figure dans l'article 3, paragraphe 4, premier alinéa, du même règlement, est invalide » (*ibid*).

[3] TUE, 11/02/2015, *Royaume d'Espagne contre Commission européenne*, n° T-204/11, *op. cit.*

risque pour la santé publique en violation de l'article 168 TFUE, et il écarte donc ce moyen.

On peut comprendre que peu d'États cherchent à demander des comptes aux institutions européennes pour une mise en œuvre inefficace de l'obligation de l'article 168 TFUE § 1, dans la mesure où cela stimulerait potentiellement le débat sur une intégration plus poussée de la politique de santé au niveau de l'Union européenne[1], ce qu'ils ne souhaitent pas.

On observe aussi rarement une invocation du principe par des personnes privées. En termes de recours direct contre les institutions européennes, le recours en annulation prévu à l'article 263 TFUE est ouvert au cas d'une personne privée qui souhaiterait obtenir l'annulation d'un acte d'une institution européenne qui aurait été pris en violation du principe d'intégration de la santé prévu à l'article 168 § 1 TFUE. Cependant, dans le cadre d'un tel recours, les requérants institutionnels, à savoir les États membres et les institutions européennes, ne sont pas tenus de démontrer un intérêt à agir, tandis que les requérants personnes physiques ou morales sont confrontés à des conditions très rigoureuses de recevabilité de leur recours[2]. En pratique cela aboutit à les priver, dans la majorité des cas, de la possibilité de ce recours en annulation contre un acte à portée générale[3]. Cela peut expliquer en partie le constat suivant : le principe d'intégration de la santé est invoqué de façon indirecte par les personnes privées dans les quelques cas trouvés et recensés dans ce chapitre. En outre, l'article 168 TFUE § 1 ne fixe pas de seuil de protection de la santé en-dessous duquel les institutions de l'Union européennes pourraient être reconnues responsables d'une action illégale[4]. Il est donc difficile pour le juge européen de reconnaître la violation du principe.

Une ordonnance de 2008 rendue par le Tribunal de première instance des Communautés européennes illustre un autre cas de figure : celui d'une invocation du principe d'intégration de la santé par une société commerciale requérante dans le cadre d'un recours en responsabilité extracontractuelle contre la Commission européenne sur le fondement de l'article 235 CE[5]. Dans le cadre de ce litige, l'entreprise requérante invoquait incidemment une violation, par la Commission, de l'article 152 § 1 TCE[6]. La requérante, une société commerciale portugaise ayant pour objet l'importation, l'exportation et la commercialisation d'articles orthopédiques et hospitaliers, avait importé

---

[1] O. Bartlett, A. Naumann, « Reinterpreting the health in all policies obligation in Article 168 TFEU: the first step towards making enforcement a realistic prospect », HEPL 2021, n° 16, p. 8-22.
[2] L. Favoreu *et al.*, *Droit des libertés fondamentales*, 8ème édition, Dalloz, Précis, 2021, 978 p.
[3] *ibid.*
[4] O. Bartlett, A. Naumann, « Reinterpreting the health in all policies obligation in Article 168 TFEU: the first step towards making enforcement a realistic prospect », *op. cit.*
[5] TPICE, 17/12/2008, *Portela - Comércio de artigos ortopédicos e hospitalares, Lda contre Commission des Communautés européennes*, n° T137/07, ECLI:EU:T:2008:589, Rec. II-00329.
[6] *ibid.*

en 2002, depuis Taïwan, des lots de thermomètres numériques fabriqués par l'entreprise Geon Corporation. Après leur commercialisation, la requérante a commencé à recevoir les premières plaintes relatives au fonctionnement défectueux des thermomètres litigieux. Elle a alors contacté le fabricant et a informé la société qui avait certifié la conformité des thermomètres du fabricant – une société allemande – des problèmes concernant les thermomètres litigieux, lui demandant alors d'entreprendre une action à cet égard. L'organisme certificateur a fait valoir que, à la date de la certification, les thermomètres litigieux respectaient les exigences de la directive n° 93/42. La requérante a alors rappelé à la Commission ses obligations découlant de la législation communautaire et insisté pour qu'elle exige de l'autorité compétente allemande des mesures appropriées à l'égard de l'organisme certificateur. Par sa requête devant le Tribunal de première instance des Communautés européennes, la requérante demandait d'imposer à la Commission d'agir conformément à l'article 14 ter de la directive n° 93/42, en obligeant en particulier l'organisme certificateur, par l'intermédiaire de la République fédérale d'Allemagne, à faire jouer l'assurance obligatoire de responsabilité civile prévue au point 6 de l'annexe. Selon la requérante, différentes règles de droit auraient été violées par la Commission, en premier lieu l'article 152 § 1 TCE[1]. En effet, elle estimait que la Commission, « qui aurait été systématiquement avertie du problème constaté, aurait dû intervenir auprès de la République fédérale d'Allemagne, en tant qu'État membre du siège de l'organisme notifié, pour que cette dernière prenne les mesures nécessaires pour assurer la sécurité et la santé des citoyens européens, conformément à l'article 152, paragraphe 1, CE[2] ». Le Tribunal retient à ce sujet que « dans ses mémoires, la requérante ne précise pas comment la prétendue inaction de la Commission aurait pu contribuer au préjudice allégué » et conclut qu'il n'y a pas de lien de causalité entre l'absence de réévaluation des compétences de l'organisme certificateur et l'absence d'intervention auprès des autorités allemandes, d'une part, et le préjudice allégué.

Dans une autre affaire, en 2015, l'un des moyens porte sur la violation de l'article 35 de la Charte des droits fondamentaux (qui contient le principe d'intégration de la santé) et se voit rejeté. Il s'agissait d'un recours en annulation formé devant le Tribunal de la fonction publique de l'Union européenne[3]. La requérante, une agente travaillant à la Commission européenne, demande l'annulation de trois décisions de la Commission

[1] Ainsi que l'article 14 ter de la directive n° 93/42, les points 6.2.2, premier alinéa, 8.2.2, 8.2.3, 8.3.2 et 8.3.3 du Guide relatif à la mise en application des directives élaborées sur la base des dispositions de la nouvelle approche et de l'approche globale (deuxième version, 1999) et le point I A de l'annexe à la décision n° 93/465.

[2] *ibid.*

[3] TFPUE, 07/07/2015, *WR contre Commission européenne*, n° F-53/14, ECLI:EU:F:2015:81, Rec. num.

européenne qui lui retirent le bénéfice de l'allocation pour personne à charge pour l'entretien de sa mère. Son deuxième moyen est tiré de la violation du droit à une bonne administration et du droit à la protection de la santé. Mais sans plus de développement consacré à ce sujet dans l'arrêt[1] on peut penser qu'elle invoque davantage la première phrase de cet article, à dimension plus individuelle – « Toute personne a le droit d'accéder à la prévention en matière de santé et de bénéficier de soins médicaux dans les conditions établies par les législations et pratiques nationales » que la seconde – « Un niveau élevé de protection de la santé humaine est assuré dans la définition et la mise en œuvre de toutes les politiques et actions de l'Union ».

Sur le plan de l'invocabilité du principe, les États membres et les acteurs privés ont donc rarement recours au principe d'intégration de la santé dans leurs requêtes. C'est le juge européen lui-même qui, dans la majorité des cas, rappelle le principe d'intégration de la santé, et non les parties à l'instance. Si l'invocabilité est faible, l'effet direct[2] du principe en est d'autant plus limité, voire inexistant. En effet, l'effet direct est associé à une « invocabilité complète[3] ». La notion d'effet direct implique que la disposition de droit européen soit claire, précise et inconditionnelle[4]. Et toute disposition du droit de l'UE considérée comme invocable n'est pas nécessairement d'effet direct[5]. Selon le Professeur Monjal, l'effet direct est l'un des aboutissements de l'invocabilité, c'est-à-dire qu'il en est une modalité particulière[6].

S'agissant des traités communautaires de façon générale, la reconnaissance ou non d'un effet direct varie selon les dispositions concernées[7]. La CJUE semble ne s'être jamais prononcée sur l'effet direct de l'article 168 TFUE. Cependant, les précisions contenues dans la Charte des droits fondamentaux de l'Union européenne permettent de conforter notre constat. Pour rappel, la seconde phrase de l'article 35 de ce texte reprend mot pour mot le principe d'intégration affirmé à l'article 168 TFUE. Or, les articles 51 § 1 et 52 § 5 de la charte distinguent les principes, qui doivent être observés, et les droits, qui doivent être respectés. Les dispositions consacrant les principes, telles que la seconde phrase de l'article 35, n'ont pas d'effet direct[8], contrairement à celles

---

[1] « Dans le cadre du deuxième moyen, la requérante fait également état d'une violation de l'article 35 de la Charte » ; l'appréciation du tribunal est la suivante : « En ce qui concerne la prétendue violation par la Commission de l'article 35 de la Charte, relatif à la protection de la santé, il y a lieu de constater que cette allégation n'est étayée par aucun argument. Partant, cette allégation est irrecevable ».

[2] CJCE, 05/02/1963, *Van Gend en Loos*, n° 26/62, ECLI:EU:C:1963:1, Rec. p. 3.

[3] M. Blanquet, « Effet direct du droit communautaire, substance de l'effet direct », RDE 2008.

[4] P-Y Monjal, *Droit de l'Union européenne*, Dalloz, Connaissance du droit, 2007, 141 p.

[5] *ibid.*

[6] *ibid.*

[7] H. Chavrier, « Droit de l'Union et des Communautés européennes et contentieux administratif », RCA 2005.

[8] C. Boyarkine, « L'effet direct horizontal de la Charte des droits fondamentaux de l'Union européenne », Law Career Start (blog juridique), 29/11/2020, https://lawcareerstart.ch/leffet-

qui consacrent des droits subjectifs, telles que la première phrase de l'article 35. Ainsi, l'effet du principe d'intégration de la santé est extrêmement limité sans mise en œuvre de la part des institutions européennes.

2) Le champ d'application matériel du principe d'intégration de la santé

Le TFUE, dans son Titre 1, articles 2 à 6, renseigne sur les actions et politiques de l'Union européenne. Celle-ci intervient de façon exclusive dans les domaines de l'union douanière, de l'établissement des règles de concurrence nécessaires au fonctionnement du marché intérieur, de la politique monétaire pour les États membres dont la monnaie est l'euro, etc. Elle intervient dans le cadre de sa compétence partagée avec les États membres dans de nombreux domaines comme le marché intérieur, la politique sociale pour certains aspects, l'agriculture et la pêche, certains enjeux communs de sécurité en matière de santé publique, etc. Elle mène des actions dans les domaines de la recherche, du développement technologique et de l'espace, et elle peut conduire à la fois des actions et une politique commune dans les domaines de la coopération au développement et de l'aide humanitaire.

Elle peut aussi mener des actions pour appuyer, coordonner ou compléter l'action des États membres dans les domaines de la protection et l'amélioration de la santé humaine, de l'industrie, de la culture, du tourisme, de l'éducation, de la formation professionnelle, de la jeunesse et du sport, de la protection civile, et de la coopération administrative (article 6).

Pour rappel, l'article 168 § 1 TFUE (ex-article 152 TCE) requiert qu'un « niveau élevé de protection de la santé humaine [soit] assuré dans la définition et la mise en œuvre de toutes les politiques et actions de l'Union ». Cela conduit à un champ d'application potentiellement très large, mais en réalité plutôt restreint.

Un champ d'application potentiellement large

D'un certain côté, la protection de la santé trouve, grâce au principe d'intégration, la puissance de s'immiscer dans des problématiques qui lui sont à première vue étrangères. La santé est intégrée à un ensemble et participe à l'opération complexe de mise en balance de différents intérêts. Par exemple, dans le cadre d'un litige opposant une coopérative viticole allemande aux services chargés de contrôler la commercialisation des boissons alcooliques dans le Land de Rhénanie-Palatinat, au sujet de la qualification d'un vin de « digeste » signalant une teneur en acidité réduite, la Cour souligne l'importance de prendre aussi en compte, en plus des textes mentionnés dans

---

direct-horizontal-de-la-charte-des-droits-fondamentaux-de-lunion-europeenne/#:~:text=Par%20effet%20direct%2C%20on%20entend,un%20litige%20entre%20particuliers%20uniquement, consulté le 07/07/2022.

les questions préjudicielles, l'article 35 de la Charte des droits fondamentaux dans sa seconde phrase : ainsi, « c'est au regard non seulement de la liberté professionnelle et de la liberté d'entreprise, mais également de la protection de la santé, qu'il y a lieu d'apprécier la compatibilité de l'interdiction, sans exception, d'une allégation du type de celle en cause au principal[1] ».

Dans certains cas, le principe d'intégration de la santé n'est pas utilisé explicitement mais apparaît de façon implicite, ce qui montre qu'il s'est diffusé en droit de l'Union européenne, y compris dans le droit dérivé, ce qui peut être vu comme une force. Un arrêt de la Cour illustre ce phénomène d'imprégnation par le principe d'intégration de la santé dans les autres politiques et actions de l'Union, sans qu'aucune référence à son fondement juridique écrit n'y soit faite. Dans cet arrêt du 13 septembre 2017[2], la Cour a dû répondre à une question préjudicielle introduite par le Tribunal d'Udine, Italie, portant sur l'interprétation de l'article 34 du règlement (CE) n° 1829/2003 du Parlement européen et du Conseil, du 22 septembre 2003, concernant les denrées alimentaires et les aliments pour animaux génétiquement modifiés ainsi que des articles 53 et 54 du règlement (CE) n° 178/2002 du Parlement européen et du Conseil du 28 janvier 2002 établissant les principes généraux et les prescriptions générales de la législation alimentaire, instituant l'Autorité européenne de sécurité des aliments et fixant des procédures relatives à la sécurité des denrées alimentaires. Ces deux règlements ont été adoptés à la suite de la crise de l'ESB. Celui de 2002 est considéré comme le « pilier du droit alimentaire » européen, et celui de 2003 est spécifiquement dédié aux aliments génétiquement modifiés[3]. Ces deux textes visent à concilier le bon fonctionnement du marché intérieur et un niveau élevé de protection de la santé des personnes. Sur leurs bases, « la libre circulation des denrées alimentaires, composante essentielle du marché intérieur, peut être mise en échec par une interdiction ou une restriction à la mise en culture d'OGM dans les cas expressément prévus par le droit de l'UE[4] ». L'une des questions soulevées dans cette affaire consistait à se demander si un État peut adopter des mesures d'urgence prévues par le règlement « Aliments génétiquement modifiés » sur le fondement du principe de précaution face au refus de la Commission d'adopter lesdites mesures[5]. Par sa décision, la Cour donne un cadre pour l'application du principe de précaution, par les États membres, et

[1] CJUE, 06/09/2012, *Deutsches Weintor eG contre Land Rheinland-Pfalz*, n° C-544/10, *op. cit.*

[2] CJUE, 13/09/2017, *Procédure pénale contre Giorgio Fidenato e.a*, n° C-111/16, ECLI:EU:C:2017:676, non publié. Voir notamment H. PAULIAT *et al.*, « OGM : mesures d'urgence subordonnées à un risque grave et manifeste pour la santé et l'environnement, CJUE, 12 sept. 2017, aff. C-111/16, Giorgio Fidenato et a. », JCP A 2017, n° 37.

[3] C.M. ALVES, « Aliments génétiquement modifiés et mesures d'urgence : quand Prométhée fait fi de toute précaution », JADE 2017, n° 8.

[4] *ibid.*

[5] *ibid.*

par la Commission, notamment en cas d'urgence : « les États membres ne peuvent pas adopter des mesures d'urgence concernant les denrées alimentaires et les aliments pour animaux génétiquement modifiés sans qu'il soit évident qu'il existe un risque grave pour la santé ou l'environnement[1] ». En effet, le Professeur Berlin souligne que « tant la législation alimentaire de l'Union (Règlement (CE) n° 178/2002) que la législation de l'Union concernant les denrées alimentaires et les aliments pour animaux génétiquement modifiés (Règlement (CE) n° 1829/2003) visent à assurer un niveau élevé de protection de la santé des personnes et des intérêts des consommateurs, tout en veillant au fonctionnement effectif du marché intérieur dont la libre circulation de denrées alimentaires et d'aliments pour animaux sûrs et sains constitue un aspect essentiel. Cependant, lorsqu'il n'est pas établi qu'un produit génétiquement modifié est, de toute évidence, susceptible de présenter un risque grave pour la santé humaine, la santé animale ou l'environnement, ni la Commission ni les États membres n'ont la faculté d'adopter des mesures d'urgence[2] ».

Si le principe d'intégration de la santé tel que consacré à l'article 168 § 1 TFUE (ex-article 152 TCE) n'apparaît pas dans cette décision, on peut y voir une application indirecte par l'intermédiaire des deux règlements en cause. Ils contiennent tous deux la phrase suivante dans leur considérant : « Il importe d'assurer un niveau élevé de protection de la vie et de la santé humaine dans l'exécution des politiques communautaires », sans faire de référence explicite au traité. Toutefois cela montre bien que le principe d'intégration de la santé dans les autres politiques et actions de l'Union imprègne le droit dérivé parfois de façon « douce », sans même que l'on doive le citer expressément : la protection de la santé est intégrée à la mise en équilibre des différents intérêts en présence.

Un champ d'application en réalité restreint : des occasions manquées

Les cas où la jurisprudence européenne prend en compte l'article 168 § 1 TFUE ou ses prédécesseurs[3] concernent le fonctionnement du marché intérieur, notamment au regard de la circulation des produits alimentaires, et la PAC. Un autre cas plus marginal peut être relevé, à savoir la prise en compte de l'article 152 § 1 du Traité CE dans un arrêt de la Cour portant sur la fiscalité du tabac[4]. La jurisprudence est donc loin de refléter une application exhaustive de l'article 168 TFUE. En effet, aucune décision n'a été trouvée au sujet de cas où un niveau élevé de protection de la santé aurait pu être pris en compte par exemple dans la politique commune de la pêche,

[1] CJUE, Communiqué de presse, n° 96/17, 13 septembre 2017.

[2] D. Berlin, « Principe de précaution et aliments génétiquement modifiés : une relation inversée », JCP G 2017, n° 40.

[3] Article 129, puis article 152 TCE.

[4] CJUE, 24/06/2010, *Commission européenne contre Rép. italienne*, n° C-571/08, ECLI:EU:C:2010:367, Rec. I-00084.

dans le secteur des transports, de l'énergie ou encore de l'éducation. Les décisions suivantes illustrent des cas où le principe de l'intégration de la santé aurait pu trouver sa place de façon évidente mais n'a pas été pris en compte.

L'arrêt du Tribunal de l'Union européenne du 20 septembre 2019[1] est selon nous un exemple d'occasion manquée. Bien que par ce jugement, le Tribunal ait confirmé « l'inscription du bisphénol A comme perturbateur endocrinien pour la santé[2] », la juridiction ne fonde en aucun cas son raisonnement sur le principe d'intégration de la santé dans les autres politiques et actions de l'Union européenne. Dans cette affaire, PlasticsEurope, une association professionnelle représentant les producteurs européens de matières plastiques, reproche à l'Agence européenne des produits chimiques (ECHA) d'avoir – parmi d'autres griefs – violé le principe de sécurité juridique en inscrivant, par sa décision ED/30/2017, le bisphénol A (BPA) sur la liste des substances extrêmement préoccupantes candidates en vue d'une autorisation sans qu'il soit établi scientifiquement qu'il entraine des effets graves sur la santé. PlasticsEurope demandait l'annulation de la décision de l'ECHA. Le Tribunal de l'Union européenne confirme la décision du 6 juillet 2017 prise par l'ECHA d'inscrire le BPA en tant que perturbateur endocrinien sur la liste des substances extrêmement préoccupantes candidates en vue d'une autorisation, en application de l'article 57, sous f), du règlement n° 1907/2006 concernant l'enregistrement, l'évaluation et l'autorisation des substances chimiques, ainsi que les restrictions applicables à ces substances, règlement dit « REACH ». Parmi les différents moyens invoqués, le Tribunal a eu à se prononcer sur une possible violation du principe de proportionnalité dans la mesure où l'association requérante estimait que la décision attaquée dépassait les limites de ce qui est approprié et nécessaire à la réalisation des objectifs poursuivis par le titre VII du règlement n° 1907/2006 et ne constituait pas la mesure la moins contraignante parmi celles à la disposition de l'ECHA. Dans sa réponse sur ce point, pour justifier sa décision de ne pas reconnaître une violation du principe de proportionnalité, le Tribunal ne s'appuie pas sur l'objectif des institutions européennes de protéger la santé. En ce qui concerne le règlement en cause, le n° 1907/2006, bien qu'il comporte d'importantes références à la protection de la santé – son « principal objectif » étant, comme rappelé par le juge, de « parvenir à un degré élevé de protection de la santé humaine et de l'environnement[3] », objectif qui doit être combiné à « la libre circulation des

---

[1] TUE, 20/09/2019, *PlasticsEurope contre Agence européenne des produits chimiques (ECHA)*, n° T-636/17, ECLI:EU:T:2019:639, Rec. num.

[2] A.-L. Tulpain, « Note sous Trib. UE., 20 septembre 2019, n° T-636/17, Confirmation de l'inscription du bisphénol A comme perturbateur endocrinien pour la santé par la justice européenne », DP 2019, n° 424.

[3] TUE, 20/09/2019, *PlasticsEurope contre Agence européenne des produits chimiques (ECHA)*, n° T-636/17, *op. cit.*

substances dans le marché intérieur tout en améliorant la compétitivité et l'innovation[1] » – il ne se fonde nullement sur l'article 152 TCE.

De même, dans un arrêt du 24 octobre 2019[2] concernant la qualité de l'air ambiant, la CJUE traite d'une requête de la Commission européenne tendant à la condamnation de la République française pour manquement aux obligations qui lui incombent en vertu des articles 13 § 1, et 23 § 1 de la directive n° 2008/50/CE du Parlement européen et du Conseil du 21 mai 2008 concernant la qualité de l'air ambiant et un air pur pour l'Europe. La Commission reproche à l'État Français d'avoir dépassé « de manière systématique et persistante » la valeur limite annuelle pour le dioxyde d'azote dans plusieurs agglomérations françaises et de ne pas avoir fait en sorte de minimiser la durée de ces périodes de dépassement.

La Cour condamne la France pour ces manquements sur la base de la directive n° 2008/50/CE, mais ni la directive invoquée, ni la décision de la Cour ne sont fondées sur l'article 168 TFUE. Au niveau de la décision de la Cour, on peut en déduire que selon elle, l'obligation contenue à l'article 168 § 1 TFUE incombe aux institutions européennes et non aux États membres. Cependant, l'absence de mention de l'article 168 § 1 TFUE dans la directive n° 2008/50/CE est plus surprenante, en particulier dans un contexte « où les actions engagées contre l'État se multiplient pour faire respecter le droit des citoyens à un environnement sain[3] ». Le lien entre qualité de l'air et santé y est pourtant bien présent.

En 2024, cette législation européenne sur la qualité de l'air ambiant est en phase d'être modifiée afin d'aligner plus étroitement les normes de l'Union sur les lignes directrices de l'OMS, en vue de placer l'Union sur la voie d'une « pollution zéro » de l'air d'ici à 2050 au plus tard. Mais là aussi, l'absence du principe d'intégration de la santé est frappante, notamment dans la Résolution législative du Parlement européen du 24 avril 2024 sur la proposition de directive du Parlement européen et du Conseil concernant la qualité de l'air ambiant et un air pur pour l'Europe[4] et dans la Position du Parlement européen

---

[1] Règlement (CE) n° 1907/2006 du Parlement européen et du Conseil du 18 décembre 2006 concernant l'enregistrement, l'évaluation et l'autorisation des substances chimiques, ainsi que les restrictions applicables à ces substances (REACH), instituant une agence européenne des produits chimiques, modifiant la directive n° 1999/45/CE et abrogeant le règlement (CEE) n° 793/93 du Conseil et le règlement (CE) n° 1488/94 de la Commission ainsi que la directive n° 76/769/CEE du Conseil et les directives n° 91/155/CEE, 93/67/CEE, 93/105/CE et 2000/21/CE de la Commission.

[2] CJUE, 24/10/2019, *Commission européenne contre Rép. française*, n° C-636/18, ECLI:EU:C:2019:900, Rec. num. Voir notamment T. COUSTET, « Pollution de l'air : la France condamnée avec sursis », DAc, 29 oct. 2019.

[3] E. TRUILHE, « La France condamnée pour non-respect de la directive qualité de l'air ambiant », RD 2019, p. 2240.

[4] Résolution législative du Parlement européen du 24 avril 2024 sur la proposition de directive du Parlement européen et du Conseil concernant la qualité de l'air ambiant et un air pur pour l'Europe (refonte) (COM(2022)0542 – C9-0364/2022 – 2022/0347(COD)).

arrêtée le même jour[1], alors que ces documents ont une dimension sanitaire extrêmement forte.

Section 2. Les conditions exigeantes de mise en œuvre du principe d'intégration de la santé

Les arrêts de la Cour et du Tribunal qui ont recours au principe d'intégration de la santé[2] ont pour la plupart le point commun de ne l'évoquer que de manière incidente et non principale : la violation de ce principe est rarement le premier argument développé. Lorsqu'il est invoqué en tant que tel, il est souvent brièvement mentionné, mais peu exploité. Cela s'explique par sa formulation peu précise. Avant d'aborder en détails sa mise en œuvre, voyons quelques exemples préliminaires de cette faible exploitation du principe dans la jurisprudence.

S'agissant tout d'abord d'un arrêt de la Cour du 5 octobre 2000[3] par laquelle elle statue sur la demande d'annulation par l'Allemagne de la directive n° 98/43/CE du Parlement européen et du Conseil du 6 juillet 1998, concernant le rapprochement des dispositions législatives, réglementaires et administratives des États membres en matière de publicité et de parrainage en faveur des produits du tabac, la question de la protection de la santé est abordée, mais surtout sous le prisme de l'article 129 § 4, premier tiret du TCE, qui exclut toute harmonisation des dispositions législatives et réglementaires des États membres visant à protéger et à améliorer la santé humaine. Le principe d'intégration de la santé dans les autres actions et politiques communautaires n'est utilisé par la Cour qu'à titre accessoire, à l'appui d'autres arguments, comme en témoigne par exemple le passage suivant : « L'article 129, paragraphe 1, troisième alinéa, prévoit d'ailleurs que les exigences en matière de protection de la santé sont une composante des autres politiques de la Communauté ». La même méthode apparaît dans un arrêt de la Cour du 12 décembre 2006[4].

Dans un arrêt du 22 mai 2003[5], la Cour se contente de citer l'article 152 § 1 TCE en début d'argumentation, et n'y revient pas ensuite. Elle fonde sa

---

[1] Position du Parlement européen arrêtée en première lecture le 24 avril 2024 en vue de l'adoption de la directive (UE) 2024/... du Parlement européen et du Conseil concernant la qualité de l'air ambiant et un air pur pour l'Europe (refonte).

[2] Que ce soit sur le fondement de l'article 129 TCE, 152 TCE ou 168 TFUE, ou encore l'article 9 TFUE ou l'article 35 de la Charte des droits fondamentaux.

[3] CJCE, 05/10/2000, *Rép. fédérale d'Allemagne contre Parlement européen et Conseil de l'Union européenne*, n° C-376/98, ECLI:EU:C:2000:544, Rec I-08419.

[4] CJCE, 12/12/2006, *Rép. fédérale d'Allemagne contre Parlement européen et Conseil de l'Union européenne*, n° C-380/03, ECLI:EU:C:2006:772, Rec. I-11573 : c'est ici l'article 152 § 4 qui intéresse plus particulièrement la Cour, bien qu'elle souligne aussi le contenu du paragraphe 1 de cet article.

[5] CJCE, 22/05/2003, *Rép. française contre Commission des Communautés européennes*, n° C-393/01, ECLI:EU:C:2003:307, Rec. I-05405.

décision finale sur des arguments tout autres. De même, la Cour se borne à mentionner le principe de l'article 152 § 1 TCE dans un arrêt du 4 mars 2010[1] portant sur le manquement de l'Irlande aux obligations qui lui incombaient en vertu de l'article 9 § 1 de la directive n° 95/59/CE du Conseil du 27 novembre 1995 concernant les impôts autres que les taxes sur le chiffre d'affaires frappant la consommation des tabacs manufacturés, telle que modifiée par la directive n° 2002/10/CE du Conseil du 12 février 2002[2].

On trouve également une simple mention du principe, à titre d'appui à un autre argument, dans un arrêt du Tribunal de l'UE du 19 novembre 2009[3]. Un arrêt de la Cour du 29 avril 2015[4] offre un autre exemple de brève mention du principe : il porte sur une demande de décision préjudicielle au sujet de l'interprétation du point 2.1 de l'annexe III de la directive n° 2004/33/CE de la Commission du 22 mars 2004, portant application de la directive n° 2002/98/CE du Parlement européen et du Conseil concernant certaines exigences techniques relatives au sang et aux composants sanguins, posée dans le cadre d'un litige entre un particulier qui contestait auprès du ministre des Affaires sociales, de la Santé et des Droits des femmes ainsi qu'à l'Établissement français du sang, le refus d'accepter le don de sang au motif que celui-ci avait eu une relation sexuelle avec un homme. La Cour se sert de l'article 35 de la Charte des droits fondamentaux pour justifier l'exclusion permanente du don de sang pour les hommes ayant des rapports sexuels avec des hommes par la nécessité de réduire au minimum le risque de transmission d'une maladie infectieuse aux receveurs : « cette exclusion contribue par conséquent à l'objectif général d'assurer un niveau élevé de protection de la santé humaine, qui constitue un objectif reconnu par l'Union à l'article 152 CE, et notamment aux paragraphes 4, sous a), et 5 de cet article, ainsi qu'à l'article 35, seconde phrase, de la Charte, qui exigent qu'un niveau élevé de protection de la santé humaine soit assuré dans la définition et la mise

---

1 CJUE, 04/03/2010, *Commission européenne contre Irlande*, n° C-221/08, ECLI:EU:C:2010:113, Rec. I-01669. On constate la même chose dans l'arrêt de la CJCE, 14/12/2004, *Arnold André GmbH & Co. KG contre Landrat des Kreises Herford*, n° C-434/02, ECLI:EU:C:2004:800, Rec. I-11825 où l'article 152 § 1 est simplement mentionné une fois, ainsi que dans l'arrêt CJCE, 14/12/2004, *The Queen contre Secretary of State for Health*, n° C-210/03, ECLI:EU:C:2004:802, Rec. I-11893.

2 Mêmes observations pour les arrêts de la Cour : CJUE, 04/03/2010, *Commission européenne contre Rép. d'Autriche*, n° C-198/08, ECLI:EU:C:2010:112, Rec. I-01645 et CJUE, 04/03/2010, *Commission européenne contre Rép. française*, n° C-197/08, ECLI:EU:C:2010:111, Rec. I-01599 concernant le manquement à la même directive, ainsi que pour l'arrêt du TPICE, 11/07/2007, *Royaume de Suède contre Commission des Communautés européennes*, n° T-229/04, ECLI:EU:T:2007:217, Rec. II-02437.

3 TUE, 19/11/2009, *Denka International BV contre Commission des Communautés européennes*, n° T-334/07, ECLI:EU:T:2009:453, Rec. II-04205.

4 CJUE, 29/04/2015, *Geoffrey Léger contre Ministre des Affaires sociales, de la Santé et des Droits des femmes, Établissement français du sang*, n° C-528/13, ECLI:EU:C:2015:288, Rec. num.

en œuvre de l'ensemble des politiques et des actions de l'Union[1] ». C'est la seule allusion faite au principe d'intégration de la santé dans cet arrêt.

De même, la Cour, en 2021, saisie d'une demande de décision préjudicielle portant sur l'interprétation d'une disposition de la directive 2002/98/CE du Parlement européen et du Conseil, du 27 janvier 2003, établissant des normes de qualité et de sécurité pour la collecte, le contrôle, la transformation, la conservation et la distribution du sang humain et des composants sanguins, se limite à un rappel de la règle de l'article 168 TFUE paragraphe 1, sans la détailler davantage[2].

Il y a aussi des cas où l'une des parties au litige invoque le principe d'intégration de la santé, mais à défaut d'avoir suffisamment développé ses arguments sur cette base, elle les voit rejetés par le juge[3].

Il sera démontré ici que dans la jurisprudence, le principe d'intégration de la santé est en général imbriqué avec un autre, en particulier le principe de précaution (1) ou le principe de proportionnalité selon les cas (2). On en déduit que le principe d'intégration de la santé n'est pas tout à fait autonome, et qu'il nécessite d'être apposé à un autre principe pour pouvoir se manifester.

1) La relation entre le principe d'intégration de la santé et le principe de précaution

Le principe de précaution s'est vu reconnaître un champ d'application large, ce qui peut expliquer que son champ se rapproche de celui du principe d'intégration de la santé.

Le principe de précaution : un principe en extension en droit de l'Union européenne

Initialement plutôt associé au droit de l'environnement, le principe de précaution en droit de l'UE a ensuite été appliqué dans d'autres domaines. Il a été consacré par le Traité de Maastricht, dans le chapitre du Traité instituant la Communauté européenne relatif à la politique de l'environnement. Depuis l'entrée en vigueur du Traité de Lisbonne, le principe se trouve à l'article 191 § 2 TFUE : « la politique de l'Union dans le domaine de l'environnement (...) est fondée sur les principes de précaution et d'action préventive » – c'est la seule disposition de ce traité qui l'énonce[4]. C'est ainsi

---

[1] *ibid.*

[2] CJUE, 10/03/2021, n° C-96/20, *Ordine Nazionale dei Biologi, MX, NY, OZ c. Presidenza del Consiglio dei Ministri*, ECLI:EU:C:2021:191.

[3] Voir par exemple l'arrêt du TPICE, 09/09/2008, *Bayer CropScience AG, Makhteshim-Agan Holding BV, Alfa Georgika Efodia AEVE, Aragonesas Agro, SA, contre Commission des Communautés européennes*, n° T-75/06, ECLI:EU:T:2008:317, Rec. II-02081 : le Tribunal a estimé que les requérantes ont invoqué l'article 152 § 1 CE à titre subsidiaire et que, puisqu'elles n'ont développé aucune argumentation autonome sur ce point, ce grief doit être rejeté.

[4] N. DE SADELEER, « Le principe de précaution dans le droit de l'Union européenne, Le juge européen et le principe de précaution », RFDA 2017, p. 1025.

que la Professeure Brosset souligne qu'au sens du droit de l'Union européenne, le principe de précaution est un principe constitutionnel dans le domaine de la politique de l'Union en matière d'environnement[1]. En application de l'article 191 TFUE, de nombreux textes de droit dérivé expriment ce principe, que ce soit sous la forme d'interdictions ou de restrictions d'utilisation[2]. Nous en verrons des exemples dans ce développement.

En premier lieu, selon le Professeur de Sadeleer, « la définition la plus achevée [du principe de précaution en droit de l'Union européenne] se trouve à l'article 7 du règlement sur la sécurité alimentaire[3] » :

« Principe de précaution :

1. Dans des cas particuliers où une évaluation des informations disponibles révèle la possibilité d'effets nocifs sur la santé, mais où il subsiste une incertitude scientifique, des mesures provisoires de gestion du risque, nécessaires pour assurer le niveau élevé de protection de la santé choisi par la Communauté, peuvent être adoptées dans l'attente d'autres informations scientifiques en vue d'une évaluation plus complète du risque. [...][4] ». L'on notera que la référence au « niveau élevé de protection de la santé choisi par la Communauté » renvoie, selon le Professeur de Sadeleer[5], à l'article 168 TFUE.

En second lieu, du côté de la jurisprudence, après avoir été qualifié de « principe autonome », le principe de précaution a ensuite été considéré comme un principe général du droit par le Tribunal de première instance des Communautés européennes à partir des années 2000[6].

Cependant, même avant sa consécration dans le traité, le principe de précaution était déjà utilisé par la Cour de justice, qui l'utilisait implicitement en tant que principe général d'interprétation, notamment dans les cas où le traité permet aux États de justifier, dans le but de protéger la santé et la vie des personnes, des entraves aux grandes libertés consacrées par les textes de

---

[1] E. Brosset, « Le juge de l'Union et le principe de précaution : état des lieux », *op. cit.*

[2] *ibid.*

[3] N. De Sadeleer, « Le principe de précaution dans le droit de l'Union européenne, Le juge européen et le principe de précaution », *op. cit.*

[4] Règlement (CE) n° 178/2002 du Parlement européen et du Conseil du 28 janvier 2002 établissant les principes généraux et les prescriptions générales de la législation alimentaire, instituant l'Autorité européenne de sécurité des aliments et fixant des procédures relatives à la sécurité des denrées alimentaires.

[5] N. De Sadeleer, « Le principe de précaution dans le droit de l'Union européenne, Le juge européen et le principe de précaution », *op. cit.*

[6] *ibid.* V. pour exemples TPICE, 26/11/2002, *Artegodan GmbH et a. contre Commission*, n° T-74/00, T-76/00, T-83/00, T-84/00, T-85/00, T-132/00, T-137/00 et T-141/00, ECLI:EU:T:2002:283, Rec. II-04945, aff. jointes, confirmé par TPICE, 28/01/2003, *Les Laboratoires Servier contre Commission des Communautés européennes*, n° T-147/00, ECLI:EU:T:2003:17, Rec. II-00085.

l'Union européenne[1]. Selon la Cour[2], les États peuvent décider du niveau approprié de protection de la santé, y compris dans les contextes d'incertitude scientifique[3].

Le principe de précaution a également été explicité par une communication de février 2000 de la Commission européenne. Elle y recommande d'éviter « tout recours injustifié au principe de précaution en tant que forme déguisée de protectionnisme » et précise les conditions pour appliquer correctement le principe : proportionnalité, non-discrimination, cohérence, examen des avantages et des charges résultant de l'action ou de l'absence d'action, examen de l'évolution scientifique, charge de la preuve[4]. Une résolution adoptée quelques mois plus tard par le Conseil des ministres à Nice a globalement confirmé les options retenues par la Commission.

Il résulte de tous ces éléments que le principe de précaution en droit de l'Union européenne prend pleinement en compte la protection de la santé. Il semble en fait qu'aucune distinction ne soit faite par les institutions et la jurisprudence européennes entre un principe de précaution en matière d'environnement et un même principe en matière de santé.

L'application du principe de précaution dans d'autres secteurs que celui de l'environnement est assez prévisible, au regard des définitions qui viennent d'être présentées. La jurisprudence européenne a rapidement étendu la portée du principe de précaution, et c'est dans les arrêts relatifs à la protection de la santé publique que cette extension s'est manifestée le plus fortement. Il ressort de nombreuses décisions que le champ d'application du principe de précaution est en effet plus vaste que celui qui lui est en principe réservé par les auteurs du traité[5]. Comme le rappelle le Professeur de Sadeleer, cette extension n'est pas surprenante, au regard du caractère transversal de la question de la santé publique telle que consacrée dans l'article 168 § 1 TFUE[6]. L'auteur souligne également que lorsqu'il est énoncé dans le domaine de la protection de la santé publique, le principe de précaution peut se confondre avec des préoccupations environnementales[7].

Dès les années 1990, avant même que le principe ne soit consacré par le Traité de Maastricht, il s'est diffusé dans différentes branches du droit : l'arrêt

---

[1] E. BROSSET, « Le juge de l'Union et le principe de précaution : état des lieux », *op. cit.*

[2] Par exemple dans ses arrêts CJCE, 14/07/1983, *Procédure pénale contre Sandoz BV*, n° C-174/82, ECLI:EU:C:1983:213, Rec. 02445 et CJCE, 13/12/1990, *Procédure pénale contre Jean-Claude Bellon*, n° C-42/90, ECLI:EU:C:1990:475, Rec. I-04863.

[3] E. BROSSET, « Le juge de l'Union et le principe de précaution : état des lieux », *op. cit.*

[4] Commission européenne, Communication sur le recours au principe de précaution, COM(2000) 1 final, 2 février 2000.

[5] N. DE SADELEER, « Le principe de précaution dans le droit de l'Union européenne, Le juge européen et le principe de précaution », *op. cit.*

[6] *ibid.*

[7] *ibid.*

Fedesa de la CJCE du 13 novembre 1990[1] le montre dans la mesure où « la Cour a validé le choix des institutions communautaires d'interdire l'utilisation de certaines substances à effet hormonal par les éleveurs, alors même qu'aucune donnée scientifique certaine sur les dangers occasionnés par ces substances n'était disponible[2] ».

Puis, en 1998, le Tribunal de première instance des Communautés européennes suit la démarche adoptée par la Cour dans son arrêt « vache folle » de la même année, précédemment commenté : le Tribunal avait à juger du cas d'une société qui contestait la limitation imposée par la Commission de la concentration maximale admissible du bergasol, une substance utilisée dans la préparation des produits cosmétiques[3]. La Commission avait suivi l'avis du comité scientifique de cosmétologie sur la nocivité de cette substance potentiellement cancérigène. Le Tribunal a souligné que « lorsque des incertitudes subsistent quant à l'existence et à la portée de risques pour la santé des consommateurs, les institutions peuvent prendre des mesures de protection sans avoir à attendre que la réalité et la gravité de ces risques soient pleinement démontrées[4] ». La Cour a confirmé le jugement[5] du tribunal sans se prononcer sur la référence au principe de précaution qui est une motivation surabondante dans ce cas[6].

À peu près au même moment, la Commission européenne a elle aussi confirmé l'application du principe de précaution à d'autres secteurs que son secteur d'origine, définissant le principe comme « un principe d'application générale qui doit être notamment pris en compte dans les domaines de la protection de l'environnement et de la santé humaine, animale ou végétale[7] ».

Dans un arrêt du 2 décembre 2004 portant sur la mise en œuvre de l'exception de santé publique de l'article 36 du TCE pour une restriction au fonctionnement du marché intérieur, la Cour rappelle que selon sa jurisprudence, « le principe de précaution a également vocation à s'appliquer dans la politique de protection de la santé humaine, qui, selon l'article 129 du traité CE (devenu, après modification, article 152 CE), vise pareillement à

---

[1] CJCE, 13/11/1990, *The Queen contre Minister of Agriculture, Fisheries and Food et Secretary of State for Health, ex parte: Fedesa e.a.*, n° C-331/88, ECLI:EU:C:1990:391, Rec. I-04023.

[2] E. BROSSET, « Le juge de l'Union et le principe de précaution : état des lieux », *op. cit.*

[3] TPICE, 16/07/1998, *Laboratoires pharmaceutiques Bergaderm SA et Jean-Jacques Goupil contre Commission des Communautés européennes*, n° T-199/96, ECLI:EU:T:1998:176, Rec. II-02805.

[4] *ibid.*

[5] CJCE, 04/07/2000, *Laboratoires pharmaceutiques Bergaderm SA et Jean-Jacques Goupil contre Commission des Communautés européennes*, n° C-352/98 P, ECLI:EU:C:2000:361, Rec. I-05291.

[6] E. BROSSET, « Le juge de l'Union et le principe de précaution : état des lieux », *op. cit.*

[7] Commission européenne, Communication sur le recours au principe de précaution, *op. cit.*

atteindre un niveau élevé de protection » de la même façon qu'en matière d'environnement (article 130 R TCE, devenu 174 TCE)[1].

En 2010, dans son arrêt Gowan Comercio Internacional e Serviços Lda[2], portant sur l'autorisation de mise sur le marché de produits phytopharmaceutiques et précédemment évoqué, la Cour considère que le principe de précaution s'applique aussi en matière de santé. Dans le cadre d'un litige opposant Gowan Comércio Internacional e Serviços Lda, société de droit portugais, au ministère de la Santé italien, et visant à l'annulation des décisions relatives aux autorisations de mise sur le marché délivrées en Italie pour des produits phytopharmaceutiques contenant du fénarimol, une demande de décision préjudicielle au titre de l'article 234 TCE a été introduite par un tribunal italien. Ce dernier pose au juge européen la question de savoir si la directive n° 2006/134/CE est valide[3].

Dans un premier temps, la directive n° 91/414/CEE du Conseil du 15 juillet 1991 met en place des règles uniformes concernant les conditions et les procédures d'autorisation de mise sur le marché des produits phytopharmaceutiques ainsi que de leur révision et de leur retrait. Elle vise à harmoniser les règles relatives aux conditions et aux procédures d'agrément desdits produits, et à assurer un niveau élevé de protection de la santé des personnes et des animaux ainsi que de l'environnement contre les menaces et les risques induits par un usage mal contrôlé de ces produits. Elle vise aussi à écarter les entraves à la libre circulation de ceux-ci.

Dans un second temps, la directive n° 2006/134/CE de la Commission, du 11 décembre 2006, modifiant la directive n° 91/414/CEE du Conseil en vue d'y inscrire la substance active fénarimol, fixe les restrictions à l'emploi de cette substance au cours de sa période d'inscription à l'annexe I de la directive n° 91/414, du 1er janvier 2007 au 30 juin 2008.

La Cour répond à la question préjudicielle en examinant la validité de la directive n° 2006/134 au regard du principe de sécurité juridique, de l'existence d'une erreur manifeste d'appréciation ainsi que des principes de précaution et de proportionnalité. S'agissant du principe de précaution, la Cour rappelle que ce principe a d'abord été consacré en matière environnementale, mais qu'il ne s'arrête toutefois pas à la frontière de l'environnement. En effet, elle affirme que « le principe de précaution s'applique lorsque les institutions de l'Union prennent, dans le cadre de la politique agricole commune, des mesures de protection de la santé humaine[4] ». Selon le Professeur Trébulle, la Cour « considère que le principe

---

[1] CJCE, 02/12/2004, *Commission des Communautés européennes contre Royaume des Pays-Bas*, n° C-41/02, ECLI:EU:C:2004:762, Rec. I-11375.

[2] CJUE, 22/12/2010, *Gowan Comercio Internacional e Serviços*, n° C-77/09, *op. cit.*

[3] « La directive 2006/134/CE qui a significativement limité l'usage du fénarimol est-elle valide compte tenu du fait que le résultat de l'évaluation technico-scientifique conduite par l'État rapporteur semblerait conclure que le risque découlant de cet usage est acceptable ? » (*ibid*).

[4] *ibid.*

fait partie intégrante du processus de décision conduisant à l'adoption de toute mesure de protection de la santé humaine, lorsque la Commission ou le Conseil statue sur une demande d'inscription d'une substance active[1] ». Au final, elle conclut qu'il n'y a pas eu application manifestement erronée du principe de précaution dans l'adoption de restrictions d'utilisation[2].

Peu après, en 2011, le Tribunal confirme encore la nature et le champ d'application du principe de précaution, dans un arrêt où la France conteste l'allègement des mesures imposées en cas de découverte d'une encéphalopathie spongiforme transmissible dans un troupeau ovin ou caprin. Le Tribunal rappelle qu'il s'agit bien d'un « principe général du droit de l'Union » imposant « aux autorités concernées de prendre, dans le cadre précis de l'exercice des compétences qui leur sont attribuées par la réglementation pertinente, des mesures appropriées en vue de prévenir certains risques potentiels pour la santé publique, la sécurité et l'environnement, en faisant prévaloir les exigences liées à la protection de ces intérêts sur les intérêts économiques[3] ».

La Cour a encore récemment affirmé la propension du principe de précaution à s'appliquer à d'autres secteurs que l'environnement, et en particulier à la santé publique, dans son arrêt de 2019, Procédure pénale contre Mathieu Blaise et a.[4], où un groupe de personnes s'était introduit dans des magasins et avait détruit des stocks de glyphosate en France[5]. Poursuivis pénalement pour ces faits, ils invoquaient pour leur défense, l'état de nécessité, le principe de précaution et la nécessité d'alerter les gérants des magasins concernés et la population sur les risques pour la santé publique créés par les produits contenant du glyphosate.

Le Tribunal s'appuie quant à lui en 2021 sur la communication de la Commission du 2 février 2000 sur le recours au principe de précaution, laquelle prévoit que soit effectué un examen des avantages et des charges résultant de l'action ou de l'absence d'action. Le Tribunal rappelle que le format et l'envergure de cet examen ne sont pas précisés. Il juge que l'on satisfait aux exigences de ladite communication dès lors que l'autorité

---

[1] F. G. TREBULLE, « Droit de l'environnement août 2010 – août 2011 », RD 2011, p. 2694.

[2] *ibid.*

[3] TUE, 09/09/2011, *Rép. française contre Commission européenne*, n° T-257/07, *op. cit.*

[4] CJUE, 01/10/2019, *Procédure pénale contre Mathieu Blaise et a.*, n° C-616/17, ECLI:EU:C:2019:800, Rec. num.

[5] Les faits ont eu lieu dans le contexte du vif débat sur l'approbation du glyphosate : « l'approbation initiale du glyphosate, délivrée sur la base de la directive n° 91/414/CEE concernant la mise sur le marché des produits phytopharmaceutiques, datait du 1er juillet 2002 et […] elle arrivait donc à échéance au 30 juin 2012. La directive ayant été abrogée par le règlement (CE) n° 1107/2009 du 21 octobre 2009 concernant la mise sur le marché des produits phytopharmaceutiques, une demande de renouvellement de l'approbation avait été effectuée dans ce cadre » (E. BROSSET, « Le glyphosate devant la Cour : quels enseignements sur le droit d'accès aux documents et à la justice dans le domaine de l'environnement ? », RTDE 2019, p. 629).

concernée, en l'espèce la Commission, a effectivement pris connaissance des effets, positifs et négatifs, économiques et autres, susceptibles d'être induits par l'action envisagée ainsi que par l'abstention d'agir, et qu'elle en a tenu compte lors de sa décision. Il souligne qu'il n'est pas nécessaire que ces effets soient chiffrés avec précision, si cela n'est pas possible ou nécessite des efforts disproportionnés[1].

Si, du fait de la nature même du principe, l'utilisation du principe de précaution dans d'autres secteurs que celui de l'environnement est compréhensible, il n'en est pas de même pour la tendance de la jurisprudence européenne à considérer comme équivalent au principe de précaution, le principe consacré à l'article 168 § 1 TFUE.

Le rapprochement par la jurisprudence européenne du principe d'intégration de la santé et du principe de précaution

Ce rapprochement peut sembler excessivement simplificateur, pour les raisons suivantes. Nous savons que le principe de précaution ne figure pas à l'article 168 TFUE relatif à la prise en compte de la santé dans les politiques et actions de l'Union européenne ; il n'apparaît pas non plus dans la Charte des droits fondamentaux, pas même dans l'article 37 relatif à l'environnement[2].

Le principe de précaution et le principe d'intégration pour la santé sont deux principes distincts. D'une part, dans le cadre du principe de précaution, le risque n'est pas toujours identifié[3]. La Professeure Brosset rappelle que « la prévention est l'affaire des experts certains de leurs savoirs. La précaution vise une autre nature de l'incertitude : l'incertitude des savoirs scientifiques eux-mêmes[4] ». Elle précise que « le principe de précaution [...] exige deux [incertitudes] (l'existence du risque et la réalisation du dommage qui y est attaché)[5] ». Le principe de précaution implique de mener une action en prenant soin de limiter un risque et un dommage.

Le principe général d'intégration de la santé implique quant à lui une démarche proactive et constructive, dans la mesure où il impose de mener toutes les actions et politiques de l'Union au regard de l'objectif de protection et d'amélioration de la santé. Par ailleurs, contrairement au principe de précaution tel que consacré en droit de l'Union européenne, le principe d'intégration de la santé ne prévoit aucune règle à observer dans les différentes étapes de sa mise en œuvre : aucune évaluation des risques n'est imposée, et aucun principe directeur (proportionnalité, examen de l'évolution

---

[1] TUE, 06/10/2021, n° T-518/19, *Sipcam Oxon SpA c. Commission européenne*, ECLI:EU:T:2021:662.

[2] E. BROSSET, « Le juge de l'Union et le principe de précaution : état des lieux », *op. cit.*

[3] Contrairement au principe de protection contre un danger (F. EWALD, C. GOLLIER, N. DE SADELEER, *Le principe de précaution*, PUF, Que sais-je ? 2008, 128 p.).

[4] E. BROSSET, « Le juge de l'Union et le principe de précaution : état des lieux », *op. cit.*

[5] *ibid.*

scientifique...) n'est identifié ou imposé. Le principe d'intégration de la santé n'implique pas une incertitude scientifique. C'est en raison de ce défaut de précision qu'il peine à recevoir une réelle mise en œuvre en droit de l'Union européenne.

Le principe de précaution, dans certaines de ses applications, poursuit le même but que le principe d'intégration pour la santé, à savoir la protection de la santé même dans des domaines d'activités autres que la santé, mais les deux approches restent différentes. Nous allons voir que le rapprochement des deux principes se manifeste de façon nuancée.

L'article 168 § 1 TFUE et ses prédécesseurs sont vus comme porteurs du principe de précaution. Dans un arrêt du 9 septembre 2011[1] puis un arrêt du 16 septembre 2013[2], le Tribunal de l'Union européenne considère que « le principe de précaution constitue un principe général du droit communautaire, découlant de l'article 3, sous p), CE, de l'article 6 CE, de l'article 152, paragraphe 1, CE, de l'article 153, paragraphes 1 et 2, CE et de l'article 174, paragraphes 1 et 2, CE […] ».

Il y a une cohérence entre les deux niveaux de juridictions européennes. En effet, dans un arrêt du 4 mai 2016, dit Pillbox 38[3], la Cour considère aussi que le principe de précaution en santé est consacré entre autres à l'article 168 § 1 du TFUE. Dans cette affaire, la société Pillbox 38 (UK) Ltd s'opposait au Secrétaire d'État à la Santé britannique au sujet de la légalité de l'intention et de l'obligation du gouvernement du Royaume-Uni de transposer la directive européenne n° 2014/40/UE dans l'ordre juridique national. Cette directive du 3 avril 2014 est relative au rapprochement des dispositions législatives, réglementaires et administratives des États membres en matière de fabrication, de présentation et de vente des produits du tabac et des produits connexes, et abroge la directive n° 2001/37/CE. Concrètement, la société Pillbox estimait que les cigarettes électroniques ne devraient pas faire l'objet d'une réglementation spécifique et encore moins d'une réglementation comparable, voire plus stricte que celle applicable aux produits du tabac, du fait de leur caractère moins nocif, voire bénéfique pour la santé publique[4]. Elle faisait valoir en particulier que l'article 20 de cette directive était invalide au motif qu'il méconnaissait les principes de proportionnalité, de sécurité juridique, d'égalité de traitement, de libre concurrence et de subsidiarité, ainsi

---

[1] TUE, 09/09/2011, *Dow AgroSciences Ltd et autres contre Commission européenne*, n° T-475/07, ECLI:EU:T:2011:445, Rec. II-05937.

[2] TUE, 16/09/2013, *Animal Trading Company (ATC) BV e. a. contre Commission européenne*, n° T-333/10, ECLI:EU:T:2013:451, Rec. num. Le Tribunal reprend ensuite ces propos pour l'article 168 § 1 TFUE dans l'arrêt du 17/03/2016, *Zoofachhandel Züpke GmbH e. a. contre Commission européenne*, n° T-817/14, ECLI:EU:T:2016:157, Rec. num.

[3] CJUE, 04/05/2016, *Pillbox 38 (UK) Ltd contre Secretary of State for Health*, n° C-477/14, ECLI:EU:C:2016:324, Rec. num.

[4] S. Bernheim-Desvaux, « Santé des consommateurs : Rejet des trois procédures intentées par les géants de la distribution et de la fabrication de cigarettes », Revue mensuelle Lexisnexis Jurisclasseur 2016.

que les articles 16 et 17 de la Charte des droits fondamentaux de l'Union européenne.

Au cours du litige, la juridiction britannique formule une demande de décision préjudicielle auprès du juge européen, au titre de l'article 267 TFUE. Sa question porte sur la validité de l'article 20 de la directive n° 2014/40/UE du Parlement européen et du Conseil. La Cour répond point par point à la question préjudicielle. S'agissant de la violation alléguée des principes de proportionnalité et de sécurité juridique, elle appelle notamment à l'appui de sa réponse, le principe de précaution. Le passage suivant mérite d'être cité :

« La circonstance que les produits du tabac ont pu bénéficier pendant de longues années de campagnes publicitaires ne peut en aucun cas constituer un motif imposant au législateur de l'Union de permettre de telles campagnes également au profit des cigarettes électroniques. Au contraire, dès lors qu'il a eu connaissance d'informations scientifiques sérieuses dénonçant l'existence de risques potentiels pour la santé humaine qu'un produit relativement nouveau sur le marché est susceptible d'engendrer, le législateur de l'Union était tenu d'agir conformément au principe de précaution, à l'article 35, deuxième phrase, de la Charte, à l'article 9 TFUE et aux articles 114, paragraphe 3, TFUE et 168, paragraphe 1, TFUE qui lui imposent d'assurer un niveau élevé de protection de la santé humaine dans la définition et la mise en œuvre de toutes les politiques et actions de l'Union[1] ».

Juste après l'invocation du principe de précaution par le juge, nous avons là une énumération d'articles sur la protection de la santé : l'article 35 de la Charte des droits fondamentaux[2], l'article 9[3], l'article 114 § 3[4] et l'article 168 § 1[5] TFUE. La difficulté ici réside dans le choix fait par le juge de juxtaposer cette énumération d'articles à sa mention du principe de précaution : « le législateur de l'Union était tenu d'agir conformément au

---

[1] CJUE, 04/05/2016, *Pillbox 38 (UK) Ltd contre Secretary of State for Health*, n° C-477/14, *op. cit.*

[2] Charte des droits fondamentaux de l'Union européenne, article 35 : « Protection de la santé : Toute personne a le droit d'accéder à la prévention en matière de santé et de bénéficier de soins médicaux dans les conditions établies par les législations et pratiques nationales. Un niveau élevé de protection de la santé humaine est assuré dans la définition et la mise en œuvre de toutes les politiques et actions de l'Union ».

[3] TFUE, article 9 : « Dans la définition et la mise en œuvre de ses politiques et actions, l'Union prend en compte les exigences liées à la promotion d'un niveau d'emploi élevé, à la garantie d'une protection sociale adéquate, à la lutte contre l'exclusion sociale ainsi qu'à un niveau élevé d'éducation, de formation et de protection de la santé humaine ».

[4] TFUE, article 114 § 3 : « La Commission, dans ses propositions prévues au paragraphe 1 en matière de santé, de sécurité, de protection de l'environnement et de protection des consommateurs, prend pour base un niveau de protection élevé en tenant compte notamment de toute nouvelle évolution basée sur des faits scientifiques. Dans le cadre de leurs compétences respectives, le Parlement européen et le Conseil s'efforcent également d'atteindre cet objectif ».

[5] TFUE, article 168 § 1, alinéa 1 : « Un niveau élevé de protection de la santé humaine est assuré dans la définition et la mise en œuvre de toutes les politiques et actions de l'Union ».

principe de précaution, à l'article 35, etc.[1] ». Cela signifie-t-il que, selon la Cour, le principe de précaution est présent dans tous ces articles, ou cela veut-il dire au contraire que le principe de précaution et la série d'articles cités sont deux choses distinctes qu'il convient de respecter séparément ? La réponse n'est pas évidente, car si l'article 114 comporte bien une référence aux connaissances scientifiques, et peut donc en théorie renvoyer implicitement au principe de précaution, ce n'est pas le cas des autres dispositions visées. Affirmer que ces articles sont porteurs du principe de précaution ne tombe donc pas sous le sens. Une vérification de la version anglaise de l'arrêt de la Cour permet de dissiper l'ambiguïté[2] : le juge européen considère bel et bien que le principe de précaution est consacré à l'article 35 de la Charte des droits fondamentaux et aux articles 9, 114 et 168 § 1 du TFUE. Selon cette décision de la CJUE, la nécessaire intégration de la santé dans toutes les politiques et actions de l'Union européenne est donc un équivalent du principe de précaution tel que consacré par le droit de l'Union européenne.

On observe une posture moins tranchée adoptée par le Tribunal dans un arrêt rendu le 9 septembre 2011[3]. En l'espèce, la République française a introduit un recours visant à l'annulation du point 3 de l'annexe du règlement n° 727/2007[4], pour violation du principe de précaution, en ce que ce texte introduit, dans l'annexe VII du règlement n° 999/2001, le point 2.3, sous b), iii), le point 2.3, sous d), et le point 4 qui assouplissent le régime d'éradication des encéphalopathies spongiformes transmissibles (EST). Elle a également introduit une demande en référé afin d'obtenir le sursis à l'exécution dudit régime.

Précisons pour commencer que pour appuyer sa demande, la France n'a pas invoqué l'article 152 § 1 du Traité sur la Communauté européenne. En ce qui la concerne, elle ne fait pas d'assimilation entre cet article et le principe de précaution. Elle se fonde en revanche sur l'article 24 bis du règlement n° 999/2001, selon lequel « les décisions à adopter conformément

---

[1] CJUE, 04/05/2016, *Pillbox 38 (UK) Ltd contre Secretary of State for Health*, n° C-477/14, *op. cit.*

[2] « The fact that tobacco products have been able to benefit for many years from advertising campaigns cannot under any circumstances constitute a reason requiring the EU legislature to allow such campaigns also for electronic cigarettes. On the contrary, as soon as it became aware of serious scientific information alleging the existence of potential risks to human health to which a relatively new product on the market might give rise, the EU legislature was required to act in accordance with the precautionary principle in the second sentence of Article 35 of the Charter, Article 9 TFEU and Articles 114(3) TFEU and 168(1) TFEU which require it to ensure a high level of protection of human health in the definition and implementation of all Union policies and activities » (CJUE, 04/05/2016, *Pillbox 38 (UK) Ltd contre Secretary of State for Health*, n° C-477/14, *op. cit.*).

[3] TUE, 09/09/2011, *Rép. française contre Commission européenne*, n° T-257/07, *op. cit.*

[4] Règlement (CE) n° 727/2007 de la Commission du 26 juin 2007 modifiant les annexes I, III, VII et X du règlement (CE) n° 999/2001 du Parlement européen et du Conseil fixant les règles pour la prévention, le contrôle et l'éradication de certaines encéphalopathies spongiformes transmissibles.

à l'une des procédures visées à l'article 24 sont fondées sur une évaluation appropriée des risques potentiels pour la santé humaine et animale et, en tenant compte des preuves scientifiques existantes, maintiennent, ou si cela est justifié du point de vue scientifique, augmentent le niveau de protection de la santé humaine et animale assuré dans la Communauté[1] ». Or, l'article 24 bis, selon le Tribunal, fait référence implicitement à l'article 152 : « l'article 24 bis du règlement n° 999/2001 transcrit l'obligation contenue dans l'article 152, paragraphe 1, CE en exigeant que, lors de l'adoption de décisions dans le contexte dudit règlement, soit maintenu, ou si cela est justifié du point de vue scientifique, soit augmenté le niveau de protection de la santé humaine assuré dans la Communauté[2] ».

Tout au long de son jugement, le Tribunal adopte une double posture vis-à-vis du principe de précaution et du principe d'intégration tel que consacré à l'article 152 § 1 TCE, sur la santé publique. D'une part, il joint étroitement ces deux principes, puisqu'il considère que « le principe de précaution constitue un principe général du droit de l'Union, découlant de l'article 3, sous p), CE, de l'article 6 CE, de l'article 152, paragraphe 1, CE, de l'article 153, paragraphes 1 et 2, CE et de l'article 174, paragraphes 1 et 2, CE[3] ». Cette interprétation très libre des textes prête à penser que l'article 152 § 1 TCE est l'un des fondements du principe de précaution. D'autre part, le Tribunal conclut son jugement en estimant que « la Commission n'a pas violé le principe de précaution et l'obligation de maintenir un niveau élevé de protection de la santé consacrée par l'article 152, paragraphe 1, CE et l'article 24 bis du règlement n° 999/2001 en adoptant les mesures contestées. Le recours doit donc être rejeté[4] ». Mettant le principe de précaution et le principe d'intégration de la santé sur un pied d'égalité dans sa réponse, le Tribunal considère ainsi que les deux principes sont étroitement liés.

Cependant, le Tribunal marque aussi la différence entre les deux principes : lorsqu'il présente les considérations de principe sur le fond, au début de l'arrêt, il mentionne dans des paragraphes distincts l'article 152, qui relève de la protection de la santé humaine, et, de façon séparée, le principe de précaution. La distinction peut apparaître toutefois plus ambiguë lorsque, pour rejeter la demande de la France, le Tribunal retient notamment que « la circonstance que les mesures contestées entraînent une augmentation du risque d'exposition de l'homme aux EST affectant des petits ruminants ne suffit pas pour établir une violation du principe de précaution ou de l'obligation pour la Commission de maintenir un niveau élevé de protection de la santé humaine consacré par l'article 152 § 1 CE et l'article 24 bis du règlement n° 999/2001. En effet, une telle violation ne peut être établie que pour autant que l'adoption

[1] TUE, 09/09/2011, *Rép. française contre Commission européenne*, n° T-257/07, *op. cit.*
[2] *ibid.*
[3] *ibid.*
[4] *ibid.*

des mesures contestées et, partant, l'augmentation du risque d'exposition de l'homme aux EST affectant les petits ruminants entraînent des risques pour la santé humaine qui dépassent le niveau jugé acceptable pour la société[1] ». Sans plus d'explication, le Tribunal a utilisé tantôt le « et », tantôt le « ou » dans l'association entre les deux principes, ce qui laisse la porte ouverte aux interrogations.

Cette affaire s'est poursuivie avec l'arrêt de la CJUE du 11 juillet 2013[2] qui apporte peu d'éclaircissements sur ce point. Après avoir été déboutée en première instance, la République française demande à la Cour d'annuler l'arrêt du Tribunal du 9 septembre 2011, de statuer à titre définitif et d'annuler le règlement litigieux ou, à titre subsidiaire, de renvoyer l'affaire devant le Tribunal, et de condamner la Commission aux dépens. La Commission demande quant à elle à la Cour de rejeter le pourvoi et de condamner la République française aux dépens. À l'appui de sa demande, la République française invoque quatre moyens tirés d'une violation de l'obligation de motivation, d'une dénaturation des faits, d'une erreur dans la qualification juridique des faits et enfin d'une erreur de droit tenant à la violation de l'article 24 bis du règlement n° 999/2001[3] et du principe de précaution – c'est encore une fois ce dernier moyen qui nous intéresse ici. Dans sa réponse, la Cour ne nomme pas explicitement le principe de précaution mais elle en utilise les concepts, invoquant l'incertitude scientifique, la gestion et le réexamen du risque en fonction de l'évolution des connaissances scientifiques, et la nécessité d'adopter des mesures proportionnées qui n'imposeraient pas plus de restrictions au commerce qu'il n'est nécessaire pour obtenir le niveau élevé de protection de la santé choisi par l'Union. Elle ne s'attarde pas sur le lien entre l'article 152 (devenu 168 TFUE entre-temps) paragraphe 1 du Traité CE et le principe de précaution, mais l'on pourrait interpréter les propos suivants comme une forme d'association entre les deux principes : « le niveau de protection de la santé humaine est en étroite corrélation avec le niveau de risque jugé acceptable pour la société, lequel dépend, à son tour, des connaissances scientifiques disponibles à un moment donné[4] ».

On peut enfin évoquer une autre perspective, qui correspond au recours au principe de précaution comme outil pour atteindre l'objectif de l'intégration pour la santé. La démarche d'assimilation vue ci-dessus semble coexister avec un autre raisonnement de la Cour, développé parfois au sein des mêmes arrêts. Par exemple, dans un arrêt de 2019[5], la Cour semble voir le principe de précaution comme un moyen de faire respecter l'exigence posée à

---

[1] *ibid.*

[2] CJUE, 11/07/2013, *Rép. française contre Commission européenne*, n° C-601/11 P, *op. cit.*

[3] Règlement (CE) n° 999/2001 du Parlement européen et du Conseil du 22 mai 2001 fixant les règles pour la prévention, le contrôle et l'éradication de certaines encéphalopathies spongiformes transmissibles.

[4] CJUE, 11/07/2013, *Rép. française contre Commission européenne*, n° C-601/11 P, *op. cit.*

[5] CJUE, 01/10/2019, *Procédure pénale contre Mathieu Blaise et a.*, n° C-616/17, *op. cit.*

l'article 168 TFUE § 1 : « Il incombe [...] au législateur de l'Union, lorsqu'il adopte des règles régissant la mise sur le marché de produits phytopharmaceutiques [...] de se conformer au principe de précaution, en vue notamment d'assurer, conformément à l'article 35 de la charte des droits fondamentaux de l'Union européenne ainsi qu'à l'article 9 et à l'article 168, paragraphe 1, TFUE, un niveau élevé de protection de la santé humaine ». Le même raisonnement se retrouve, toujours en matière d'autorisation de mise sur le marché de produits phytopharmaceutiques, dans des arrêts du Tribunal du 28 mai 2020[1] et du 9 février 2022[2]. Autre façon de présenter les choses : en 2022, le Tribunal affirme que le principe de précaution découle du principe d'intégration de la santé issu notamment de l'article 168 TFUE § 1[3]. Ces développements démontrent les incertitudes du juge européen sur les rapports entre les deux principes.

Le principe de proportionnalité est un autre principe qui mérite développement ici. Il n'est pas sans lien avec le principe de précaution, comme le soulignait le Professeur Molinier : « aujourd'hui encore la légalité d'une mesure est fréquemment appréciée conjointement au regard des principes de proportionnalité et de précaution, qui apparaissent souvent indissolublement liés[4] ».

2) Le principe d'intégration de la santé et le principe de proportionnalité

Selon l'article 5 § 4 du Traité sur l'Union européenne, « en vertu du principe de proportionnalité, le contenu et la forme de l'action de l'Union n'excèdent pas ce qui est nécessaire pour atteindre les objectifs des traités. Les institutions de l'Union appliquent le principe de proportionnalité conformément au protocole sur l'application des principes de subsidiarité et de proportionnalité ».

La Cour se repose dans plusieurs de ses arrêts[5] sur une jurisprudence constante, selon laquelle « le principe de proportionnalité exige que les actes

---

[1] TUE, 28/05/2020, n° T-574/18, *Agrochem-Maks d.o.o. c. Commission européenne*, ECLI:EU:T:2020:226.

[2] TUE, 09/02/2022, n° T-317/19, *AMVAC Netherlands BV c. Commission européenne*, ECLI:EU:T:2022:62 et de la même date, n° T-740/18, *Taminco BVBA c. Arysta LifeScience Great Britain Ltd*, ECLI:EU:T:2022:61.

[3] TUE, 27/04/2022, n° T-710/21, T-722/21 et T-723/21, *Robert Roos c. Parlement européen*, ECLI:EU:T:2022:262.

[4] J. MOLINIER, « Principes généraux – Teneur des principes généraux du droit, Principe de précaution », RDE 2011. L'auteur renvoie ici à un exemple : CJUE, 08/07/2010, *Afton Chemical Limited contre Secretary of State for Transport*, n° C-343/09, ECLI:EU:C:2010:419, Rec. I-07027.

[5] Par exemple CJUE, 04/05/2016, *Rép. de Pologne contre Parlement européen et Conseil de l'Union européenne*, n° C-358/14, ECLI:EU:C:2016:323, Rec. num. La Cour renvoie à ses arrêts CJCE, 10/12/2002, *The Queen contre Secretary of State for Health, ex parte British American Tobacco (Investments) Ltd et Imperial Tobacco Ltd.*, n° C-491/01,

des institutions de l'Union soient aptes à réaliser les objectifs légitimes poursuivis par la réglementation en cause et ne dépassent pas les limites de ce qui est nécessaire à la réalisation de ces objectifs, étant entendu que, lorsqu'un choix s'offre entre plusieurs mesures appropriées, il convient de recourir à la moins contraignante et que les inconvénients causés ne doivent pas être démesurés par rapport aux buts visés ». En présence de plusieurs objectifs poursuivis, notamment celui de la protection de la santé, il convient alors d'opérer un arbitrage, mais cela ne permet pas toujours d'atteindre un équilibre.

La conciliation de différents objectifs

L'affaire de la « vache folle » est un exemple de cas où différents intérêts – notamment la santé publique – sont en présence. La démarche adoptée par la CJUE à cette occasion se répétera par la suite dans d'autres affaires.

L'arrêt « vache folle » du 5 mai 1998[1] rendu par la Cour de justice offre une illustration de l'intrication entre les objectifs de protection de la santé et le bon fonctionnement du marché intérieur. Cet arrêt et l'ordonnance qui y est associée[2], pris « suite à la crise de l'ESB et à l'occasion du contentieux relatif à l'embargo appliqué à l'égard de certains produits bovins britanniques[3] » sont une confirmation de la jurisprudence « hormones »[4] de 1988 vue précédemment et ont rappelé que « les institutions communautaires devaient garantir une protection adéquate de la santé publique dans la mise en œuvre du principe de libre circulation des marchandises[5] ».

L'affaire « vache folle »[6] portait sur une décision adoptée par la Commission le 27 mars 1996 relative à certaines mesures d'urgence en matière de protection contre l'ESB[7]. Le Royaume-Uni demandait l'annulation de cette décision et de certains autres actes de la Commission[8]. Le Royaume-

ECLI:EU:C:2002:741, Rec. I-11453 ; CJUE, 09/03/2010, *Raffinerie Mediterranee (ERG) SpA, Polimeri Europa SpA et Syndial SpA contre Ministero dello Sviluppo economico et autres* (C-379/08) et *ENI SpA contre Ministero Ambiente e Tutela del Territorio e del Mare et autres* (C-380/08), ECLI:EU:C:2010:127, Rec. I-02007, aff. jointes ; ainsi que CJUE, 16/06/2015, *Peter Gauweiler e.a. contre Deutscher Bundestag*, n° C-62/14, ECLI:EU:C:2015:400, Rec. num.

1 CJCE, 05/05/1998, *Royaume-Uni de Grande-Bretagne et d'Irlande du Nord contre Commission des Communautés européennes*, n° C-180/96, *op. cit.*

2 CJCE, 12/07/1996, *Royaume-Uni de Grande-Bretagne et d'Irlande du Nord contre Commission des Communautés européennes*, n° C-180/96 R, *op. cit.*

3 Y. PETIT, « Agriculture, Portée des objectifs de la PAC », *op. cit.*

4 CJCE, 23/02/1988, *Royaume-Uni de Grande-Bretagne et d'Irlande du Nord contre Conseil des Communautés européennes*, n° C-68/86, *op. cit.*

5 Y. PETIT, « Agriculture, Portée des objectifs de la PAC », *op. cit.*

6 CJCE, 05/05/1998, *Royaume-Uni de Grande-Bretagne et d'Irlande du Nord contre Commission des Communautés européennes*, n° C-180/96, *op. cit.*

7 Commission des CE, Décision n° 96/239/CE du 27 mars 1996 relative à certaines mesures d'urgence en matière de protection contre l'encéphalopathie spongiforme bovine.

8 Par acte séparé du même jour, le R.-U. avait également demandé le sursis à l'exécution de la décision attaquée et/ou l'octroi de certaines mesures provisoires. Cette demande en référé avait

Uni invoquait de nombreux moyens au soutien de sa demande d'annulation de la décision attaquée, et parmi ceux-ci il estimait qu'il y avait une violation du principe de proportionnalité. Sur ce dernier moyen, le Royaume-Uni estimait que la décision attaquée était inappropriée au regard de l'objectif de protection de la santé publique ou animale puisqu'il avait déjà adopté les mesures adéquates, et que celles-ci avaient également été prises au niveau communautaire. Il soulignait en outre que ces mesures avaient démontré leur efficacité par la diminution rapide de l'incidence de l'ESB au Royaume-Uni[1].

Dans sa réponse, la Cour a d'abord insisté sur l'importance du principe de proportionnalité, ce principe général du droit communautaire. Pour effectuer son analyse, la Cour s'est fondée sur le principe de précaution du droit communautaire, rappelant son fondement à l'article 130 R, paragraphe 1, du traité CE[2]. Elle tient compte du fait que lorsque la décision attaquée a été prise par la Commission, il y avait une grande incertitude vis-à-vis des risques présentés par les animaux vivants, la viande bovine ou les produits dérivés. Elle applique donc le principe de précaution en admettant que « lorsque des incertitudes subsistent quant à l'existence ou à la portée de risques pour la santé des personnes, les institutions peuvent prendre des mesures de protection sans avoir à attendre que la réalité et la gravité de ces risques soient pleinement démontrées[3] ».

La décision attaquée a été adoptée à titre de « mesure d'urgence », édictant une interdiction d'exportation « de façon transitoire » (cinquième considérant)[4]. Par ailleurs, la Commission y reconnaît la nécessité d'approfondir sur le plan scientifique la portée des nouvelles informations et les mesures à prendre et, par conséquent, la nécessité de revoir la décision attaquée après un examen de l'ensemble de la situation (septième considérant).

En ce qui concerne tout d'abord les animaux vivants, la Cour relève que l'interdiction d'exportation résultant de la décision attaquée ne vise que « les bovins âgés de moins de six mois issus de vaches pour lesquelles l'ESB n'était ni suspectée ni confirmée » et que les incertitudes scientifiques quant aux modes de transmission de l'ESB conduisent à l'impossibilité d'avoir la certitude qu'un veau soit issu d'une vache totalement exempte d'ESB ou, même si tel était le cas, qu'il soit lui-même totalement exempt de la maladie[5]. C'est pourquoi sur ce premier point, la Cour considère que l'interdiction de l'exportation des bovins vivants ne saurait être considérée comme étant une

---

été rejetée par ordonnance de la Cour du 12/07/1996, *Royaume-Uni de Grande-Bretagne et d'Irlande du Nord contre Commission des Communautés européennes*, n° C-180/96 R, *op. cit.*

[1] CJCE, 05/05/1998, *Royaume-Uni de Grande-Bretagne et d'Irlande du Nord contre Commission des Communautés européennes*, n° C-180/96, *op. cit.*

[2] *ibid.*

[3] CJCE, 05/05/1998, *Royaume-Uni de Grande-Bretagne et d'Irlande du Nord contre Commission des Communautés européennes*, n° C-180/96, *op. cit.*

[4] *ibid.*

[5] *ibid.*

mesure manifestement inappropriée, au regard des exigences du principe de proportionnalité[1].

Deuxièmement, s'agissant de la viande bovine, la Cour se fonde sur le fait qu'en raison « de la longue période d'incubation de la maladie, tout animal âgé de six mois ou plus devait être traité comme potentiellement infecté par l'ESB, même s'il n'en présentait pas les signes[2] ». Des mesures particulières avaient été adoptées au Royaume-Uni, relatives à l'abattage des animaux et au découpage des viandes, mais elles ne sont pas apparues suffisantes pour la Cour. Elle considère donc que l'interdiction de l'exportation de la viande bovine n'est pas une mesure manifestement inappropriée.

Enfin, s'agissant des produits dérivés, la Cour retient que concernant le sperme et les embryons, il n'était pas possible d'exclure complètement le risque de transmission verticale au moment de l'adoption de la décision attaquée. Concernant les autres produits dérivés tels le suif et la gélatine, elle estime que « la Commission a fait preuve d'une prudence adéquate en interdisant leur exportation jusqu'à ce qu'un réexamen global de la situation ait lieu[3] ».

Ainsi la Cour conclut que « compte tenu de la gravité du danger et de l'urgence, la Commission n'a pas réagi de façon manifestement inappropriée en adoptant, à titre transitoire et en attendant de plus amples informations scientifiques, une interdiction globale d'exportation des bovins, de la viande bovine et des produits dérivés. Par conséquent, le moyen tiré de la violation du principe de proportionnalité n'est pas fondé[4] ». Sur la base de cet arrêt, il a été observé que la santé publique, « cet intérêt public péremptoire, prime les intérêts économiques[5] ».

Peu de temps après, par un arrêt du 9 septembre 2003[6] portant sur une mesure de suspension préventive de la commercialisation et de l'utilisation de certains produits transgéniques en Italie, la Cour a, à nouveau, à se prononcer sur le respect du principe de proportionnalité.

Il s'agit d'un litige entre Monsanto Agricoltura Italia SpA e.a. et la Présidence du Conseil des ministres italien. L'Italie s'oppose à ce qu'un certain type de nouveaux aliments soit qualifié de « substantiellement équivalents » à des aliments existants au sens de l'article 3, paragraphe 4, premier alinéa, du règlement n° 258/97.

Dans le cadre de ce litige, le tribunal compétent adresse des questions préjudicielles au juge européen concernant l'interprétation et la validité des

---

[1] *ibid.*
[2] *ibid.*
[3] *ibid.*
[4] *ibid.*
[5] N. De Sadeleer, « Le principe de précaution dans le droit de l'Union européenne, Le juge européen et le principe de précaution », *op. cit.*
[6] CJCE, 09/09/2003, *Monsanto Agricoltura Italia SpA et autres contre Presidenza del Consiglio dei Ministri et autres*, n° C-236/01, *op. cit.*

articles 3, paragraphe 4, premier alinéa, et 5, premier alinéa, du règlement (CE) n° 258/97 du Parlement européen et du Conseil du 27 janvier 1997 relatif aux nouveaux aliments et aux nouveaux ingrédients alimentaires, ainsi que sur l'interprétation de l'article 12 de ce règlement.

Selon la Cour, il s'agit en fait de savoir si la procédure simplifiée, n'exigeant pas une évaluation intégrale des risques, est assortie « de modalités suffisantes pour assurer un niveau élevé de protection de la santé humaine et de l'environnement au sens, respectivement, des articles 152, paragraphe 1, CE ainsi que 174, paragraphe 2, CE et pour garantir le respect des principes de précaution et de proportionnalité[1] ». La Cour rappelle que pour vérifier si une disposition de droit communautaire est conforme au principe de proportionnalité, il implique de vérifier si les moyens qu'elle met en œuvre permettent de réaliser l'objectif visé et s'ils ne vont pas au-delà de ce qui est nécessaire pour l'atteindre. En l'espèce, elle juge qu'il « n'apparaît pas que la procédure simplifiée, fondée notamment sur la condition d'équivalence substantielle, soit inappropriée pour atteindre à la fois l'objectif d'assurer le fonctionnement du marché intérieur des nouveaux aliments et celui de la protection de la santé humaine ainsi que de l'environnement qui sous-tendent le règlement n° 258/97[2] ». Pour fonder cette décision, elle retient notamment qu'il s'agit « d'une procédure dérogatoire à la procédure normale qui n'est applicable que pour certains types de nouveaux aliments et lorsque la condition d'équivalence substantielle est remplie ». La procédure simplifiée litigieuse doit selon la Cour être considérée comme compatible avec le principe de proportionnalité.

Dans la même veine que ces jurisprudences, la Cour, dans deux affaires jointes du 12 juillet 2005 portant sur la libre circulation des compléments alimentaires (commercialisés comme des denrées alimentaires) dans le marché intérieur est amenée notamment à déterminer s'il y a eu ou non une violation du principe de proportionnalité[3].

Les associations requérantes introduisent des requêtes afin d'obtenir l'autorisation d'exercer un recours en contrôle de légalité des Food Supplements (England) Regulations 2003 et des Food Supplements (Wales) Regulations 2003, qui transposent la directive n° 2002/46 en droit britannique. Elles allèguent que l'interdiction découlant des dispositions visées constitue une restriction au commerce intracommunautaire et international de compléments alimentaires jusqu'ici légalement mis en circulation. Au cours des litiges, des demandes de décision préjudicielle au titre de l'article 234 TCE sont introduites par les tribunaux britanniques auprès du juge européen pour savoir si les articles 3, 4 § 1, et 15, sous b), de la directive n° 2002/46/CE du

---

[1] *ibid.*

[2] *ibid.*

[3] CJCE, 12/07/2005, *Alliance for natural health e.a*, n° C-154/04, *op. cit.* et CJUE, 12/07/2005, *National Association of Health Stores e.a.*, n° C-155/04, *op. cit.* (aff. jointes).

Parlement européen et du Conseil du 10 juin 2002 relative au rapprochement des législations des États membres concernant les compléments alimentaires sont valides, notamment au regard du principe de proportionnalité.

Parmi les questions à traiter, la Cour doit se prononcer sur la violation des articles 28 TCE et 30 TCE et des articles 1er § 2, et 24 § 2, sous a), du règlement CE du 22 décembre 1994 relatif au régime commun applicable aux importations[1], violation qui aurait selon les requérantes entraîné l'invalidité des articles 3, 4 § 1, et 15, deuxième alinéa, sous b), de la directive n° 2002/46[2]. Elle répond en deux temps, c'est-à-dire d'abord eu égard à la restriction du commerce en raison d'un motif de santé publique, puis eu égard au principe de proportionnalité[3].

La Cour commence par rappeler que comme le prévoit l'article 30 TCE, l'article 28 TCE ne fait pas obstacle aux interdictions ou aux restrictions justifiées, notamment, par des raisons de protection de la santé et de la vie des personnes. Elle reconnaît que les dispositions des articles 3, 4 § 1, et 15, deuxième alinéa, sous b), de la directive n° 2002/46 sont effectivement une restriction visée à l'article 28 TCE, dans la mesure où elles interdisent la commercialisation dans la Communauté des compléments alimentaires contenant des vitamines, des minéraux ou des substances vitaminiques ou minérales ne figurant pas sur les listes positives. Elles restreignent donc la libre circulation des compléments alimentaires à l'intérieur de la Communauté. La Cour prend note du fait qu'à la lecture de la directive n° 2002/46, il apparaît que le législateur communautaire motive cette mesure d'interdiction par des considérations liées à la protection de la santé humaine. Elle vérifie alors si cette mesure « est nécessaire et proportionnée au regard de l'objectif de protection de la santé des personnes », puisque les requérantes plaident le contraire[4].

En ce qui concerne le caractère prétendument disproportionné des mesures attaquées, la Cour retient qu'« eu égard à la nécessité pour le législateur communautaire de prendre en compte le principe de précaution lorsqu'il adopte, dans le cadre de la politique du marché intérieur, des mesures visant à protéger la santé humaine, les auteurs de la directive 2002/46 ont pu raisonnablement considérer que la manière appropriée de concilier l'objectif du marché intérieur, d'une part, et celui relatif à la protection de la santé humaine, d'autre part, consistait à réserver le bénéfice de la libre circulation aux compléments alimentaires comportant des substances pour lesquelles, au moment de l'adoption de ladite directive, les autorités scientifiques européennes compétentes disposaient de données scientifiques suffisantes et

---

[1] Règlement (CE) n° 3285/94 du Conseil du 22 décembre 1994 relatif au régime commun applicable aux importations et abrogeant le règlement (CE) n° 518/94.
[2] Question b.
[3] CJCE, 12/07/2005, *Alliance for natural health e.a*, n° C-154/04, *op. cit.* et CJUE, 12/07/2005, *National Association of Health Stores e.a.*, n° C-155/04, *op. cit.* (aff. jointes).
[4] *ibid.*

appropriées propres à fonder un avis favorable de leur part, tout en prévoyant la possibilité [...] d'obtenir une modification du contenu des listes positives en fonction de l'évolution des sciences et des technologies[1] ». Elle approuve, ce faisant, la démarche du législateur communautaire et ne voit pas ici de violation du principe de proportionnalité.

L'autre question méritant commentaire est celle par laquelle la juridiction de renvoi demande si les dispositions des articles 3, 4 § 1 et 15, deuxième alinéa, sous b), de la directive n° 2002/46 sont invalides en raison d'une violation du principe de proportionnalité[2]. Selon les requérantes au principal, ces dispositions constituent un moyen disproportionné pour parvenir à l'objectif visé. La Cour balaye cette question par un argumentaire très court. Elle retient que les dispositions visées permettent bien de réaliser l'objectif qu'elles visent et que, « compte tenu de l'obligation pour le législateur communautaire de garantir un niveau élevé de protection de la santé des personnes, elles ne vont pas au-delà de ce qui est nécessaire pour atteindre cet objectif[3]». Elle conclut que ces dispositions ne sont pas invalides en raison d'une violation du principe de proportionnalité.

Dans un arrêt du 16 mars 2016[4], le Tribunal de l'Union européenne a lui aussi rejeté l'argument de la société requérante qui invoquait une violation du principe de proportionnalité. La société Dextro Energy GmbH & Co. KG demande l'annulation du règlement n° (UE) 2015/8 de la Commission du 6 janvier 2015 concernant le refus d'autoriser certaines allégations de santé portant sur les denrées alimentaires, autres que celles faisant référence à la réduction du risque de maladie ainsi qu'au développement et à la santé des enfants.

Parmi ses moyens, la société estime en effet que la Commission a violé l'article 18 § 4 du règlement n° 1924/2006 car elle aurait refusé, en dépit des avis positifs de l'Autorité européenne de sécurité des aliments (EFSA), l'inclusion des cinq allégations de santé demandées dans la liste de l'Union des allégations autorisées, visée à l'article 13 § 3 de ce règlement. La requérante avance aussi l'argument selon lequel la Commission aurait violé le principe de proportionnalité en adoptant le règlement attaqué. Selon la société, la décision de refus de la Commission n'était ni appropriée ni nécessaire pour atteindre l'objectif du règlement n° 1924/2006, à savoir l'utilisation d'allégations de santé suffisamment établies sur le plan scientifique[5].

---

[1] *ibid.*

[2] Question d.

[3] CJCE, 12/07/2005, *Alliance for natural health e.a*, n° C-154/04, *op. cit.* et CJUE, 12/07/2005, *National Association of Health Stores e.a.*, n° C-155/04, *op. cit.* (aff. jointes).

[4] TUE, 16/03/2016, *Dextro Energy GmbH & Co. KG contre Commission européenne*, n° T-100/15, ECLI:EU:T:2016:150, Rec. num.

[5] TUE, 16/03/2016, *Dextro Energy GmbH & Co. KG contre Commission européenne*, n° T-100/15, *op. cit.*

Pour écarter le moyen fondé sur la violation du principe de proportionnalité, le Tribunal répond en plusieurs points. En ce qui concerne plus particulièrement le caractère supposément inapproprié du règlement attaqué, dans son deuxième point, le Tribunal retient que la requérante fait référence à la jurisprudence de la Cour selon laquelle en cas d'interdiction nationale de publicité, « la protection des consommateurs pourrait être suffisamment garantie par une obligation appropriée de marquage telle qu'un étiquetage assurant la transparence des offres faites aux consommateurs ». Il note cependant que cette jurisprudence concerne des mesures nationales non harmonisées. Or, il rappelle que le règlement attaqué a comme base juridique l'article 18 § 4 du règlement n° 1924/2006, règlement lui-même fondé sur l'article 95 TCE selon lequel le législateur arrête les mesures relatives au rapprochement des dispositions législatives, réglementaires et administratives des États membres qui ont pour objet l'établissement et le fonctionnement du marché intérieur. À cet égard, le Tribunal souligne que « l'article 168, paragraphe 1, premier alinéa, TFUE prévoit qu'un niveau élevé de protection de la santé humaine est assuré dans la définition et la mise en œuvre de toutes les politiques et actions de l'Union » et que « l'article 95, paragraphe 3, CE ainsi que l'article 114, paragraphe 3, TFUE exigent de façon expresse que, dans l'harmonisation réalisée, un niveau élevé de protection de la santé des personnes soit garanti [1]».

Une tendance au déséquilibre au profit de la protection de la santé

L'affaire Abna du 6 décembre 2005[2] a été remarquée pour sa singularité, dans la mesure où la Cour de justice y a constaté l'invalidité d'une directive relative à la circulation des aliments composés pour animaux, pour violation du principe de proportionnalité, chose assez rare pour être soulignée[3]. En effet, la Cour a donné raison aux requérants (issus de l'industrie alimentaire pour animaux) en ce qui concernait l'obligation de communication aux clients de la composition exacte des produits concernés, jugeant que cette disposition de la directive en cause n'était pas une mesure nécessaire à la protection de la santé publique.

---

[1] *ibid.*

[2] CJCE, 06/12/2005, *The Queen, à la demande de ABNA Ltd et autres contre Secretary of State for Health et Food Standards Agency* (C-453/03), *Fratelli Martini & C. SpA et Cargill Srl contre Ministero delle Politiche Agricole e Forestali et autres* (C-11/04), *Ferrari Mangimi Srl et Associazione nazionale tra i produttori di alimenti zootecnici (Assalzoo) contre Ministero delle Politiche Agricole e Forestali et autres* (C-12/04) et *Nederlandse Vereniging Diervoederindustrie (Nevedi) contre Productschap Diervoeder* (C-194/04), ECLI:EU:C:2005:741, Rec. I-10423, aff. jointes.

[3] E. MEISSE, « Principes généraux du droit communautaire – Principe de proportionnalité », Europe 2006, n° 3.

Au contraire, dans de nombreux cas, la CJUE tranche en faveur de l'intérêt sanitaire. Dans son arrêt du 4 mai 2016, dit Philip Morris[1], elle a statué sur des questions préjudicielles posées au cours d'une affaire dans laquelle les groupes Philip Morris International et British American Tobacco contestaient des nouvelles mesures d'uniformisation de l'étiquetage et du conditionnement des produits du tabac, issues de la directive n° 2014/40/UE du Parlement européen et du Conseil du 3 avril 2014 relative au rapprochement des dispositions législatives, réglementaires et administratives des États membres en matière de fabrication, de présentation et de vente des produits du tabac et des produits connexes, et abrogeant la directive n° 2001/37/CE. Ils reprochaient à l'État britannique d'avoir imposé, lors de la transposition de ces exigences européennes, le recouvrement de 65 % des paquets de cigarettes par l'apposition d'avertissements sanitaires, et mettaient notamment en cause la proportionnalité de ces exigences au regard de l'objectif du droit de l'Union européenne exigeant d'assurer un niveau élevé de protection de la santé humaine[2].

La directive n° 2014/40 rappelle notamment qu'une action législative au niveau de l'Union européenne est nécessaire pour mettre en œuvre la convention-cadre de l'Organisation mondiale de la santé pour la lutte antitabac (CCLAT), qui est une convention contraignante à laquelle sont parties l'Union européenne et ses États membres. La CCLAT comporte des dispositions sur « la réglementation de la composition des produits du tabac, la réglementation des informations sur les produits du tabac à communiquer, le conditionnement et l'étiquetage des produits du tabac, la publicité et le commerce illicite des produits du tabac[3] ». La Cour britannique pose une question préjudicielle au juge européen, au sujet de l'interprétation et de la validité de plusieurs dispositions de la directive n° 2014/40.

La CJUE répond aux différentes questions préjudicielles. Parmi les points à vérifier, la Cour devait se pencher sur la validité de l'article 13 § 1 de la directive n° 2014/40, au regard de l'article 11 de la Charte des droits fondamentaux de l'Union européenne et du principe de proportionnalité. L'article 11 de la charte consacre la liberté d'expression et d'information. L'article 13 § 1 de la directive concerne l'interdiction de faire figurer sur l'étiquetage des unités de conditionnement, sur l'emballage extérieur ainsi que sur le produit du tabac lui-même des éléments et des dispositifs précis.

La Cour reconnaît que cette interdiction constitue une ingérence dans la liberté d'expression et d'information de l'entrepreneur et elle rappelle que

---

[1] CJUE, 04/05/2016, *Philip Morris Brands SARL e.a. contre Secretary of State for Health*, n° C-547/14, ECLI:EU:C:2016:325, Rec. num. Voir N. DE GROVE-VALDEYRON, « Santé publique », RDE 2020 (Oct.).

[2] S. BERNHEIM-DESVAUX, « Santé des consommateurs : Rejet des trois procédures intentées par les géants de la distribution et de la fabrication de cigarettes », *op. cit.*

[3] CJUE, 04/05/2016, *Philip Morris Brands SARL e.a. contre Secretary of State for Health*, n° C-547/14, *op. cit.*

l'article 52 § 1 de la charte prévoit que toute limitation de l'exercice des droits et des libertés consacrés par celle-ci doit être prévue par la loi, doit respecter leur contenu essentiel et ne peut être admise, dans le respect du principe de proportionnalité, que si elle est nécessaire et répond à des objectifs d'intérêt général reconnus par l'Union ou au besoin de protection des droits et libertés d'autrui[1].

Néanmoins, la Cour retient que l'ingérence invoquée ici, à savoir une ingérence dans la liberté d'expression et d'information de l'entrepreneur (telle que relevée au point 148 de l'arrêt), est bien prévue par une loi, c'est-à-dire un texte adopté par le législateur de l'Union, à savoir l'objectif d'intérêt général de protection de la santé. Le juge affirme que « dans la mesure où il est constant que la consommation de tabac et l'exposition à la fumée du tabac sont des causes de décès, de maladie et d'incapacité, l'interdiction édictée à l'article 13, paragraphe 1, de la directive 2014/40 contribue à la réalisation dudit objectif en ce qu'elle vise à empêcher la promotion des produits du tabac et l'incitation à les consommer[2] ».

Enfin, la Cour termine son raisonnement en reconnaissant que l'ingérence constatée répond bien au principe de proportionnalité, car « la protection de la santé humaine dans un domaine caractérisé par la grande nocivité avérée de la consommation de produits du tabac, par les effets de ces derniers en matière de dépendance et par la survenance de maladies graves provoquées par des composés [...] contenus dans ces produits, revêt une importance supérieure par rapport aux intérêts avancés par les requérantes au principal[3] ». Elle rappelle à ce titre que l'article 35, deuxième phrase, de la Charte des droits fondamentaux de l'Union européenne ainsi que les articles 9 TFUE, 114 § 3 TFUE et 168 § 1 TFUE exigent qu'un niveau élevé de protection de la santé humaine soit assuré dans la définition et la mise en œuvre de toutes les politiques et actions de l'Union. Elle conclut que « l'appréciation de la validité de l'article 13, paragraphe 1, de la directive 2014/40 doit être effectuée de façon à assurer la conciliation nécessaire des exigences liées à la protection de ces différents droits fondamentaux et objectifs légitimes d'intérêt général protégés par l'ordre juridique de l'Union et un juste équilibre entre eux[4] ». Elle en déduit que l'interdiction prévue à l'article 13 § 1, de la directive n° 2014/40 permet de protéger les consommateurs contre les risques liés au tabagisme, et que cette interdiction ne dépasse pas les limites de ce qui est nécessaire à la réalisation de l'objectif poursuivi. Ainsi, par la disposition mise en cause par les requérants, la Cour considère que « le législateur de l'Union ne s'est pas départi d'un juste équilibre entre les exigences liées à la

---

[1] CJUE, 04/05/2016, *Philip Morris Brands SARL e.a. contre Secretary of State for Health*, n° C-547/14, *op. cit.*

[2] *ibid.*

[3] *ibid.*

[4] *ibid.*

protection de la liberté d'expression et d'information et celles liées à la protection de la santé humaine[1] ».

Parmi les dispositions de la directive mises en cause par les requérants, et donc soulevées dans le cadre de la question préjudicielle, la Cour a aussi eu à se prononcer sur la validité de l'article 7, paragraphes 1 et 7 de la directive n° 2014/40 au regard du principe de proportionnalité. Les dispositions visées interdisent la mise sur le marché de produits du tabac contenant un arôme caractérisant ou contenant des arômes dans l'un de leurs composants tels que les filtres, le papier, le conditionnement et les capsules, ou tout dispositif technique permettant de modifier l'odeur ou le goût des produits du tabac concernés ou leur intensité de combustion. Elles sont contestées au motif que l'interdiction de l'utilisation du menthol ne serait ni appropriée ni nécessaire pour atteindre l'objectif poursuivi par cette directive et que l'impact de ladite interdiction serait disproportionné, en raison des conséquences économiques et sociales négatives que cette interdiction entraînerait.

En ce qui concerne plus précisément le caractère disproportionné des dispositions, la Cour estime que « le législateur de l'Union a veillé à ce que les conséquences économiques et sociales négatives de l'interdiction de la mise sur le marché de produits du tabac contenant un arôme caractérisant soient atténuées[2] ». En effet, elle souligne que dans le but d'accorder tant à l'industrie du tabac qu'aux consommateurs une période d'adaptation, l'article 7 § 14 de la directive en cause prévoit qu'en ce qui concerne les produits du tabac contenant un arôme caractérisant particulier, l'interdiction de la mise sur le marché de l'Union de ces produits ne s'applique qu'à partir du 20 mai 2020. Elle se fonde également sur les résultats d'une analyse d'impact montrant que cette interdiction se traduirait par une baisse de 0,5 % à 0,8 % de la consommation de cigarettes dans l'Union pendant une période de cinq années. Elle en déduit que le législateur de l'Union a réellement opéré une « mise en balance entre, d'une part, les conséquences économiques de ladite interdiction et, d'autre part, l'impératif consistant à assurer, conformément à l'article 35, deuxième phrase, de la Charte, ainsi qu'aux articles 9 TFUE, 114 § 3 TFUE et 168 § 1 TFUE, un niveau élevé de protection de la santé humaine en ce qui concerne un produit caractérisé par ses propriétés cancérigènes, mutagènes et toxiques pour la reproduction[3] ». La conclusion de la Cour est la suivante : l'impact de l'interdiction prévue à l'article 7 de la directive n° 2014/40 n'apparaît pas manifestement disproportionné.

Dans cet arrêt, en suivant la position de l'avocat général, la Cour de justice juge que les mesures étaient de nature à protéger les consommateurs contre

---

[1] *ibid.*
[2] *ibid.*
[3] *ibid.*

les risques liés au tabagisme et qu'elles étaient proportionnées au regard des objectifs poursuivis. Ce faisant, elle a porté « un coup important et symbolique à l'industrie du tabac, au nom de la santé des consommateurs[1] ».

Dans un arrêt du même jour[2], la CJUE rejette le recours formé par la Pologne concernant l'interdiction de la vente des cigarettes mentholées sur le marché intérieur européen à compter du 20 mai 2020 en application de la directive n° 2014/40/UE, estimant que « la dangerosité des cigarettes mentholées justifie pleinement leur interdiction[3] ». Elle considère que « le législateur de l'Union a procédé à une mise en balance entre, d'une part, les conséquences économiques de ladite interdiction et, d'autre part, l'impératif d'assurer, conformément à l'article 114, paragraphe 3, TFUE, un niveau élevé de protection de la santé en ce qui concerne un produit caractérisé par ses propriétés cancérogènes, mutagènes et toxiques pour la reproduction ».

Le principe de proportionnalité est un moyen de concilier les différents objectifs consacrés par le droit de l'Union européenne. L'obligation de protéger la santé publique est « mise en balance » par rapport à d'autres principes tels que le bon fonctionnement du marché intérieur. Cet équilibre recherché peut paraître difficile à atteindre. En effet, si dans l'arrêt du 4 mai 2016, Philip Morris[4], la Cour insiste bien sur le respect du principe de proportionnalité, elle glisse toutefois, au milieu de son développement sur l'équilibre et la conciliation des objectifs, que la protection de la santé « revêt une importance supérieure par rapport aux intérêts avancés par les requérantes au principal ». La protection de la santé, objectif d'intérêt général, semblerait ainsi primer sur d'autres objectifs, ce qui contredit l'idée de conciliation.

Une jurisprudence constante adoptée par la Cour depuis les années 1990 consolide cette hypothèse dans la mesure où elle affirme régulièrement que « parmi les biens ou intérêts protégés par l'article 36 [TFUE], la santé et la vie des personnes occupent le premier rang[5] ». En 2022, la Cour rappelle qu'il ressort de l'article 35 de la charte des droits fondamentaux de l'Union européenne ainsi que de l'article 9 TFUE, de l'article 114, paragraphe 3, TFUE et de l'article 168, paragraphe 1 du TFUE, qu'un niveau élevé de protection de la santé humaine doit être assuré dans la définition et la mise en œuvre de toutes les politiques et les actions de l'Union. Elle s'appuie sur la

---

[1] S. BERNHEIM-DESVAUX, « Santé des consommateurs : Rejet des trois procédures intentées par les géants de la distribution et de la fabrication de cigarettes », *op. cit.*

[2] CJUE, 04/05/2016, *Rép. de Pologne contre Parlement européen et Conseil de l'Union européenne*, n° C-358/14, *op. cit.*

[3] S. BERNHEIM-DESVAUX, « Santé des consommateurs : Rejet des trois procédures intentées par les géants de la distribution et de la fabrication de cigarettes », *op. cit.*

[4] CJUE, 04/05/2016, *Philip Morris Brands SARL e.a. contre Secretary of State for Health*, n° C-547/14, *op. cit.*

[5] Notamment dans les arrêts CJCE, 10/11/1994, *Lucien Ortscheit GmbH contre Eurim-Pharm Arzneimittel GmbH*, n° C-320/93, ECLI:EU:C:1994:379, Rec. I-05243 et CJCE, 11/07/2000, *Kemikalieinspektionen contre Toolex Alpha AB*, n° C-473/98, ECLI:EU:C:2000:379, Rec. I-05681.

jurisprudence constante selon laquelle « l'objectif de protection de la santé revêt une importance prépondérante par rapport aux intérêts d'ordre économique, l'importance de cet objectif étant susceptible de justifier des conséquences économiques négatives, même d'une ampleur considérable[1]».

Le principe d'intégration de la santé est un principe qui ne se conçoit pas seul dans la jurisprudence, donc qui est dépourvu d'autonomie. Il présente une proximité avec les principes européens de précaution et de proportionnalité. Manquant de précision, le principe d'intégration de la santé est un outil juridique difficile à manier, même pour le juge européen. Les arrêts étudiés ne mettent pas en avant la nécessité qui incombe aux institutions européennes d'adopter un rôle proactif vis-à-vis de la santé, c'est-à-dire de chercher sa promotion et son amélioration. Il y a surtout, dans la mise en œuvre du principe d'intégration de la santé, une volonté du juge d'affirmer une approche défensive de la santé, visant à protéger contre les risques et non à mettre en place par anticipation des éléments en faveur de l'amélioration de l'état de santé. Par ailleurs, le principe d'intégration de la santé est souvent cité dans la jurisprudence dans un « paquet » incluant l'article 168 § 1 TFUE (ou ses prédécesseurs), l'article 35 de la Charte des droits fondamentaux et les articles 9 et 114 TFUE. Dans le respect de l'obligation prévue dans ces articles, on peut voir au travers des différents arrêts étudiés que la santé est réellement prise en compte dans la PAC, dans les politiques alimentaire et commerciale. Cependant, le champ d'application matériel effectif de ce principe n'est en réalité pas aussi vaste que les traités européens le laissent entendre. *In fine*, au niveau international comme au niveau de l'UE, l'intégration de la santé dans les autres politiques relève de la responsabilité des institutions et des pouvoirs publics et non des personnes physiques ou morales. C'est aussi aux États d'agir à leur niveau sur le plan juridique pour donner de l'effectivité à l'approche « santé dans toutes les politiques ». Dans la mesure où cette approche a d'abord circulé entre le droit international et le droit européen, il s'agira, dans les développements suivants, de préciser comment le système juridique français absorbe celle-ci progressivement.

[1] CJUE, 24/02/2022, n° C-452/20, *PJ c. Agenzia delle dogane e dei monopoli – Ufficio dei monopoli per la Toscana, Ministero dell'Economia e delle Finanze*. Voir aussi CJUE, 13/07/2022, n° T-629/20, *Delifruit SA c. Commission européenne*, ECLI:EU:T:2022:448.

Chapitre 5. Les premières vagues du flux normatif français

Pour aborder le cas français, il est fait ici le choix de se référer au modèle de « santé dans toutes les politiques » proposé par l'OMS et les États du monde entier, déjà évoqué dans les premiers chapitres de cet ouvrage. D'une part, il s'agit de la première source d'émergence de l'objet étudié, chronologiquement parlant – si l'on met de côté le droit scandinave, dont nous pensons que l'influence sur le système français est relativement anecdotique. D'autre part, le corpus de textes déclaratoires de droit international que nous avons présenté est le seul qui aboutisse à une définition de notre objet d'étude. En effet, l'Union européenne, dans son droit dérivé, reprend à quelques mots près la définition donnée par les États membres de l'OMS en 2013[1]. La Déclaration d'Helsinki marque l'adoption de cette définition et nous servira d'outil d'analyse.

Dans l'étude du cas français, nous verrons se dessiner une trajectoire d'évolution non rectiligne, se manifestant plutôt sous la forme d'un flux (section 1) qui s'est affirmé peu à peu à partir des années 1990 (section 2).

Section 1. L'identification d'un flux normatif en droit français

L'analyse développée dans cette section se fonde sur des éléments de théorie du droit. Il nous paraît en effet difficile de démontrer l'existence d'un flux normatif en faveur de la « santé dans toutes les politiques » sans quelques remarques préliminaires sur les mutations normatives actuelles et en particulier sur l'usage de la norme (en particulier de la loi) par le pouvoir politique de nos jours. Ainsi, nous verrons que l'approche large de la santé ayant lentement irrigué l'ensemble du droit français peut être identifiée comme un flux normatif, un concept juridique récent (1) qui s'inscrit dans un contexte d'évolution du droit (2).

1) Le concept nouveau de flux normatif

En droit français, il n'existe pas de norme juridique consacrant l'obligation pour l'État d'intégrer la santé dans toutes ses politiques et actions. Un tel type de norme est, à notre sens, une méta-norme, c'est-à-dire une norme qui porte sur d'autres normes[2], une norme qui régit « les conditions de production et

---

[1] V. par exemple Règlement (UE) 2022/2371 du Parlement européen et du Conseil du 23 novembre 2022 concernant les menaces transfrontières graves pour la santé et abrogeant la décision n° 1082/2013/UE (Texte présentant de l'intérêt pour l'EEE), PE/40/2022/REV/1.

[2] La notion de « méta-norme » est notamment utilisée par le Pr. MILLARD dans au moins deux de ses publications : E. MILLARD, « Qu'est-ce qu'une norme juridique ? Dossier : la

d'application d'autres normes[1] ». Il nous semble qu'elle devrait être considérée non comme une norme « secondaire[2] », mais comme la norme principale qui est à l'origine d'autres normes, dictées par la première. En dépit de l'absence d'une telle norme juridique, nous allons constater que, du fait de divers phénomènes juridiques, de nombreux textes de droit français concrétisent l'intégration de la santé dans toutes les politiques.

Le contexte juridique actuel, parfois qualifié de chaotique, où la production du droit semble désordonnée[3], peut altérer les différents flux normatifs existants. À ce propos, le Professeur Dondero écrit sur le droit du XXIème siècle que « si l'on file la métaphore climatique, l'idée de flux donne bien l'image d'une montée des eaux législatives liée au réchauffement de la planète juridique, rendant de plus en plus probable le risque de se trouver noyé par la loi[4] ». L'idée de flux en droit paraît d'autant plus pertinente à présent que l'inflation législative et, plus largement, normative, est un phénomène reconnu[5]. Derrière l'idée de flux il y a en effet l'idée d'abondance, de « flot de paroles et de textes[6] ».

L'« hydraulique » a envahi de longue date le paysage doctrinal pour évoquer les sources du droit[7]. Alors que Jean-Etienne-Marie Portalis filait déjà une métaphore liée à l'eau dans son Discours préliminaire du premier projet

normativité », Cahiers du conseil constitutionnel 2007, n° 21 et E. MILLARD, *Théorie générale du droit*, Dalloz, 2006, 124 p. On trouve aussi des développements sur la méta-norme dans E. CATTA, « Les techniques de codification : de la cire au silicium... », AJDA 1997, p. 647 ; J. MORIN, « La réglementation conventionnelle du contrat de travail », Droit social 2020, p. 936 ; R. GUASTINI, « Lex superior, Pour une théorie des hiérarchies normatives », Revus 2013, n° 21. Le Pr. BORIES parle quant à elle de « méta-règles » dans C. BORIES, « Droit global, globalisation du droit, droit administratif... De la nécessité de définir un objet d'étude », RFDA 2019, p. 815.

[1] N. CHIFFLOT *in* J-F LAFAIX (dir.), *Le renouvellement de l'office du juge administratif*, Berger-Levrault, 2017, 334 p.

[2] *ibid.*

[3] N. MARTIAL-BRAS, J.F. RIFFARD, M. BEHAR-TOUCHAIS (dir.), *Les mutations de la norme, le renouvellement des sources du droit*, Economica, Études juridiques, 2011, 310 p.

[4] B. DONDERO, *Droit 2.0, Apprendre et pratiquer le droit au XXIème siècle*, LGDJ, Forum, 2015, 512 p.

[5] E. NICOLAS, *Penser les flux normatifs : essai sur le droit fluide*, Mare & Martin, Libre droit, 2018, 364 p.

[6] *ibid.*

[7] D. DE BECHILLON, *Qu'est-ce qu'une règle de droit ?* Odile Jacob, 1997, 291 p.

de Code civil en 1801[1], le concept[2] de flux normatif est relativement nouveau puisqu'il est apparu à partir des années 2000[3]. Avant cela, Monsieur Nicolas a relevé quelques premières utilisations du terme « flux » dans des ouvrages juridiques, notamment ceux d'Edmond Picard, jurisconsulte et écrivain belge, qui au début du XXème siècle, a fait référence au droit en tant que « flux ininterrompu de phénomènes passagers », et « processus[4] ». La nature fluide du droit a été abordée ensuite par différents auteurs[5] au cours du siècle, dont certains ont utilisé explicitement le terme de « flux ». Dès 1991, le Conseil d'État utilise l'expression de « flux et stocks normatifs » dans son rapport public intitulé « De la sécurité juridique »[6]. Pour l'heure, l'expression « flux normatif » n'apparaît pas dans les index des principaux ouvrages d'introduction au droit ou dans les vocabulaires et lexiques juridiques ; depuis peu, son usage tend toutefois à se répandre dans les discours des autorités officielles et ceux de la doctrine[7]. Par exemple, un document publié en 2018 par le Secrétariat général du Gouvernement sur le suivi de l'activité normative présente les « indicateurs de flux », tels que les indicateurs législatifs (notamment le nombre de lois promulguées), les indicateurs de suivi des

---

[1] Dans J-M-E. PORTALIS, *Discours, rapports et travaux inédits sur le Code civil*, 1844, on lit qu'« il ne faut pas tout abandonner à la science. Il ne faut pas tout régler par des lois. La science, abandonnée à la dispute, n'offre qu'une mer sans rivage. Les règles, posées par la législation, font que les rivages ne manquent pas à la mer ». À peu près à la même époque, Jean-Antoine CHAPTAL évoque le système d'administration locale et la transmission de l'information du préfet au sous-préfet puis aux maires, qui se fait « avec la rapidité du fluide électrique » (J. TULARD (dir.), *Napoléon et 40 millions de sujets. La centralisation et le premier empire*, Tallandier, 2014, 416 p.).

[2] Nous parlons ici de concept et non de notion car en droit, une notion est un terme du droit positif auquel est associé un régime juridique mis en évidence et étudié par la dogmatique juridique (J. BETAILLE, « Introduction : le concept d'effectivité, proposition de définition », *in* S. Brimo, C. Pauti, *L'effectivité des droits, Regards en droit administratif*, Mare & Martin, 2019, 276 p., p. 21).

[3] E. NICOLAS, *Penser les flux normatifs : essai sur le droit fluide*, *op. cit.*

[4] *ibid.* L'auteur, E. NICOLAS, fait référence à E. PICARD, *Le droit pur*, Flammarion, Bibliothèque de philosophie scientifique, 1908 et E. PICARD, *Les constantes du droit*, Institutes juridiques modernes, Flammarion, Bibliothèque de philosophie scientifique, 1921.

[5] L'auteur, E. NICOLAS, fait référence à H. LEVY-BRUHL, « Esquisse d'une théorie des sources du droit », L'année sociologique 1953 ; J-L. VULLIERME, « Les anastomoses du droit (spéculation sur les sources du droit) », APD, Tome 27, « Sources » du droit, Sirey, 1982 ; J. CARBONNIER, Droit et passion du droit sous la Vème République, Flammarion, Champs, 1996, 276 p.

[6] Conseil d'État, De la sécurité juridique, Rapport public annuel 1991, La documentation française.

[7] E. NICOLAS, « Les flux normatifs et la densification normative », *in* J. LE GOFF, S. ONNEE (dir.), *Puissances de la norme : Défis juridiques et managériaux des systèmes normatifs contemporains*, EMS Éditions, Gestion en liberté, 2017, 216 p.

ordonnances, des décrets d'application des lois, etc.[1]. Le flux de circulaires, notamment, est désormais une réalité connue[2].

On trouve une illustration d'un flux normatif dans ce qui émane du Groupe d'action financière (GAFI)[3]. Le GAFI est une organisation intergouvernementale indépendante chargée d'encourager, au niveau mondial et au sein des États, l'adoption de politiques harmonisées de lutte contre le blanchiment des capitaux, le financement du terrorisme et le financement de la prolifération des armes de destruction massive[4]. Afin de mener à bien sa mission, cette organisation édicte des « Recommandations », qui comprennent des standards de conduite. Monsieur Defferrard considère qu'à travers ces normes qu'il adopte, le GAFI exerce une certaine pression sur les États, bien que le non-respect ou l'ignorance de ces normes ne conduise pas à la mise en œuvre d'une responsabilité[5]. Le flux normatif produit par le GAFI agit d'une part de façon horizontale, en influençant l'élaboration ou l'extension de règles internationales en la matière, d'autre part de façon verticale lorsque les droits positifs des États absorbent « les Recommandations du GAFI pour les transformer en normes nationales[6] ».

D'un point de vue quantitatif, un flux normatif peut se présenter comme « le résultat d'un processus de production du droit en continu » et dans un sens qualitatif, il peut apparaître comme une « convergence normative » générée « par la production en continu et à grande vitesse de normes juridiques[7] ». Le flux normatif comporte une dimension de répétition, de rapidité et de continuité, mais se caractérise aussi par l'adaptation en continu[8]. Face au concept relativement nouveau de flux normatif, il apparaît donc que la doctrine parle du flux normatif en général, souvent en en dénonçant l'inflation, et plus rarement d'un flux normatif spécifique et thématique. Dans le rapport sur la simplification des lois qu'il a rendu au Premier ministre en 2009, le député Jean-Luc Warsmann s'interroge par exemple sur la nécessité de « limiter quantitativement le flux de normes[9] ». En l'occurrence, c'est le deuxième cas de figure qui nous intéresse ici, à savoir le flux normatif

---

[1] Secrétariat général du Gouvernement, Indicateurs de suivi de l'activité normative, 28 février 2018.

[2] « Si le flux ne se tarit pas, un gros effort a été fait pour diminuer le nombre de circulaires en vigueur » (*in* P. JANUEL, « Pas de pause pour les nouvelles normes », DAc, 30 avr. 2019. Voir aussi l'ouvrage E. NICOLAS, *Penser les flux normatifs*, *op. cit.* à ce sujet).

[3] F. DEFFERRARD, « Les forces normatives du Groupe d'Action Financière », *in* D. BRACH-THIEL, F. FOURMENT (dir.), *Questions de droit pénal international, européen et comparé : mélanges en l'honneur du professeur Alain Fournier*, PUN, Éditions universitaires de Lorraine, 2014, 434 p.

[4] *ibid.*

[5] *ibid.*

[6] *ibid.*

[7] E. NICOLAS, *Penser les flux normatifs : essai sur le droit fluide*, *op. cit.*

[8] *ibid.*

[9] J.-L. WARSMANN, Simplifions nos lois pour guérir un mal français, Rapport au Premier ministre, La Documentation française, 2009, 238 p.

spécifique. Le flux normatif propageant la « santé dans toutes les politiques » est un flux parmi les flux.

2) Un flux normatif inscrit dans un contexte d'évolution du droit

Contrairement à une partie de la doctrine, nous n'adoptons pas ici une appréhension pathologiste des flux normatifs[1]. En effet, Monsieur Nicolas indique que le flux normatif est « une production en continu de normes juridiques et incluant le jugement de valeur de la nécessité de ralentir cette production[2] ». Cet auteur note qu'un bon nombre de juristes voient dans la dynamique des flux normatifs un dysfonctionnement de la machine normative mais il estime pour sa part que les flux sont simplement révélateurs du droit hypermoderne, c'est-à-dire qu'ils sont une nouvelle façon de piloter l'action publique[3]. Pour notre cas d'étude, appréhender les flux normatifs de façon négative, en s'appuyant, comme une partie de la doctrine, sur le constat d'une crise du droit, ne semble pas être le point de départ le plus adapté. En effet, l'ensemble de normes identifiées jusqu'à présent concernant la « santé dans toutes les politiques » n'indique pas une production à grande vitesse, mais plutôt un échelonnement dans un laps de temps relativement important – les premières manifestations de cette idée au niveau mondial ont eu lieu à la fin des années 1970, et en droit français, à la fin des années 1980. Loin d'en faire une faiblesse, cet étalement dans le temps des normes relatives à la « santé dans toutes les politiques » marque la récurrence et la résistance de cette idée. Nous ne pensons pas non plus que le flux normatif – par opposition à une norme unique – pourrait démultiplier les effets de la puissance normative du système juridique et entraînerait un double gain de puissance, quantitativement et qualitativement[4]. La force du déploiement de la « santé dans toutes les politiques », – s'il y a une telle force – ne se manifeste certainement pas par une nébuleuse de textes adoptés en un temps record.

Si l'on élargit à présent le cadre d'analyse, selon Ronald Dworkin, philosophe du droit contemporain, le droit est constructif : il vise à affirmer un principe au-dessus de la pratique afin de montrer la direction vers le chemin menant à un meilleur futur, il reflète les personnes que nous voulons être et la société que nous souhaitons avoir[5]. Suivant un raisonnement similaire, le Professeur Ost rappelle que le droit affirme parfois quelque chose qui n'est pas, mais peut dans ce cas être un instrument de changement social. Il donne pour exemple la Déclaration des droits de l'Homme et du citoyen adoptée en

---

[1] E. NICOLAS, *Penser les flux normatifs : essai sur le droit fluide*, Mare & Martin, Libre droit, 2018, 364 p.
[2] *ibid.*
[3] *ibid.*
[4] *ibid.*
[5] R. DWORKIN, *Law's Empire*, Hart Publishing, Oxford, 1998, 488 p. Pour cet auteur, le droit a toujours un fondement moral et pas seulement un fondement social.

1789, qui proclamait que les hommes sont « nés libres et égaux en droits » : ce n'était pas du tout le cas en réalité – les esclaves et les femmes n'avaient pas ces droits – mais cette déclaration a été un puissant levier de changement social[1]. Le Professeur de philosophie Gabrielle Radica affirme aussi qu'il peut y avoir dans la loi une dynamique destinée à faire évoluer les choses dans une direction meilleure[2] ; auquel cas la loi est une médiation vers des valeurs à réaliser dans la société. L'idéal de meilleure santé poursuivi par l'approche « santé dans toutes les politiques » correspond tout à fait à cette vision.

Ronald Dworkin propose également d'autres points de vue. Il explique que l'ambition profonde du droit, la « forme la plus pure du droit » s'exprime à travers plusieurs conceptions, en premier lieu l'égalité (qu'il privilégie) mais il admet d'autres visions possibles et défendues par d'autres philosophes du droit : le droit pur est utilitariste (*utilitarian*), fonctionnel, c'est-à-dire voué à maximiser la satisfaction sans réserve des préférences individuelles[3]. Selon une autre vision, la vision « communautarienne » (*communitarian*), le droit se voit purifié des droits individuels qui corrompent le sens de la communauté ; le sens de la communauté est précisément ce que cette vision défend : le seul bien est le bien commun[4]. Pour notre étude, ces deux dernières visions sont précisément les plus pertinentes, la première parce que la « santé dans toutes les politiques » s'insère dans un système cherchant à améliorer la condition humaine, la seconde, dans une moindre mesure, si l'on considère que la « santé dans toutes les politiques » a pour objectif la santé publique et donc collective avant tout.

Autrefois vu comme un instrument de contrôle social[5], le droit est désormais aussi considéré comme un instrument de changement social. La « santé dans toutes les politiques » peut à notre sens entrer dans ces deux conceptions : il s'agit *a priori* davantage d'une dynamique de changement social, mais une application extrême de cette approche nous ferait alors basculer davantage dans le contrôle social.

Pour montrer que le droit est devenu un instrument de direction sociale, le Professeur Ost, se fondant sur les propos du philosophe italien Norberto Bobbio, souligne que les sanctions sont devenues positives – incitatives, promotionnelles – et non plus seulement négatives ou dissuasives. On s'est éloigné en partie de l'« ordre de contrainte » décrit par Hans Kelsen pour désigner le droit[6].

---

[1] F. OST, *A quoi sert le droit*, Bruylant, Penser le droit, 2016, 578 p.
[2] G. RADICA, *La loi*, Flammarion, Corpus, 2000, 256 p. L'auteur se réfère notamment aux écrits de SAINT THOMAS.
[3] « Maximizing the uncritical satisfaction of people's overall preferences » (c'est nous qui traduisons), R. DWORKIN, *Law's Empire*, *op.cit.*
[4] *ibid.*
[5] F. OST, *A quoi sert le droit*, *op. cit.*
[6] *ibid.*

Avec la multiplication des lois affichant des objectifs à atteindre – par exemple la loi du 26 janvier 2016 de modernisation de notre système de santé[1] – le droit deviendrait maintenant une ressource pour l'action, permettant de résoudre des problèmes concrets, et utilisé pour légitimer et renforcer une position politique[2]. C'est pourquoi le droit apparaît dans certains cas comme un outil de production des politiques publiques[3], si bien que « le bon droit n'est plus le droit légal, mais le droit effectif, efficace et efficient[4] ». On peut relier ce constat avec le droit à la protection de la santé qui, inscrit dans le Préambule de la Constitution de 1946, « fait partie des droits qualifiés de droits-créances, ce qui exprime bien les implications spécifiques qu'ils peuvent avoir du point de vue de l'effectivité. Les droits de deuxième génération, par opposition aux droits-libertés de 1789, supposent, non une simple abstention de l'État, mais une intervention positive de sa part[5] ».

Dans ce contexte évolutif, les interrogations du Professeur Radica paraissent essentielles. Elle pose la question du statut négatif ou positif des lois[6], sans la trancher : doivent-elles mener à une amélioration positive – éduquer, amender, rendre vertueux – ou seulement réguler les comportements et les désirs individuels pour les rendre le moins conflictuels possible ? La loi est-elle une instance de régulation négative des comportements[7] ? Nous verrons qu'en ce qui concerne notre sujet, les deux réponses sont envisageables.

Section 2. L'émergence du flux normatif dans les années 1990

Un tournant peut être observé à la fin du XXème siècle. Certaines idées qui sous-tendent l'intégration de la santé dans toutes les politiques sont bien sûr déjà présentes auparavant, même avant la Révolution[8]. C'est le cas pour le lien entre l'état de santé et les autres aspects de l'existence, et la nécessité d'agir sur les uns pour pouvoir agir efficacement sur la première. Mais jusqu'aux

---

[1] Loi n° 2016-41 du 26 janvier 2016 de modernisation de notre système de santé.

[2] F. OST, *A quoi sert le droit*, *op. cit.*

[3] F. OST, *A quoi sert le droit*, *op. cit.* et C-A. MORAND, *Le droit néo-moderne des politiques publiques*, LGDJ, Revue Droit et Société, 2000, 224 p. Certains considèrent que nous sommes donc dans un contexte d'instrumentalisation du droit par le politique (J. COMMAILLE, *in* Séminaire d'étude sociopolitique du droit, des sciences et des techniques, à l'Institut des sciences sociales et du politique, CNRS (UMR n° 7220), Université Paris Nanterre et École normale supérieure Paris-Saclay, dir. S. LACOUR et J. COMMAILLE, 2018).

[4] F. OST, *A quoi sert le droit*, *op. cit.*

[5] T. GRÜNDLER, *in* V. CHAMPEIL-DESPLATS, D. LOCHAK (dir.), *À la recherche de l'effectivité des droits de l'homme*, PUPO, 2008, 270 p.

[6] *« La loi vise-t-elle à éduquer les hommes, à les rendre meilleurs, ou seulement à éviter les conflits ? »* G. RADICA, La loi, *op. cit.*

[7] *ibid.*

[8] Pour une approche historique plus approfondie, voir L. Warin, *L'approche « santé dans toutes les politiques » saisie par le droit*, Thèse, 2022, 657 p.

années 1990, l'administration française de la santé a de très faibles ressources budgétaires, humaines et d'expertise, et « cette pauvreté est entretenue par le ministère des Finances soucieux de l'influence de ministères « sociaux » jugés trop perméables aux intérêts sectoriels[1] ». En dehors du secteur de la santé, la santé publique peine encore à être véritablement connue. Ce terme a mis du temps à s'imposer, puisque d'autres termes l'ont précédé : « salubrité publique, hygiène publique furent précisément les expressions employées historiquement pour désigner ce que nous qualifions aujourd'hui de « santé publique »[2] ». Par ailleurs, la santé publique a pu avoir tendance à passer au second plan au profit de la santé individuelle. Cependant, Didier Fassin parle de la renaissance de la santé publique, cette « nouvelle santé publique » qui ressurgit « tel un phénix[3] » dans les années 1920 mais surtout avec le mouvement de promotion de la santé couronné par la Charte d'Ottawa en 1986. Ce texte a ouvert la voie à l'émergence de l'approche « santé dans toutes les politiques ».

À la même période, les crises sanitaires frappant la France ont d'abord concentré les efforts de réflexion sur les questions de sécurité sanitaire[4]. De ce fait, la dimension préventive et surtout les efforts pour améliorer la santé ont eu tendance à passer au second plan. Ce contexte interne marqué par de graves crises sanitaires mais aussi perméable aux influences extérieures (1) a néanmoins été à l'origine d'une évolution de long terme du système de santé à partir de la décennie 1990 (2).

1) Les éléments déclencheurs

Des facteurs endogènes et exogènes ont pu contribuer au tournant observé à partir des années 1990 en faveur d'une prise en compte plus globale de la question sanitaire.

Des crises sanitaires et de sécurité alimentaire

L'affaire du sang contaminé fait partie des crises qualifiées de « crises rupture » par Monsieur Tabuteau : selon lui, « elles annoncent un changement de paradigme et une remise en cause radicale du cadre politique dans lequel l'action publique s'organise. Leur survenue provoque des bouleversements d'une ampleur exceptionnelle ; la crise marque alors une rupture[5] ».

Parmi les scandales ayant touché le système de santé français dans le dernier quart du XXème siècle, l'affaire du sang contaminé a mis en lumière le délaissement des missions de police sanitaire par les politiques et

[1] F. PIERRU, « Les recompositions paradoxales de l'État sanitaire français », *op. cit.*

[2] A. MORELLE, D. TABUTEAU, *La santé publique*, *op. cit.*

[3] D. FASSIN, *Faire de la santé publique*, Presses de l'EHESP, 2008, 80 p.

[4] HCAAM, Refonder les politiques de prévention et de promotion de la santé, Avis, 28 juin 2017.

[5] D. TABUTEAU, « Crises et réformes », *op. cit.*

administrateurs au profit de l'hospitalocentrisme ; cette crise a alors poussé les gouvernants à s'intéresser davantage à ce qui est fait à l'étranger[1].

Dès le début de 1983, des fabricants de produits antihémophiliques expriment des premières inquiétudes à l'égard de l'épidémie de sida et de ses répercussions. En 1985, le constat est fait en France que l'épidémie de sida s'étend dans la population française[2]. Cette propagation surgit à une période où le Centre national de transfusion sanguine (CNTS) est en grande difficulté : il est en proie à une crise interne due à la baisse durable du nombre de prélèvements et à de forts doutes sur leur qualité[3]. Le déclin de ce centre est expliqué notamment par « l'usage exagéré des pratiques transfusionnelles par la clinique[4] ». La même année, face au retard dans l'approvisionnement de tests de dépistage, le directeur du CNTS prend la décision de diffuser jusqu'à épuisement des stocks des produits sanguins non chauffés[5]. On recensera 259 cas de contaminations dues à ces transfusions, soit presque 7% des cas de sida comptés en France à cette date[6].

L'affaire du sang contaminé a considérablement affecté la crédibilité des scientifiques et la réputation de la médecine française[7]. Au niveau pénal, le scandale lié aux contaminations de nombreuses personnes a abouti à la condamnation de hauts fonctionnaires du ministère de la Santé et de responsables de la transfusion sanguine, ainsi que, devant la Cour de justice de la République, du Secrétaire d'État à la santé[8]. L'État est alors condamné pour carence fautive dans l'exercice de ses compétences de police sanitaire[9].

Au niveau politique et sanitaire, cette affaire a rendu impérative une profonde remise en question. En a découlé la loi du 30 juillet 1987 qui confie la responsabilité de la lutte contre le sida à l'État[10]. Un dispositif spécifique

---

[1] F. PIERRU, « Les recompositions paradoxales de l'État sanitaire français », *op. cit.*

[2] J.-F. PICARD, S. MOUCHET, *La métamorphose de la médecine*, PUF, Science Histoire & Société, 2009, 243 p.

[3] *ibid.*

[4] *ibid.*

[5] *ibid.*

[6] *ibid.*

[7] *ibid.*

[8] D. TRUCHET, *Droit de la santé publique*, *op. cit.* Le Premier ministre et le Ministre des Affaires sociales de l'époque ont été relaxés, voir aussi à ce sujet X. BIOY, A. LAUDE, D. TABUTEAU, *Droit de la santé*, 4ème édition, PUF, Thémis, 2020, 689 p., notamment le chapitre sur « La responsabilité pénale sanitaire ».

[9] X. BIOY, A. LAUDE, D. TABUTEAU, *Droit de la santé*, *op. cit.*, les auteurs font référence à l'arrêt du CE, ass., 9 avr. 1993, *M. D.*, n° 138653, Lebon. M. D. demandait notamment d'annuler l'arrêt par lequel la cour administrative d'appel de Paris, statuant sur sa demande tendant à ce que l'État soit condamné à lui verser une indemnité de 2 500 000 francs en réparation du préjudice qu'il a subi du fait de sa contamination par le virus de l'immunodéficience humaine en raison de perfusions de produits sanguins anti-hémophiliques. Le CE fait droit à sa demande et annule l'arrêt de la cour administrative d'appel de Paris.

[10] J.-M. DE FORGES, *Le droit de la santé*, *op. cit*, Il s'agit de la loi n° 87-588 du 30 juillet 1987 portant diverses mesures d'ordre social.

de lutte contre le sida est adopté : l'Agence de lutte contre le sida, au statut associatif, et le Conseil national du sida sont créés en 1988[1]. L'Agence française du sang est créée par la loi du 4 janvier 1993 relative à la sécurité en matière de transfusion sanguine et au médicament[2]. Cette loi réorganise profondément la transfusion sanguine[3]. L'Agence est ensuite remplacée par l'Établissement français du sang (EFS), créé par la loi n° 98-535 du 1er juillet 1998 relative au renforcement de la veille sanitaire et du contrôle de la sécurité sanitaire des produits destinés à l'homme, qui poursuit cette réorganisation : l'EFS est un « opérateur du service public transfusionnel[4] ». L'affaire du sang contaminé a ainsi poussé la France à passer d'un fonctionnement « dispersé et autonome » du système de gestion des produits sanguins à un système progressivement « centralisé et contrôlé[5] ».

La loi du 13 août 2004 a consacré la compétence de droit commun de l'État en matière de lutte contre le virus de l'immunodéficience humaine[6]. Sur le plan scientifique, pour tirer des leçons de cette affaire, d'importants efforts de recherche médicale ont été entrepris en France, et un Conseil national du syndrome immunodéficitaire acquis, à la fonction consultative, a été créé[7].

Selon Monsieur Tabuteau, au-delà du système de transfusion sanguine, la crise du sang contaminé a fortement contribué à l'émergence de la notion de sécurité sanitaire et à la mise en place d'un vaste dispositif institutionnel et normatif dédié[8]. Cette crise est aussi le point de départ d'un débat public sur les droits des personnes en matière de santé, débat qui se révélera fécond sur le plan du droit[9]. Des associations de malades du sida ont porté la voix des malades et ont agi pour un meilleur suivi de la maladie, ainsi que sur la mise à disposition des médicaments et la prise en charge médicale et sociale des personnes atteintes du virus[10]. Leurs actions ont « remis en cause les techniques coercitives traditionnelles de la santé publique, [posant] comme principe la participation volontaire des personnes aux actions de santé publique, notamment au dépistage[11] ».

Le même auteur décrit un lien entre l'émergence des crises sanitaires et l'accélération du rythme des réformes politiques du système de santé[12]. L'affaire de l'ESB (évoquée dans nos deux précédents chapitres) en est un

[1] X. Bioy, A. Laude, D. Tabuteau, *Droit de la santé*, *op. cit.*
[2] *ibid.*
[3] *ibid.*
[4] *ibid.*
[5] D. Truchet, *Droit de la santé publique*, *op. cit.*
[6] *ibid* ; loi n° 2004-809 du 13 août 2004 relative aux libertés et responsabilités locales.
[7] *ibid.*
[8] D. Tabuteau, « Crises et réformes », *op. cit.*
[9] *ibid.*
[10] *ibid.*
[11] *ibid.*
[12] D. Tabuteau, « Crises et réformes », *op. cit.*

exemple au niveau de l'Union européenne et dans une certaine mesure en France.

La période des années 1980 et 1990 marquée par les crises sanitaires et notamment l'affaire du sang contaminé conduit alors à une évolution « d'un « schéma de réparation » axé sur le volet curatif du soin à un « schéma de croissance » visant prioritairement la préservation de la santé et la prévention des risques d'apparition des maladies[1] ». Le « développement et la mise en visibilité des maladies chroniques dégénératives » dans les années 1970, « pour lesquelles la médecine curative est souvent sans efficacité et qui ont rendu souhaitable la mise en œuvre de politiques préventives et de réduction des risques » a également eu un rôle dans cette évolution[2]. D'autres éléments, de nature exogène, ont pu avoir une influence sur la politique de santé française.

L'influence du mouvement de santé publique internationale

Comme cela a été détaillé dans les premiers chapitres de cet ouvrage, plusieurs des textes déclaratoires adoptés par les États du monde entier sous l'égide de l'OMS ont vu le jour à la fin des années 1990 et au tout début des années 2000. Rappelons notamment la Charte de Ljubljana sur la réforme des systèmes de santé en 1996, la Déclaration de Jakarta sur la promotion de la santé au XXIème siècle en 1997 et la Déclaration ministérielle de Mexico pour la promotion de la santé en 2000. À partir du milieu des années 2000, l'idée de « santé dans toutes les politiques » est reconnue autant au niveau de l'OMS que de l'Union européenne.

L'OMS mène également des actions spécifiquement dédiées aux déterminants sociaux de la santé et à la réduction des inégalités de santé. Les auteurs du Traité de santé publique précité notent que l'OMS affirme que « pour améliorer la santé, il faut réduire les taux d'échec scolaire, l'insécurité et le chômage, et améliorer l'habitat. Les sociétés qui permettent à tous leurs citoyens de jouer un rôle utile dans la vie sociale, économique et culturelle sont dans une meilleure situation sanitaire que celles qui se caractérisent par l'insécurité, l'exclusion et la pauvreté[3] ». L'OMS a créé en 2005 sa Commission des déterminants sociaux de la santé, qui porte une vision de la santé orientée vers les droits de l'Homme et l'équité en santé dans toutes les politiques, systèmes et programmes[4]. Le rapport de cette Commission intitulé « Combler le fossé en une génération » et publié en 2008 a marqué, selon des experts de la promotion de la santé, « un tournant majeur dans la lutte contre les inégalités sociales de santé » et surtout a encouragé « la mobilisation

---

[1] H. BERGERON, C. NATHANSON, « Faire une loi, pour faire la loi. La loi de Santé publique d'août 2004 », SSS 2014, Vol. 32, n° 4.
[2] *ibid.*
[3] F. BOURDILLON, G. BRÜCKER, D. TABUTEAU, *Traité de santé publique*, *op. cit.*
[4] OMS, Commission des déterminants sociaux de la santé, Combler le fossé en une génération, 2008.

internationale et [a proposé] des stratégies pour atteindre l'équité en santé[1] ». Notons quand même que le Directeur général de l'OMS, dans son rapport de synthèse du 29 avril 2024 élaboré à l'occasion de la soixante-dix-septième Assemblée mondiale de la santé, regrette que les recommandations issues de ce rapport de 2008 soient mises en œuvre aussi lentement.

L'Union européenne s'est elle aussi engagée en faveur de la lutte contre les inégalités sociales de santé, nous l'avons vu avec les programmes de santé publique de la Commission européenne. On constate d'ailleurs que l'OMS et l'Union européenne s'influencent mutuellement. Cette dernière reprend notamment dans certains de ses travaux l'expression « santé pour tous » de l'OMS, évoquée précédemment[2].

La France a, de toute évidence, absorbé dès la fin du XXème siècle une partie de ces évolutions survenues dans le champ de la santé publique. En témoigne par exemple un rapport du Haut Comité de la Santé Publique rendu en 1992, contenant des préconisations pour l'élaboration d'une nouvelle politique de santé et qui affirme que « le domaine de la santé dépasse largement les attributions du système de soins, ce dernier n'étant qu'une partie du système de santé ; en conséquence, il dépasse également largement les compétences du ministère de la Santé ; les orientations prises en matière de santé publique touchent à presque tous les secteurs de l'action politique[3] ».

2) Les éléments réformateurs

Des réformes ont été entreprises pour renforcer, adapter et moderniser la politique de santé publique française, mais ces mesures restent marquées par certaines réserves d'ordre politique, idéologique et pratique.

Au tournant du XXIème siècle, l'élaboration d'une nouvelle politique de santé publique française

Pour tirer des leçons de l'affaire du sang contaminé et de la crise de la vache folle, les pouvoirs publics ont créé des agences de sécurité sanitaire ayant un rôle de veille, « à la fois dépendantes de l'État et dotées d'une certaine autonomie[4] ».

On voit par exemple un renforcement du lien entre politique de santé et politique alimentaire à la suite de l'affaire de l'ESB. Après cette crise il a été observé que « la sécurité sanitaire s'est introduite sur le champ de

---

[1] RFIPS, 25 ans d'histoire : les retombées de la Charte d'Ottawa pour la promotion de la santé dans divers pays francophones, Collection partage, 2012.

[2] Pour constater l'imprégnation des idées de l'OMS dans les travaux de l'UE sur la santé, voir notamment European Commission, David Byrne, Enabling health for all, A reflection process for a new EU health strategy, 2004.

[3] Haut Comité de la Santé Publique, Rapport au ministre de la Santé et de l'Action Humanitaire, Stratégie pour une politique de santé, Propositions préalables à la définition de priorités, 1992.

[4] D. TRUCHET, *Droit de la santé publique*, *op. cit.*

l'alimentation[1] ». Au lieu de sécurité alimentaire, on parle alors désormais de sécurité sanitaire des aliments[2], comme l'illustre la loi n° 98-535 du 1er juillet 1998 relative au renforcement de la veille sanitaire et du contrôle sanitaire des produits destinés à l'homme. Ce texte crée l'Institut National chargé de la veille sanitaire placé auprès du ministre de la Santé, et l'Agence française de sécurité sanitaire des aliments, devenue en 2010 l'Agence nationale de sécurité sanitaire de l'alimentation, de l'environnement et du travail. L'année suivante, le législateur adopte la loi n° 99-574 d'orientation agricole du 9 juillet 1999 relative à l'amélioration de la sécurité des produits issus de l'élevage.

Au niveau de l'Union européenne, dans le contexte de la mise en place du marché unique, les États membres avaient adopté la directive n° 92/59 du 29 juin 1992 relative à la sécurité générale des produits, plus tard refondue par la directive n° 2001/95 du 3 décembre 2001[3]. L'ordonnance n° 2004-670 du 9 juillet 2004 la transpose en droit français. Une autre directive européenne, adoptée le 12 mars 2001 et consacrée aux organismes génétiquement modifiés, témoigne aussi de ce nouvel élan[4].

Ce qui nous intéresse surtout ici est la réflexion politique sur le lien entre alimentation et santé et la façon dont cette question est prise en main par les ministères concernés. En 2001, la place centrale de l'alimentation au sein des politiques de santé publique est renforcée avec la création du premier Programme National Nutrition Santé (PNNS). Trois PNNS se succéderont, et en 2010, le PNNS est inscrit dans le Code de la santé publique[5], à l'article L3231-1, par la loi n° 2010-874 du 27 juillet 2010 de modernisation de l'agriculture et de la pêche. L'épidémiologiste Pauline Ducrot y voit la « volonté de mettre en place une politique nutritionnelle effective et durable[6]». Il est intéressant ici de souligner que c'est alors la santé qui absorbe une autre problématique, plutôt que l'inverse tel que la « santé dans toutes les politiques » le suggère. Le dernier PNNS en date porte sur la période 2019-2023[7]. En quinze ans, le PNNS a contribué, comme l'indique la Professeure Brimo, « à la construction d'une politique publique de la nutrition et à la prise de conscience collective de ses enjeux[8] ». Si la démarche d'intersectorialité

---

[1] X. BIOY, A. LAUDE, D. TABUTEAU, *Droit de la santé*, *op. cit.*
[2] *ibid.*
[3] J.-P. DUPRAT, « La sécurité des produits et la protection de la santé publique », AJDA 2006, p. 2046.
[4] *ibid* ; directive n° 2001/18/CE du Parlement européen et du Conseil du 12 mars 2001 relative à la dissémination volontaire d'organismes génétiquement modifiés dans l'environnement et abrogeant la directive n° 90/220/CEE du Conseil.
[5] *ibid.*
[6] C. DELAMAIRE, P. DUCROT (Dir.), « Introduction au dossier « Environnements favorables à une alimentation saine : une réponse aux inégalités sociales de santé ? » », LSA 2018, n° 444.
[7] Min. des Solidarités et de la Santé, « Lancement du 4ème Programme national nutrition santé 2019-2023 », Communiqué de presse, 20 septembre 2019.
[8] S. BRIMO, « À la recherche du 4ème volet du Plan national nutrition santé », RDSS 2017, p. 690.

est bien présente, il n'en demeure pas moins que « la politique de l'alimentation reste administrée par deux ministères ce qui ne facilite pas toujours le déploiement et la coordination des politiques publiques[1] ». Certes, à côté des ministères de la Santé et de l'Agriculture, d'autres ministères concourent à la politique alimentaire, notamment ceux qui sont chargés de la Consommation, de la Jeunesse et des Sports, de la Cohésion sociale, de l'Enseignement supérieur et de la Recherche[2]. L'IGAS soulignait dans un rapport de 2010 consacré au PNNS 2 que la gouvernance de ce programme n'est pas à la hauteur des enjeux, faute d'un comité interministériel de la politique nutritionnelle, qui était censé être créé et aurait pu donner au PNNS un plus grand pouvoir d'impulsion et de décision[3].

Par ailleurs, l'existence d'un autre Programme dédié à des questions très similaires pose un problème de lisibilité et d'articulation entre les deux programmes[4] : le Programme national pour l'alimentation (PNA) détermine les objectifs de la politique de l'alimentation, « en prenant en compte notamment la justice sociale, l'éducation alimentaire de la jeunesse et la lutte contre le gaspillage alimentaire ». Le PNA propose des catégories « d'actions dans les domaines de l'éducation et de l'information pour promouvoir l'équilibre et la diversité alimentaires, les produits locaux et de saison ainsi que la qualité nutritionnelle et organoleptique de l'offre alimentaire » ce qui n'est pas sans rappeler les missions du PNNS[5]. Le PNA, dont le plus récent couvre la période 2019 à 2023, est défini au paragraphe 3 de l'article L1 du Code rural et est animé par le ministre de l'Agriculture. Au vu de la difficile coordination entre les ministères en charge de l'Agriculture et de la Santé sur cette question commune, des progrès sont encore attendus pour garantir une gouvernance conjointe et cohérente[6].

Parallèlement, à partir des années 2000, le législateur intensifie son activité en matière de santé. Tandis qu'au niveau mondial, de nombreuses déclarations et autres textes sont adoptés au tournant des années 2000 sur la question de la prévention et de la promotion de la santé, et que le droit de l'Union européenne suit la même tendance – dans ses traités mais aussi dans son droit souple – le droit français connaît une accélération dans sa production en faveur de la santé publique à partir des années 2000. Monsieur Tabuteau relève par exemple qu'« alors que le Parlement n'était appelé à connaître, jusque dans les années

---

[1] A. LAUDE, D. TABUTEAU, *La loi santé, Regards sur la modernisation de notre système de santé*, Presses de l'EHESP, Références Santé Social, 2016, 480 p.

[2] S. BRIMO, « À la recherche du 4ème volet du Plan national nutrition santé », *op. cit.*

[3] IGAS, Évaluation du programme national nutrition santé, PNNS 2 2006-2010, Rapport, Avril 2010.

[4] S. BRIMO, « À la recherche du 4ème volet du Plan national nutrition santé », *op. cit.*

[5] *ibid.*

[6] Fabrique Territoires Santé, « Alimentation et territoires : comment garantir localement une alimentation de qualité et accessible à tous ? Dossier ressources », Fév. 2018.

1980, qu'un à deux textes consacrés à la santé par décennie, il est depuis une vingtaine d'années soumis à un flux incessant de projets législatifs[1] ».

Plusieurs lois relatives à la santé adoptées à cette période ont marqué une évolution dans la façon d'aborder les questions sanitaires, ce qui illustre le renforcement du flux normatif en faveur de la « santé dans toutes les politiques ». Selon le Haut Conseil pour l'avenir de l'assurance maladie, « la nécessité d'une approche plus globale de la santé privilégiant davantage la prévention, la promotion de la santé et une approche communautaire s'est imposée et traduite dans les textes législatifs à partir du début des années 2000[2] ». Dès 1999, le législateur est intervenu pour réduire les inégalités sociales d'accès aux soins, avec la loi du 27 juillet 1999 créant la Couverture maladie universelle[3], remplacée en 2016 par la Protection universelle maladie.

Après les scandales sanitaires de la fin du XXème siècle, la loi n° 2002-303 du 4 mars 2002 relative aux droits des malades et à la qualité du système de santé est apparue comme une « révolution sanitaire[4] ». Cette loi « a inscrit les droits des malades – droits fondamentaux de la personne – dans la législation de santé publique[5] » et consacre les obligations de sécurité sanitaire des pouvoirs publics et des professionnels de santé[6]. Elle a créé l'article L1110-1, premier article du Code la santé publique : « Le droit fondamental à la protection de la santé doit être mis en œuvre par tous moyens disponibles au bénéfice de toute personne. Les professionnels, les établissements et réseaux de santé, les organismes d'assurance maladie ou tous autres organismes participant à la prévention et aux soins, et les autorités sanitaires contribuent, avec les usagers, à développer la prévention, garantir l'égal accès de chaque personne aux soins nécessités par son état de santé et assurer la continuité des soins et la meilleure sécurité sanitaire possible ». Le rapprochement, dans la loi du 4 mars 2002, entre les droits des malades et les garanties de sécurité sanitaire, est vu comme « le symbole de la rupture provoquée par l'épidémie de sida et la crise du sang contaminé[7] ».

La loi du 4 mars 2002 prend en compte les différentes facettes du droit à la protection de la santé. L'objectif d'« égal accès aux soins » est lui aussi proclamé dès le premier article du Code de la santé publique[8]. La loi de 2002 est la première à poser le principe de la politique de prévention : son article L. 1417-1 disposait que « la politique de prévention a pour but

---

[1] D. Tabuteau, « 1983-2013 : les évolutions de la politique de santé », JGEM 2013, Vol. 31, n° 1, p. 53-67.

[2] HCAAM, Refonder les politiques de prévention et de promotion de la santé, *op. cit.*

[3] Loi n° 99-641 du 27 juillet 1999 portant création d'une couverture maladie universelle.

[4] H. Bergeron, C. Nathanson, « Faire une loi, pour faire la loi. La loi de Santé publique d'août 2004 », *op. cit.*

[5] F. Bourdillon, G. Brücker, D. Tabuteau, *Traité de santé publique*, *op. cit.*

[6] D. Tabuteau, « Crises et réformes », *op. cit.*

[7] *ibid.*

[8] A. Laude, B. Mathieu, D. Tabuteau, *Droit de la santé*, 3ème édition, PUF, Thémis, 2012, 728 p.

d'améliorer l'état de santé de la population en évitant l'apparition, le développement ou l'aggravation des maladies ou accidents et en favorisant les comportements individuels et collectifs pouvant contribuer à réduire le risque de maladie et d'accident. À travers la promotion de la santé, cette politique donne à chacun les moyens de protéger et d'améliorer sa propre santé ». L'article L1417-1 du Code de la santé publique a été abrogé par la loi n° 2004-806 du 9 août 2004. Son contenu a été remanié et en partie intégré à l'article L1411-1 du même code, mais certains ont regretté qu'il ait été ainsi synthétisé excessivement[1].

Si l'on ouvre une courte parenthèse, peu de temps après cette loi sur la protection de la santé, un nouveau droit se voit reconnaître une valeur constitutionnelle, au moyen de la Charte de l'environnement adoptée en 2005 : le droit à un environnement sain[2]. L'article premier de cette charte reconnaît que « chacun a le droit de vivre dans un environnement équilibré et respectueux de la santé » ; ainsi, l'environnement doit être propice à une bonne santé[3]. Il y a eu des interrogations sur la portée, l'effectivité et la justiciabilité du droit à la protection de l'environnement. Néanmoins, presque un an après la résolution adoptée en octobre 2021 par le Conseil des droits de l'Homme des Nations unies sur la reconnaissance en tant que droit de l'Homme de l'accès à un environnement sain[4], nul doute que l'ordonnance de référé rendue par le Conseil d'État, reconnaissant le droit de chacun de vivre dans un environnement équilibré et respectueux de la santé, comme une liberté fondamentale au sens de l'article L521-2 du Code de justice administrative[5], a ouvert la voie à un riche contentieux.

Dans ce même contexte, marqué aussi par une préoccupation gouvernementale majeure pour la réduction des dépenses de sécurité sociale[6], la loi n° 2004-806 relative à la politique de santé publique est adoptée le 9 août 2004. Cette loi est considérée par certains comme la « deuxième grande loi de santé publique depuis le début du XXème siècle[7] », notamment parce qu'elle « s'affiche explicitement, dans son intitulé, comme une loi

---

[1] X. Bioy, A. Laude, D. Tabuteau, *Droit de la santé*, *op. cit.*, et H. Bergeron, C. Nathanson, « Faire une loi, pour faire la loi. La loi de Santé publique d'août 2004 », *op. cit.*

[2] M. Prieur (dir.), *Droit de l'environnement*, 8ème édition, Dalloz, Précis, 2019, 1394 p.

[3] *ibid.*

[4] Conseil des droits de l'homme des Nations Unies, Résolution 48/13 sur le droit à un environnement sain, 8 octobre 2021.

[5] CE, juge des réf., 20 sept. 2022, n° 451129, Lebon.

[6] H. Bergeron, C. Nathanson, « Faire une loi, pour faire la loi. La loi de Santé publique d'août 2004 », *op. cit.*

[7] B. Basset, R. Demeulemeester, E. Jougla (dir.), « 20 ans de santé publique (Dossier) », ADSP 2012, n° 80.

entièrement dédiée à la santé publique[1] ». Elle contient d'ailleurs « des développements dignes d'un complet manuel d'épidémiologie[2] ».

On se souvient aussi de cette loi parce que tout en abordant « les objets traditionnels de la santé publique » tels que le saturnisme, l'amiante, le tabagisme, ainsi que « le corps souffrant ou la population menacée », elle porte aussi sur « la santé publique elle-même » en installant cette dernière « au cœur du paysage sanitaire français[3] ». La santé publique semble alors aussi s'élargir puisqu'elle comprend désormais explicitement la santé au travail[4]. Comme le souligne le Professeur Bousiges, « différentes crises relatives à la santé ont fait éclater les frontières établies et ont sensibilisé l'opinion publique. Les affaires du sang contaminé, de l'air contaminé par l'amiante, l'éther de glycol[5], l'explosion de l'usine AZF[6], les problèmes liés au tabac, [...] à la canicule, ont mis en évidence que les salariés comme toute la population peuvent être exposés aux mêmes risques[7] ».

La loi de santé de 2004 a aussi pour particularité de contenir plus de cent-cinquante articles ainsi qu'une longue annexe, qualifiée d'« inédite » et de « véritable pédagogie de la santé publique, de la prévention et de l'éducation à la santé [8] ». Cette annexe définit « le cadre de référence, les principes généraux et les méthodes qui constituent les fondements de la politique nationale de santé publique[9] ».

Ledit cadre de référence illustre la prise en compte très complète adoptée par le législateur pour les problématiques de la politique de santé publique. Celle-ci « est le principal instrument dont se dote la Nation afin d'orienter et d'organiser son effort pour protéger, promouvoir et restaurer l'état de santé de l'ensemble de la population, ou de groupes ayant des traits communs, en s'attachant à corriger les inégalités[10] ». La protection, la promotion et la restauration de la santé ainsi que la lutte contre les inégalités de santé sont toutes parties intégrantes de la politique de santé publique en 2004. Cependant, dans le même paragraphe, les précisions sur la planification

[1] H. BERGERON, C. NATHANSON, « Faire une loi, pour faire la loi. La loi de Santé publique d'août 2004 », *op. cit.*

[2] *ibid.*

[3] *ibid.*

[4] A. BOUSIGES, *in* N. MARTIN-PAPINEAU (dir.), *La loi du 9 août 2004 relative à la santé publique, Enjeux, réalisations, perspectives*, LGDJ, Université de Poitiers, Collection de la faculté de droit et des sciences sociales, 2006, 184 p.

[5] Sur le scandale des éthers de glycol, voir notamment J.-N. JOUZEL, « La dénonciation du problème des éthers de glycol en France. Les organisations syndicales face à l'après-crise de l'amiante », RFAS 2008, n° 2-3.

[6] L'auteur rappelle que cet accident a fait 30 morts et plus de 2 500 blessés en France.

[7] A. BOUSIGES, *in* N. MARTIN-PAPINEAU (dir.), *La loi du 9 août 2004 relative à la santé publique, Enjeux, réalisations, perspectives*, *op. cit.*

[8] H. BERGERON, C. NATHANSON, « Faire une loi, pour faire la loi. La loi de Santé publique d'août 2004 », *op. cit.*

[9] Annexe de la loi n° 2004-806 du 9 août 2004 relative à la politique de santé publique.

[10] *ibid.*

stratégique de la politique de santé mentionnent uniquement les « efforts consentis pour améliorer la santé », laissant penser que cet objectif est mis en avant par rapport aux autres. Les dimensions individuelle et collective de la santé sont incluses dans le texte : le cadre de référence s'appuie en effet d'une part sur « les comportements individuels, [...] l'action médicale et [les] soins », d'autre part, au niveau populationnel, sur les « déterminants dans l'environnement physique, social, économique et culturel qui contribuent à créer des conditions favorables pour améliorer l'état de santé, pour prévenir la survenue ou l'aggravation des maladies, pour réduire leurs conséquences sur les capacités fonctionnelles, l'activité et la qualité de vie des personnes touchées par la maladie[1] ». Afin d'atteindre les objectifs de santé quantifiés fixés par la politique de santé publique, le cadre de référence défini dans l'annexe de la loi de 2004 indique que tous les acteurs du système de santé sont mobilisés, mais aussi ceux à l'extérieur du système de santé : « Les différentes politiques publiques devront y faire référence si elles ont des impacts sanitaires prévisibles[2] ». Œuvrer pour atteindre ces objectifs implique également une évaluation du degré de réalisation de ces objectifs, et nécessite « l'évaluation des politiques publiques qui ont un impact sur la santé de la population ». Nous voyons, dans l'implication d'acteurs extérieurs au système de santé, ainsi que dans l'évaluation des impacts des politiques publiques sur la santé, des mesures caractéristiques de la « santé dans toutes les politiques ». De plus, parmi les neuf principes généraux présentés dans l'annexe de la loi de 2004, trois paraissent très imprégnés des concepts qui constituent la « santé dans toutes les politiques ». Premièrement, le principe de réduction des inégalités, deuxièmement, le principe de précocité, qui dicte que « la définition des objectifs et l'élaboration des plans stratégiques doivent privilégier les actions les plus précoces possible sur les déterminants de la santé pour éviter la survenue ou l'aggravation de leurs conséquences ». Enfin, le principe d'intersectorialité implique que « les stratégies d'action coordonnent autant que nécessaire les interventions de l'ensemble des secteurs concernés pour atteindre un objectif défini[3] ». L'annexe de la loi de santé publique de 2004 prévoit également, pour la période 2004-2008, la mise en œuvre de plans stratégiques de santé publique dans différents domaines : le cancer, la violence et les comportements à risque, le handicap et la santé environnementale, les maladies rares ou chroniques.

La loi de santé publique de 2004 crée de nombreux nouveaux articles dans le Code de la santé publique. Par exemple, en matière de dépistage, le Chapitre II du Titre II de la loi prévoit des consultations de prévention et des examens de dépistage dans la population générale (article L1411-6 actuel du Code de la santé publique) et en milieu scolaire (article L2325-1 du Code de

---

[1] *ibid.*
[2] *ibid.*
[3] *ibid.*

la santé publique, désormais déplacé dans le Code de l'éducation, à l'article L541-1[1]). En ce qui concerne la lutte contre le cancer, le Chapitre II du Titre IV insère un Chapitre V-1 dans le Code de la santé publique intitulé « Lutte contre le cancer » et comprenant un dispositif de dépistage de la maladie[2].

Le Plan national de lutte contre le cancer adopté en 2003 prend acte que le cancer est à l'origine d'un décès sur quatre en France et est la première cause de mortalité avant soixante-cinq ans[3]. Ce plan porté par la Mission interministérielle de lutte contre le cancer est composé de plusieurs volets : prévention, dépistage, soins, accompagnement, recherche[4]. Selon des observateurs étrangers travaillant sur la « santé dans toutes les politiques », la Mission interministérielle de lutte contre le cancer a permis, en France, que différentes parties prenantes à différents niveaux soient impliquées et a facilité une coopération entre les institutions nationales ainsi qu'une planification stratégique associant plusieurs ministères[5].

L'annexe de la loi du 9 août 2004 présente enfin cent objectifs de santé publique identifiés après une consultation nationale. Les déterminants de la santé apparaissent en première position en tant que grande catégorie contenant la majorité des familles d'objectifs identifiées, telles que l'alcool ; le tabac ; la nutrition et l'activité physique ; le travail ; l'environnement ; ainsi que la précarité et les inégalités. Les maladies infectieuses, cardio-vasculaires et de nombreux autres troubles sont inclus dans la catégorie des déterminants de la santé. La seconde grande catégorie d'objectifs s'intitule « Problèmes de santé spécifiques à des groupes de population[6] ».

Certains observateurs se sont interrogés sur l'influence juridique de ces principes et objectifs, dans la mesure où l'annexe de la loi de 2004, qui les présente, n'a pas été intégrée au Code de la santé publique[7]. Cependant, nous pensons que ces éléments reflètent une réflexion profonde du législateur français sur le droit et la politique sanitaires et témoignent d'une absorption, en droit interne, de certains concepts de santé publique promus par le droit international souple et le droit de l'Union européenne. En effet, quelques années avant la préparation de la loi de santé du 9 août 2004 (qui a commencé

[1] Chapitre II du Titre II de la loi n° 2004-806 du 9 août 2004 relative à la politique de santé publique : « Programmes de santé et dispositifs de prévention » (Articles 9 à 14).

[2] Chapitre II du Titre IV de la loi n° 2004-806 du 9 août 2004 relative à la politique de santé publique : « Cancer et consommations à risques » (Articles 33 à 52).

[3] *ibid.*

[4] Mission interministérielle de lutte contre le cancer, Plan Cancer 2003-2007.

[5] I. KICKBUSCH, K. BUCKETT, Implementing Health in All Policies, Adelaide 2010, Department of Health, Government of South Australia, 2010.

[6] Annexe de la loi n° 2004-806 du 9 août 2004 relative à la politique de santé publique.

[7] P. BOYER, « Note sur la loi n° 2004-806 du 9 août 2004 relative à la politique de santé publique », Environnement 2004, n° 11.

en 2003[1]), les États membres de l'OMS ont adopté la « Déclaration ministérielle de Mexico sur la promotion de la santé : des idées aux actes »[2]. Cette déclaration, contrairement aux précédentes, est marquée des sceaux ministériels respectifs des États membres et a ainsi plus de poids politique. Elle réaffirme que les gouvernements et tous les secteurs de la société se doivent de favoriser la promotion de la santé, l'équité en santé et le développement social, et de tenir compte des déterminants sociaux, économiques et environnementaux de la santé. Au niveau de l'Union européenne, comme nous l'avons vu, la Charte des droits fondamentaux est adoptée en 2000 et reprend, en son article 35, les dispositions de l'article 152 du Traité d'Amsterdam sur la recherche d'« un niveau élevé de protection de la santé humaine [...] dans la définition et la mise en œuvre de toutes les politiques et actions de l'Union ».

En ce qui concerne l'objectif de réduction des inégalités de santé, l'Inspection générale des affaires sociales (IGAS), dans un rapport de 2011, souligne la présence des objectifs 33 et 34 de l'annexe de la loi de 2004, consacrés aux inégalités sociales de santé[3] et observe que d'autres objectifs de la liste ciblent les déterminants de la santé. Cependant, l'IGAS regrette que ces objectifs liés aux inégalités ne soient pas examinés sous l'angle du gradient social. S'appuyant sur la définition donnée par l'Institut national de prévention et d'éducation pour la santé[4], l'IGAS rappelle que le gradient social correspond au « phénomène par lequel ceux qui sont au sommet de la pyramide sociale jouissent d'une meilleure santé que ceux qui sont directement au-dessous d'eux, et qui eux-mêmes sont en meilleure santé que ceux qui sont juste en-dessous et ainsi de suite jusqu'aux plus bas échelons[5] ». Par exemple, selon l'IGAS, la diminution de la consommation d'alcool ou encore la santé au travail auraient pu être appréhendées à la lumière du gradient social[6].

Par ailleurs, l'épidémiologiste Thierry Lang estime que ces deux objectifs consacrés aux inégalités sociales de santé témoignent d'une confusion entre

---

[1] Selon cette page du site Légifrance : https://www.assemblee-nationale.fr/12/dossiers/sante_publique.asp#savoirplus, [consulté le 15/06/2021].

[2] 5ème Conférence internationale pour la promotion de la santé, OMS, Déclaration ministérielle de Mexico pour la promotion de la santé, Des idées aux actes, Promotion de la santé : faire place à l'équité, Mexico, Mexique, 2000.

[3] Ces objectifs sont les suivants : « Réduire les obstacles financiers à l'accès aux soins pour les personnes dont le niveau de revenu est un peu supérieur au seuil ouvrant droit à la CMU » et « Réduire les inégalités devant la maladie et la mort par une augmentation de l'espérance de vie des groupes confrontés aux situations précaires : l'écart d'espérance de vie à 35 ans est actuellement de 9 ans » (Annexe de la loi n° 2004-806 du 9 août 2004 relative à la politique de santé publique).

[4] Cet institut a été depuis, en 2016, fusionné avec d'autres agences sanitaires pour créer l'Agence Santé Publique France.

[5] IGAS, Les inégalités sociales de santé : Déterminants sociaux et modèles d'action, Rapport, 2011.

[6] *ibid.*

la question des inégalités sociales de santé et celles de la précarité ou de l'accès aux soins[1].

Les observateurs étrangers considèrent que la loi du 9 août 2004 a contribué à ce que la France franchisse le cap d'une approche « pangouvernementale » (*whole-of-governement approach*) que l'on peut traduire plus explicitement comme une approche transversale et interministérielle de la conduite des politiques publiques, laquelle, selon l'OMS, permet au système français de s'approcher de la « santé dans toutes les politiques »[2]. En outre, la poursuite de la mise en œuvre de programmes régionaux de santé sur le territoire français, confirmée par la loi de santé de 2004 dans son article 3, a été vue par l'Observatoire européen des systèmes et des politiques de santé comme une approche fondée sur la mobilisation et le partenariat entre différents acteurs, rompant avec la traditionnelle segmentation sectorielle[3]. Ces programmes conçus en vue de la réalisation des objectifs nationaux, arrêtés par le représentant de l'État après avis de la conférence régionale de santé, comportent « un ensemble coordonné de programmes et d'actions pluriannuels dans la région et notamment un programme régional pour l'accès à la prévention et aux soins des personnes les plus démunies, un programme de prévention des risques liés à l'environnement général et au travail et un programme de santé scolaire et d'éducation à la santé[4] ».

Un dernier élément, mais non des moindres, est que cette loi prévoit l'élaboration, tous les cinq ans, d'un plan national de prévention des risques pour la santé liés à l'environnement. Vingt ans plus tard, le quatrième plan, adopté en 2021 en tant que Plan National Santé-Environnement 4, intitulé « un environnement, une santé » (2021-2025), adopte une approche intégrée de l'environnement et de la santé.

Au moment où la France adopte une approche que l'on pourrait qualifier d'« environnement dans toutes les politiques » (article 48 de la loi n° 2009-967 du 3 août 2009 de programmation relative à la mise en œuvre du Grenelle de l'environnement), la loi n° 2009-879 du 21 juillet 2009 portant réforme de l'hôpital et relative aux patients, à la santé et aux territoires est adoptée. Si elle ne signe pas la naissance de l'approche « santé dans toutes les politique » en France, elle présente néanmoins des éléments très novateurs. L'aspect incontournable de cette loi, dite aussi « Hôpital, Patients, Santé, Territoires » (HPST) est la création des Agences régionales de santé, qui remplacent les Agences régionales de l'hospitalisation. Cette nouveauté illustre la volonté politique de « dépasser l'hospitalo-centrisme au profit d'une

[1] T. LANG, « Inégalités sociales de santé », *in* E. HENRY *et al.*, *Dictionnaire critique de l'expertise. Santé, travail, environnement*, Presses de Sciences Po, 2015, 376 p.
[2] I. KICKBUSCH, K. BUCKETT, Implementing Health in All Policies, *op. cit.*
[3] European Observatory on Health Systems and Policies, Health targets in Europe, Learning from experience, Observatory Studies Series n° 13, 2008.
[4] Article 3 de la loi n° 2004-806 du 9 août 2004 relative à la politique de santé publique.

vision globale de l'offre de soins et des problèmes de santé[1] ». La loi de santé de 2009 prévoit que ces nouvelles agences concourent dans chaque région à la réalisation, à l'échelon régional et infrarégional, notamment « des objectifs de la politique nationale de santé définie à l'article L. 1411-1 du présent code[2] ». Sont constituées auprès de chaque Agence régionale de santé « une conférence régionale de la santé et de l'autonomie, chargée de participer par ses avis à la définition des objectifs et des actions de l'agence dans ses domaines de compétences » ainsi que « deux commissions de coordination des politiques publiques de santé, associant les services de l'État, les collectivités territoriales et leurs groupements et les organismes de sécurité sociale » lesquelles doivent « assurer la cohérence et la complémentarité des actions déterminées et conduites par leurs membres[3] ». Ces commissions représentent la dimension intersectorielle des politiques[4].

Pour la mise en œuvre du projet régional de santé, chaque agence peut conclure des contrats locaux de santé, notamment avec les collectivités territoriales et leurs groupements, dans un objectif de participation des usagers, et avec pour thématiques la promotion de la santé, la prévention, les politiques de soins et l'accompagnement médico-social et social (article L1434-10 du Code de la santé publique).

La loi HPST nous intéresse ici particulièrement pour deux de ses volets, à savoir celui sur « l'accès de tous à des soins de qualité » et celui sur « la prévention et la santé publique ». Le législateur s'est ici imprégné des concepts-phares de l'OMS déjà mentionnés. Tout d'abord, on trouve en bonne position la notion de « soins de premiers recours[5] », qui correspond notamment, pour les médecins généralistes, à « contribuer à l'offre de soins ambulatoire, en assurant pour [les] patients la prévention, le dépistage, le diagnostic, le traitement et le suivi des maladies ainsi que l'éducation pour la santé[6] ».

Dans son Titre III sur la prévention et la santé publique, la loi de 2009 crée également un article L1171-1 qui prévoit qu'« une fondation contribue à la mobilisation des moyens nécessaires pour soutenir des actions individuelles

---

[1] D. TRUCHET, *Droit de la santé publique*, *op. cit.*

[2] Article 118 de la loi n° 2009-879 du 21 juillet 2009 portant réforme de l'hôpital et relative aux patients, à la santé et aux territoires.

[3] Loi n° 2009-879 du 21 juillet 2009 portant réforme de l'hôpital et relative aux patients, à la santé et aux territoires, Titre VI, Organisation territoriale du système de santé.

[4] HCAAM, Refonder les politiques de prévention et de promotion de la santé, *op. cit.*

[5] Pour une articulation entre les notions de « soins de premiers recours » et de « soins de santé primaires » voir notamment : Haute Autorité de santé, Document de travail, Lexique ou glossaire de termes à utiliser [dans les productions HAS] pour les soins délivrés en dehors des établissements de santé, 05/06/2015, disponible sur https://www.has-sante.fr/upload/docs/application/pdf/2015-11/3.3_lexique_soins_de_ville.pdf [consulté le 04/06/2021].

[6] Loi n° 2009-879 du 21 juillet 2009 portant réforme de l'hôpital et relative aux patients, à la santé et aux territoires, Titre II, article 36.

ou collectives destinées à développer des comportements favorables à la santé. Ces actions contribuent notamment à la promotion d'une alimentation équilibrée et de l'activité physique et sportive ainsi qu'à la lutte contre les addictions ». Dans un contexte d'adoption de nombreux textes déclaratoires au niveau mondial sur les comportements et les environnements favorables à la santé, il n'est pas étonnant de trouver cette notion dans la loi française. Pour reprendre le raisonnement de Monsieur Defferrard évoqué au début de ce chapitre[1], le flux normatif étudié se diffuse ici de façon verticale, c'est-à-dire de la sphère juridique internationale vers le droit positif interne.

On trouve aussi dans cette loi la volonté de « résorber les inégalités de santé[2] ». Ce dernier point a sans doute compté dans le constat fait par l'épidémiologiste Thierry Lang qui voit dans les années 2008-2009 un « tournant » au cours duquel « les inégalités sociales de santé sont devenues un enjeu explicite[3] ». Ce tournant est aussi dû, selon le même auteur, au rapport sur le Plan Cancer rendu par le Professeur Jean-Pierre Grünfeld au Président de la République en février 2009[4]. Monsieur Lang rappelle que le Professeur Grünfeld, « cet hospitalo-universitaire, néphrologue de renom, avait débuté son rapport dans une perspective biomédicale. Mais, en s'appuyant sur des travaux publiés sur l'hypertension artérielle par des cliniciens et des épidémiologistes, il décide de faire des inégalités sociales de santé un élément essentiel de ce plan[5] ». La réduction des inégalités sociales de santé devient un objectif « au niveau ministériel et une priorité assignée aux agences régionales de santé[6] ».

Un renouveau freiné par des raisons politiques, idéologiques et pratiques

La promotion de la santé conserve une place discrète dans le paysage sanitaire français tandis que la lutte contre les inégalités sociales de santé manque, elle aussi, de reconnaissance sur le plan politique.

Les liens conceptuels étroits entre la promotion de la santé et l'approche « santé dans toutes les politiques » ont été mis en lumière dans le chapitre préliminaire de cet ouvrage. Ainsi, la place de la promotion de la santé en droit peut sans doute être un indicateur intéressant pour évaluer celle de la « santé dans toutes les politiques ». Comme nous l'avons vu, la loi du 4 mars 2002 a

---

[1] F. DEFFERRARD, « Les forces normatives du Groupe d'Action Financière » *in* D. BRACH-THIEL, F. FOURMENT (dir.), *Questions de droit pénal international, européen et comparé : mélanges en l'honneur du professeur Alain Fournier*, PUN, Éditions universitaires de Lorraine, 2014, 434 p.

[2] Loi n° 2009-879 du 21 juillet 2009 portant réforme de l'hôpital et relative aux patients, à la santé et aux territoires, Titre III, article 122.

[3] T. LANG, « Inégalités sociales de santé », *op. cit.*

[4] J.-P. GRÜNFELD, Rapport au Président de la République, Recommandations pour le Plan Cancer 2009-2013, 14 février 2009.

[5] T. LANG, « Inégalités sociales de santé », *op. cit.*

[6] *ibid.*

été la première à définir dans le Code de la santé publique la politique nationale de prévention[1]. Avec cette loi, le concept de « promotion de la santé » est intégré en droit de la façon suivante : « à travers la promotion de la santé, cette politique [de prévention] donne à chacun les moyens de protéger et d'améliorer sa propre santé[2] ». Selon l'IGAS, la loi de 2002 « fait de la promotion de la santé non pas le fondement de la politique de santé auquel appelle la Charte d'Ottawa, mais un élément certes consubstantiel à la prévention, mais finalement second et de portée plus symbolique qu'opérationnelle[3] ». D'autres estiment même que la promotion de la santé a été récusée dans la loi de santé de 2002 et dans la dénomination de l'Institut national de prévention et d'éducation pour la santé (INPES) et en concluent alors que « la politique française de santé publique continue à ignorer la promotion de la santé[4] ». Malgré ces débuts timides en droit français, la promotion de la santé connaîtra une montée en puissance progressive. Elle prendra une dimension plus assumée dans la loi de santé de 2016, nous le verrons.

La reconnaissance de l'importance de la promotion de la santé et de l'intégration de la santé dans les autres politiques relèvent en fait d'un choix beaucoup plus global, un choix sociétal et politique, nécessitant une forte volonté pour que les soubresauts législatifs qui constituent le flux étudié deviennent un véritable objectif politique, puis peut-être un jour une norme juridique fondatrice. Nous rejoignons la vision des auteurs du Traité de santé publique[5] exprimée dans les propos suivants, au sujet de l'introduction, dans le système français, de la promotion de la santé, des politiques publiques saines, et de la « santé dans toutes les politiques » : « On est au cœur du débat sur l'organisation de la cité, du choix des priorités retenues pour l'aménager. La santé n'est que l'un des marqueurs, parmi les plus importants, de la valeur des choix politiques fondamentaux d'une société. Aujourd'hui, la gestion de notre santé ne relève pourtant pas d'un choix éclairé, débattu, et finalement retenu, mais de la réaction à des nécessités, attitude considérée comme sans alternative valable. La proposition de promotion de la santé introduit un débat qui n'est pas souhaité par nos dirigeants et qui est souvent vécu comme inutilement dérangeant[6] ».

---

[1] H. BERGERON, C. NATHANSON, « Faire une loi, pour faire la loi. La loi de Santé publique d'août 2004 », *op. cit.*

[2] Loi n° 2002-303 du 4 mars 2002 relative aux droits des malades et à la qualité du système de santé, article 79.

[3] IGAS, Santé, pour une politique de prévention durable, Rapport annuel 2003.

[4] F. ALLA, « La Charte d'Ottawa a trente ans : doit-elle encore faire référence ? », SP 2016, Vol. 28, n° 6, p. 717-720.

[5] F. BOURDILLON, G. BRÜCKER, D. TABUTEAU, *Traité de santé publique*, *op. cit.*

[6] *ibid.*

Par ailleurs, des faiblesses persistent dans le dispositif de prise en compte des inégalités sociales de santé. Dans son rapport sur ce sujet rendu en 2011[1] (il n'y a pas eu d'autres rapports sur cette problématique précise dans la décennie qui a suivi, ce qui peut indiquer une insuffisance d'intérêt des pouvoirs publics pour cette question), l'IGAS souligne qu'en France, dans les années 2010, les inégalités sociales de santé ne font pas l'objet d'une politique publique à part entière. Elles sont partiellement prises en compte dans les objectifs de santé publique mais sont le plus souvent traitées par le prisme de l'accès aux soins ou de la prise en charge des personnes vulnérables, « laissant de côté la question des autres déterminants sociaux de la santé[2] ». On le voit en effet dans la loi du 4 mars 2002, l'article L1110-1 du Code de la santé publique précisant qu'il faut « garantir l'égal accès de chaque personne aux soins nécessités par son état de santé[3] » ; mais aussi dans la loi HPST de 2009 qui souligne l'importance de « l'égal accès à des soins de qualité », prévoyant également la mise en place d'un « programme relatif à l'accès à la prévention et aux soins des personnes les plus démunies » au sein de chaque projet régional de santé. La loi de 2009 mentionne les inégalités de santé mais n'évoque pas leur dimension sociale[4]. Ce constat fait par l'IGAS rejoint celui de Monsieur Lang qui écrivait en 2015 que, paradoxalement, en dépit d'un solide socle de connaissances scientifiques disponible et d'une analyse approfondie de la question des inégalités sociales de santé par la recherche, « la réduction des inégalités sociales de santé demeure un enjeu politique relativement marginal en France et se trouve souvent borné à la question de l'inégalité dans l'accès aux soins[5] ».

L'IGAS souligne également que la prise en compte des inégalités sociales de santé se heurte aux difficultés du travail interministériel[6]. L'Inspection rappelle que « la politique de lutte contre les inégalités sociales de santé ne peut pas relever exclusivement des institutions en charge de la politique de santé[7] ». Il en ressort que résoudre le problème des inégalités sociales de santé est un objectif extrêmement difficile en soi, et à plus forte raison puisqu'il implique de coordonner les politiques de plusieurs ministères en charge de secteurs différents. On peut émettre l'hypothèse que réduire les inégalités

---

[1] IGAS, Les inégalités sociales de santé : Déterminants sociaux et modèles d'action, Rapport, 2011.

[2] *ibid.*

[3] Loi n° 2002-303 du 4 mars 2002 relative aux droits des malades et à la qualité du système de santé, article 3.

[4] Loi n° 2009-879 du 21 juillet 2009 portant réforme de l'hôpital et relative aux patients, à la santé et aux territoires.

[5] T. Lang, « Inégalités sociales de santé », *op. cit.*

[6] IGAS, Les inégalités sociales de santé : Déterminants sociaux et modèles d'action, *op. cit.*

[7] *ibid.*

sociales de santé, et donc « améliorer l'équité en santé[1] », est un objectif encore plus ambitieux que le premier objectif de la « santé dans toutes les politiques » qui est d'améliorer la santé. Il est donc logique de constater que dans un pays comme la France où la « santé dans toutes les politiques » est déjà peu affirmée pour poursuivre l'objectif d'amélioration de la santé, les mesures concernant les inégalités sociales de santé sont encore modestes.

Par ailleurs, on peut trouver une autre explication à la faible prise en compte de ce problème, dans le fait que « la part prise par la gestion de l'urgence dans l'activité de la direction générale de la santé peut être préjudiciable à l'élaboration, au développement de politiques de long terme, par exemple en faveur de la réduction des inégalités sociales et territoriales[2] ».

L'IGAS, en 2011, constate que les outils à disposition pour lutter contre les inégalités sociales de santé sont insuffisants ou mal utilisés : par exemple, les campagnes nationales de prévention ont tendance à être mieux appropriées par les classes favorisées, ce qui a pour effet de creuser les inégalités. À ce sujet, en effet, des experts en santé publique suggèrent que certaines interventions préventives de lutte contre le tabagisme, si elles ne sont pas réalisées dans une démarche d'éthique en santé, participent au renforcement des inégalités sociales de santé et risquent de porter préjudice à des groupes plus vulnérables[3].

De même, l'IGAS constate dans son rapport que les évaluations d'impacts en santé échouent à prendre en compte réellement les inégalités sociales de santé et que certaines initiatives locales d'action de « santé dans toutes les politiques » rencontrent elles aussi des limites. En effet, il est souligné qu'« il est possible d'avoir un objectif de prise en compte de la santé dans toutes les politiques publiques sans pour autant le relier à la réduction des inégalités sociales de santé[4] ».

La Direction de la Recherche, des Études, de l'Évaluation et des Statistiques (Drees), dans son rapport sur l'état de santé de la population

---

[1] Voir 8ème Conférence internationale pour la promotion de la santé, OMS, Déclaration d'Helsinki sur la santé dans toutes les politiques, Helsinki, Finlande, 2013, et plus précisément la définition donnée par ce texte de la « santé dans toutes les politiques ».

[2] D. TABUTEAU, « Crises et réformes », *op. cit.*

[3] S. SAETTA *et al.*, « Stigmatisation et santé publique : le côté obscur des interventions anti-tabac », SP 2020, Vol. 32, n° 5-6.

[4] IGAS, Les inégalités sociales de santé : Déterminants sociaux et modèles d'action, *op. cit.* L'IGAS explique dans son rapport les difficultés des gouvernants à appréhender la question des inégalités sociales de santé : d'une part, « la corrélation entre un déterminant de santé et un état de santé ne suffit pas à démontrer l'existence d'un lien de causalité », d'autre part, « les déterminants de la santé sont aussi partiellement imbriqués, et peuvent aussi se renforcer ». L'IGAS donne l'exemple de l'entourage et des conditions de vie, qui peuvent influencer les comportements et les choix individuels. Du fait de cette complexité inhérente à la question des inégalités sociales de santé, l'IGAS montre en quoi il est difficile de mesurer l'impact d'une politique publique sur ces déterminants, tout comme il est difficile d'identifier à quelle mesure l'évolution des indicateurs de santé est réellement imputable.

française, en 2011, souligne aussi l'importance d'agir sur les inégalités sociales de santé[1]. Elle fait notamment référence à une résolution adoptée par le Parlement européen en faveur de la réduction des inégalités de santé et s'appuyant sur l'objectif d'intégrer la santé dans toutes les politiques[2]. La Drees affirme que les inégalités sociales de santé « sont largement le résultat des autres inégalités sociales qui caractérisent un pays à un moment donné de son histoire et de son développement économique. Les actions à mener pour réduire les inégalités sociales de santé se situent donc en grande partie dans le champ d'autres politiques publiques, et notamment des politiques fiscales et sociales, éducatives et environnementales » et reconnaît, en se référant au rapport du HCSP de 2009 sur ce sujet, que « réaliser des progrès dans la lutte contre les inégalités sociales de santé ne pourra donc se faire qu'au prix d'un développement fort de l'interministérialité[3] ».

Le HCSP publie régulièrement sur le sujet des inégalités sociales de santé. Alors qu'en 2009, il alertait sur cette question avec son rapport « Les inégalités sociales de santé : sortir de la fatalité », il attire encore l'attention sur l'importance et l'urgence de mieux prendre en compte les inégalités sociales de santé, notamment chez les enfants, dans son avis relatif à la gestion de l'épidémie de covid-19 et inégalités sociales de santé des enfants, paru en 2020 et dans celui de 2022 relatif à l'évaluation d'impact des avis et rapports du HCSP sur les inégalités sociales et territoriales de santé.

Les premiers signes d'une révolution de la politique de santé française apparaissent dans les années 1990, marquées par des crises sanitaires et un contexte mondial ouvert à de nouveaux concepts. En résulte un cadre législatif enrichi, déployé à partir des années 2000. L'évolution de la législation sanitaire en France continue dans les années 2010 et forme un flux normatif porteur, dans une certaine mesure, de l'approche « santé dans toutes les politiques ».

---

[1] DREES, L'état de santé de la population en France, Rapport 2011.

[2] Résolution du Parlement européen sur la réduction des inégalités de santé dans l'UE, 8 mars 2011.

[3] DREES, L'état de santé de la population en France, *op. cit.*

Chapitre 6. Une faible absorption par le droit français

Entre les années 2010 et aujourd'hui, le système français s'imprègne peu à peu des concepts caractéristiques de l'approche « santé dans toutes les politiques ». Comme nous l'avons vu précédemment, la seule définition officielle donnée pour la « santé dans toutes les politiques » provient de la Déclaration d'Helsinki[1]. Deux constats seront développés ici.

D'une part, cette définition est largement consacrée aux conséquences des politiques publiques sur la santé. En effet, le terme de « conséquence » y apparaît deux fois, à travers les « conséquences sanitaires des décisions » et les « conséquences néfastes pour la santé ». Ces termes semblables ne sont pas davantage précisés dans les textes relatifs à la « santé dans toutes les politiques » issus de l'OMS et de l'Union européenne. Une distinction plus précise est néanmoins proposée par certains experts en santé publique : les conséquences « sanitaires » concernent le niveau de santé au sens strict du terme, c'est-à-dire l'absence ou la présence d'une pathologie, tandis que les conséquences « pour la santé » ont un périmètre plus large, c'est-à-dire la santé en tant qu'état complet de bien-être, au sens de l'OMS[2]. Nous aborderons ici la notion de conséquence sur la santé de façon large afin d'adapter l'analyse au cadre juridique français.

D'autre part, à la lecture de la définition de la « santé dans toutes les politiques », nous identifions des moyens pour favoriser la présence de la « santé dans toutes les politiques », à savoir la systématicité et la recherche de synergies.

Nous verrons en quoi cette exigence de prise en compte des conséquences des décisions publiques sur la santé échoue à intégrer réellement le droit français (Section 1) puis nous montrerons que malgré des efforts politiques et législatifs, peu de mesures ont été mises en place pour favoriser des synergies entre les enjeux de santé publique et ceux d'autres secteurs de l'action publique (Section 2).

---

[1] Pour rappel, « la santé dans toutes les politiques est une approche intersectorielle des politiques publiques qui tient compte systématiquement des conséquences sanitaires des décisions, qui recherche des synergies et qui évite les conséquences néfastes pour la santé afin d'améliorer la santé de la population et l'équité en santé » (8ème Conférence internationale pour la promotion de la santé, OMS, Déclaration d'Helsinki sur la santé dans toutes les politiques, Helsinki, Finlande, 2013).

[2] E. JEAN-GILLES, Comprendre l'évaluation de l'impact sur la santé et ses apports, Formation en épidémiologie sociale, EHESP, Janvier 2021.

Section 1. L'insuffisance du cadre juridique français pour assurer la prise en compte des conséquences sanitaires des décisions publiques

Comme le rappelle le Professeur Truchet, il existe un droit constitutionnel à la protection de la santé, consacré dans le Préambule de la Constitution du 27 octobre 1946, qui s'impose au législateur. Mais ce droit n'est pas absolu : « il doit être concilié avec d'autres droits, libertés ou règles constitutionnels qu'il limite ou qui le limitent [...] Le Conseil constitutionnel laisse au législateur une grande liberté pour faire cette conciliation[1] ». De même, on peut supposer que le législateur bénéficie d'une grande marge de manœuvre pour tenir compte des conséquences sanitaires de l'ensemble de ses décisions, dans tous les domaines.

Selon le Conseil d'État, l'évaluation « consiste à mesurer, observer et analyser les effets d'une politique publique, dès sa conception, pendant ou après sa mise en œuvre, pour produire des connaissances et permettre aux citoyens et aux acteurs publics de porter un jugement de valeur sur cette politique, avant de décider de façon éclairée. Elle ne porte pas uniquement sur les résultats de la politique évaluée, tels que le nombre de logements construits si l'on évalue la politique de logement social, mais sur ses effets, qui dépassent largement la focale quantitative, et s'efforce d'identifier les causes et modalités qui ont produit ces effets[2] ». C'est cette évaluation qui permet d'apprécier les conséquences des futures législations et politiques publiques, ainsi que celles qui sont déjà en vigueur.

La santé est très peu présente dans les études d'impact en France (1) et sa place n'est guère plus conséquente dans l'évaluation *in itinere* des politiques publiques (2).

1) La faible prise en compte de la santé dans les études d'impact en France

Au moment de la préparation d'un projet de loi, le ministère en charge du projet peut engager des discussions avec d'autres ministères, voire organiser des réunions ou des comités interministériels. Avant même de parler de travail interministériel, il doit veiller à associer « tout ministère qui peut être intéressé par le projet, en raison soit de la matière que traite ce projet [...], soit des catégories de personnes qu'il affecte [...][3] ». Il est donc possible de tenir compte des problématiques de santé dès le début d'une réforme, en associant au projet le ministère en charge de cette question lors des premières étapes de

[1] D. TRUCHET, *Droit de la santé publique*, 7ème édition, Dalloz, Mementos, 2009, 270 p.

[2] Conseil d'État, Conduire et partager l'évaluation des politiques publiques, Étude annuelle 2020.

[3] Premier Ministre, Secrétariat général du Gouvernement, Conseil d'État, Guide de légistique, 3ème édition mise à jour 2017, La Documentation française.

réflexion. Cependant, ce raisonnement a ses limites : il indique que l'on est encore loin d'une intégration de la santé dans toutes les politiques. L'association du ministre en charge de la santé à tout projet de réforme devrait être automatique. Selon l'approche « santé dans toute les politiques », il faudrait partir du principe que tout intéresse la santé.

En suivant cette façon de penser, le dernier paragraphe de l'article L1411-1 du Code de la santé publique, portant sur la préparation de « tout projet de loi portant sur la politique de santé » peut sembler incomplet car il se cantonne largement au secteur de la santé (nonobstant la mention des représentants des collectivités territoriales), quand la convocation de nombreux acteurs d'autres champs pourrait considérablement renforcer et enrichir les débats.

Au-delà de la réflexion ministérielle, la question de l'impact sur la santé peut se poser à différents niveaux : d'une part, en amont de l'adoption des lois au niveau national, d'autre part, en amont de la réalisation de projets au niveau local, en particulier en matière d'urbanisme. Différents types d'analyses d'impact sont possibles. Les études d'impact interviennent dans le processus de préparation de l'adoption d'une loi, tandis que les études d'impact en santé sont des outils d'aide à la décision, souvent au niveau local. Enfin, les évaluations environnementales sont un préalable à la mise en route de certains projets de construction.

Les études d'impact législatives

Une étude d'impact est une évaluation préalable d'un projet de réforme. Elle est censée apporter « une démonstration rigoureuse de la nécessité d'un nouveau texte et de la proportionnalité de la réponse juridique envisagée, en vue d'assurer un bon équilibre entre les objectifs d'intérêt général qui inspirent la réforme et la prise en compte des différents intérêts particuliers en présence[1] ». À première vue, cela peut être une application idéale de notre objet d'étude, puisqu'il s'agit dans une étude d'impact « d'envisager et de chiffrer, chaque fois que cela est possible, non seulement les bénéfices escomptés de la réforme, mais aussi l'ensemble des répercussions, même indirectes et même incertaines, qui sont susceptibles d'en résulter dans tous les champs d'analyse pertinents[2] ». Au Royaume-Uni, les études d'impact ont été développées à partir de 1985 dans les domaines des entreprises, de l'environnement et de la santé[3]. Le système français, quant à lui, malgré un renforcement du cadre juridique des études d'impact, peine encore à prendre véritablement en compte les conséquences sanitaires des futures lois.

---

[1] Premier Ministre, Secrétariat général du Gouvernement, Conseil d'État, Guide de légistique, *op. cit.*

[2] *ibid.*

[3] J-J. Hyest, Rapport fait au nom de la commission des Lois constitutionnelles, de législation, du suffrage universel, du Règlement et d'administration générale sur le projet de loi organique, adopté par l'Assemblée nationale, relatif à l'application des articles 34-1, 39 et 44 de la Constitution, Sénat, Rapport n° 196, 2009, 118 p.

En effet, le cadre juridique des études d'impact a été renforcé. À l'origine, les études d'impact menées en amont de l'adoption des textes de lois ont été régies par des circulaires. Elles ont acquis une valeur obligatoire lorsqu'elles ont été intégrées à la loi organique n° 2009-403 du 15 avril 2009, marquant une rupture avec les précédents régimes d'études d'impact[1]. À la suite de la révision constitutionnelle du 23 juillet 2008, l'article 39 de la Constitution, alinéa 3 énonce que « [...] La présentation des projets de loi déposés devant l'Assemblée nationale ou le Sénat répond aux conditions fixées par une loi organique ». La loi organique du 15 avril 2009 contient dans son chapitre II des « dispositions relatives à la présentation des projets de loi prises en vertu de l'article 39 de la Constitution ». Son article 8 prévoit que « les projets de loi font l'objet d'une étude d'impact. Les documents rendant compte de cette étude d'impact sont joints aux projets de loi dès leur transmission au Conseil d'État. Ils sont déposés sur le bureau de la première assemblée saisie en même temps que les projets de loi auxquels ils se rapportent ». Les études d'impact apparaissent comme « un outil d'aide à la décision publique[2] ». Elles répondent à un cahier des charges détaillé dans l'article 8 de la loi organique de 2009 : elles doivent notamment exposer avec précision « l'évaluation des conséquences économiques, financières, sociales et environnementales, ainsi que des coûts et bénéfices financiers attendus des dispositions envisagées pour chaque catégorie d'administrations publiques et de personnes physiques et morales intéressées, en indiquant la méthode de calcul retenue ».

Dans la loi organique ainsi que dans les travaux parlementaires qui l'ont précédée, ni le terme « social », ni le terme « environnemental » – qui pourrait aussi contenir des considérations de santé – ne sont explicités. Contrairement à l'analyse de certains observateurs, on peut ici déplorer un manque de détails sur ce point[3]. Certes, un parlementaire a demandé au gouvernement au cours du débat de préciser le terme « social », mais sa question était orientée vers la problématique de l'égalité homme-femme[4], et non de la santé. Les ambitions semblent en tout cas modestes : le Conseil d'État et le Secrétariat général du gouvernement considèrent que les impacts environnementaux détaillés dans

---

1 B.-L. COMBRADE, L'obligation d'étude d'impact des projets de loi, Dalloz, Nouvelle Bibliothèque de Thèses, 2017, 520 p.

2 J.-L. WARSMANN, Rapport fait au nom de la Commission des lois constitutionnelles, de la législation et de l'administration générale de la République sur le projet de loi organique (n° 1314) relatif à l'application des articles 34-1, 39 et 44 de la Constitution, Assemblée nationale, Rapport n° 1375, 2009, 188 p.

3 B.-L. COMBRADE, « À qui profite l'étude d'impact ? », PA 24/01/2012, n° 17, p. 6. : « Le législateur organique s'est montré prolixe lorsqu'il a précisé les nombreuses rubriques que devaient renseigner les études d'impact ».

4 AN, Compte rendu intégral, 3ème séance du 24 mars 2009, *JORF* du 25 mars 2009.

les études d'impact peuvent inclure les impacts escomptés des mesures prises pour le climat, parmi lesquels les impacts sanitaires peuvent figurer[1].

C'est précisément l'absence du terme « santé » dans la loi organique et dans la circulaire l'accompagnant qui représente, dès la mise en place du dispositif d'étude d'impact obligatoire, un obstacle à la prise en compte de la santé dans ces études. Sans surprise, les travaux parlementaires de la loi organique du 15 avril 2009 ne traitent guère des conséquences des lois sur la santé. La nécessité de prendre en compte les « conséquences humaines, sociales, environnementales » est, certes, soulignée par un parlementaire lors d'une discussion en séance publique à l'Assemblée nationale à l'occasion de la première lecture du texte de la loi organique. Ce parlementaire prend d'ailleurs l'exemple de la loi sur les organismes génétiquement modifiés[2], un sujet à la dimension sanitaire incontestable, mais il n'insiste pas sur cette dernière. Une autre parlementaire prend l'exemple du maintien à domicile des personnes âgées pour réaffirmer l'importance des études d'impact. Dans l'exemple de la gérontologie qu'elle développe, les questions sociales et de santé sont bien prises en compte[3].

Autre élément regrettable, la circulaire du Premier ministre datée du 15 avril 2009 relative à la mise en œuvre de la révision constitutionnelle ne demande pas la prise en compte systématique de la santé. En effet, la circulaire

---

[1] Premier Ministre, Secrétariat général du Gouvernement, Conseil d'État, Guide de légistique, Fiche 1.1.2 - Études et fiches d'impact, 28/12/2023.

[2] AN, Compte rendu intégral, 3ème séance du 16 janvier 2009, *JORF* du 17 janvier 2009 : « M. Jean MALLOT. […] Tout dépôt de projet de loi devrait être précédé par une phase de consultation et d'enquête publiques d'une durée minimum d'un mois. Au regard de l'histoire parlementaire récente, l'intérêt de telles dispositions semble évident. Je prends pour exemple la loi sur les organismes génétiquement modifiés. On imagine aisément qu'une phase d'enquête publique aurait pu permettre l'expression d'un certain nombre d'associations, de partis politiques ou d'organisations professionnelles, entre autres. Une telle concertation aurait sans doute permis de clarifier les questions restées en suspens et d'aboutir à un projet de loi dont la discussion aurait été plus rapide en évitant peut-être les rebondissements que nous avons connus au cours du débat. L'étude d'impact doit estimer les conséquences humaines, sociales, environnementales, économiques et financières ». Ce parlementaire précise : « Je parle bel et bien, chers collègues, de l'impact des projets de loi et de leurs conséquences humaines, sociales, économiques et environnementales, afin d'éclairer nos délibérations ».

[3] AN, Compte rendu intégral, 2ème séance du 17 janvier 2009, *JORF* du 18 janvier 2009 : « Mme Patricia ADAM. […] les études d'impact paraissent particulièrement nécessaires. Je prendrai l'exemple de la gérontologie. Certaines dispositions dont les conséquences sur les budgets des collectivités locales n'ont pas été mesurées placent les départements dans de grandes difficultés budgétaires. La nouvelle organisation des soins, prochainement à l'ordre du jour à travers le projet de loi « Hôpital, patients, santé et territoire », aura des répercussions directes sur la construction de maisons de retraite et le maintien à domicile des personnes âgées. […] Élue d'un département rural, je sais que certaines familles se sont refusées à demander des aides pour maintenir à domicile des personnes âgées dans des conditions décentes, de peur que les sommes allouées par les collectivités ne soient récupérées sur la succession. Aussi certaines personnes âgées ont-elles été maintenues à leur domicile dans des conditions dégradantes, attentatoires aux droits élémentaires de la personne. Une décision de ce type impose donc une évaluation financière, sociale et éthique pour éviter toutes conséquences graves ».

précise que « c'est au ministre principalement responsable du projet de réforme de prendre en charge la responsabilité de l'étude d'impact. Ses services doivent prendre l'attache du secrétariat général du Gouvernement dès la mise en chantier du projet de réforme dans le double but d'arrêter le cahier des charges de l'étude et de déterminer les concours susceptibles d'être recherchés auprès d'autres administrations pour contribuer aux travaux d'évaluation préalable ». L'étude d'impact pour un projet de loi sur les transports sera donc menée avant tout par le ministère en charge de cette question, et l'invitation d'un autre ministère dans la démarche se fera au cas par cas. Loin de l'esprit de la « santé dans toutes les politiques », il n'y a donc rien de systématique ici.

Néanmoins, une fois la première version de l'étude d'impact rédigée par le ministère porteur, « le projet d'étude d'impact est ensuite communiqué, pour observations, aux autres ministères, par le coordonnateur de l'étude d'impact. Cette étape doit permettre d'identifier les éventuelles réserves ou écarts dans les chiffrages, de collecter les compléments attendus et de s'assurer que les éléments de diagnostic, la présentation des termes des options possibles et l'évaluation des incidences de la réforme recueillent un consensus suffisant[1] ». Cela donne une autre occasion aux ministres de s'interroger sur les éventuels impacts du projet sur la santé.

Ainsi, le dispositif mis en place par la loi organique du 15 avril 2009 se révèle particulièrement limité en qui concerne l'identification des impacts sanitaires *stricto sensu*.

Indépendamment des questions de santé, le dispositif d'études d'impact souffre déjà de limites, à commencer par les modalités restreintes de contestation de l'étude d'impact[2] déposée devant l'Assemblée ou le Sénat ainsi qu'à l'application qu'en a fait le Conseil constitutionnel lors de son unique saisine sur une telle contestation, en 2014[3]. En effet, selon le cas de figure prévu par l'alinéa 4 de l'article 39 de la Constitution, la Conférence des présidents de la première assemblée peut exprimer des réserves sur l'étude d'impact : « Les projets de loi ne peuvent être inscrits à l'ordre du jour si la Conférence des présidents de la première assemblée saisie constate que les règles fixées par la loi organique sont méconnues. En cas de désaccord entre la Conférence des présidents et le Gouvernement, le président de l'assemblée intéressée ou le Premier ministre peut saisir le Conseil constitutionnel qui

[1] Premier Ministre, Secrétariat général du Gouvernement, Conseil d'État, Guide de légistique, *op. cit.*

[2] Ces modalités sont de plus en plus restreintes : voir J.-P. DEROSIER, « L'impact toujours plus faible des études d'impact », Constitutions 2018, p. 379, au sujet de la décision du Cons. const., 6 sept. 2018, *Loi pour une immigration maîtrisée, un droit d'asile effectif et une intégration réussie*, n° 2018-770 DC : « l'étude d'impact ne peut désormais être contestée qu'au stade de la Conférence des présidents de la première assemblée, sans que ceux de la seconde ne puissent dire ou faire quoi que ce soit, alors qu'ils sont censés pouvoir en bénéficier ».

[3] J.-P. DEROSIER, « L'impact toujours plus faible des études d'impact », *op. cit.*

statue dans un délai de huit jours[1] ». Selon le Professeur Derosier, cette situation ne s'est présentée qu'une fois. Il s'agissait du projet relatif à la délimitation des régions, aux élections régionales et départementales et modifiant le calendrier électoral. Dans sa décision du 1er juillet 2014[2], le Conseil constitutionnel « s'est cantonné à un examen très formel, se bornant à relever que les différents points mentionnés à l'article 8 de la loi organique du 15 avril 2009 faisaient effectivement l'objet de développements dans l'étude d'impact, annexée au projet de loi, sans examiner si ces développements étaient eux-mêmes satisfaisants[3] ».

L'évaluation de la qualité de ces études par le Comité d'évaluation et de contrôle des politiques publiques ou par les citoyens semble elle aussi très limitée[4]. Certains pointent aussi le risque que les études d'impact soient utilisées pour légitimer les projets de lois, le gouvernement étant en fait juge et partie[5].

En revanche, l'article 8 alinéa 1 de la loi organique du 15 avril 2009 pose l'obligation de transmission de chaque étude d'impact au Conseil d'État en même temps que le projet de loi. Par une interprétation extensive de cette disposition, le Conseil d'État opère, depuis, un contrôle de l'étude d'impact tant sur son existence même que sur son contenu[6]. Par exemple, dans son avis sur un projet de loi relatif au développement de l'offre de logements abordables, daté du 2 mai 2024, le Conseil d'État note que « l'étude d'impact répond dans l'ensemble aux exigences de l'article 8 de la loi organique n° 2009-403 du 15 avril 2009, pris pour l'application du troisième alinéa de l'article 39 de la Constitution, sous réserve de remarques ponctuelles qui sont formulées à l'occasion de l'examen de certaines dispositions du texte[7] ».

Une autre limite tient au fait que sont exclus du dispositif les propositions de loi et les amendements d'origine gouvernementale ou parlementaire[8]. L'article 11 de la loi organique de 2009 prévoit également que sont notamment

---

[1] Article 39 de la Constitution du 4 octobre 1958.

[2] Cons. const., 1er juill. 2014, *Présentation du projet de loi relatif à la délimitation des régions, aux élections régionales et départementales et modifiant le calendrier électoral*, n° 2014-12 FNR.

[3] J.-P. DEROSIER, « L'impact toujours plus faible des études d'impact », *op. cit.*

[4] B.-L. COMBRADE, « À qui profite l'étude d'impact ? », *op. cit.* : « Le CEC [le Comité d'évaluation et de contrôle des politiques publiques] n'a, pour l'heure, jamais été saisi afin d'apprécier la qualité d'une étude d'impact. Quant au mécanisme de recueil en ligne des avis de citoyens en matière d'études d'impact sur le site de l'Assemblée nationale, son succès reste mitigé ».

[5] *ibid.*

[6] B.-L. COMBRADE, L'obligation d'étude d'impact des projets de loi, *op. cit.*

[7] Conseil d'État, Avis sur un projet de loi relatif au développement de l'offre de logements abordables, NOR TREL2410050L/Verte-1, 2 mai 2024, 17 p.

[8] X. BIOY, « L'objectif de protection de la santé publique sort renforcé de l'examen constitutionnel de la « loi Touraine » », AJDA 2016, n° 126, où l'auteur cite Cons. const., 9 avr. 2009, *Loi organique relative à l'application des articles 34-1, 39 et 44 de la Constitution*, n° 2009-579 DC.

exclus de l'obligation d'étude d'impact les projets de révision constitutionnelle, les projets de loi de finances et les projets de loi de financement de la sécurité sociale[1]. L'élargissement des études d'impact aux projets de loi de financement de la sécurité sociale a été proposé lors du débat sur le texte mais n'a finalement pas été retenu. Comme l'avait suggéré la députée Catherine Lemorton, les projets de loi de financement de la sécurité sociale ont par définition des conséquences humaines et sociales. Celle-ci donne l'exemple des franchises médicales, présentes dans le projet de loi de financement de la sécurité sociale pour 2008, dépourvu d'étude d'impact, alors que l'existence de ces franchises mène pour certains citoyens à une privation ou à un retard de soins[2]. Le député Jean-Luc Warsmann a lui aussi déposé un amendement permettant d'étendre le champ des études d'impact aux dispositions des lois de finances et des lois de financement de la sécurité sociale mais sans succès[3]. D'autres amendements similaires ont été déposés mais n'ont pas été adoptés[4].

Une autre voie a été proposée lors du débat sur l'adoption de la loi organique de 2009 encadrant les études d'impact, mais ne fut pas retenue. Elle aurait pu contribuer à la prise en compte de la santé dans les projets de lois, parallèlement aux études d'impact. Un amendement a été déposé en première puis en deuxième lecture : il était proposé de « rendre obligatoire la consultation de la Commission nationale consultative des droits de l'homme avant le dépôt de tout projet de loi[5] ». Les députés arguaient que « quel que soit leur objet, toutes les lois sont susceptibles de concerner et donc d'affecter un droit ou une liberté fondamentale. Qu'il s'agisse du droit de l'urbanisme, du droit fiscal, du droit de la santé, du droit des collectivités locales, les libertés et droits fondamentaux doivent non seulement être respectés par les lois mais encore concrétisés par celles-ci[6] ».

Les capacités limitées du dispositif existant à prendre en compte la santé dans les projets de loi ont été mentionnées. Contrairement à certains pays qui ont fait le choix de contraindre les ministères à mesurer l'impact potentiel de

---

[1] Sauf pour certaines dispositions de ces textes particuliers (voir Premier Ministre, Secrétariat général du Gouvernement, Conseil d'État, Guide de légistique, *op. cit.*, p. 16-17 du guide).
[2] AN, Compte rendu intégral, 3ème séance du 16 janvier 2009, *op. cit.*
[3] *ibid.*
[4] Amendement n° 3736 présenté par Mme BILLARD, M. MAMERE, M. COCHET et M. DE RUGY : « Article 10 : À l'alinéa 1, supprimer les mots : « aux projets de loi de financement de la sécurité sociale ». Exposé sommaire : Il est important d'accompagner les projets de loi de financement de la sécurité sociale par des études d'impact. Cela aurait par exemple permis de questionner la pertinence en termes économiques et sociales, de santé publique et pour les finances des comptes sociaux de mesures telles que les franchises médicales ».
[5] Amendements n° 2991 à 3012 présentés par M. URVOAS et M. VALLS : « Avant de déposer un projet de loi sur le bureau de l'une des assemblées parlementaires, le Gouvernement procède à la consultation des autorités administratives indépendantes compétentes. Leurs avis sont rendus publics » ; « La Commission nationale consultative des droits de l'homme est consultée et rend public son avis dans un délai de deux semaines ».
[6] *ibid.*

leurs actions – y compris des lois sur le point d'être adoptées – sur la santé, la France n'a pas fait un tel choix. Le Québec, sans doute plus imprégné que la France des idéaux promus par les chartes mondiales sur la promotion de la santé adoptées successivement depuis plus de quarante ans, a adopté dans sa loi de santé publique de 2001, à l'article 54, l'obligation pour l'ensemble des ministères et organismes de consulter le ministre en charge de la Santé lors de l'élaboration des lois et règlements pouvant influer sur la santé de la population[1].

Les études d'impact de la loi du 30 octobre 2018 et de la loi du 14 décembre 2020 sont présentées ici pour illustrer les propos développés précédemment sur les études d'impact. Dix mois avant l'adoption de la loi n° 2018-938 du 30 octobre 2018 pour l'équilibre des relations commerciales dans le secteur agricole et alimentaire et une alimentation saine, durable et accessible à tous, une étude d'impact a été réalisée[2]. En vue de l'adoption de cette loi qui promeut une transition alimentaire et agricole en France, notamment grâce à l'alimentation biologique dans la restauration collective[3], l'étude contient quinze articles thématiques directement liés aux modifications que le projet de texte apporterait au droit positif.

La dimension sanitaire des questions agricoles et alimentaires est clairement reconnue dans cette étude. En effet, il est rappelé que les États généraux de l'alimentation, ayant réuni l'ensemble des parties prenantes dès l'été 2017[4], ont permis notamment d'identifier « la restauration collective comme un levier majeur d'une alimentation favorable à la santé, définie, en concertation avec le Comité national de l'alimentation, comme réunissant « les propriétés qui lui permettent de satisfaire les besoins nutritionnels – en quantité et en qualité – et les exigences en matière de sécurité sanitaire, contribuant ainsi à préserver le bien-être physique, mental et social, de chacun, à court et long terme et, plus largement, la santé de la population » ». Selon l'étude, la restauration collective « permet à la fois d'améliorer la qualité des repas, de sensibiliser plus largement les convives aux fondamentaux d'une

[1] LégisQuébec, Loi sur la santé publique, Article 54 : « Le ministre est d'office le conseiller du gouvernement sur toute question de santé publique. Il donne aux autres ministres tout avis qu'il estime opportun pour promouvoir la santé et adopter des politiques aptes à favoriser une amélioration de l'état de santé et de bien-être de la population. À ce titre, il doit être consulté lors de l'élaboration des mesures prévues par les lois et règlements qui pourraient avoir un impact significatif sur la santé de la population ».

[2] Étude d'impact du projet de loi pour l'équilibre des relations commerciales dans le secteur agricole et alimentaire et une alimentation saine et durable, 30 janvier 2018.

[3] Lors des États généraux de l'alimentation, il a été reconnu que « la restauration collective, en raison de son importance économique et de son organisation mais aussi par son rôle éducatif, constitue un fort levier d'action pour engager cette transformation » (*ibid*).

[4] Comme le rappelle l'étude d'impact, « les états généraux ont réuni l'ensemble des acteurs : monde agricole et de la pêche, industrie agroalimentaire, coopération agricole, distribution, consommateurs, restauration collective, élus, partenaires sociaux, acteurs de l'économie sociale et solidaire, de la santé, organisations non gouvernementales (ONG), associations caritatives et d'aide alimentaire à l'international, banques et assurances » (*ibid*).

alimentation saine et de favoriser la structuration de plateformes régionales ou locales, facilitant l'accès des agriculteurs à ces marchés ». Ces considérations permettent de justifier la démarche d'une loi dédiée aux questions agricoles et alimentaires. Cependant, il manque une réflexion sur les véritables impacts que le texte aurait sur la santé.

En effet, des considérations sanitaires sans grande profondeur surviennent dans un passage de l'étude d'impact consacré aux impacts environnementaux. Le dernier paragraphe de ce passage est dédié à la santé humaine : « En outre l'agriculture biologique induit des externalités concernant la santé humaine, par une moindre exposition aux pesticides de synthèse et, par extension, aux perturbateurs endocriniens, par la réduction des émissions agricoles polluantes dans l'atmosphère et par un plus faible usage des antibiotiques dans l'élevage, ce qui limite l'impact sur la santé en luttant contre l'antibiorésistance[1] ».

L'étude d'impact pour la loi n° 2020-1578 du 14 décembre 2020 relative aux conditions de mise sur le marché de certains produits phytopharmaceutiques en cas de danger sanitaire pour les betteraves sucrières n'est pas davantage approfondie en matière d'impact sur la santé. Depuis 2016, l'article L253-8 du Code rural et de la pêche maritime prévoit que « l'utilisation de produits phytopharmaceutiques contenant une ou des substances actives de la famille des néonicotinoïdes et des semences traitées avec ces produits est interdite à compter du 1er septembre 2018 (…) », à l'exception de certains cas dérogatoires. Les néonicotinoïdes sont des insecticides très efficaces qui permettent d'éviter des pertes de rendement entraînées par des populations importantes d'insectes nuisibles aux cultures. Ils présentent cependant un risque élevé pour tous les autres insectes non-cibles, notamment les pollinisateurs, ainsi qu'une contamination importante des sols et des eaux. Au printemps 2020, la Confédération générale des planteurs de betteraves a alerté le ministère de l'Agriculture et de l'Alimentation sur la situation exceptionnelle d'infestations massives de pucerons vecteurs d'une maladie virale, pouvant engendrer des pertes colossales pour la filière et même sa pérennité future. Sur ce constat, la loi du 14 décembre 2020 institue une dérogation ponctuelle à l'interdiction d'utilisation des produits phytopharmaceutiques contenant une ou des substances actives de la famille des néonicotinoïdes prévue dans le Code rural et de la pêche maritime. L'étude d'impact de cette loi rappelle la nécessité « d'assurer la protection de l'environnement et de la santé humaine[2] ». Elle mentionne des indicateurs de risque pour la santé humaine, sans les préciser, et n'entre pas plus dans les détails en ce qui concerne l'impact sur la santé des mesures envisagées.

---

[1] *ibid.*

[2] Étude d'impact du projet de loi relatif aux conditions de mise sur le marché de certains produits phytopharmaceutiques en cas de danger sanitaire, 3 septembre 2020.

Outre le fait que la santé occupe une place à la marge dans ces études d'impact, cette section a montré que la santé est appréhendée essentiellement du point de vue de la question de l'évitement d'impacts négatifs, et qu'il y a rarement une réflexion sur d'éventuels impacts positifs des projets sur la santé.

Les études d'impact spécifiques

L'étude d'impact en santé peut être mise en œuvre par les collectivités locales désireuses d'apprécier la dimension sanitaire de certains projets d'urbanisme, tandis que l'évaluation environnementale est requise pour la réalisation de certains projets de construction ou d'installation.

L'étude d'impact en santé est un outil à disposition des collectivités locales pour leurs projets d'urbanisme et d'aménagement du territoire. Cette étude d'impact spécifiquement sanitaire souffre d'une absence de reconnaissance juridique, n'ayant ainsi aucun caractère contraignant. Elle est pourtant une manifestation de la « santé dans toutes les politiques » au niveau local. Selon le Haut Conseil de la santé publique (HCSP), l'étude d'impact en santé est une démarche d'aide à la décision qui vise à identifier « les mesures et les solutions appropriées pour diminuer les effets négatifs et augmenter les effets positifs d'un projet en amont de sa réalisation[1] ». L'étude d'impact en santé reflète fidèlement l'esprit de la « santé dans toutes les politiques » car elle est une « démarche basée sur une approche globale de la santé permettant d'évaluer l'ensemble des impacts potentiels d'un projet sur un large panel de déterminants de santé et de qualité de vie[2] ». L'idée que l'étude d'impact en santé soit la seule démarche qui puisse véritablement mettre en œuvre la « santé dans toutes les politiques » avait été avancée lors de la promotion de cette approche par la Finlande en 2006 devant les instances de l'Union européenne[3].

L'étude d'impact en santé intègre la population au processus de décision et vise à apporter des recommandations en faveur de la santé et de l'équité[4]. Cet outil permet d'évaluer de façon globale les impacts sur la santé d'un projet d'urbanisme. Si l'on parle surtout de projets d'urbanisme pour les études d'impact en santé, c'est parce que 70% d'entre elles dans le monde sont faites

---

[1] HCSP, Identification des outils nécessaires à l'évaluation des impacts sur la santé, et des impacts socio-économiques associés, dans les documents de planification territoriale relatifs aux déplacements ainsi qu'à l'urbanisme et aux logements, Synthèse, 2018, 178 p.

[2] *ibid* ; Voir également HCAAM, Refonder les politiques de prévention et de promotion de la santé, Avis, 28 juin 2017, 36 p. : « Située en amont du processus de décision, l'étude d'impact en santé est un outil majeur de la mise en œuvre de « la santé dans toutes les politiques » dans le but de réduire les inégalités sociales de santé ». Voir aussi F. BERT *et al.*, « How can we bring public health in all policies? Strategies for healthy societies », JPHR 2015, Vol. 4, n° 393.

[3] T. STAHL *et al.*, Health in All Policies : Prospects and potentials, Min. finlandais Aff. sociales et de la santé, Observatoire européen des systèmes et des politiques de santé, 2006, 299 p.

[4] HCSP, Identification des outils nécessaires à l'évaluation des impacts sur la santé, et des impacts socio-économiques associés, dans les documents de planification territoriale relatifs aux déplacements ainsi qu'à l'urbanisme et aux logements, *op. cit.*

sur des politiques et projets d'aménagement urbain[1]. Cela s'explique par le fait que l'urbanisme impacte énormément les déterminants de la santé. Déjà utilisée dans d'autres pays[2], l'étude d'impact en santé a été expérimentée en France surtout à partir des années 2010. Cela confirme ici notre hypothèse déjà évoquée selon laquelle les années 2000 et dans une plus large mesure les années 2010, ont marqué l'entrée de notre objet d'étude dans le système politique et juridique français, du fait d'une pression exercée par le contexte international de santé publique. L'un des exemples les plus connus dans le secteur de la santé publique français est l'étude d'impact en santé de Plaine Commune, un projet de transport en commun permettant de désenclaver une partie du territoire de la Seine-Saint-Denis, réalisé par l'Observatoire régional de santé d'Île-de-France et commandité par l'Agence régionale de santé. La candidature de Paris 2024 aux Jeux olympiques a elle aussi fait l'objet d'une étude d'impact en santé, présentée à Paris 2024, aux élus Santé et Sport de la Ville de Paris, puis aux collectivités territoriales de Seine-Saint-Denis en 2018. D'autres études d'impact en santé sont menées actuellement, par exemple en Pays-de-la-Loire, Grand-Est, Nouvelle-Aquitaine et Bretagne.

N'ayant pas de fondement juridique, l'étude d'impact en santé se fait sur la base du volontariat au sein des collectivités locales. D'un côté, cela peut s'expliquer par la volonté de laisser une marge de manœuvre aux collectivités locales, et d'éviter de décourager des initiatives, d'autant plus que les collectivités sont déjà soumises à l'évaluation environnementale pour nombre de leurs projets[3]. La variété d'études d'impact en santé menée en France jusqu'à présent laisse à supposer que l'absence de cadre légal n'est pas un problème. On peut penser que cette dynamique contribue à nourrir le flux normatif hétérogène en faveur de l'intégration de la santé dans toutes les politiques, à différents niveaux de décisions, car ces études peuvent dans certains cas conduire à l'adoption de normes juridiques.

D'un autre côté, le HCSP alerte sur le manque de prise en compte de la santé dans les projets d'urbanisme. Dans son rapport de 2018 intitulé « Pour une meilleure intégration de la santé dans les documents de planification

---

[1] E. JEAN-GILLES, Comprendre l'évaluation de l'impact sur la santé et ses apports, Formation en épidémiologie sociale, *op. cit.*

[2] Par exemple aux États-Unis, où des études d'impact en santé menées notamment à San Francisco ont contribué à faire adopter des lois protectrices de la santé (L-N. GASE, R. PENNOTTI, K-D. SMITH, « "Health in All Policies": Taking Stock of Emerging Practices to Incorporate Health in Decision Making in the United States », JPHMP 2013, Vol. 19, n° 6, p. 529-540).
Dans STAHL *et al.*, Health in All Policies : Prospects and potentials, *op. cit.*, daté de 2006, un tableau récapitulatif d'une étude sur les études d'impact menées en Europe donne des exemples d'EIS menées dans 21 pays européens, mais la France n'y figure pas (p. 325). À l'époque, les études d'impact en santé en France étaient encore marginales.

[3] HCSP, Identification des outils nécessaires à l'évaluation des impacts sur la santé, et des impacts socio-économiques associés, dans les documents de planification territoriale relatifs aux déplacements ainsi qu'à l'urbanisme et aux logements, *op. cit.*

territoriale[1] » il recommande en priorité d'adapter le Code de l'urbanisme de manière à prendre systématiquement en compte la santé, notamment dans l'évaluation environnementale. En outre, le système des études d'impact en santé rencontre ses limites, notamment lorsque le projet avance si vite que l'étude et les recommandations qu'elle contient arrivent trop tard, le projet étant déjà mis en œuvre[2]. Un tel écueil pourrait être évité grâce à un cadre juridique fixant des délais à respecter.

En ce qui concerne l'évaluation environnementale, elle est l'étude d'impact spécifique aux incidences environnementales et sanitaires. Les évaluations des impacts environnementaux sont recensées et étudiées depuis plusieurs décennies par les experts en santé publique dans différents pays. Elles sont vues comme un élément précurseur à l'étude d'impact en santé[3]. À partir des années 2000, le cadre juridique entourant les conséquences environnementales des travaux et projets d'aménagement entrepris par une collectivité publique s'étoffe en France, notamment pour répondre aux exigences européennes. Après l'adoption de la directive n° 2001/42/CE du 27 juin 2001[4], la France a adopté l'ordonnance n° 2004-489 du 3 juin 2004[5] afin de transposer les dispositions européennes. Par la suite, la loi Grenelle II du 12 juillet 2010[6] a fait évoluer ce cadre juridique. L'évaluation environnementale est donc à présent précisément encadrée par la loi. La dimension sanitaire que l'on décèle à la lecture de son encadrement par les Codes de l'environnement et de l'urbanisme reste toutefois modeste.

Les exigences légales et réglementaires sont plus précises que pour les études d'impact classiques. L'évaluation environnementale est prévue pour les « projets qui, par leur nature, leur dimension ou leur localisation, sont susceptibles d'avoir des incidences notables sur l'environnement ou la santé humaine[7] ». Ces projets font l'objet d'une évaluation environnementale « en fonction de critères et de seuils définis par voie réglementaire et, pour certains d'entre eux, après un examen au cas par cas[8] ». L'évaluation environnementale est systématique dans certains cas[9]. L'article L122-1 du Code de l'environnement précise que l'on entend par projet « la réalisation de travaux

---

[1] HCSP, Pour une meilleure intégration de la santé dans les documents de planification territoriale, Rapport, Avril 2018, 200 p.

[2] E. Jean-Gilles, Comprendre l'évaluation de l'impact sur la santé et ses apports, Formation en épidémiologie sociale, *op. cit.*

[3] *ibid.*

[4] Directive n° 2001/42/CE du 27 juin 2001 relative à l'évaluation des incidences de certains plans et programmes sur l'environnement.

[5] Ordonnance n° 2004-489 du 3 juin 2004 portant transposition de la directive n° 2001/42/CE du Parlement européen et du Conseil du 27 juin 2001 relative à l'évaluation des incidences de certains plans et programmes sur l'environnement.

[6] Loi n° 2010-788 du 12 juillet 2010 portant engagement national pour l'environnement.

[7] Art. L122-1 du Code de l'environnement.

[8] *ibid.*

[9] Art. L122-4 du Code de l'environnement.

de construction, d'installations ou d'ouvrages, ou d'autres interventions dans le milieu naturel ou le paysage, y compris celles destinées à l'exploitation des ressources du sol ». Il peut s'agir par exemple de la construction d'équipements sportifs et de loisirs susceptibles d'accueillir plus de 5 000 personnes[1]. Ces projets, en raison de leur nature, doivent faire l'objet d'une telle évaluation, dont le périmètre est certes plus spécifique et restreint, mais aussi beaucoup plus détaillé et exigeant que les études d'impacts classiques vues précédemment. En effet, l'article L122-1 du Code de l'environnement prévoit que « L'évaluation environnementale permet de décrire et d'apprécier de manière appropriée, en fonction de chaque cas particulier, les incidences notables directes et indirectes d'un projet sur les facteurs suivants : 1° La population et la santé humaine ; 2° La biodiversité [...] ; 3° Les terres, le sol, l'eau, l'air et le climat ; [...] ». La santé est placée au premier rang de ces éléments qui, nous l'avons vu, peuvent tous concourir à la préservation et à l'amélioration de la santé publique ou inversement, lui nuire. Les exigences en matière d'évaluation environnementale sont élevées, comme en témoignent le long chapitre du Code de l'environnement dédié à l'évaluation environnementale ainsi que la longue partie réglementaire qui la complète.

L'article R122-5 précise que la description de ces éventuelles incidences notables « porte sur les effets directs et, le cas échéant, sur les effets indirects secondaires, cumulatifs, transfrontaliers, à court, moyen et long termes, permanents et temporaires, positifs et négatifs du projet[2] ».

Ce dispositif s'inscrit dans un contexte d'adaptation du droit interne aux exigences européennes. Dans un arrêt du 15 avril 2021[3], le Conseil d'État a accueilli la demande de deux associations de protection de l'environnement, allant ainsi dans le sens d'un meilleur respect des exigences européennes en matière d'évaluation environnementale. Le juge administratif annule en effet le décret n° 2018-435 du 4 juin 2018 modifiant des catégories de projets, plans et programmes relevant de l'évaluation environnementale, soulignant que ce texte prévoit un seuil en-deçà duquel l'évaluation environnementale n'est pas nécessaire pour les plus petits équipements sportifs et de loisirs, ce qui est contraire au principe de non-régression et à la directive n° 2011/92/UE du Parlement européen et du Conseil du 13 décembre 2011 concernant l'évaluation des incidences de certains projets publics et privés sur

[1] J-M. PASTOR, « Le principe de non-régression n'exige pas une évaluation environnementale systématique », DAc, 19 déc. 2017.

[2] Cet article précise également : « Le contenu de l'étude d'impact est proportionné à la sensibilité environnementale de la zone susceptible d'être affectée par le projet, à l'importance et la nature des travaux, installations, ouvrages, ou autres interventions dans le milieu naturel ou le paysage projetés et à leurs incidences prévisibles sur l'environnement ou la santé humaine ».

[3] CE, 6ème - 5ème ch. réunies, 15 avr. 2021, *Association France Nature Environnement (FNE) et Association France Nature Environnement Allier*, n° 425424, Lebon (Tables) (AJDA 2021, p. 829 ; RDI 2021, p. 336, obs. J.-C. ROTOULLIE).

l'environnement[1]. Il juge que le décret attaqué exclut certains projets de toute évaluation environnementale sur le seul critère de leur dimension, sans comporter de dispositions permettant de soumettre à une évaluation environnementale des projets qui, en raison d'autres caractéristiques telles que leur localisation, sont susceptibles d'avoir une incidence notable sur l'environnement ou la santé humaine[2], et pousse les pouvoirs publics à mettre en œuvre la notion de « clause-filet[3] » en matière d'évaluation environnementale telle que prévue par la directive européenne de 2011 précitée[4]. Sur cette question, la CJUE a rappelé plusieurs fois que même des projets de petite dimension peuvent avoir des incidences notables sur l'environnement du fait de leur nature ou de leur localisation et doivent ainsi faire l'objet d'une telle évaluation[5]. Outre l'annulation du décret, le Conseil d'État enjoint au Premier ministre de prendre, dans un délai de neuf mois, les dispositions permettant qu'un projet susceptible d'avoir une incidence notable sur l'environnement ou la santé humaine pour d'autres caractéristiques que sa dimension, notamment sa localisation, puisse être soumis à une évaluation environnementale[6].

En réponse à cette décision ainsi qu'à la mise en demeure de la France par la Commission européenne relative à la transposition de la directive n° 2011/92/UE du 13 décembre 2011 concernant l'évaluation des incidences de certains projets publics et privés sur l'environnement, un décret portant diverses réformes en matière d'évaluation environnementale et de participation du public dans le domaine de l'environnement a été adopté le 29 juin 2021[7]. Ce texte a aussi pour but de finaliser les mesures d'adaptation de la loi n° 2019-1147 du 8 novembre 2019 relative à l'énergie et au climat et

---

[1] Voir notamment M. Coussi, L-N. Harada, « L'évaluation environnementale regagne du terrain, Note sous CE, 6ème et 5ème ch. réunies, 15 avril 2021, n° 425424, Associations France Nature Environnement et France Nature Environnement Allier », BDEI, 1er juillet 2021, n° 94.

[2] CE, 6ème - 5ème ch. réunies, 15 avr. 2021, *Association France Nature Environnement (FNE) et Association France Nature Environnement Allier*, *op. cit.*

[3] Selon l'article 2 de la directive n° 2011/92/UE du Parlement européen et du Conseil du 13 décembre 2011 concernant l'évaluation des incidences de certains projets publics et privés sur l'environnement, « Les États membres prennent les dispositions nécessaires pour que, avant l'octroi de l'autorisation, les projets susceptibles d'avoir des incidences notables sur l'environnement, notamment en raison de leur nature, de leurs dimensions ou de leur localisation, soient soumis à une procédure de demande d'autorisation et à une évaluation en ce qui concerne leurs incidences ».

[4] J-C. Rotoullie, « Évaluation environnementale et « clause filet », Note sous CE, 15 avril 2021, n° 425424, Associations France Nature Environnement et France Nature Environnement Allier, Lebon », RDIm 2021, p. 336.

[5] *ibid.* L'auteur cite pour exemple CJCE, 20/11/2008, *Commission contre Irlande*, n° C-66/06, ECLI:EU:C:2008:637, Rec. I-00158.

[6] CE, 6ème - 5ème ch. réunies, 15 avr. 2021, *Association France Nature Environnement (FNE) et Association France Nature Environnement Allier*, *op. cit.*

[7] Décret n° 2021-837 du 29 juin 2021 portant diverses réformes en matière d'évaluation environnementale et de participation du public dans le domaine de l'environnement. V. J-M. Pastor, « Correctifs sur la procédure d'évaluation environnementale », AJDA 2021, p. 1359.

du décret n° 2020-844 du 3 juillet 2020 relatif à l'autorité environnementale et à l'autorité chargée de l'examen au cas par cas[1]. Cependant, la question n'était pas tout à fait close car la clause filet n'apparaissait pas clairement dans le décret de juin 2021. C'est pourquoi le 13 octobre 2021, un décret est pris en application de l'article 40 de la loi n° 2020-1525 du 7 décembre 2020 d'accélération et de simplification de l'action publique. Ce décret[2] élargit les cas où une évaluation environnementale est nécessaire, par exemple en cas de révision d'un Plan local d'urbanisme[3]. Le décret du 25 mars 2022 relatif à l'évaluation environnementale des projets va dans le même sens[4], et sera suivi du décret n° 2024-529 du 10 juin 2024 portant diverses dispositions relatives à l'évaluation environnementale des projets. Malheureusement, ce dernier texte ouvre en revanche de larges possibilités pour les élevages intensifs d'échapper aux évaluations environnementales, ce qui va à l'encontre des intérêts sanitaires et environnementaux.

Pour les cas non concernés par les études d'impact qui viennent d'être présentées, une étude d'incidence environnementale a été introduite par le décret du 26 janvier 2017[5]. Prévue par l'article R181-14 du Code de l'environnement, l'étude d'incidence environnementale doit être proportionnée à l'importance du projet et à son incidence prévisible sur l'environnement. Parmi les critères à respecter fixés par le décret de 2017, l'étude d'incidence environnementale doit présenter « les mesures envisagées pour éviter et réduire les effets négatifs notables du projet sur l'environnement et la santé, les compenser s'ils ne peuvent être évités ni réduits et, s'il n'est pas possible de les compenser, la justification de cette impossibilité[6] ».

Si l'évaluation environnementale donne incontestablement une place aux incidences sanitaires des projets menés, elle reste avant tout, comme son nom l'indique, une évaluation des incidences environnementales des projets. Une évaluation « environnementale et sanitaire » aurait sans doute été bien différente, car actuellement, l'articulation entre les incidences sanitaires et environnementales est relativement floue. Dans les textes, elles sont en effet tantôt associées, tantôt dissociées. La santé semble parfois incluse dans la notion d'environnement, tandis qu'elle est d'autres fois citée explicitement, indépendamment de celui-ci. D'une phrase à l'autre, parfois dans le même paragraphe, le législateur passe aléatoirement des « incidences notables potentielles du projet sur l'environnement » aux « incidences du projet sur

---

[1] J-M. Pastor, « Correctifs sur la procédure d'évaluation environnementale », *ibid.*
[2] Décret n° 2021-1345 du 13 octobre 2021 portant modification des dispositions relatives à l'évaluation environnementale des documents d'urbanisme et des unités touristiques nouvelles.
[3] Voir à ce sujet G. Hamel, « Évaluation environnementale systématique pour les documents d'urbanisme et les UTN », DAc, 20 oct. 2021.
[4] Décret n° 2022-422 du 25 mars 2022 relatif à l'évaluation environnementale des projets.
[5] Décret n° 2017-81 du 26 janvier 2017 relatif à l'autorisation environnementale.
[6] Article R181-14 du Code de l'environnement.

l'environnement ou la santé humaine[1] ». On peut donc penser que pour que les « incidences sur l'environnement soient évaluées dans leur globalité[2] », la santé doit faire partie des éléments à prendre en compte.

Ainsi, plus de quarante ans après le décret n° 77-1141 du 12 octobre 1977[3], on constate une persistance de la primauté des enjeux environnementaux sur les enjeux sanitaires. En effet, le décret de 1977 prévoyait déjà une étude d'impact pour certains travaux et projets d'aménagement entrepris par une collectivité publique. L'étude avait une orientation avant tout environnementale. Selon l'article 2 du décret, les enjeux d'« hygiène » et de « salubrité publique » pouvaient apparaître de façon optionnelle. En l'état actuel du droit, dans le Chapitre II du Code de l'environnement intitulé « Évaluation environnementale[4] », « les incidences du projet sur l'environnement[5] » reviennent plus d'une trentaine de fois, tandis que « les incidences du projet sur l'environnement ou la santé humaine » n'apparaissent que trois fois dans tout le chapitre. Or on sait que pour une véritable application de la « santé dans toutes les politiques », la santé ne peut conserver un tel statut annexe. Plutôt que d'être associée à la question environnementale, il faudrait que la santé soit centrale dans un dispositif d'évaluation qui lui serait propre. En effet, l'évaluation environnementale aboutit plutôt à l'« évaluation de l'impact du projet sur un nombre limité de déterminants environnementaux de la santé (air, eaux, sols, bruit) » et non à la « prise en compte des enjeux de santé au sens large[6]».

Soulignons malgré tout que l'article R122-4 du Code de l'environnement prévoit la consultation par l'autorité compétente, pour les aspects liés à la santé humaine, du ministre chargé de la Santé pour les projets susceptibles d'avoir des incidences notables sur l'environnement et la santé humaine au-delà du territoire d'une seule région, et du directeur général de l'agence régionale de santé pour les autres projets[7].

La France n'a pas saisi l'occasion fournie par le développement des études d'impact pour faire avancer l'intégration de la santé dans toutes les politiques.

---

[1] Art. L122-1-1 du Code de l'environnement.

[2] Art. L122-1 du Code de l'environnement.

[3] Décret n° 77-1141 du 12 octobre 1977 pris pour l'application de l'article 2 de la loi n° 76629 du 10 juillet 1976 relative à la protection de la nature.

[4] Articles L122-1 à L122-14, Titre II du Livre 1er du Code de l'environnement.

[5] Ou autre formule similaire. Nous avons exclu de notre décompte les utilisations du terme « évaluation environnementale ».

[6] HCSP, Identification des outils nécessaires à l'évaluation des impacts sur la santé, et des impacts socio-économiques associés, dans les documents de planification territoriale relatifs aux déplacements ainsi qu'à l'urbanisme et aux logements, *op. cit.*

[7] Là où l'article L122-1 reste vague et donne une nature optionnelle à la consultation des autorités sanitaires : « Lorsqu'un projet est soumis à évaluation environnementale, le dossier présentant le projet comprenant l'étude d'impact et la demande d'autorisation déposée est transmis pour avis à l'autorité environnementale ainsi qu'aux collectivités territoriales et à leurs groupements intéressés par le projet ».

Cela aurait pu aussi être une façon pour le régime sanitaire français de se démarquer du droit de l'Union européenne, au niveau de laquelle la santé est absente de nombreuses études d'impact également[1].

2) La prise en compte incomplète des considérations sanitaires dans l'évaluation des politiques publiques

Les évaluations *in itinere* et *ex-post*[2] des politiques publiques sont faites à plusieurs niveaux. L'Office parlementaire d'évaluation des choix scientifiques et technologiques, créé en 1983 par la loi n° 83-609 portant création d'une délégation dénommée office parlementaire d'évaluation des choix scientifiques et techniques, est chargé d'informer le Parlement sur les conséquences des choix de nature scientifique ou technologique. Cet organe commun au Sénat et à l'Assemblée nationale analyse un nombre croissant de rapports portant sur la santé publique, par exemple ceux issus de l'Autorité de sûreté nucléaire et de l'Agence de la biomédecine[3]. Cela peut sans doute compenser en partie la courte existence puis la disparition de l'Office parlementaire d'évaluation des politiques de santé, créé par la loi de financement de la sécurité sociale pour 2003 et supprimé par la loi n° 2009-689 du 15 juin 2009.

À l'extérieur du cadre parlementaire, la Cour des comptes et le Conseil économique, social et environnemental ont un rôle de plus en plus important en matière d'évaluation des politiques publiques. Depuis la réforme constitutionnelle de 2008, en vertu de l'article 47-2 de la Constitution, la Cour des comptes est compétente pour réaliser des évaluations de politiques publiques demandées par le Parlement. S'agissant du Conseil économique, social et environnemental, il remplit cette fonction sans qu'un texte spécifique le lui attribue. D'autres organismes sont compétents et mobilisés pour réaliser de telles évaluations, notamment l'Inspection générale des affaires sociales.

Les évaluations par la Cour des comptes et par le Conseil économique, social et environnemental

Parmi les évaluations de politiques publiques réalisées dans la décennie 2010, la Cour, avec le concours de quatre chambres régionales des comptes, a conduit l'évaluation d'un des objectifs principaux de la politique de la ville :

---

[1] Voir à ce sujet M. Koivusalo, « The state of Health in All policies (HiAP) in the European Union: potential and pitfalls », JECH 2010, n° 64, p. 500-503 ; mais aussi K.E. Smith *et al.*, « "Working the system" – British American Tobacco's Influence on the European Union Treaty and Its Implications for Policy: an analysis of internal tobacco industry documents », PM 2010, Vol. 7, n° 1, où l'on peut voir comment l'industrie du tabac s'immisce dans les études d'impact pour maximiser les impacts économiques et minimiser les impacts sanitaires, ainsi que T. Stahl, « Is health recognized in the EU's policy process? An analysis of the European Commission's impact assessments », EJPH 2010, Vol. 20, n° 2, p. 176-181.

[2] Sont désignées ainsi les évaluations « en cours de route » et « après l'arrêt du programme ».

[3] X. Bioy, « La santé dans la séparation des pouvoirs », RDSS 2021, p. 43.

l'attractivité des quartiers prioritaires, sur la période 2008-2018[1]. La politique de la ville est une politique publique qui vise à réduire les écarts entre les quartiers urbains défavorisés et les autres quartiers des mêmes agglomérations en améliorant les conditions de vie de leurs habitants. La Cour des comptes a évalué l'attractivité de cette politique publique en prenant en compte trois dimensions de la vie quotidienne : le logement, l'éducation et l'activité économique.

La Cour des comptes précise dans son rapport que « malgré leur importance, les politiques de transport, d'emploi et de santé n'ont pas été analysées en tant que telles, mais elles ont nécessairement été prises en compte dans l'analyse des perceptions et des comportements dans les huit quartiers étudiés ». Si elle a le mérite de préciser la démarche choisie et l'exclusion de certains enjeux, dont celui de la santé, on peut tout de même regretter ce choix et souligner que la prétendue prise en compte de la santé « dans l'analyse des perceptions et des comportements » n'apparaît absolument pas dans le rapport. Peuvent se rapprocher des enjeux de santé les considérations liées à la qualité de vie, par exemple ce qui touche au « rapport direct à l'espace physique et social du quartier (état du bâti, le type de population présent, le sentiment de sécurité, etc.) mais aussi aux liens affectifs et aux modes de vie (solidarités de proximité, vie communautaire[2] ».

Le Conseil économique, social et environnemental a, quant à lui, dressé le bilan de la loi pour la reconquête de la biodiversité, de la nature et des paysages adoptée en 2016[3]. Il a cherché à savoir si, près de quatre ans après sa promulgation, cette loi a commencé à produire ses effets et si elle répond aux attentes des multiples parties prenantes[4]. De façon contradictoire, les impacts de la dégradation de la biodiversité sur la santé humaine sont présentés à la marge dans ce rapport. Ce dernier fait certes référence aux résultats alarmants publiés par des experts des Nations Unies sur la biodiversité qui mettent en lumière les risques pour la sécurité alimentaire, la santé et la qualité de vie des populations dans l'état actuel de dégradation de la nature. Mais aucune section n'est consacrée à la question de la santé *stricto sensu*.

---

[1] Cour des comptes, L'évaluation de l'attractivité des quartiers prioritaires, Une dimension majeure de la politique de la ville, Rapport public thématique, Évaluation d'une politique publique, Déc. 2020, 169 p.

[2] *ibid.*

[3] La loi n° 2016-1087 pour la reconquête de la biodiversité, de la nature et des paysages a été promulguée le 8 août 2016.

[4] A. BOUGRAIN DUBOURG, P. FEREY, Bilan de la loi pour la reconquête de la biodiversité, de la nature et des paysages, Avis du Conseil économique, social et environnemental au nom de la Section de l'environnement, 23 septembre 2020, 106 p.

Les évaluations par d'autres organismes

Parmi les autres acteurs de l'évaluation, on compte les corps d'inspection, par exemple l'Inspection générale des affaires sociales (IGAS), l'Inspection générale de l'administration (IGA) mais aussi l'Insee et le service statistique public, France stratégie, les collectivités territoriales, les universités, les organismes de recherche, les cabinets privés[1].

Voici quelques exemples d'évaluations par l'Inspection générale des affaires sociales. L'IGAS a rendu un rapport en décembre 2019 sur l'évaluation de la loi du 13 avril 2016 visant à renforcer la lutte contre le système prostitutionnel et à accompagner les personnes prostituées. Cette loi a été élaborée pour traiter le système prostitutionnel dans sa globalité, en particulier pour renforcer la lutte contre le proxénétisme, conforter l'engagement abolitioniste de la France, en abrogeant le délit de racolage, améliorer la prise en charge des personnes victimes de prostitution, de proxénétisme ou de traite des êtres humains aux fins d'exploitation sexuelle, prévenir les infections sexuellement transmissibles ainsi que les autres risques sanitaires, sociaux et psychologiques liés à la prostitution, etc[2]. L'accompagnement sanitaire et social des personnes en situation de prostitution est pleinement pris en compte dans ce rapport. Il y est rappelé que ces personnes sont exposées à des risques sanitaires importants : maladies infectieuses, maladies psychiatriques, maladies cardiovasculaires et respiratoires. Dans ce rapport, les violences physiques sont présentées séparément des aspects sanitaires. Il y est également souligné que la France manque de données nationales récentes sur l'état de santé des personnes prostituées, données qui seraient nécessaires pour mieux connaître les pathologies auxquelles celles-ci sont confrontées, afin d'améliorer leur état de santé. Parmi les vingt-deux recommandations formulées par l'IGAS pour renforcer la mise en œuvre de cette loi, la santé fait l'objet de deux recommandations, à commencer par la nécessité d'élaborer un dispositif de collecte, d'analyse et de publication de données épidémiologiques sanitaires et sociales pour les personnes qui se prostituent. Ce dispositif serait placé sous l'autorité de la Direction générale de la Santé. L'IGAS recommande également de garantir l'accès aux soins pour les personnes prostituées en augmentant le temps médical et paramédical des services concernés (par exemple l'infectiologie, la gynécologie), en recrutant des personnels dédiés et en assurant des actions communes d'éducation à la santé entre associations et professionnels de santé[3]. Une autre recommandation, qui ne concerne pas la question de la santé, tient néanmoins compte de l'aspect sanitaire, car elle incite à « anticiper et sécuriser le financement des associations, notamment en

---

[1] Conseil d'État, Conduire et partager l'évaluation des politiques publiques, *op. cit.*

[2] IGAS, IGA, IGJ, Évaluation de la loi du 13 avril 2016 visant à renforcer la lutte contre le système prostitutionnel et à accompagner les personnes prostituées, Déc. 2019, 238 p.

[3] *ibid.*

développant les contrats pluriannuels d'objectifs correspondant aux besoins d'accompagnement sanitaire et social[1] ».

En tenant compte des enjeux d'égal accès aux soins, de prévention et d'amélioration de la santé qui sont posés par la loi du 13 avril 2016 visant à renforcer la lutte contre le système prostitutionnel et à accompagner les personnes prostituées, l'IGAS fait une application concrète de l'approche « santé dans toutes les politiques ».

Les conséquences sur la santé sont également prises en compte dans le rapport d'évaluation économique de l'expérimentation territoriale visant à résorber le chômage de longue durée, établi par l'Inspection générale des finances et l'IGAS, rendu en octobre 2019[2].

Voyons aussi un exemple d'évaluation par l'Inspection générale de l'administration et le Conseil général de l'environnement et du développement durable. L'IGA et le Conseil général de l'environnement et du développement durable (CGEDD) ont conduit en 2020 une évaluation du dispositif des programmes d'actions de prévention des inondations (PAPI) et de l'efficacité de sa mise en œuvre. Les PAPI, lancés en 2002, promeuvent une gestion des risques d'inondation partagée entre les différents acteurs publics pour « réduire leurs conséquences dommageables sur la santé humaine, les biens, les activités économiques et l'environnement[3] ». Cependant, le rapport précise que l'élaboration des PAPI implique de prendre en compte les enjeux d'urbanisme et d'environnement, mais ne parle pas d'enjeux sanitaires, alors qu'ils ont pourtant des liens avec les deux premiers. Les enjeux sanitaires liés aux risques d'inondations sont multiples. On y trouve une allusion dans le rapport de l'IGA et du CGEDD mais celle-ci se rapporte davantage à la question de la sécurité des personnes qu'à leur santé[4]. Les cas d'anxiété et de différents traumatismes psychologiques qui peuvent résulter des risques d'inondations et de ce type de catastrophes ne sont pas évoqués.

En ce qui concerne les enjeux environnementaux, le rapport fait état d'une forte réticence des porteurs de PAPI à mener une évaluation environnementale pour leurs projets du fait de la lourdeur administrative et des délais qu'implique ce genre d'évaluation. En l'absence de système similaire d'évaluation sanitaire, on peut comprendre, dans ce contexte, que les acteurs concernés ne se prêtent pas à une évaluation des implications sanitaires de

---

[1] *ibid.*

[2] IGF, IGAS, Rapport d'évaluation économique de l'expérimentation territoriale visant à résorber le chômage de longue durée, Oct. 2019, 168 p.

[3] Inspection générale de l'administration, Conseil général de l'environnement et du développement durable, Évaluation du dispositif des programmes d'actions de prévention des inondations (PAPI) et de l'efficacité de sa mise en œuvre, Rapport CGEDD n° 012877-01, IGA n° 19053R, 12 février 2020, 122 p.

[4] « Certains élus estiment qu'il doit y avoir une claire hiérarchisation entre les enjeux prioritaires de sécurité des personnes et des biens, et les enjeux relatifs aux espèces, aux milieux et aux paysages » (*ibid*).

leurs projets. Les auteurs du rapport n'ont pas non plus cherché à développer cette question.

Section 2. L'adhésion réservée du cadre juridique français à la notion d'intersectorialité

Deux idées clés ressortent de l'approche « santé dans toutes les politiques ». D'une part, il s'agit de mobiliser différents secteurs de politiques publiques afin d'atteindre des objectifs de bonne santé. D'autre part, il s'agit de créer des synergies entre le secteur de la santé et les autres secteurs d'activité, dans un modèle « gagnant-gagnant ».

La synergie, action coordonnée d'éléments qui concourent à une finalité[1], n'est pas une notion juridique, ce qui ne signifie pas que l'on puisse procéder entièrement sans cadre juridique pour créer des synergies. Dans le cadre de la « santé dans toutes les politiques », des outils juridiques peuvent contribuer à un rapprochement entre différents secteurs. La notion de « secteur » peut ici être entendue de façon élargie. Nous souhaitons inclure ici les nombreux enjeux de société déjà mentionnés : économie, éducation, protection de l'environnement, affaires sociales, logement, etc., tous pris en compte par des politiques publiques. À chaque enjeu, des intérêts variés. À notre sens, produire un « effet unique[2] » revient à identifier des intérêts qui vont dans le même sens, ou s'il n'y en a pas encore, à encourager une convergence de ces différents intérêts.

Créer des synergies entre les intérêts sanitaires et les autres implique donc un travail d'articulation ou de conciliation entre différents intérêts. Or, cette mission fait pleinement partie des prérogatives du législateur et du juge. Toutefois, nous verrons que ces tentatives sont limitées et que la production de synergies reste difficile. En effet, même le terme de conciliation comporte des limites : le Professeur Rainaud précise qu'en droit, « le symbole de l'équilibre est la balance. Le juge soupèse les arguments, puis il tranche et met fin aux contradictions (le jugement c'est le plateau qui penche d'un côté). Il ne juge pas à moitié. S'il cherche à concilier, en fin de compte l'un des plateaux prend le dessus sur l'autre[3] ». On peut s'interroger sur le concept d'équilibre, de plus en plus utilisé par le législateur voire par le juge[4], et dont on peut interroger la proximité avec la notion de conciliation. Bien que « le droit administratif semble ignorer le terme d'équilibre[5] » à part en matière

---

[1] Centre national de ressources textuelles et lexicales, https://www.cnrtl.fr/definition/synergie [consulté le 30/06/2021].

[2] Une synergie est aussi définie comme la « mise en commun de plusieurs actions concourant à un effet unique et aboutissant à une économie de moyens » (*Dictionnaire Larousse*, Larousse, 2018, 1088 p.).

[3] J-M. Rainaud, « Le principe d'équilibre : la diagonale du flou », AJDA 2021, p. 25.

[4] *ibid.*

[5] *ibid.*

comptable et financière, il semble que le principe d'équilibre se réaffirme peu à peu en droit positif. On parle ici d'une réaffirmation car dès l'origine, comme l'a écrit le Professeur Hauriou, l'équilibre a été vu comme « le but du droit », dans le sens où « le système juridique équilibre l'un par l'autre la société et l'individu[1] ». Autrement dit, maintenir l'équilibre du système juridique est l'un des attributs substantiels de tout droit, et correspond à ce que le Professeur Chevallier appelle la régulation[2].

Le Professeur Rainaud considère que l'équilibre trouve ses racines dans les récents textes législatifs relatifs à l'urbanisme et à l'environnement[3]. Selon cet auteur, l'équilibre consiste « non pas à trancher entre deux règles de droit mais à les concilier sans donner obligatoirement priorité à la règle supérieure[4] ». L'utilisation du verbe « concilier » peut poser difficulté ici eu égard à ce que le Professeur suggérait précédemment sur le déséquilibre inévitable de la balance en cas de conciliation. Il s'agit donc de faire preuve de prudence face à ces concepts encore débattus en droit.

Selon le doyen Hauriou, dont les propos portent sur le droit en termes généraux et notamment sur la distinction entre ce qu'il nommait le droit social – qui porte les intérêts de la société – et le droit individualiste, « les équilibres sont pour réaliser de l'ordre dans le mouvement ; ils sont établis à l'intérieur d'un système social en marche vers des transformations ; [...] pour régulariser la marche, obtenir un mouvement uniforme, [...] il ne faut pas que toutes les forces du système soient absorbées par les équilibres au point de se neutraliser ; il en faut une qui domine les résistances qui lui sont opposées, qui triomphe des poids et des contrepoids et qui entraîne dans son propre déroulement le système tout entier[5] ». Le doyen Hauriou ajoutait que l'équilibre ne consiste pas seulement en une juxtaposition de forces[6].

Retenons que face à une situation d'opposition, de différence, de contrariété, l'équilibre « a pour objectif d'établir un rapport de compatibilité, d'éviter la rupture[7] ». Par analogie, notons qu'en droit de la Convention européenne des droits de l'Homme, le principe de proportionnalité appliqué

---

[1] M. HAURIOU, *Principes de droit public, Réimpression de l'édition de 1910*, Dalloz, 2010, 760 p.

[2] J. CHEVALLIER, « La régulation juridique en question », DS 2001, Vol. 3, n° 49, p. 827-846.

[3] J-M. RAINAUD, Le principe d'équilibre : la diagonale du flou, *op. cit.*, notamment : « Un texte fondamental est venu bouleverser notre vision politique de la société : la Charte de l'environnement qui proclame dans son article 1er que « chacun a le droit de vivre dans un environnement équilibré et respectueux de la santé ». La combinaison de cet article avec l'article 5 permet d'affirmer la reconnaissance d'un principe nouveau : le principe d'équilibre qui se situe dans le prolongement du principe de précaution et du principe de sécurité. Le principe d'équilibre est le plus important dans la mesure où il commande les deux autres ».

[4] *ibid.*

[5] M. HAURIOU, *Principes de droit public*, *op. cit.*

[6] *ibid.*

[7] J-M. RAINAUD, « Le principe d'équilibre : la diagonale du flou », *op. cit.*, où l'auteur s'appuie sur les propos de Charles EISENMANN.

par la Cour européenne pour veiller à la protection des droits fondamentaux consiste à vérifier que le « juste équilibre » entre différents intérêts n'a pas été rompu[1].

Dans la même veine, nous pensons que la « mise en compatibilité » et la « prise en compte »[2], telles que citées par le Professeur Rainaud, s'inscrivent toutes deux en cohérence avec l'intégration de la santé dans toutes les politiques. Dans ce cadre, l'image de la balance, souvent emblématique du droit, disparaît au profit d'un mobile de Calder[3]. Pour toutes ces raisons, la description de l'équilibre en droit nous paraît compatible avec la recherche de convergences entre les intérêts sanitaires et ceux d'autres domaines.

Sur le plan politique, à défaut de réelles synergies, il sera question ici de la notion d'intersectorialité. Nous rechercherons les mécanismes qui permettent un rapprochement de différents enjeux sans nécessairement produire d'effet unique ni d'économie de moyens. À ce titre, nous voyons l'intersectorialité comme une étape vers la synergie. Viser l'intersectorialité est en somme moins ambitieux que la synergie mais sans doute plus réaliste. Nous verrons en effet qu'en présence de questions de différentes natures, dont la santé, c'est souvent finalement un arbitrage qui est opéré, c'est-à-dire un choix entre deux options souvent très opposées, et non un réel rapprochement.

Le législateur et le juge contribuent à ce qu'une approche intersectorielle, ou du moins, équilibrée, soit adoptée dans la mise en œuvre des politiques et dans la résolution des conflits (1), *a fortiori* dans un contexte de sensibilisation progressive à l'importance de l'approche transversale des politiques publiques et notamment en matière sanitaire (2).

1) La conciliation entre des impératifs sanitaires et d'autres enjeux dans la loi et la jurisprudence

La crise du covid-19 l'a cruellement montré : une épidémie peut bouleverser l'équilibre économique et social d'une société. Tous les secteurs sont impactés par la maladie et les mesures prises pour la combattre : les transports, le tourisme, le commerce, la restauration, la culture, l'éducation, etc. Dans cette situation où la santé a joué le rôle de la première pièce dans la chute d'une rangée de dominos, le législateur et le juge sont au premier rang pour agir. Dans des cas moins extrêmes, la question des vases communicants

---

[1] L. François, « Les droits nationaux de la liberté d'expression et le principe européen de proportionnalité », Légicom 2014, p. 101.

[2] Voir J-M. Rainaud, Le principe d'équilibre : la diagonale du flou, *op. cit.*, où l'auteur explique notamment que « Subjectivité, opportunité ne sont pas absentes de ces contentieux. Les situations sont quelquefois plus complexes, par exemple, lorsqu'un texte ne parle plus d'équilibre mais seulement de prise en compte. Jean-Claude Bonichot a montré combien la distinction de la compatibilité et de l'incompatibilité est délicate mais elle traduit une vision nouvelle du droit (RFDA 1994. 583). C'est en raisonnant de façon globale, en examinant les textes et leur finalité dans leur ensemble que les juges se sont prononcés sur la compatibilité ».

[3] *ibid.*

entre la santé et d'autres secteurs se pose également, au moment d'écrire la loi et lors de son application.

L'action ambiguë du législateur en faveur d'un rapprochement entre les questions sanitaires et les autres

L'interdisciplinarité est une caractéristique inhérente au droit de la santé, en veut pour preuve le Code de la santé publique, riche de liens avec d'autres codes[1]. Cette interdisciplinarité qui existe de longue date peut être vue comme un terrain favorable à l'accueil de l'approche « santé dans toutes les politiques » en droit français. Le droit de l'environnement et le droit de la consommation sont des droits par nature liés à la santé[2]. Il existe donc une volonté de créer des synergies mais également des freins à cette tendance.

Des efforts sont réalisés pour que différents enjeux convergent dans la mise en œuvre des différentes politiques. Lors des débats parlementaires préalables à l'adoption de la loi du 9 février 2015 relative à la sobriété, à la transparence, à l'information et à la concertation en matière d'exposition aux ondes électromagnétiques, dite « Loi Abeille »[3], il a été affirmé que « l'objectif recherché par cette proposition de loi est bien de concilier le développement des nouvelles technologies, la couverture du territoire par celles-ci et la qualité de service attendue par nos concitoyens avec la nécessaire protection de notre santé et de notre environnement[4] ».

Très peu de temps après, la loi du 17 août 2015 relative à la transition énergétique pour la croissance verte[5], dans son Titre 1, exprime la volonté de trouver des « objectifs communs » afin de « réussir la transition énergétique, renforcer l'indépendance énergétique et la compétitivité économique de la France, préserver la santé humaine et l'environnement et lutter contre le changement climatique ». Dans son Titre 3, elle entend conjuguer la protection de la santé avec d'autres enjeux : « développer les transports propres pour améliorer la qualité de l'air et protéger la santé ». Cette loi prévoit également une véritable prise en compte de la santé dans la politique environnementale car un plan national de réduction des émissions de polluants atmosphériques doit être arrêté par le ministre chargé de l'environnement

---

[1] De nombreux articles du Code de la santé publique renvoient à d'autres codes. Ainsi, le Code de la santé publique se réfère au Code pénal (317 occurrences), au Code de la sécurité sociale (315) ; au Code du travail (157) ; au Code de l'environnement (94) ; au Code civil (77) ; au Code rural et de la pêche maritime (55) ; au Code de l'éducation (55) ; au Code de la consommation (41) ; au Code de justice administrative (24) ; au Code général des collectivités territoriales (21) ; et au Code du patrimoine (2).

[2] X. Bioy, A. Laude, D. Tabuteau, *Droit de la santé*, 4ème édition, PUF, Thémis, 2020, 689 p.

[3] Loi n° 2015-136 du 9 février 2015 relative à la sobriété, à la transparence, à l'information et à la concertation en matière d'exposition aux ondes électromagnétiques.

[4] AN, Compte rendu intégral, 1ère séance du 23 janvier 2014, *JORF* du 24 janvier 2014.

[5] Loi n° 2015-992 du 17 août 2015 relative à la transition énergétique pour la croissance verte.

« afin d'atteindre ces objectifs en prenant en compte les enjeux sanitaires et économiques[1] ».

En 2018, lors des débats parlementaires sur la loi pour l'équilibre des relations commerciales dans le secteur agricole et alimentaire et une alimentation saine, durable et accessible à tous[2], il a été suggéré qu'à l'hôpital, des patients qui reçoivent une bonne alimentation peuvent sortir plus vite, ce qui permet de réaliser des économies ; d'aucuns ont préconisé que l'éducation des enfants à la nutrition soit mise en place à l'école[3]. L'existence d'un lien vertueux est donc reconnue entre alimentation, santé publique, viabilité financière du système de santé, et éducation nationale. Cette même loi de 2018 modifie l'article L1 du Code rural et de la pêche maritime, qui présente les nombreux objectifs de la politique en faveur de l'agriculture, de l'alimentation et de la pêche maritime dont le premier est : « assurer à la population l'accès à une alimentation sûre, saine, diversifiée, de bonne qualité et en quantité suffisante, produite dans des conditions économiquement et socialement acceptables par tous, favorisant l'emploi, la protection de l'environnement et des paysages et contribuant à l'atténuation et à l'adaptation aux effets du changement climatique ».

Quant à la loi n° 2019-1428 du 24 décembre 2019 d'orientation des mobilités, elle prévoit dans son article 1, parmi ses objectifs, « le développement de l'usage des mobilités les moins polluantes et des mobilités partagées au quotidien, afin de renforcer la dynamique de développement des transports en commun, les solutions de mobilité quotidienne alternatives à la voiture individuelle et les mobilités actives au bénéfice de l'environnement, de la santé, de la sécurité et de la compétitivité ».

Cependant, l'exemple du droit de l'environnement nous incite à être prudents sur l'importance de ces synergies. On constate l'existence en droit environnemental d'un flux normatif composé de droit dur et de droit souple et prenant pour première préoccupation la santé. C'est bien sûr encourageant, mais cela ne reflète pas l'idée initiale de la « santé dans toutes les politiques ». En réalité, l'articulation entre protection de la santé et droit de l'environnement est parfois ambiguë. Même dans des textes résolument présentés comme représentant une avancée pour le droit de l'environnement, on retrouve des préoccupations liées à la santé. La loi de programmation relative à la mise en œuvre du Grenelle de l'environnement[4] prévoit dans son article 42, parmi d'autres mesures comme la mise en place d'un dispositif de surveillance et de mesure des ondes électromagnétiques menées par des organismes indépendants accrédités, la présentation au Parlement, par le

---

[1] Chapitre IV : Mesures de planification relatives à la qualité de l'air, Article 64 de la loi.

[2] Loi n° 2018-938 du 30 octobre 2018 pour l'équilibre des relations commerciales dans le secteur agricole et alimentaire et une alimentation saine, durable et accessible à tous.

[3] AN, Compte rendu intégral, 2ème séance du 25 mai 2018, *JORF* du 26 mai 2018.

[4] Loi n° 2009-967 du 3 août 2009 de programmation relative à la mise en œuvre du Grenelle de l'environnement.

Gouvernement, d'une synthèse des études scientifiques relatives aux effets des champs électromagnétiques sur la santé avant la fin de l'année 2009[1]. La question de la santé est bien centrale dans les préoccupations du législateur à ce moment. Néanmoins, cette volonté n'est pas forcément suivie d'un effet conséquent. En effet, à propos de cette même loi, le Conseil d'État, saisi d'un recours contre une autorisation commerciale, a jugé, dans un arrêt du 18 juin 2014, que l'objectif de réduction des émissions de gaz à effet de serre fixé par la loi « Grenelle 1 » du 3 août 2009 est dépourvu de portée normative[2].

De même, la loi du 17 août 2015 relative à la transition énergétique pour la croissance verte[3], dont le titre annonce clairement le contenu, donne priorité à la protection de la santé humaine (sauf exception). Ainsi, son article 1 prévoit que selon l'article L100-1 du Code de l'énergie, la politique énergétique, parmi ses actions, « préserve la santé humaine et l'environnement[4] ». Pour atteindre les différents objectifs de cette politique, tels que fixés par l'article L100-1, l'article suivant prévoit notamment que « l'État, en cohérence avec les collectivités territoriales et leurs groupements et en mobilisant les entreprises, les associations et les citoyens, veille, en particulier, à [...] assurer l'information de tous et la transparence, notamment sur les coûts et les prix des énergies ainsi que sur l'ensemble de leurs impacts sanitaires, sociaux et environnementaux[5] ». De même, l'article 77 de la loi précise les mesures à suivre lorsqu'un véhicule laissé à l'abandon et stocké sur une propriété privée peut notamment « contribuer à la survenance d'un risque sanitaire grave ou peut constituer une atteinte grave à

[1] Article 42 : « L'État mettra en place un dispositif de surveillance et de mesure des ondes électromagnétiques menées par des organismes indépendants accrédités. Le résultat de ces mesures sera transmis à l'Agence nationale chargée de la sécurité sanitaire de l'alimentation, de l'environnement et du travail et à l'Agence nationale des fréquences qui le rendront public. Un décret en Conseil d'État définira les modalités de fonctionnement de ces dispositifs ainsi que la liste des personnes morales pouvant solliciter des mesures et les conditions dans lesquelles elles peuvent les solliciter. Les communes seront associées aux décisions d'implantation d'antennes des opérateurs dans le cadre de la mise en place de chartes locales ou de nouvelles procédures de concertation communales ou intercommunales. Une synthèse des études scientifiques relatives aux effets des champs électromagnétiques sur la santé sera présentée par le Gouvernement au Parlement avant fin 2009 ».

[2] CE, 18 juin 2014, *SAS Sadef et autres*, n°357400, Inédit : « La loi du 3 août 2009 énonce notamment l'objectif de réduction des émissions de gaz à effet de serre au niveau national et prévoit également la prise en compte, par le droit de l'urbanisme, de l'objectif de lutte contre la régression des surfaces agricoles et naturelles. De telles dispositions, prises sur le fondement de l'antépénultième alinéa de l'article 34 de la Constitution relatif aux lois de programmation, se bornent à fixer des objectifs à l'action de l'État et sont, dès lors, dépourvues de portée normative. Elles ne peuvent, par suite, être utilement invoquées à l'encontre de la décision attaquée ».

[3] Loi n° 2015-992 du 17 août 2015 relative à la transition énergétique pour la croissance verte.

[4] C'est le point 4° de l'article.

[5] C'est le point 6° de l'article.

l'environnement ». On trouve aussi à l'article 100 de la loi[1], la mention des « risques sanitaires et écologiques » dans le cadre du stockage des déchets, question *a priori* plus environnementale que sanitaire.

Alors qu'on peut saluer une certaine accélération du flux autour de 2015 (la loi du 6 février 2014 sur les produits phytopharmaceutiques, dite « loi Labbé »[2] est discutée à l'Assemblée nationale le 23 janvier 2014, le même jour que la « loi Abeille[3] » qui porte sur les ondes électromagnétiques), on constate une interchangeabilité, voire une confusion, entre les notions de santé et d'environnement. À l'occasion de la discussion de la loi Labbé à l'Assemblée nationale on a pu trouver alternativement dans les débats la nécessité de préserver « l'environnement et la santé », mais aussi l'importance de la « problématique sanitaire et environnementale de l'usage non agricole des pesticides » ainsi que l'objectif de lutter « contre les impacts importants, et aujourd'hui avérés, des produits phytosanitaires sur la biodiversité, l'environnement, la qualité de l'eau et la santé publique[4] ».

Le flux continue néanmoins, étoffé également par du droit souple. Sur le plan des nouvelles technologies, au niveau local, les villes signent des chartes avec les opérateurs téléphoniques. La charte relative à la téléphonie mobile, prise entre la ville de Paris et la Société Bouygues Telecom, la Société française de radiotéléphonie, la Société Orange France SA et la Société Free Mobile, renouvelée en 2017, prend en compte le « risque sanitaire » avant « la préservation de l'environnement[5] ». En 2019, le rapport officiel sur l'environnement en France, publié tous les quatre ans par le Commissariat général au développement durable du ministère de la Transition écologique et solidaire, place la santé en première ligne.

La santé est donc au cœur du droit de l'environnement, à tel point que l'on peut souvent identifier au sein-même de ce droit dédié, une échelle de valeur, où la santé humaine est à un échelon supérieur à l'environnement lui-même. L'objet du droit de l'environnement n'est pas exclusivement l'environnement mais plutôt l'environnement et la santé humaine, car les mesures prises sont souvent justifiées au nom de la santé humaine et non au nom de la protection

---

[1] Article 100 : « Dans un délai d'un an à compter de la promulgation de la présente loi, après concertation avec les parties prenantes, le Gouvernement remet au Parlement un rapport sur le principe de réversibilité du stockage, en vue d'assurer le réemploi, le recyclage ou la valorisation des déchets enfouis dans les installations de stockage de déchets. Le rapport fait le point sur les techniques disponibles ainsi que sur les risques sanitaires et écologiques d'une application du principe de réversibilité, à un coût économique raisonnable. Le rapport examine également l'intérêt de ce principe pour la promotion d'une économie circulaire et, le cas échéant, les conditions de réalisation d'expérimentations ».

[2] Loi n° 2014-110 du 6 février 2014 visant à mieux encadrer l'utilisation des produits phytosanitaires sur le territoire national.

[3] Loi n° 2015-136 du 9 février 2015 relative à la sobriété, à la transparence, à l'information et à la concertation en matière d'exposition aux ondes électromagnétiques.

[4] AN, Compte rendu intégral, 1ère séance du 23 janvier 2014, *op. cit.*

[5] Charte relative à la téléphonie mobile, 2017.

de la faune ou de la flore. Sur ce constat, il est difficile de concevoir ici un mobile de Calder parfaitement équilibré par les enjeux sanitaires d'un côté et les enjeux environnementaux de l'autre. La balance penche bien souvent d'un côté ou de l'autre. L'irruption de l'approche « Une seule santé » (« One Health ») peut expliquer cette prise en compte croissante des liens entre santé et environnement, ce qui est bien sûr justifié. Mais cette approche n'est pas synonyme de la « santé dans toutes les politiques »[1].

La recherche de l'équilibre entre différents intérêts est bien présente, mais l'accélération du flux que nous constatons surtout à partir de 2015, est ralentie par des courants contradictoires.

La démarche inégale du juge dans la conciliation de la santé et d'intérêts divergents

Le juge est amené à arbitrer entre les intérêts sanitaires et ceux d'autres natures.

On observe parfois au niveau de la jurisprudence constitutionnelle comme des jurisprudences administrative ou civile, une mise en opposition de différents secteurs : tantôt la santé prime sur un autre objectif, tantôt c'est l'inverse. Le Conseil constitutionnel a fait primer plusieurs fois le principe de protection de la santé publique sur d'autres principes à valeur constitutionnelle[2]. Cette manière d'imposer la santé ne permet pas de trouver de « situation gagnant-gagnant[3] », ni de synergie, mais affirme plutôt une opposition. Par exemple, dans sa célèbre décision n° 90-283 DC du 8 janvier 1991[4], le Conseil constitutionnel a jugé qu'au nom du principe constitutionnel de protection de la santé publique, des restrictions peuvent être apportées à d'autres principes de valeur constitutionnelle comme le droit de propriété ou le droit d'entreprendre[5].

Plus récemment, le juge constitutionnel a considéré que la limitation apportée, par la loi du 14 décembre 2020[6] relative aux conditions de mise sur le marché de certains produits phytopharmaceutiques en cas de danger sanitaire pour les betteraves sucrières, à l'exercice du droit de vivre dans un environnement équilibré et respectueux de la santé garanti par l'article 1er de la Charte de l'environnement est justifiée par un motif d'intérêt général et

---

1 L. Warin, « One health et l'approche « santé dans toutes les politiques » : de quoi parle-t-on ? », JDSAM 2023, n° 36.

2 C. Evin, « La portée de la définition OMS de la santé », RGDM 1999, n° 1, p. 117-128.

3 Comme l'encourage l'approche « santé dans toutes les politiques ».

4 Cons. const., 8 janv. 1991, *Loi relative à la lutte contre le tabagisme et l'alcoolisme*, n° 90-283 DC. Sur ce sujet, voir aussi « Le droit constitutionnel à la protection de la santé », *in* A. Laude, B. Mathieu, D. Tabuteau, *Droit de la santé*, 3ème édition, PUF, Thémis, 2012, 728 p.

5 Voir aussi à ce sujet M. Krkac, « La difficile articulation des libertés économiques avec l'objectif constitutionnel de protection de la santé publique », RDS 2017, n° 75.

6 Loi n° 2020-1578 du 14 décembre 2020 relative aux conditions de mise sur le marché de certains produits phytopharmaceutiques en cas de danger sanitaire pour les betteraves sucrières.

proportionnée à l'objectif poursuivi[1]. Cette décision interroge dans la mesure où, en dépit de la toxicité scientifiquement avérée des néonicotinoïdes, le Conseil constitutionnel se borne à reconnaître une simple limitation du droit prévu par l'article 1er de la Charte de l'environnement. Selon lui, il n'y a donc ici violation ni de ce droit environnemental, ni du droit à la protection de la santé.

Dans certains cas, la protection de la santé publique prime sur d'autres intérêts car elle est présentée comme un intérêt général légitime. Dans un arrêt de la Chambre criminelle du 3 novembre 2010[2], le juge de cassation a considéré que les dispositions de la loi Evin[3] sont une mesure nécessaire à la protection de la santé qui constitue un intérêt général légitime ; le juge reprend ses propos d'un arrêt du 7 mars 2006 affirmant que « les restrictions ainsi apportées à la liberté d'expression et au droit de propriété des marques sont proportionnées à l'objectif poursuivi ». De façon similaire, la même Chambre, dans un arrêt du 24 janvier 2012, a considéré que l'article L3511-3 du Code de la santé publique ne méconnaît pas le principe d'égalité et le droit d'expression garantis par la Constitution, cet article répondant à des raisons d'intérêt général liées à l'objectif de protection de la santé publique[4].

Le Conseil d'État a pour sa part jugé, dans un arrêt de 2012, qu'en application de l'article L3323-2 du Code de la santé publique – selon lequel la propagande ou la publicité, directe ou indirecte, en faveur des boissons alcooliques est interdite à la télévision – un service de télévision consacré au vin et à la viticulture ne peut pas être autorisé par le Conseil supérieur de l'audiovisuel[5].

De même, en 2017, le juge des référés au Conseil d'État, saisi d'une demande de référé-suspension, a privilégié, sur la question de la prescription des activités physiques adaptées, la primauté d'un encadrement médical sur l'intérêt économique[6]. Une société d'activités sportives interactives a demandé la suspension de l'exécution des dispositions réglementaires prises pour l'application de l'article L1172-1 du Code de la santé publique. En vertu

---

[1] Cons. const., 10 déc. 2020, *Loi relative aux conditions de mise sur le marché de certains produits phytopharmaceutiques en cas de danger sanitaire pour les betteraves sucrières*, n° 2020-809 DC. Voir à ce sujet G. WERNERT, « La validation de la loi sur les néonicotinoïdes par le Conseil constitutionnel, Un « vert » à moitié vide ? », AJDA 2021, p. 1340.

[2] Cass. crim., 3 nov. 2010, *Société British American Tobacco Manufacturing BV, Société British American Tobacco The Netherlands BV*, n° 09-88.599, Inédit.

[3] En l'espèce, les articles L3511-3, L3511-4 et L3511-6 du Code de la santé publique.

[4] Cass. crim., 24 janv. 2012, *SARL L'Amateur de cigare c/ Association Les Droits des non-fumeurs*, n° 11-90.119, Inédit.

[5] CE, 5ème - 4ème ss-sect. réunies, 11 juill. 2012, *SARL Media Place Partners c/ Conseil supérieur de l'audiovisuel*, n° 351253, Lebon (Tables).

[6] CE, juge des réf., 10 mai 2017, *Société Visio @ctivités sportives interactives*, n° 409518, Inédit ; voir à ce sujet A. MACRON, « Prescription des activités physiques adaptées : le Conseil d'État privilégie la primauté d'un encadrement médical sur l'intérêt économique », RDS 2017, n° 79.

de cet article issu de la loi du 26 janvier 2016 de modernisation de notre système de santé, « dans le cadre du parcours de soins des patients atteints d'une affection de longue durée, le médecin traitant peut prescrire une activité physique adaptée à la pathologie, aux capacités physiques et au risque médical du patient. Les activités physiques adaptées sont dispensées dans des conditions prévues par décret ». Un décret a été pris pour préciser ces dispositions et dresse la liste limitative des intervenants susceptibles de dispenser une telle activité[1]. La société demanderesse, qui n'en fait pas partie, estime qu'en réservant aux seuls professionnels de santé l'intervention auprès de certains patients, le texte menace la pérennité de son activité professionnelle. Sa demande est rejetée. Le juge des référés reconnaît que l'application du décret litigieux peut incontestablement avoir à court terme un effet négatif sur l'activité économique des requérants. Cependant, il retient que l'urgence n'est pas établie, en particulier au regard de l'intérêt que présente l'encadrement des conditions de la prescription, par les médecins traitants, d'une activité physique adaptée, s'agissant surtout des patients souffrant de limitations fonctionnelles sévères. Le juge souligne également le caractère relativement limité de l'exclusivité ainsi donnée aux professionnels de santé pour la dispensation de ces activités, ainsi que les conséquences favorables du développement attendu des prescriptions médicales dans ce domaine pour l'ensemble des patients.

Une approche plus nuancée se manifeste dans la théorie du bilan utilisée depuis les années 1970 par le juge administratif. Cette jurisprudence est appliquée lorsque le juge, pour apprécier l'utilité publique d'un projet (par exemple une procédure d'expropriation[2]), tient compte de la balance des avantages et des inconvénients de l'opération[3]. À travers la jurisprudence du bilan, distincte de celle relative à la proportionnalité[4], le juge s'assure qu'il y a bien un intérêt public présent, qui résulte « du solde positif produit par la comparaison entre les inconvénients présentés par la mesure [...] et l'avantage obtenu par la promotion de l'intérêt public visé par la mesure[5] ». Le juge inclut dans son analyse le coût financier de l'opération mais aussi son coût social[6], à

---

[1] Décret n° 2016-1990 du 30 décembre 2016 relatif aux conditions de dispensation de l'activité physique adaptée prescrite par le médecin traitant à des patients atteints d'une affection de longue durée.

[2] CE, ass., 28 mai 1971, *Ville nouvelle Est*, n° 78825, Lebon (voir les commentaires dans M. LONG *et al.*, *Les grands arrêts de la jurisprudence administrative*, 22ème édition, Dalloz, 2019, 1047 p.)

[3] M. LONG *et al.*, *Les grands arrêts de la jurisprudence administrative*, *op. cit.*

[4] Le contrôle de proportionnalité opéré par le juge administratif va au-delà du simple contrôle de la qualification juridique des faits. Il exerce ce contrôle maximum dans des cas précis, notamment lorsqu'une liberté est en cause, ou en cas de mesure dite de haute police (M. DEGOFFE, *Droit administratif*, 4ème édition, Ellipses, Cours magistral, 2020, 528 p.).

[5] J-M. RAINAUD, « Le principe d'équilibre : la diagonale du flou », *op. cit.*, où l'auteur cite le Pr. FROMONT.

[6] M. LONG *et al.*, *Les grands arrêts de la jurisprudence administrative*, *op.cit.*

savoir par exemple ses répercussions sur l'environnement, ses conséquences sur la propriété privée ou encore sur d'autres intérêts publics[1]. Les conclusions du commissaire du gouvernement Braibant pour l'arrêt Ville nouvelle Est en 1971 sont instructives : « À un moment où il est beaucoup question d'environnement et de cadre de vie, il faut éviter que des projets par ailleurs utiles viennent aggraver la pollution [...] Il importe que, dans chaque cas, le pour et le contre soient pesés avec soin, et que l'utilité publique de l'opération ne masque pas son éventuelle nocivité publique[2] ». Dans un arrêt d'assemblée du 20 octobre 1972[3], le Conseil d'État a eu à faire le bilan de l'intérêt d'un projet de construction d'une autoroute qui menaçait le seul hôpital psychiatrique du département. L'opération posait un conflit entre deux intérêts publics : la circulation et la santé publique. Le juge administratif a opéré un arbitrage pour identifier les aspects du projet dont les inconvénients étaient excessifs, et ceux qui ont paru acceptables. Pour la première fois, et chose assez rare depuis, le Conseil d'État a annulé le décret déclaratif d'utilité publique[4].

La théorie du bilan s'est grandement développée, au point d'être assimilée par l'administration et le législateur. Les études d'impact en sont une conséquence concrète[5]. En 2013, dans un arrêt d'assemblée du Conseil d'État[6], le juge s'est prononcé sur l'utilité publique d'une opération de renforcement du réseau électrique dans une zone située près d'une centrale nucléaire. Ce projet avait suscité de vives réactions auprès de la population de la zone concernée. Quelques communes traversées par l'ouvrage, une communauté d'agglomération, des associations – dont quatre liées à la défense de l'environnement – ainsi que des particuliers, riverains du projet demandaient l'annulation de l'arrêté portant déclaration d'utilité publique de l'ouvrage électrique. Les atteintes portées à la santé par le projet figuraient parmi les motifs invoqués par les requérants. Le Conseil d'État rappelle alors dans son considérant qu'« un projet relatif à l'établissement d'une ligne électrique à très haute tension ne peut légalement être déclaré d'utilité publique que si les atteintes à la propriété privée, le coût financier et éventuellement les inconvénients d'ordre social ou l'atteinte à d'autres intérêts publics qu'il comporte ne sont pas excessifs eu égard à l'intérêt qu'il présente » et affirme

---

[1] https://www.conseil-etat.fr/ressources/decisions-contentieuses/les-grandes-decisions-du-conseil-d-etat/conseil-d-etat-assemblee-28-mai-1971-ville-nouvelle-est [consulté le 30/06/2021].

[2] M. LONG *et al.*, *Les grands arrêts de la jurisprudence administrative*, *op.cit.*

[3] CE, ass., 20 oct. 1972, *Société civile Sainte-Marie de l'Assomption*, n° 78829, Lebon (AJDA 1972, p. 576, chron. A. CABANES et LEGER).

[4] M. LONG *et al.*, *Les grands arrêts de la jurisprudence administrative*, *op.cit.*

[5] J-M. RAINAUD, « Le principe d'équilibre : la diagonale du flou », *op. cit.*

[6] CE, ass., 12 avril 2013, *Association Coordination Interrégionale Stop THT et autres*, n° 342409, 342569, 342689, 342740, 342748 et 342821, Lebon (AJDA 2013, p. 767, obs. POUPEAU ; AJDA 2013, p. 1046, chron. DOMINO et BRETONNEAU ; RDI 2013, p. 305, obs. VAN LANG).

qu' « eu égard aux mesures prévues pour atténuer ou compenser l'impact de cette ligne sur l'environnement et ses risques potentiels d'impact sur la santé, ni les inconvénients subis par les personnes résidant à proximité du tracé de la ligne « Cotentin-Maine », ni l'impact visuel des ouvrages sur les paysages traversés, ni leurs éventuels effets sur la faune et la flore, ni enfin le coût de l'opération, [...] ne peuvent être regardés comme excessifs et de nature à lui retirer son caractère d'utilité publique ».

Dans le même sens, le Conseil d'État a été appelé récemment à se prononcer sur l'application du principe de justification en matière d'activités nucléaires. En vertu de l'article L1333-2 du Code de la santé publique, ce principe dicte qu'« une activité nucléaire ne peut être entreprise ou exercée que si elle est justifiée par les avantages qu'elle procure sur le plan individuel ou collectif, notamment en matière sanitaire, sociale, économique ou scientifique, rapportés aux risques inhérents à l'exposition aux rayonnements ionisants auxquels elle est susceptible de soumettre les personnes ». Saisi d'une requête en référé sur le fondement de l'article L521-1 du Code de justice administrative, le Conseil d'État a jugé que l'association Observatoire du nucléaire n'a présenté aucun moyen, dans sa requête, de nature à susciter un doute sérieux sur la légalité de trois décisions de l'Autorité de sûreté nucléaire attaquées, autorisant le redémarrage de trois réacteurs[1]. Ces mêmes décisions font ensuite l'objet d'un recours de plein contentieux formé par ladite association[2]. En ce qui concerne le moyen tiré de ce que les décisions attaquées méconnaîtraient le principe de justification, le Conseil d'État rappelle que ce principe s'applique aux installations nucléaires de base, telles que les réacteurs nucléaires, et que compte tenu de l'intérêt général qui s'attache, en l'état actuel du parc de production d'électricité français, à la reprise du fonctionnement des installations en cause, le principe de justification prévu par l'article L1333-2 du Code de la santé publique n'a pas été violé ici. Le juge administratif rejette les requêtes de l'Observatoire.

L'application de la théorie du bilan, en ce qu'elle permet de passer « d'une conception binaire des relations administration-citoyen à une conception multipolaire », où « plusieurs intérêts s'affrontent[3] », s'intègre assez aisément au flux normatif portant la « santé dans toutes les politiques ».

2) Une nouvelle volonté politique en faveur de l'intersectorialité

Par sa propension à affecter tous les domaines de la vie en société, la crise du covid-19 marque une accélération dans la prise de conscience des liens

---

[1] CE, juge des réf., 18 janv. 2017, *Association « Observatoire du nucléaire »*, n° 406244, Inédit.

[2] CE, 6ème - 5ème ch. réunies, 3 oct. 2018, *Association Observatoire du nucléaire*, n° 406243, Inédit.

[3] J-M. RAINAUD, « Le principe d'équilibre : la diagonale du flou », *op. cit.*, où l'auteur cite le Pr. FROMONT.

entre la santé et les autres dimensions de la vie. En témoignent les auditions et les débats au Parlement au début de l'année 2021 en lien avec l'actualité : une séance sur les conséquences de la crise sanitaire pour le secteur culturel et ses acteurs[1], une table ronde sur l'impact des nouveaux modes de travail sur la santé[2], ou encore l'audition d'experts sur le thème des liens entre les atteintes à la biodiversité et les pandémies[3].

En temps normal comme en temps de crise, il n'est pas facile de rapprocher les intérêts sanitaires avec d'autres, de trouver ce fameux équilibre entre des intérêts *a priori* divergents. Comme l'écrit le Professeur Rainaud, « la recherche de l'équilibre s'exprime dans trois types de conflits essentiels », dont celui entre la garantie de la santé et le développement économique[4]. Le lien entre bonne santé et finances publiques est bien connu en France[5], tout comme au niveau de l'Union européenne et de l'OMS[6]. De même, nous l'avons vu, les questions sanitaires et environnementales sont souvent abordées ensemble. À ce titre, les ministres chargés respectivement de l'environnement et de la santé publique ont « un certain nombre de compétences qui se rejoignent, par exemple en ce qui concerne la délivrance ou le retrait d'agréments[7] ». D'autres ministères peuvent partager des responsabilités : par exemple ceux de la santé et de la justice concernant la santé des détenus[8].

---

[1] Audition de R. BACHELOT, Ministre de la Culture, à l'Assemblée nationale le 12 janvier 2021 par la Commission des affaires culturelles.

[2] Organisée au Sénat le 4 février 2021 par la délégation aux entreprises.

[3] Auditions du 8 juin 2021 à l'Assemblée nationale de B. ROCHE et d'H. SOUBLET.

[4] J-M. RAINAUD, « Le principe d'équilibre : la diagonale du flou », *op. cit.* Les deux autres conflits cités dans cet article sont le conflit public/privé : sécurité et liberté et le conflit privé/privé : droit à la vie et droit à une mort décente.

[5] Voir à ce titre, sur le calcul du coût sociétal des maladies : Min. Économie et des Finances, « Obésité : quelles conséquences pour l'économie et comment les limiter ? », Trésor-Éco, Septembre 2016, n° 179 : « le coût social de la surcharge pondérale avoisinait en France les 20 milliards d'euros (1 % du PIB) en 2012 » ;
Voir aussi le Rapport annuel 2017 du Programme National de réduction du tabagisme 2014-2019, dans lequel on lit : « Par les dépenses de santé qu'il induit, le tabac est aussi une importante source de déficit pour les comptes publics, près de 14 milliards d'euros chaque année. Lutter contre le tabac, c'est donc lutter pour une vie en bonne santé, mais c'est aussi protéger les finances de notre système de santé, notre bien commun ».
L'argument a été assimilé par le législateur : on retrouve le lien vertueux entre bonne santé et économie dans certaines propositions de loi, par exemple la proposition de loi visant à protéger la population des dangers de la malbouffe, n° 1561, du 9 janvier 2019 : « Ces maladies chroniques représentent un coût substantiel pour les finances publiques : en 2016, leur coût représentait la moitié des dépenses de la branche maladie de la sécurité sociale, soit 94,5 milliards d'euros ».

[6] B. VALLET, « La santé dans toutes les politiques », ADSP 2017, n° 99, p. 48-49, où l'on apprend que l'OMS travaille sur la reconnaissance des relations entre système de santé et sphère économique, par exemple sur les effets néfastes du chômage sur la santé.

[7] E. CARPENTIER, « Le principe constitutionnel de précaution, les antennes-relais et le juge administratif », Constitutions 2010, p. 611 ; voir aussi à ce sujet T. TAURAN, « La protection de l'environnement et le Code de la santé publique », REDD 2010, étude n° 7.

[8] HCAAM, Refonder les politiques de prévention et de promotion de la santé, *op. cit.*

Cependant, en 2011, l'IGAS a constaté dans un rapport les « difficultés récurrentes du travail interministériel sur les sujets de santé publique[1] ». Il est vrai qu'en matière de santé publique, l'action de l'État « est disséminée entre plusieurs ministères, sans qu'il soit évident de déterminer une prééminence[2] ». À tel point que certains parlent de « gouvernance fortement éclatée » de ce fait moins cohérente, et d'un manque de lisibilité causé par l'accumulation de textes[3]. Pour autant, du point de vue de l'intégration de la santé dans les autres politiques, cette dispersion pourrait aussi être un atout si elle est bien utilisée. Des moyens dispersés mais bien coordonnés peuvent conduire à une action efficace, mais là est toute la difficulté.

L'objectif est désormais connu : depuis la loi de santé n° 2016-41 du 26 janvier 2016, l'article L1411-1-2 du Code de la santé publique prévoit que « les actions de promotion de la santé reposent sur la concertation et la coordination de l'ensemble des politiques publiques pour favoriser à la fois le développement des compétences individuelles et la création d'environnements physiques, sociaux et économiques favorables à la santé ». L'année 2016 marque une véritable avancée par rapport à une longue période de désintérêt pour la notion de promotion de la santé en France. La promotion de la santé est en effet absente de l'organigramme du ministère de la Santé, ainsi que de la plupart des ordres du jour des réunions de la Conférence des directeurs généraux d'Agences régionales de santé. Longtemps ignorée en France au profit de l'éducation pour la santé, la promotion de la santé a aussi souffert du manque de reconnaissance et d'intérêt porté par les pouvoirs publics à l'Union internationale de promotion et d'éducation pour la santé et aux Instances régionales d'éducation et de promotion de la santé, dont le statut associatif et le financement restent fragiles[4]. Cependant, la présence d'une direction de la prévention et de la promotion de la santé au sein de la nouvelle Agence nationale de santé publique dès sa création en 2016, ainsi que les nombreuses initiatives au niveau local, indiquent que les objectifs portés par la promotion de la santé font peu à peu leur chemin[5]. Cela va dans le sens du flux normatif intégrant la « santé dans toutes les politiques ». La création du Comité interministériel pour la santé et le lancement de la Stratégie nationale de santé participent également à cet élan vers l'intégration transversale de la santé dans les politiques publiques.

---

[1] IGAS, Les inégalités sociales de santé : Déterminants sociaux et modèles d'action, Rapport, 2011, 124 p.

[2] HCAAM, Refonder les politiques de prévention et de promotion de la santé, *op. cit.* ; voir aussi S. RENARD, L'ordre public sanitaire, Étude de droit public interne, Thèse, Université de Rennes I, 2008, notamment la partie sur « La dispersion de l'administration chargée du maintien de l'ordre public sanitaire ».

[3] P. LOMBRAIL, « Un regard décalé sur la santé publique », LTS 2016, Vol. 4, n° 53.

[4] E. BRETON, « La Charte d'Ottawa : 30 ans sans plan d'action ? », SP 2016, Vol. 28, n° 6, p. 721-727.

[5] *ibid.*

Le Comité interministériel pour la santé

Ce n'est sans doute pas une coïncidence si la France a choisi de se doter de son premier comité interministériel pour la santé (CIS) en 2014. Les contextes de santé publique mondial et européen ont pu avoir une influence. En effet, en 2010, les États du monde entier, sous l'impulsion de l'OMS, ont adopté la Déclaration d'Adélaïde sur l'intégration de la santé dans toutes les politiques[1]. Ce texte mentionne les comités interministériels parmi les outils et instruments utiles aux différents stades du cycle d'élaboration des politiques. Il donne aussi des exemples de « moteurs » permettant d'intégrer la santé dans d'autres politiques, notamment le fait de « favoriser l'engagement de l'ensemble du gouvernement en associant le chef de gouvernement, le conseil des ministres et/ou le parlement, ainsi que les responsables de l'administration » mais aussi le fait de donner un rôle nouveau au secteur de la santé pour travailler en lien avec les autres secteurs. Peu avant, en 2007, la Déclaration adoptée à Rome par les délégations des ministères de la Santé des États membres de l'Union européenne lors de la conférence sur « la santé dans toutes les politiques : accomplissements et défis »[2] mentionnait pour la première fois l'usage de ces « comités intersectoriels » en vue de favoriser l'intégration de la santé dans d'autres politiques.

Le CIS a été créé en 2014 par décret[3]. Sa mission est claire : « promouvoir la prise en compte de la santé dans l'ensemble des politiques publiques ». Le décret affiche résolument la volonté du gouvernement d'améliorer la santé, de réduire les inégalités de santé et de prendre en compte l'éducation pour la santé et la promotion de la santé dans l'ensemble des politiques publiques. Il s'agit de la manifestation la plus frappante du renforcement du flux normatif portant la « santé dans toutes les politiques » en droit français. Le fonctionnement du Comité est prévu comme suit : « Chaque ministre désigne un haut fonctionnaire chargé de préparer la contribution de son administration à la mise en œuvre de la politique du Gouvernement en matière de santé et de réduction des inégalités de santé. Ce haut fonctionnaire coordonne l'élaboration et le suivi des plans d'actions de son administration visant à intégrer la santé dans les politiques publiques. Il suit les travaux relatifs à la prise en compte de la santé et des inégalités de santé dans les projets de textes législatifs et réglementaires[4] ».

Théoriquement, le CIS est censé regrouper tous les ministres et adopter une logique systémique pour intégrer les enjeux de santé et de réduction des

---

[1] Réunion internationale sur l'intégration de la santé dans toutes les politiques, OMS, Déclaration d'Adélaïde sur l'intégration de la santé dans toutes les politiques, Vers une gouvernance partagée en faveur de la santé et du bien-être, Adélaïde, Australie, 2010.

[2] Conférence convoquée par le ministère de la Santé italien, la Commission européenne et le bureau de l'OMS pour l'Europe.

[3] Décret n° 2014-629 du 18 juin 2014 portant création du comité interministériel pour la santé.

[4] *ibid.*

inégalités de santé. Il peut aussi être une réponse à la situation de dispersion de l'action publique en matière de santé, en apportant une expertise[1] et des outils de coordination. En outre, si l'on s'en tient à l'idée d'origine, le CIS constitue un véritable tournant dans la façon d'aborder les questions de santé en France, puisque celles-ci ne sont plus cantonnées à la politique de santé, mais ont la faculté d'être élargies aux autres politiques publiques. Les Commissions de coordination des politiques publiques, créées par décret en 2010[2] et animées par les Agences régionales de santé dans chaque région, prolongent la mission du CIS au niveau régional[3].

Après avoir siégé pour la première fois en 2016 pour traiter la question de l'antibiorésistance[4], le CIS s'est réuni en mars 2018 dans les locaux de Santé publique France pour présenter le « Plan Priorité prévention » aussi appelé Plan national de santé publique (PNSP). Lors de cette réunion, les vingt-cinq mesures phares de ce plan ont été présentées. Le PNSP repose sur un principe de partenariat avec les autres champs de l'action publique. Outil permettant de mobiliser différentes politiques autour de l'objectif d'amélioration de la santé de la population, il forme une des déclinaisons opérationnelles de la Stratégie Nationale de Santé (SNS). Le comité permanent restreint (CPR) du CIS, présidé par le Directeur général de la santé, en assure le suivi opérationnel[5]. Le CIS s'est ensuite réuni en mars 2019 pour aborder les questions de prévention et de promotion de la santé chez les plus jeunes dans le cadre de la mise à jour du PNSP[6].

Le fonctionnement du CIS est ralenti par certaines limites opérationnelles. En vertu de son décret de création, le Comité « se réunit au moins une fois par an[7] ». Or, nous avons vu qu'il ne s'est réuni que trois fois depuis 2014. Il y a en revanche des réunions interministérielles préparatoires au CIS, et d'autres réunions interministérielles, hors du cadre du CIS, sont consacrées à des questions sanitaires (par exemple, au sein du CORRUSS), ou à la finalisation des plans de santé publiques intersectoriels (PNNS, PNSE...)[8].

Les informations publiques sur l'activité du Comité sont rares. Ainsi, bien que selon son décret de création il soit censé adopter « un rapport annuel sur

---

[1] HCAAM, Refonder les politiques de prévention et de promotion de la santé, *op. cit.*

[2] Décret n° 2010-346 du 31 mars 2010 relatif aux commissions de coordination des politiques publiques de santé.

[3] Entretien avec P. GUILBERT, Chef de mission Stratégie et Recherche à la Direction générale de la santé, 9 juin 2021.

[4] Min. des solidarités et de la santé, https://solidarites-sante.gouv.fr/prevention-en-sante/les-antibiotiques-des-medicaments-essentiels-a-preserver/des-politiques-publiques-pour-preserver-l-efficacite-des-antibiotiques/article/lutte-et-prevention-en-france [consulté le 22/06/2021].

[5] HCSP, Évaluation de la pertinence et de la cohérence du PNSP, Rapport, Mars 2019, 100 p.

[6] Comité interministériel pour la Santé, Dossier de presse, 25 mars 2019, 48 p.

[7] Décret n° 2014-629 du 18 juin 2014 portant création du comité interministériel pour la santé.

[8] Entretien avec P. GUILBERT, Chef de mission Stratégie et Recherche à la Direction générale de la santé, 9 juin 2021.

l'état de santé de la population et sur les inégalités de santé », celui-ci n'a encore produit aucun rapport de ce type à ce jour. On peut donc regretter le manque de communication publique sur l'existence et le fonctionnement du Comité.

Outre son décret de création, le CIS est aussi prévu dans le dispositif de suivi et d'évaluation de la SNS 2018-2022, établi par un arrêté du 1er février 2018[1]. Il y a toutefois lieu de déplorer que le CIS ne soit pas mentionné dans l'annexe du décret n° 2017-1866 du 29 décembre 2017 portant définition de la SNS pour la période 2018-2022, qui précise pourtant les modalités de suivi annuel de la SNS, ainsi que ses évaluations, le tout étant soumis à la Conférence nationale de santé et au HCSP.

De plus, le Comité et son CPR ne sont pas dotés de moyens financiers ou matériels spécifiques. En ce qui concerne ses moyens humains, il bénéficie d'un comité permanent restreint, dont la continuité de l'activité pose question. Dès son origine, le Comité a ainsi souffert de faiblesses importantes. À partir de 2020, la crise du coronavirus a confirmé la tendance déjà engagée : le CIS n'a pas été mis à contribution. Il n'a pas été sollicité pour participer à la lutte contre la pandémie de covid-19, car la Cellule interministérielle de crise du ministère de l'Intérieur et le Conseil de défense et de sécurité nationale ont pris le relais[2]. Après la crise sanitaire, le constat s'est confirmé : le CIS n'a pas été réactivé. Il semble alors définitivement enterré.

La Stratégie nationale de santé

La SNS pour 2018-2022 a été adoptée définitivement en décembre 2017 par le CIS[3] au moyen d'un décret signé par une vingtaine de ministres du gouvernement[4]. Le décret n° 2016-1621 du 28 novembre 2016 relatif à la stratégie nationale de santé crée une section entière intitulée « Stratégie nationale de santé » dans le Code de la santé publique. Réaffirmant en priorité le principe d'intégration de la santé dans toutes les politiques, en faisant référence à l'OMS, la SNS a été conçue comme le « plan national de santé », avec un seul cadre d'action, et a vocation à remplacer les nombreux plans de santé qui proliféraient avant sa création[5]. Elle marque ainsi un véritable tournant dans la façon de traiter les problématiques sanitaires en France. Auparavant, ces plans, tels que le Plan Obésité, le Plan Cancer, le Plan Alzheimer, accompagnaient les lois quinquennales de santé publique. Conçus

---

[1] Arrêté du 1er février 2018 relatif au suivi et à l'évaluation de la stratégie nationale de santé 2018-2022.

[2] Entretien avec P. GUILBERT, Chef de mission Stratégie et Recherche à la Direction générale de la santé, 9 juin 2021.

[3] Min. des Solidarités et de la Santé, « Lancement de la consultation publique sur la stratégie nationale de santé », Communiqué de presse, 7 novembre 2017, 1 p.

[4] Décret n° 2017-1866 du 29 décembre 2017 portant définition de la stratégie nationale de santé pour la période 2018-2022.

[5] HCAAM, Refonder les politiques de prévention et de promotion de la santé, *op. cit.*

sur une thématique spécifique, ces plans alimentaient un système qui donnait peu de place aux questions transversales de prévention et de promotion de la santé[1].

Les outils évoluent : certes, on n'utilise plus la loi mais la voie réglementaire pour mettre en place cette stratégie qui remplace les plans. Mais si le choix de la norme change, son contenu et sa nature viennent considérablement renforcer le flux normatif portant la « santé dans toutes les politiques ».

En effet, s'agissant de son contenu, le premier « principe d'action » (sur une liste de sept) de la SNS consiste à « mobiliser l'ensemble des politiques publiques dans un objectif de préservation et d'amélioration de la santé de la population, dans une approche interministérielle, coordonnée et concertée[2] ». La SNS est conforme à la recommandation du HCSP qui allait abondamment dans ce sens[3]. L'axe n° 1 de la SNS, intitulé « Mettre en place une politique de promotion de la santé, incluant la prévention, dans tous les milieux et tout au long de la vie », et en particulier l'expression « dans tous les milieux » fait écho au terme bien connu – « dans toutes les politiques ». Cela ne s'arrête pas au titre, puisque selon l'annexe du décret de 2017 adoptant la SNS, la politique de promotion des comportements favorables à la santé doit être déclinée dans tous les milieux de vie : école, entreprise, administrations, forces armées, établissements de santé et médico-sociaux, etc. Un véritable effort est fait pour appréhender la santé de façon globale et multidimensionnelle, et non plus seulement comme une question médicalisée : il s'agit par exemple de « promouvoir la qualité sanitaire de notre environnement direct (eau, air, sols, bruit, objets du quotidien, salubrité, nuisibles, risques émergents, etc.), en agissant sur les sources de pollution et en limitant notre exposition, mais aussi d'améliorer nos conditions de vie et de travail, afin d'assurer une qualité de vie compatible avec un bon état de santé ». On distingue dans la SNS la combinaison d'une approche de promotion de la santé, proactive et positive, et une approche plus défensive par la réduction des risques.

D'une part, avec la SNS, le caractère interministériel de la politique de santé est clairement affirmé[4]. Par exemple, l'article R1411-2 du Code de la santé publique prévoit la concrétisation de la SNS « par des plans et des programmes opérationnels à portée nationale, définis ou révisés par arrêté du ministre chargé de la santé et, le cas échéant, du ou des autres ministres intéressés, ainsi que par les projets régionaux de santé mentionnés à l'article L1434-1 ». Le flux se développe aussi aux échelons régionaux et

---

[1] *ibid.*

[2] Décret n° 2017-1866 du 29 décembre 2017 portant définition de la stratégie nationale de santé pour la période 2018-2022, Annexe : Stratégie nationale de santé (2018-2022).

[3] HCSP, Avis relatif à la stratégie nationale de santé, 8 septembre 2017, 18 p.

[4] D. TABUTEAU, « La stratégie nationale de santé, un défi pour la démocratie sanitaire », JDSAM 2018, n° 18.

même locaux. Ainsi, le Projet régional de santé pour la région Île-de-France, développé par l'Agence régionale de santé, place dès le début des années 2010 l'intégration de la santé dans toutes les politiques parmi les objectifs de son cadre d'orientation stratégique[1]. Le bémol ici est qu'en vertu du décret n° 2016-1023 du 26 juillet 2016 relatif au projet régional de santé, seule une des composantes du Projet régional de santé est opposable : il s'agit du schéma régional de santé et non du cadre d'orientation stratégique.

La propagation verticale du flux reste modeste : le Projet régional de santé 2018-2028 de la région Grand Est ne contient, lui, aucune trace de la « santé dans toutes les politiques ». Ces limites peuvent s'expliquer par un manque de volonté étatique : comme le souligne le Professeur de santé publique Pierre Lombrail, « l'État peine à reconnaître l'intérêt de favoriser une action intersectorielle locale (il a longtemps hésité à légiférer sur les contrats locaux de santé) et l'importance de structurer l'aide méthodologique des intervenants de terrain[2] ». Au niveau local, notons par exemple que la ville de Nanterre semble elle aussi imprégnée du message portant le caractère multidimensionnel de la santé puisqu'elle s'appuie à plusieurs reprises, dans son plan local d'urbanisme et plus précisément son projet d'aménagement et de développement durable, sur la Charte d'Ottawa[3]. Selon la jurisprudence, le projet d'aménagement et de développement durable n'est pas directement opposable aux demandes d'autorisation de construire mais il appartient à l'autorité compétente de prendre en compte les orientations d'un tel projet[4].

D'autre part, la SNS elle-même a une dimension clairement interministérielle, comme l'indique l'article 2 de son décret de création, très similaire à celui qui institue le CIS : tous deux énumèrent la longue série de ministres concernés. La prochaine Stratégie nationale de santé est envisagée pour une durée de dix ans, et non plus de cinq. Un premier projet de texte soumis à consultation a été publié en 2023 : l'approche « santé dans toutes les politiques » fait entièrement partie de ses principes d'action, aux côtés de sa cousine, l'approche « Une seule santé » (« One Health »)[5], de l'éthique, de la co-construction des politiques de santé avec tous les acteurs, de l'universalisme proportionné, et d'autres concepts. Quasiment un an après la publication de ce projet de texte, aucune nouvelle stratégie n'est adoptée, et la

---

[1] Projet régional de santé d'Ile-de-France 2013-2017 ; Arrêté n° 2012-577 du 21 décembre 2012 du Directeur Général de l'Agence régionale de santé Ile-de-France relatif à l'adoption du Projet Régional de Santé d'Ile-de-France.

[2] P. LOMBRAIL, « Un regard décalé sur la santé publique », *op. cit.*

[3] PLU de Nanterre, approuvé par le conseil municipal du 15 décembre 2015 et mis en compatibilité par l'arrêté préfectoral du 8 octobre 2020, entré en vigueur le 30 octobre 2020.

[4] CE, 10ème et 9ème ss-sect. réunies, 1er déc. 2006, *Sté GFLBI*, n° 296543, Lebon (Tables) ; TA Nantes, 1er oct. 2015, *M. Z X c/ commune de Falleron*, n° 1205714. Voir aussi TA Grenoble, 17 mars 2016, *M. X Y et Mme D Y c/ commune de Veigy-Foncenex*, n° 1406825.

[5] L. Warin, « "Une seule santé" et "santé dans toutes les politiques" : caractéristiques et difficultés de mise en œuvre d'approches intégrées de la santé », Confluence des droits, 2024.

dissolution de l'Assemblée nationale en juin 2024 laisse penser que ce retard perdurera encore.

Le CIS et la SNS marquent donc l'avancée du flux normatif portant la « santé dans toutes les politiques » en France. Mais au même moment, des signaux contradictoires imprègnent l'évolution du droit et du paysage sanitaire français. En effet, l'Agence nationale de santé publique est créée en 2016 par ordonnance[1]. Ce texte donne une large place à la lutte contre les risques sanitaires. Il insiste en effet sur l'observation, la surveillance, la veille, la réduction des risques, les alertes sanitaires, mais fait peu de cas de la mission liée à la promotion de la santé. Le décret d'application[2] offre une vision plus équilibrée des missions confiées à la nouvelle agence, entre celles de lutte contre les risques sanitaires et celles liées à la promotion et à l'évaluation des impacts des politiques publiques sur la santé – encore qu'elles ne figurent qu'à la fin de la liste des missions de la structure[3].

Étonnamment, l'année où la SNS a vu le jour, une réforme vient tempérer l'élan récent en faveur de la prise en compte de la santé dans les autres politiques. Le Plan « Ma santé 2022 » a été présenté par le Président Macron dans un discours du 18 septembre 2018. Malgré son titre très prometteur, ce plan se consacre essentiellement à la question des soins et n'adopte pas de vision intersectorielle de la santé[4]. La loi adoptée en 2019 à la suite de la présentation de ce plan est tout aussi dépourvue de cette perspective sur la santé et ne contribue certainement pas à nourrir le flux étudié ici. Ce texte porte en effet sur la formation et la carrière des professionnels de santé, l'offre de soins et la santé numérique[5].

---

[1] Ordonnance n° 2016-462 du 14 avril 2016 portant création de l'Agence nationale de santé publique.

[2] Décret n° 2016-523 du 27 avril 2016 relatif à la création de l'Agence nationale de santé publique.

[3] Après la « lutte contre les inégalités sociales et territoriales de santé » qui n'apparaît qu'au point 6°, nous trouvons en effet parmi les missions de la nouvelle agence : « 8° Participe au développement de l'évaluation de l'impact sur la santé des politiques publiques, notamment par l'élaboration de méthodes et d'outils » ; « 9° Exerce une fonction d'expertise et d'appui en matière de promotion de la santé, de prévention et d'éducation pour la santé » ; « 10° Conçoit, produit, évalue et, le cas échéant, expérimente des méthodes, des stratégies et des actions de promotion de la santé, de prévention et d'éducation pour la santé, ainsi que des supports d'information et d'intervention, notamment des campagnes nationales de communication et des dispositifs de prévention par l'aide à distance ».

[4] Voir L. Warin, « Plan « Ma santé 2022 », une occasion manquée ? », The Conversation France, 8 octobre 2018, https://theconversation.com/plan-ma-sante-2022-une-occasion-manquee-103873.

[5] Loi n° 2019-774 du 24 juillet 2019 relative à l'organisation et à la transformation du système de santé.

La proposition de loi sur l'avenir de la santé, déposée en septembre 2018[1] par des députés de l'opposition et rejetée[2], offrait davantage de perspectives car elle entendait porter sur la santé et non seulement sur les soins. Elle proposait également une avancée forte de symbolisme car elle envisageait d'élargir « les missions de l'Agence nationale de santé publique pour y intégrer plus fortement des missions relatives à la prévention, à l'éducation à la santé et à l'éducation thérapeutique » et surtout en plaçant cette agence « sous l'autorité du Premier ministre pour lui conférer un caractère interministériel [...] pour qu'elle dispose d'une vision globale des actions à conduire, du fléchage des ressources et pour qu'elle puisse évaluer les résultats de ces actions[3] ».

Néanmoins, mis à part le CIS et la SNS, la volonté de dépasser le secteur sanitaire pour aborder les questions qui lui sont traditionnellement réservées se manifeste aussi par d'autres biais. Ainsi, la loi n° 2018-166 du 8 mars 2018 relative à l'orientation et à la réussite des étudiants prend pleinement en compte la santé des étudiants dans le cadre de leur cursus. Elle inclut des considérations sur l'état de santé ou de handicap des étudiants et sur la mise en place, par les organismes gestionnaires des régimes d'assurance maladie obligatoires, de mesures d'éducation à la santé et de prévention visant à améliorer la santé des étudiants.

S'agissant d'un autre sujet, un rapport parlementaire sur une proposition de loi relative au chômage de longue durée mentionne les conséquences négatives du chômage sur la santé ainsi que les effets positifs de l'emploi sur la santé des personnes ayant été en situation de chômage de longue durée[4]. Cette proposition parlementaire a abouti à la loi n° 2020-1577 du 14 décembre 2020 relative au renforcement de l'inclusion dans l'emploi par l'activité économique et à l'expérimentation « territoire zéro chômeur de longue durée » qui institue notamment un fonds d'expérimentation territoriale contre le chômage de longue durée.

---

[1] AN, Proposition de loi visant l'orientation pour l'avenir de la santé, n° 1229, 29 août 2018, où il est dit notamment : « La santé ne saurait se résumer à la médecine. Et ne la considérer que sous cet angle, comme il est d'usage depuis des décennies, c'est avoir de la santé une lecture finalement partielle et sans doute aussi partiale » ; « La santé a [...] une incontestable dimension politique ».

[2] AN, Compte rendu intégral, 1ère séance du 11 octobre 2018, *JORF* du 12 octobre 2018.

[3] AN, Proposition de loi visant l'orientation pour l'avenir de la santé, *op. cit.*

[4] M-C. VERDIER-JOUCLAS, Rapport fait au nom de la Commission des Affaires sociales sur la proposition de loi relative au renforcement de l'inclusion dans l'emploi par l'activité économique et à l'expérimentation « territoire zéro chômeur de longue durée », AN, Rapport n° 3302, 9 septembre 2020. On y lit par exemple : « Souvenons-nous que l'objet de ce texte est d'accompagner dans la réinsertion par le travail celles et ceux qui sont depuis très longtemps éloignés de l'emploi, avec toutes les conséquences bénéfiques que cela peut avoir sur les territoires, au plan de la santé ou de l'inclusion sociale, comme sur les individus ».

La mise en œuvre de la « santé dans toutes les politiques » en France est dépourvue d'une véritable reconnaissance juridique, ainsi que de moyens méthodologiques, financiers et humains. En l'absence d'un tel principe, la prise en compte, par le juge français, de l'intégration de la santé dans d'autres politiques est sans surprise inexistante.

Néanmoins, le flux normatif en sa faveur se construit peu à peu, sous l'effet des influences extérieures, bien que sans force d'impulsion identifiée. Les textes adoptés par l'OMS et l'UE ont bien une traduction en droit français. De plus en plus d'efforts sont faits pour appréhender la santé de façon transversale aux côtés des intérêts des autres secteurs, afin de trouver des terrains d'entente, et pour ne plus segmenter excessivement certaines problématiques. Il y a toutefois encore une confusion dans l'interprétation de la « santé dans toutes les politiques » : l'approche semble faire son chemin en France mais reste, dans les faits, cantonnée au champ de la santé. Elle semble encore être appréhendée comme une politique de santé.

Enfin, l'approche dite curative de la santé a eu tendance à monopoliser l'espace de réflexion, allant à contre-courant d'une approche sanitaire plus large. Peu à peu, le cadre juridique de l'amélioration et de la protection de la santé contre les dangers connus ou potentiels a été renforcé, ce que nous verrons dans le chapitre suivant.

Chapitre 7. Une concrétisation à travers certaines finalités du droit français

Puisque « la santé dans toutes les politiques » tient compte systématiquement des conséquences sanitaires des décisions « afin d'améliorer la santé de la population et l'équité en santé » (Déclaration d'Helsinki, 2013), nous en déduisons que l'objectif de cette approche est l'amélioration de la santé et de l'équité en santé. À certains égards, notre droit se rapproche peu à peu de ces objectifs et de cette démarche. La protection de la santé inclut, en droit français, la notion d'amélioration de la santé. Ces deux objectifs peuvent être distingués (Section 1) et combinés, comme nous le verrons avec l'exemple du droit de la consommation (Section 2). L'équité en santé n'est pas encore une notion prise en compte en ces termes dans la loi, mais nous considérons qu'elle est très proche des objectifs de réduction des inégalités sociales de santé, qui apparaîtront dans ce chapitre.

Section 1. La protection contre les risques et l'amélioration de la santé

La protection de la santé (1) et l'amélioration de la santé (2) sont des termes qui apparaissent de façon récurrente dans les textes étudiés. Mais seule la protection de la santé est – indirectement – définie par le législateur[1]. À première vue, le droit français accorde davantage de place à la protection qu'à l'amélioration de la santé, bien que cette notion soit en progression. Ces deux notions ne s'opposent pas, c'est plutôt une gradation qui s'opère. Nous allons voir que deux concepts, voire trois, coexistent et sont tous importants pour rendre effective l'intégration de la santé dans toutes les politiques. Selon le Professeur Bélanger, le terme de « protection de la santé » doit être abordé dans un sens positif, qui correspond à « l'approche positive de la santé », et non plus dans un sens défensif comme cela fut le cas pendant longtemps[2].

1) Protéger la santé

La crise du covid-19 a été un exemple par excellence des impacts qu'a une situation sanitaire sur les secteurs situés en-dehors du champ sanitaire. Contrairement aux mécanismes d'intégration de la santé dans toutes les politiques, au cours de cette pandémie, ce sont les intérêts de la santé publique qui ont dicté les décisions prises dans les autres secteurs, avec peu de

[1] Article L1411-1 du Code de la santé publique.

[2] M. Belanger, « Un droit mondial de la santé », Archives contemporaines, AUF 2009.

possibilités de trouver des terrains d'entente. Des choix ont été faits au nom de la protection de la santé.

La protection de la santé n'apparaît pas textuellement dans la définition donnée par la Déclaration d'Helsinki, mais nous la déduisons de ce qui est désigné comme les « conséquences sur la santé[1] ». À la lecture de cette définition, la lutte contre les conséquences néfastes sur la santé semble placée parmi les outils à utiliser pour atteindre l'amélioration de la santé et de l'équité en santé. Cependant, nous verrons ultérieurement que le flux normatif portant la « santé dans toutes les politiques », tel qu'il se diffuse en France, s'écarte de la définition adoptée par l'OMS. En France, en effet, toute tentative d'intégrer la santé dans d'autres politiques est avant tout faite pour protéger la santé, bien avant de l'améliorer. Cependant, l'amélioration de la santé est une notion en progression en droit de la santé français.

C'est dans le cadre de la protection de la santé que s'appliquent les principes de prévention et de précaution. Ces deux principes reposent sur un rapport au risque. Le principe de prévention s'applique quand les risques sont avérés – par exemple empêcher l'arrivée d'une pollution[2]–, tandis que le principe de précaution s'applique en cas de risques potentiels dont la réalisation est hypothétique[3]. La prévention se fonde sur des connaissances scientifiques[4]. En France, les crises sanitaires qui ont marqué l'histoire moderne du pays ont contribué à sensibiliser sur l'importance de la question des risques. Le Haut Conseil pour l'avenir de l'Assurance maladie a rappelé que « les crises sanitaires à répétition ont focalisé les efforts de définition en matière de doctrine d'action et de management public sur les questions de sécurité sanitaire[5] ». Il s'agit donc de protéger la santé contre les dangers connus, mais aussi contre les dangers potentiels.

Le principe de prévention

La prévention se définit classiquement comme le fait d'éviter ou de réduire le nombre et la gravité des maladies, des accidents et des situations de

---

[1] Rappel de la définition donnée par la Déclaration d'Helsinki en 2013 : « La santé dans toutes les politiques est une approche intersectorielle des politiques publiques qui tient compte systématiquement des conséquences sanitaires des décisions, qui recherche des synergies et qui évite les conséquences néfastes pour la santé afin d'améliorer la santé de la population et l'équité en santé ».

[2] Y. PETIT, « Mise en œuvre matérielle du droit communautaire de l'environnement », RDE 2007 (Janvier).

[3] J. JOUZEL, A. MICHELOT, La justice climatique : enjeux et perspectives pour la France, Avis du Conseil économique, social et environnemental, Septembre 2016, 114 p. ; voir aussi J-M. PONTIER, « La puissance publique et la prévention des risques », AJDA 2003, p. 1752, où l'on peut lire que le « critère décisif de distinction entre la prévention des risques et le principe de précaution, c'est la certitude d'un côté, la connaissance de l'autre ».

[4] J-M. PONTIER, « La puissance publique et la prévention des risques », *op. cit.*

[5] HCAAM, Refonder les politiques de prévention et de promotion de la santé, Avis, 28 juin 2017.

handicap. Il s'agit d'une vision médicalisée de la prévention puisqu'elle est fondée sur la maladie et son évolution[1]. La prévention est alors réalisée par les acteurs du système de soin, et les actions de prévention sont centrées sur les comportements individuels – par exemple en prescrivant des règles hygiéno-diététiques[2].

L'OMS adopte une conception plus large de la prévention, sur le fondement de sa définition de la santé présentée précédemment. La prévention fait alors partie d'un ensemble qui n'est autre que la promotion de la santé. Celle-ci comprend trois éléments : la prévention dans toutes ses dimensions, ainsi que la protection de la santé – c'est-à-dire les mesures pour changer l'environnement et la réglementation dans le sens d'une bonne santé – et enfin l'éducation pour la santé[3]. On voit bien ici la double action visée : agir sur l'environnement et les comportements individuels. Cette idée est récurrente dans le message porté par l'OMS. L'importance de promouvoir des milieux de vie favorables à la santé et de développer les savoir-faire et les compétences des citoyens[4] apparaît notamment dans la Déclaration de Shanghai sur la promotion de la santé adoptée en 2016[5]. En France, on dit souvent qu'en raison de la tradition biomédicale du pays[6], la prévention y a été privilégiée au détriment de la promotion de la santé.

Le principe de prévention dépasse en effet largement le strict champ sanitaire. Nous l'observons par exemple dans la loi du 24 mars 2014 pour l'accès au logement et un urbanisme rénové[7] qui inclut une dimension préventive en disposant que « constituent un habitat indigne les locaux ou les installations utilisés aux fins d'habitation et impropres par nature à cet usage, ainsi que les logements dont l'état, ou celui du bâtiment dans lequel ils sont situés, expose les occupants à des risques manifestes pouvant porter atteinte à leur sécurité physique ou à leur santé » (article 34 de cette loi).

La prévention collective vise l'ensemble d'une population, elle s'intéresse au faible risque de chacun de devenir malade et a pour objectif de renforcer les chances de rester en bonne santé par des mesures éducatives ou environnementales[8]. En termes de financements alloués, la prévention individuelle est encore largement majoritaire en France : elle équivalait en 2015 à 85 % du budget total de prévention. Elle inclut les soins de ville, les médicaments, les dépistages, etc[9].

---

[1] *ibid.*
[2] *ibid.*
[3] HCAAM, Refonder les politiques de prévention et de promotion de la santé, *op. cit.*
[4] *ibid.*
[5] 9ème Conférence mondiale sur la promotion de la santé, OMS, Déclaration de Shanghai sur la promotion de la santé dans le Programme de développement durable à l'horizon 2030, Shanghai, Chine, 2016.
[6] HCAAM, Refonder les politiques de prévention et de promotion de la santé, *op. cit.*
[7] Loi n° 2014-366 du 24 mars 2014 pour l'accès au logement et un urbanisme rénové.
[8] HCAAM, Refonder les politiques de prévention et de promotion de la santé, *op. cit.*
[9] *ibid.*

La mission de prévention des risques sanitaires revient à l'État, mais aussi à d'autres acteurs. Le droit à la protection de la santé de chacun est consacré par le Préambule de la Constitution de 1946 et la mise en œuvre de ce droit est précisée à l'article L1110-1 du Code de la santé publique. Comme l'indique cet article, la protection de la santé est liée à la notion de sécurité sanitaire, qui se définit comme « l'ensemble des décisions, programmes et actions visant à protéger la population contre tous les dangers et les risques pour la santé, considérés comme échappant au contrôle des individus et relevant donc de la responsabilité des pouvoirs publics[1] ». Sur le plan politique, « la protection de la santé fait [...] l'objet d'une politique nationale, de politiques ou de programmes régionalisés ou spécialisés[2] ».

Comme sous-entendu dans l'article L1411-1 du Code de la santé publique[3], à défaut d'empêcher la survenue de ces risques pour la santé, il convient de les réduire. Reste à déterminer le niveau auquel sera placé le curseur sur l'échelle des mesures de santé publique. Par exemple, l'article L1333-2 du Code de la santé publique dispose que les activités nucléaires doivent respecter le principe de limitation selon lequel l'exposition d'une personne aux rayonnements ionisants issus de ces activités ne peut dépasser les limites fixées par voie réglementaire, sauf lorsque cette personne est l'objet d'une exposition à des fins médicales ou dans le cadre d'une recherche mentionnée au 1° de l'article L1121-1. Dans le cadre du dispositif d'indemnisation des personnes ayant été exposées à des essais nucléaires réalisés par la France[4], chapeauté par un comité d'indemnisation, les victimes bénéficient d'une présomption de causalité entre leur exposition au rayonnement ionisants et leur dommage corporel si elles ont séjourné dans une zone pendant une période au cours de laquelle des essais nucléaires ont été effectués, et qu'elles souffrent de l'une des maladies radio-induites dont la liste est fixée par décret[5]. Cette présomption n'a jamais été irréfragable et son renversement a fait l'objet d'évolutions. La dernière en date résulte de la loi du 17 juin 2020 relative à diverses dispositions liées à la crise sanitaire[6] : il en résulte que les victimes des essais nucléaires bénéficient d'une présomption d'imputabilité sauf si l'administration prouve qu'elles ont reçu moins de

---

[1] Min. des solidarités et de la santé, https://solidarites-sante.gouv.fr/systeme-de-sante-et-medico-social/securite-sanitaire/ [consulté le 30/06/2021].

[2] A. LAUDE, B. MATHIEU, D. TABUTEAU, *Droit de la santé*, 3ème édition, PUF, Thémis, 2012, 728 p.

[3] La politique de santé comprend « la réduction des risques pour la santé liés à l'alimentation, à des facteurs environnementaux et aux conditions de vie susceptibles de l'altérer » (article L1411-1 du Code de la santé publique).

[4] Loi n° 2010-2 du 5 janvier 2010 relative à la reconnaissance et à l'indemnisation des victimes des essais nucléaires français.

[5] F. GILBERT (dir.), *Le Lamy responsabilité administrative*, Wolters Kluwer, 2020.

[6] Loi n° 2020-734 du 17 juin 2020 relative à diverses dispositions liées à la crise sanitaire, à d'autres mesures urgentes ainsi qu'au retrait du Royaume-Uni de l'Union européenne.

1 millisievert de rayonnement par an, ce qui est très difficile à démontrer[1]. Le Conseil d'État prend acte de cette règle dans un arrêt du 6 novembre 2020[2] : en vertu de l'article 57 de la loi du 17 juin 2020, la disposition relative au régime de présomption de causalité pour l'indemnisation des victimes des essais nucléaires[3], dans sa rédaction issue de la loi n° 2018-1317 du 28 décembre 2018, est applicable aux instances en cours[4]. Peu après, dans une affaire où un agent public avait été affecté sur des sites d'expérimentation nucléaires en Algérie puis en Polynésie française entre 1962 et 1974 et était décédé par la suite d'un cancer, sa veuve, en qualité d'ayant-droit, demandait une indemnisation sur le fondement des dispositions de la loi du 5 janvier 2010 relative à la reconnaissance et à l'indemnisation des victimes des essais nucléaires français. Le Conseil d'État, dans un arrêt du 3 février 2021, juge que la présomption de causalité doit être renversée dans la mesure où en l'espèce, la ministre des Armées a apporté la preuve que la dose annuelle de rayonnements ionisants dus aux essais nucléaires français reçue par l'intéressé a été inférieure à la limite réglementaire[5].

L'action préventive de l'État peut prendre la forme de régimes d'autorisation, comme c'est le cas en matière de mise sur le marché de nouveaux aliments et d'ingrédients alimentaires[6]. Plus rarement, la prévention peut se manifester à travers des interdictions, comme celle d'utiliser de l'amiante dans les bâtiments. L'État peut aussi avoir recours à des méthodes de dissuasion, notamment en agissant sur les prix et la consommation dans le but de lutter contre certains risques. Ainsi, les mesures d'augmentation du prix du tabac et des cigarettes visent à diminuer la consommation de tabac et réduire les risques cancérogènes[7].

La police sanitaire spéciale joue un rôle important dans l'intervention publique en faveur de la prévention des risques sanitaires. Dans un arrêt du 26 octobre 2011, le Conseil d'État rappelle que la police spéciale attribuée à l'État en matière de communications électroniques repose sur la nécessité d'assurer un « niveau élevé et uniforme de protection de la santé publique »

---

[1] M-C. DE MONTECLER, « Essais nucléaires : le difficile renversement de la présomption de causalité, CE, 6 nov. 2020, req. n° 439003 », DAc, 13 nov. 2020.

[2] CE, 7ème - 2ème ch. réunies, 6 nov. 2020, *Ministre des Armées c/ Mme Perucho*, n° 439003, Lebon (Tables).

[3] C'est-à-dire le V de l'article 4 de la loi n° 2010-2 du 5 janvier 2010 relative à la reconnaissance et à l'indemnisation des victimes des essais nucléaires français.

[4] Conseil d'État, Centre de recherches et de diffusion juridiques, Jurisprudence des formations contentieuses du Conseil d'État, Novembre 2020, 68 p. Dans son arrêt CE, 7ème - 2ème ch. réunies, 6 nov. 2020, *Min. des Armées c/ Mme Perucho*, *op. cit*, le Conseil d'État considère que « les dispositions de la loi du 5 janvier 2010 [...] dans leur rédaction issue de la loi du 28 décembre 2018 [sont] applicables, en vertu de l'article 57 de la loi du 17 juin 2020, à la date à laquelle le Conseil d'État règle au fond la présente affaire » (T. LELEU, « Victimes des essais nucléaires : dernier épisode autour de la présomption de causalité ? », AJDA 2021, p. 578).

[5] CE, 7ème ch., 3 fév. 2021, *Mme C B contre Ministre des Armées*, n° 439640, Inédit.

[6] Y. PETIT, « Mise en œuvre matérielle du droit communautaire de l'environnement », *op. cit.*

[7] J-M. PONTIER, « La puissance publique et la prévention des risques », *op. cit.*

contre les effets des ondes électromagnétiques émises par les réseaux de communication, tout en reconnaissant la nécessité d'un « fonctionnement optimal de ces réseaux notamment par une couverture complète de ce territoire[1] ». Néanmoins, le niveau effectif de protection de la santé choisi interroge eu égard à un arrêt rendu par la Cour administrative d'appel de Paris en 2023 où elle a jugé que certains documents émanant de la commission de l'environnement, de l'agriculture et des questions territoriales de l'Assemblée parlementaire du Conseil de l'Europe, un avis du 8 juillet 2016 de l'Agence nationale de sécurité sanitaire de l'alimentation, de l'environnement et du travail, un rapport de la députée Laurence Abeille, une déclaration de l'OMS et des décisions des juridictions judiciaires, ne suffisent pas à établir l'existence, en l'état des connaissances scientifiques, d'un risque pouvant résulter, pour le public et pour les enfants plus particulièrement, de l'exposition aux champs électromagnétiques émis par les antennes relais de téléphonie mobile[2].

De nombreuses polices spéciales ont été développées dans des champs très variés : police des déchets, de l'eau, des produits phytopharmaceutiques, de l'habitat insalubre, etc[3]. La « santé dans toutes les politiques » prend donc une certaine consistance par ce biais.

Elle semble également mise en œuvre lorsque l'on s'intéresse à l'exemple de la santé scolaire. L'ordonnance du 18 octobre 1945 sur la protection de la santé des enfants d'âge scolaire[4] institue une visite médicale obligatoire au cours de la sixième année de l'enfant. La loi du 5 mars 2007 portant réforme de la protection de l'enfance[5] a renforcé ce suivi médical des enfants en milieu scolaire en ajoutant trois autres visites au cours des neuvième, douzième et quinzième années de l'enfant. Ces visites consistent en un examen médical complet qui comprend un bilan de l'état de santé physique et psychologique de l'enfant[6]. En matière d'éducation à la santé, la loi d'orientation et de programme pour l'avenir de l'école du 23 avril 2005[7] consolide le cadre législatif existant et consacre la légitimité de l'école dans ce domaine[8].

---

[1] CE, ass., 26 oct. 2011, *Commune de Saint-Denis c/ Société française du radiotéléphone*, n° 326492, Lebon (AJDA 2011, p. 2039 ; AJDA 2011, p. 2219, chron. J.-H. STAHL et X. DOMINO ; D. 2012, p. 2128, obs. B. MALLET-BRICOUT et N. REBOUL-MAUPIN).

[2] CAA de Paris, 1ère ch., 22 déc. 2023, n° 22PA02355, Inédit.

[3] S. BRIMO, B. DEFOORT, « La police générale de la salubrité à l'épreuve de l'état d'urgence sanitaire : ou l'impossible disparition de la salubrité publique locale », RDSS 2020, p. 848.

[4] Ordonnance n° 45-2407 du 18 octobre 1945 sur la protection de la santé des enfants d'âge scolaire, des élèves et du personnel des établissements d'enseignement et d'éducation de tous ordres.

[5] Loi n° 2007-293 du 5 mars 2007 portant réforme de la protection de l'enfance.

[6] A. KIMMEL-ALCOVER, « École, L'école primaire et la santé des élèves : entre protection et éducation », Dossier n° 20, DF 2011 (Déc.), n° 12.

[7] Loi n° 2005-380 du 23 avril 2005 d'orientation et de programme pour l'avenir de l'école.

[8] A. KIMMEL-ALCOVER, « École, L'école primaire et la santé des élèves : entre protection et éducation », *op. cit.*

La prévention des risques est une mission partagée avec d'autres acteurs. La prévention de la santé au travail offre un exemple de partage de responsabilité pour la protection de la santé entre l'État et l'employeur. L'encadrement juridique de la santé des salariés a considérablement évolué au fil du temps : des dispositions législatives et réglementaires dispersées sur l'hygiène et la sécurité ont peu à peu évolué en une législation cohérente adoptant une approche globale de la santé au travail[1]. En partie du fait de l'influence du droit de l'Union européenne, la législation sur la santé au travail, qui portait avant sur la réparation, inclut désormais aussi la prévention[2]. Celle-ci, qui fut un temps perçue uniquement comme un moyen pour l'employeur d'éviter la responsabilité, est à présent « un but en soi[3] ».

Le législateur a adopté à partir de 1977 une protection particulière pour les travailleurs exposés à la poussière d'amiante[4]. La jurisprudence des années 2000 a joué un rôle déterminant dans l'évolution de la santé au travail et son intégration dans le champ de la santé publique[5]. La chambre sociale de la Cour de cassation s'est engagée dans une démarche active de protection de la santé et de la sécurité des travailleurs et de promotion de la prévention des risques professionnels[6]. En 2002, elle a retenu l'existence d'une obligation de sécurité de résultat pesant sur l'employeur en matière de santé et de sécurité des travailleurs exposés à l'amiante[7]. En 2005, elle a érigé la protection des salariés contre le tabagisme passif en obligation de sécurité de résultat pour l'employeur[8]. Ses décisions en matière de tabagisme au travail ont un réel impact car elles ont contribué à l'adoption du décret n° 2006-2386 du 15 novembre 2006 qui a renforcé l'interdiction de fumer dans les lieux publics à partir du 1er février 2007[9]. La loi du 9 août 2004 relative à la politique de

---

1 N. MARTIN-PAPINEAU (dir.), *La loi du 9 août 2004 relative à la santé publique, Enjeux, réalisations, perspectives*, LGDJ, Université de Poitiers, Collection de la faculté de droit et des sciences sociales, 2006, 184 p.

2 *ibid*, voir dans cet ouvrage « La santé au travail, composante de la santé publique » par A. BOUSIGES pour un historique de la législation sur la santé au travail.

3 N. MARTIN-PAPINEAU (dir.), *La loi du 9 août 2004 relative à la santé publique, Enjeux, réalisations, perspectives*, *op. cit.*

4 Décret n° 77-949 du 17 août 1977 relatif aux mesures particulières d'hygiène applicables dans les établissements où le personnel est exposé à l'action des poussières d'amiante.

5 N. MARTIN-PAPINEAU (dir.), *La loi du 9 août 2004 relative à la santé publique, Enjeux, réalisations, perspectives*, *op. cit.*

6 Cour de cassation, La santé dans la jurisprudence de la Cour de cassation, Rapport annuel 2007, 581 p.

7 C. BERGOIGNAN-ESPER, P. SARGOS, *Les grands arrêts du droit de la santé*, 3ème édition, Dalloz, Grands arrêts, 2010, 603 p. Les « arrêts amiante » de la Cour de cassation sont les suivants : Soc., 28 fév. 2002, n° 0010051, n° 9917221, n° 9921255 et n° 9917201.

8 Cour de cassation, La santé dans la jurisprudence de la Cour de cassation, *op. cit.* Par exemple, selon la décision Cass. soc., 29 juin 2005, n° 03-44.412, Bull. 2005 V N° 219 p. 192, l'employeur est tenu à une obligation de sécurité de résultat vis-à-vis de ses salariés en ce qui concerne leur protection contre le tabagisme dans l'entreprise.

9 C. BERGOIGNAN-ESPER, P. SARGOS, *Les grands arrêts du droit de la santé*, *op. cit.*

santé publique a joué un rôle important dans l'évolution du droit de la santé au travail[1] : l'article L1411-1 du Code de la santé publique comprend désormais l'identification et la réduction des risques liés aux conditions de travail. Parmi les cent objectifs de santé publique annoncés dans cette loi, ceux liés à la santé au travail concernent la réduction du nombre d'accidents routiers mortels liés au travail, la réduction du nombre de travailleurs soumis à des contraintes articulaires, ou à un certain niveau de bruit, et la réduction des effets sur la santé des expositions aux agents cancérogènes[2]. Avec la loi de santé de 2004, la santé au travail devient une composante de la santé publique[3]. Une ordonnance du 1er septembre 2005 poursuit dans ce sens en étendant les missions de l'Agence française de sécurité sanitaire de l'environnement au domaine du travail[4]. Le Professeur Bousiges considère que ce rapprochement entre santé au travail et santé publique s'explique par le fait que la législation relative à la santé – notamment celle présente dans le Code du travail – « déborde l'aspect contractuel et touche au droit fondamental de tout individu au respect de son intégrité physique[5] ».

La loi du 8 août 2016[6] a introduit le droit du salarié à la déconnexion et a instauré des mesures de lutte contre harcèlement moral au travail et contre le burn-out. À partir de 2020, l'employeur a été très sollicité pour contribuer à la lutte contre l'épidémie de coronavirus. Les mesures souples et simplement incitatives ont contribué à favoriser un lien fort entre les enjeux sanitaires et professionnels. Ainsi, dans un communiqué du 5 octobre 2020[7], le ministère du Travail, de l'Emploi et de l'Insertion a rappelé que pour garantir la santé et la sécurité des salariés, les employeurs et salariés doivent autant que possible recourir au télétravail dans les zones en alerte épidémique.

L'action préventive de l'État peut résulter en des obligations pour d'autres personnes que les employeurs. En vertu de la directive européenne Seveso III[8], transposée en droit français par la loi du 16 juillet 2013 portant diverses dispositions d'adaptation au droit de l'Union européenne dans le

---

[1] N. Martin-Papineau (dir.), *La loi du 9 août 2004 relative à la santé publique, Enjeux, réalisations, perspectives*, *op. cit.*

[2] Loi n° 2004-806 du 9 août 2004 relative à la politique de santé publique.

[3] N. Martin-Papineau (dir.), *La loi du 9 août 2004 relative à la santé publique, Enjeux, réalisations, perspectives*, *op. cit.*

[4] Ordonnance n° 2005-1087 du 1er septembre 2005 relative aux établissements publics nationaux à caractère sanitaire et aux contentieux en matière de transfusion sanguine.

[5] A. Bousiges *in* N. Martin-Papineau (dir.), *La loi du 9 août 2004 relative à la santé publique, Enjeux, réalisations, perspectives*, *op. cit.*

[6] Loi n° 2016-1088 du 8 août 2016 relative au travail, à la modernisation du dialogue social et à la sécurisation des parcours professionnels.

[7] Min. du Travail, de l'Emploi et de l'Insertion, En zone d'alerte renforcée et maximale, les employeurs et salariés doivent, autant que possible, recourir au télétravail, Communiqué, 5 octobre 2020.

[8] Directive n° 2012/18/UE du 4 juillet 2012 concernant la maîtrise des dangers liés aux accidents majeurs impliquant des substances dangereuses.

domaine du développement durable[1], les installations présentant des risques d'accidents dangereux ont une obligation de prévention des risques. En 2024, la Cour des comptes rend un rapport sur la gestion des risques liés aux installations classées pour la protection de l'environnement dans le domaine industriel. Elle souligne les progrès accomplis, mais constate que la prévention des risques accidentels et chroniques, ainsi que la résorption des pollutions historiques peuvent être améliorées[2].

Le principe de précaution, un principe consacré pour les questions environnementales mais appliqué en matière sanitaire

Bien que le constituant n'ait pas souhaité inclure la santé dans l'article 5 de la Charte de l'environnement consacrant le principe de précaution en matière environnementale[3], l'évolution du droit qui a suivi a quand même ouvert la porte de ce principe aux questions sanitaires. La santé publique constituerait même aujourd'hui la « terre d'élection » du principe de précaution, plus que le droit de l'environnement[4]. Cela peut s'expliquer par le lien reconnu par le juge, de façon précoce, entre les questions de santé et d'environnement.

Le Conseil constitutionnel fait en effet implicitement un lien entre la protection de la santé et de l'environnement dès 1980 dans sa décision sur la loi sur la protection et le contrôle des matières nucléaires[5]. À cette occasion, il juge que la loi dont il a été saisi est conforme à la Constitution. Alors que le texte de la loi n° 80-572 du 25 juillet 1980 sur la protection et le contrôle des matières nucléaires ne mentionne, en son article 6, que la sécurité des personnes et des biens, le Conseil constitutionnel ajoute la protection de la santé dans son considérant, juste avant de citer la protection de la sécurité. Le Conseil considère en particulier que l'article 6 de ladite loi n'apporte à l'exercice du droit de grève[6] que les restrictions nécessaires à la sauvegarde

---

[1] Loi n° 2013-619 du 16 juillet 2013 portant diverses dispositions d'adaptation au droit de l'Union européenne dans le domaine du développement durable.

[2] Cour des comptes, La gestion des risques liés aux installations classées pour la protection de l'environnement dans le domaine industriel, 1er fév. 2024, S2023-1508.

[3] Voir notamment N. KOSCIUSKO-MORIZET, Rapport fait au nom de la Commission des lois constitutionnelles, de la législation et de l'administration générale de la République sur le projet de loi constitutionnelle (n° 992) relatif à la Charte de l'environnement, AN, Rapport n° 1595, 12 mai 2004, 214 p. : « seul le dommage à l'environnement peut être pris en compte. Une atteinte directe et exclusive à la santé humaine n'entre pas dans le champ d'application de l'article 5 [...] Les deux domaines (santé et environnement) demeurent distincts. La Charte de l'environnement n'est pas une charte de la santé publique » (p. 98).

[4] S. RENARD, L'ordre public sanitaire, Étude de droit public interne, *op. cit.*

[5] Cons. constit, 22 juill. 1980, *Loi sur la protection et le contrôle des matières nucléaires*, n° 80-117 DC. Voir à ce sujet M. PRIEUR (dir.), *Droit de l'environnement*, 8ème édition, Dalloz, Précis, 2019, 1394 p.

[6] Le Conseil constitutionnel précise que l'hypothèse du droit de grève n'est d'ailleurs pas visée directement par l'article 6 de la loi en cause.

des objets d'intérêt général visés, dont font partie la protection de la santé et de la sécurité des personnes et des biens[1].

Le Conseil d'État a lui aussi opéré un lien similaire dans un arrêt de 1988[2]. Dans cette affaire, deux syndicats professionnels du secteur de l'énergie demandaient l'annulation pour excès de pouvoir du décret n° 81-376 du 15 avril 1981 portant application de l'article 28 (2°) de la loi du 26 octobre 1919 modifiée relative à l'utilisation de l'énergie hydraulique et approuvant le modèle de règlement d'eau pour les entreprises autorisées sur les cours d'eau. Le Conseil d'État, dans son considérant, affirme que « la protection de la nature est l'un des aspects de la protection de la salubrité publique » ce qui justifie qu'une autorité compétente puisse révoquer ou modifier sans indemnisation les autorisations de prise d'eau précédemment accordées, sans que leurs bénéficiaires puissent opposer de droits acquis du fait de celles-ci. Les requêtes des syndicats sont rejetées.

En matière de santé, « la précaution implique que [...] les autorités sanitaires fassent prévaloir les intérêts de la santé publique sur les intérêts économiques et la liberté d'entreprendre[3] ». Le législateur a manifesté cette volonté notamment dans la Résolution sur la mise en œuvre du principe de précaution adoptée le 1er février 2012 par l'Assemblée nationale, où il est question de l'application du principe de précaution en matière environnementale, mais aussi sanitaire et alimentaire. Il s'agit d'une déclaration non contraignante[4] mais à notre sens assez significative.

Dans cet esprit, le Conseil d'État s'est prononcé sur l'interprétation de l'article 1er de la Charte, relatif au droit à un environnement sain et équilibré, et de l'article 5 sur le principe de précaution : dans un arrêt du 8 octobre 2012 il juge que « le principe de précaution s'applique aux activités qui affectent l'environnement dans des conditions susceptibles de nuire à la santé des populations concernées[5] » puis, dans un arrêt d'assemblée du 12 avril 2013[6], précise « qu'il appartient [...] à l'autorité compétente de l'État, saisie d'une demande tendant à ce qu'un projet soit déclaré d'utilité publique, de rechercher s'il existe des éléments circonstanciés de nature à accréditer l'hypothèse d'un risque de dommage grave et irréversible pour l'environnement ou d'atteinte à l'environnement susceptible de nuire de manière grave à la santé, qui justifierait, en dépit des incertitudes subsistant quant à sa réalité et à sa portée

---

[1] *ibid.*

[2] CE, 13 janv. 1988, *Synd. nat. production autonome d'électricité*, n° 35009 et 35063, Lebon (Tables), RJ envir. 1988, p. 346. Voir à ce sujet M. PRIEUR (dir.), *Droit de l'environnement*, 8ème édition, *op. cit.*

[3] S. RENARD, L'ordre public sanitaire, Étude de droit public interne, *op. cit.*

[4] F-G. TREBULLE, « Droit de l'environnement septembre 2011 – juillet 2012 », RD 2012, p. 2557.

[5] CE, 6ème et 1ère ss-sect. réunies, 8 oct. 2012, *Commune de Lunel*, n° 342423, Lebon (Tables).

[6] CE, ass., 12 avril 2013, *Association Coordination Interrégionale Stop THT et autres c/ Ministère de l'écologie, du développement durable et de l'énergie*, n° 342409 (et aff. jointes n° 342569, 342689, 342740, 342748 et 34282), Lebon.

en l'état des connaissances scientifiques, l'application du principe de précaution ».

D'une part, comme pour l'intégration de la santé dans toutes les politiques, le principe de précaution tend à influer, en amont, sur la prise de décision publique elle-même : « En abaissant le seuil de connaissances à partir duquel les autorités publiques doivent intervenir, la précaution fait en effet remonter plus haut dans le temps le moment de la décision. Sa mise en œuvre modifie donc les critères de déclenchement de l'action publique en ajoutant le risque incertain au risque prouvé[1] ».

D'autre part, le principe de précaution implique, comme pour la « santé dans toutes les politiques », de regarder en aval. Il suppose en effet d'adopter une approche prospective de la décision, dans la mesure où il nécessite de prendre en compte des risques futurs[2]. Il contient une « obligation d'anticipation[3] », une « obligation à la prévoyance, à la prévision, à la clairvoyance[4] ». La « santé dans toutes les politiques » implique également d'envisager les décisions et leurs conséquences à l'avenir.

Les principes de précaution et de prévention contre les risques pour la santé peuvent être complémentaires avec la « santé dans toutes les politiques » mais ces notions restent, à notre sens, très distinctes.

La loi n° 2019-1428 du 24 décembre 2019 d'orientation des mobilités combine plusieurs approches : protection contre les risques, préservation et amélioration de la santé. En vertu de cette loi, l'article L1111-1 du Code des transports prévoit que « l'organisation des mobilités sur l'ensemble du territoire doit satisfaire les besoins des usagers et rendre effectifs le droit qu'a toute personne [...] de se déplacer et la liberté d'en choisir les moyens, y compris ceux faisant appel à la mobilité active [...]. La mise en œuvre de cet objectif s'effectue [...] dans le respect des objectifs de lutte contre la sédentarité et de limitation ou de réduction des risques, accidents, nuisances, notamment sonores, émissions de polluants et de gaz à effet de serre ». On voit ici la volonté de réduire l'exposition aux risques pour la santé mais aussi en arrière-plan le souhait d'encourager des modes de déplacement favorables à la santé. Cet article comporte par ailleurs un autre élément résonnant avec la « santé dans toutes les politiques », à savoir la recherche de l'équité en santé, en ce qu'il mentionne que ces mesures s'appliquent aussi aux personnes ayant une mobilité réduite ou un handicap.

Pour finir ce développement, notons que la préservation de la santé est une notion intermédiaire, peu documentée et que l'on peut difficilement situer avec précision entre la protection contre les risques et l'amélioration de la santé. De toute évidence, préserver la santé implique de maintenir un état de

---

[1] S. RENARD, L'ordre public sanitaire, Étude de droit public interne, *op. cit.*

[2] *ibid.*

[3] F. EWALD, C. GOLLIER, N. DE SADELEER, *Le principe de précaution*, PUF, Que sais-je ? 2008, 128 p.

[4] *ibid.*

santé existant. Il y a donc naturellement la nécessité de combattre les dangers et les risques qui surgissent, mais il y a sans doute également une lutte pour conserver un équilibre entre des forces qui influencent tantôt positivement, tantôt négativement la santé. Nous avons déjà mentionné la loi du 17 août 2015 relative à la transition énergétique pour la croissance verte, qui contient la notion de préserver la santé. Dans le cas de la loi du 24 décembre 2019 d'orientation des mobilités, la préservation de la santé semble très proche de son amélioration : elle introduit dans le Code des transports l'article L1271-1 selon lequel « les mobilités actives, notamment la marche à pied et le vélo, [...] contribuent à la mise en œuvre de l'objectif assigné à l'organisation des mobilités définie à l'article L1111-1 et à la préservation de la santé publique ». La priorité n° 4 de la loi précise que « les effets bénéfiques en termes de santé publique des modes actifs sont désormais reconnus » ce qui sous-entend que les mobilités actives ont un impact positif sur la santé. La même loi mentionne également que « l'État soutient le développement de la végétalisation des infrastructures de la mobilité, qui a un impact positif sur la qualité de l'environnement, la santé publique et la qualité de vie ».

La notion de préservation de la santé apparaît dans la jurisprudence, notamment en matière de protection du salarié au travail, comme l'illustre un arrêt de la Cour administrative d'appel de Paris du 16 avril 2019 portant sur une mise en demeure par l'inspection du travail d'une société où un climat d'anxiété fortement pathogène pour les salariés s'était installé, arrêt qui sera commenté dans le chapitre suivant[1]. Par ailleurs, dans une ordonnance de référé rendue le 29 octobre 2021 au sujet du passe sanitaire, le juge administratif reprend, sans la rectifier, l'inexactitude présente dans le moyen soulevé par les associations et particuliers requérants, lesquels invoquent une violation du « principe constitutionnel de préservation de la santé[2] ». Cette utilisation de l'expression « préservation de la santé » par le juge administratif indique que ce dernier est déjà imprégné – certes de façon vague – de ce concept issu du champ de la santé publique. Cependant, si la mise en œuvre de la « santé dans toutes les politiques » est recherchée par les pouvoirs publics, il sera nécessaire à l'avenir que soient apportées, soit par le législateur, soit par le juge, des clarifications terminologiques sur les termes de protection, de préservation et d'amélioration de la santé.

Dans certains cas, le législateur se montre beaucoup plus optimiste sur la portée de son action en santé.

---

[1] CAA de Paris, 3ème ch., 16 avr. 2019, *Société LexisNexis c/ Préfecture de police*, n° 17PA03048, Inédit.

[2] CE, juge des réf., 29 oct. 2021, n° 457520, Inédit.

2) Améliorer la santé et l'équité en santé

La recherche de l'amélioration de la santé et de l'équité en santé est caractéristique de l'approche « santé dans toutes les politiques », et gagne peu à peu en importance en droit de la santé français.

En théorie, l'élément de distinction de la « santé dans toutes les politiques »

Le second concept-clé de la définition de la « santé dans toutes les politiques » est l'amélioration de la santé. C'est précisément pour nous ce qui distingue fortement l'approche « santé dans toutes les politiques » d'autres approches de santé publique. L'amélioration de la santé est un objectif ambitieux, qui se rapproche d'un idéal. Fidèlement aux principes théoriques de la promotion de la santé, une approche proactive est censée dominer en vue d'agir positivement sur l'état de santé et de donner plus de contrôle à la population sur sa propre santé.

Comme l'indique d'ailleurs l'article L1411-1-2 du Code de la santé publique, « des actions tendant à rendre les publics cibles acteurs de leur propre santé sont favorisées. Elles visent, dans une démarche de responsabilisation, à permettre l'appropriation des outils de prévention et d'éducation à la santé ». En outre, la vision holistique de la santé permet d'envisager les déterminants de la santé de façon extrêmement large. Le marketing et la publicité, par exemple, font partie intégrante de ce que les épidémiologistes appellent les déterminants environnementaux de la santé. Les mesures de marketing et de publicité influent fortement sur la consommation de tabac, d'alcool, de *junk food*, mais aussi de produits plus favorables à la santé. Les politiques publiques peuvent agir sur ces éléments dans un sens ou dans l'autre et, *in fine*, avoir un fort impact sur l'état de santé de la population.

En droit de l'environnement, la charte à valeur constitutionnelle, dans son article 2, affirme que « toute personne a le devoir de prendre part à la préservation et à l'amélioration de l'environnement[1] ». En matière de santé, la préservation et l'amélioration sont présentes, mais jamais de façon obligatoire pour les individus. La moindre contrainte en matière de comportement sanitaire peut immédiatement être perçue comme excessive et porteuse de graves dérives totalitaires, comme l'ont montré les tensions qui ont traversé la société française en réaction aux mesures gouvernementales prises pour lutter contre l'épidémie de covid-19. La recherche de la meilleure santé possible est regardée tantôt comme un idéal, tantôt comme un signal inquiétant.

Le positionnement politique relativement réservé sur la lutte contre les inégalités sociales de santé a été présenté dans les chapitres précédents. Sur ce point, il est difficile d'affirmer que la France applique la « santé dans toutes

---

[1] Charte de l'environnement, 1er mars 2005.

les politiques » fidèlement, puisqu'elle ne tient pas fortement compte de l'équité en santé.

Un élément progressivement mis en pratique

L'année 2016 marque une accélération dans les efforts d'inscription, en droit, de la notion d'amélioration de la santé de la population. La loi de modernisation de notre système de santé[1] a introduit dans l'article L1411-1 du Code de la santé publique des règles qui illustrent le large spectre de l'intervention étatique en santé, lequel va de l'amélioration des déterminants de la santé, jusqu'à la prévention et enfin aux soins médicaux. La démarche proactive de création de facteurs positifs pour la santé est mise au premier rang. La vision sanitaire française englobe bien tous les aspects de la santé. Comme l'écrit Monsieur Tabuteau, cette vision intègre, à travers cette loi, des concepts-clés de santé publique qui sont au cœur des travaux de l'OMS depuis des décennies[2].

La loi de 2016 introduit pour la première fois le concept d'exposome en droit français. Présenté comme le fondement des nouvelles politiques de santé françaises, l'exposome est défini par l'article L1411-1 du Code de la santé publique comme « l'intégration sur la vie entière de l'ensemble des expositions qui peuvent influencer la santé humaine ». Une conséquence directe de ce nouvel élément en droit est la création de la commission d'experts sur les « 1000 premiers jours » qui a remis son rapport au secrétaire d'État en charge de l'Enfance et des Familles auprès du ministre des Solidarités et de la Santé en septembre 2020. Ce rapport se fonde sur les connaissances scientifiques qui montrent que la période de la petite enfance conditionne la santé et le bien-être de l'individu tout au long de sa vie[3]. On sait maintenant que le jeune enfant est particulièrement vulnérable aux expositions environnementales et que les facteurs de risque auxquels il est exposé dans les premiers moments de sa vie peuvent influencer son état de santé même à l'âge adulte. L'exposome a été défini pour la première fois en 2005 par Christopher Wild, directeur du Centre international de recherche sur le cancer et suppose de ne pas limiter l'environnement à la vision des années 1970, c'est-à-dire aux problèmes de pollution des milieux, mais d'avoir une vision plus globale[4]. Selon l'épidémiologiste Séverine Deguen[5], le concept d'exposome a d'abord été développé de façon assez étroite, en tenant compte surtout des expositions quantifiables en laboratoire ; mais les chercheurs en épidémiologie dite

---

[1] Loi n° 2016-41 du 26 janvier 2016 de modernisation de notre système de santé.

[2] A. LAUDE, D. TABUTEAU, *La loi santé, Regards sur la modernisation de notre système de santé*, Presses de l'EHESP, Références Santé Social, 2016, 480 p.

[3] Min. des Solidarités et de la santé, Les 1000 premiers jours, là où tout commence, Rapport de la Commission des 1000 premiers jours, septembre 2020, 130 p.

[4] A. CICOLELLA, « Le trente-troisième anniversaire de la santé environnementale », LTS 2017, Vol. 54, n° 1, p. 31-37.

[5] S. DEGUEN, Formation à l'épidémiologie sociale, EHESP, Janvier 2021.

« sociale » contribuent à ce que les études sur l'exposome intègrent de plus en plus les déterminants environnementaux de la santé, qui sont moins évidents mais tout aussi décisifs[1]. Aujourd'hui, l'Académie nationale de médecine recommande de rapprocher la recherche et la réflexion menées sur l'exposome, sur la crise climatique et sur l'appauvrissement de la biodiversité, car ces deux derniers éléments impactent l'exposome[2].

En somme, cette loi de 2016 résolument porteuse de la « santé dans toutes les politiques » souffre d'un nom réducteur à certains égards puisque ce texte intervient dans d'autres domaines, notamment celui de l'alimentation et ne concerne donc pas seulement le système de santé, mais aussi la santé hors du système de santé.

La SNS adoptée en 2018 s'inscrit, comme nous l'avons vu, dans ce mouvement de « santé dans toutes les politiques » en consacrant parmi ses objectifs la lutte contre les inégalités sociales et territoriales d'accès à la santé[3]. Cela correspond selon nous à l'objectif d'amélioration de l'équité en santé porté par la « santé dans toutes les politiques ». En outre, l'article L1411-1-1, dédié à la SNS, promeut une vision de la santé avant tout positive en affirmant en priorité l'objectif d'amélioration de la santé.

La crise sanitaire liée à l'épidémie de coronavirus a suscité une prise de conscience à l'égard de la santé et a marqué un nouveau tournant, de façon très différente que celui engagé par la loi de 2016. Des experts ont constaté que cette pandémie a agi comme un démultiplicateur d'inégalités sociales notamment en matière de santé[4]. L'avis du HCSP rendu en avril 2020 en réponse à la saisine du secrétariat d'État auprès du ministre de la Solidarité et de la Santé, relatif à l'impact de la crise sanitaire sur les inégalités sociales de santé des enfants, témoigne d'une préoccupation gouvernementale pour cet enjeu[5]. Le HCSP montre dans ses travaux en quoi les politiques publiques contribuent tantôt à la création des inégalités sociales de santé, tantôt à leur réduction[6].

---

[1] V. à ce sujet M. TISSIER-FASSIN *et al.*, « Rendre effectif le droit à un environnement sain : les défis scientifiques et juridiques soulevés par le concept d'exposome », RJE 2020, p. 39-80 ; voir également B. JEGOU, « Le paradigme de l'exposome : définition, contexte et perspective », Médecine Science 2020, n° 36.

[2] Académie nationale de médecine, *L'exposome, une contribution majeure pour la prévention*, Rapport, 13 février 2024.

[3] Décret n° 2017-1866 du 29 décembre 2017 portant définition de la stratégie nationale de santé pour la période 2018-2022, Annexe : Stratégie nationale de santé (2018-2022).

[4] G. MENVIELLE, T. LANG, « Éditorial : Les inégalités sociales de santé : vingt ans d'évolution », ADSP 2021, n° 113 ; par ailleurs, un article du journal *The Lancet* souligne que la pandémie de covid-19 a mis en lumière l'absence de données suffisantes permettant de comprendre la plus forte vulnérabilité de certains groupes de populations à un état de santé dégradé (M. MOLOKHIA, S. HARDING, « An urgent need for primary care to engage with social and structural determinants of health », TL 2021, Vol. 6).

[5] HCSP, Avis relatif à la gestion de l'épidémie de covid-19 et inégalités sociales de santé des enfants, leçons pour le futur, 18 juin 2020, 44 p.

[6] *ibid.*

De même, un rapport public rendu en 2021 sur la rénovation thermique des logements témoigne de cette évolution : l'amélioration de la santé est affirmée aux côtés d'autres enjeux[1]. Dès le début du rapport on peut lire que « la rénovation thermique des bâtiments est un enjeu fort à la croisée des préoccupations environnementales (réduction des gaz à effet de serre et lutte contre le dérèglement climatique), mais aussi de pouvoir d'achat (réduction de la facture énergétique), d'économie (emploi et activité des entreprises du bâtiment), de santé et de qualité de vie[2] ».

Protection de la santé, préservation de la santé, amélioration de la santé : ces trois démarches sont compatibles, comme le montre l'article L1411-1 du Code de la santé publique, et les normes qui les mettent en œuvre participent à la formation du flux normatif qui nous intéresse ici. En effet, la « santé dans toutes les politiques » à la française poursuit tous ces objectifs à la fois. Dans certains domaines, en particulier le droit de la consommation et le droit de l'environnement, les problématiques sont traditionnellement proches de celle de la santé et ont depuis longtemps été abordées à la lumière des enjeux sanitaires. Nous le verrons dans une seconde section à travers l'exemple du droit de la consommation.

Section 2. La protection et l'amélioration de la santé, l'exemple du droit de la consommation

Le droit de la consommation a pour objectif de protéger les consommateurs[3]. Nous nous intéresserons ici à certains aspects de cette branche du droit qui selon nous, ont un lien avec la protection de la santé du consommateur. On notera à travers le développement suivant que le droit de la consommation est conçu largement et ne se limite pas aux dispositions du Code de la consommation[4]. En effet, le droit de la consommation remplit historiquement une grande mission sanitaire. Depuis longtemps, les questions sanitaires sont étroitement liées à des enjeux de qualité, de sécurité alimentaire et de lutte contre la falsification des denrées et boissons. Ces missions furent notamment confiées, au XIXème siècle, aux Conseils de salubrité publique[5].

Le droit de la consommation a recours à deux types de méthodes[6]. La méthode préventive vise à éviter que les consommateurs ne subissent un

---

[1] V. DESCOEUR, M. MEYNIER-MILLEFERT, Rapport d'information déposé en application de l'article 145 du règlement par la mission d'information sur la rénovation thermique des bâtiments au nom de la Commission du développement durable et de l'aménagement du territoire, AN, Rapport n° 3871, 2021, 177 p.

[2] *ibid.*

[3] J. CALAIS-AULOY, H. TEMPLE, M. DEPINCE, *Droit de la consommation*, 10ème édition, Dalloz, Précis, 2020, 778 p.

[4] *ibid.*

[5] L. PAQUY, « Santé publique, répression des fraudes et action municipale à la fin du XIXème siècle : le laboratoire grenoblois d'analyses alimentaires », RHMC 2004, n° 51-3.

[6] J. CALAIS-AULOY, H. TEMPLE, M. DEPINCE, *Droit de la consommation*, *op. cit.*

préjudice. C'est le cas des mesures visant à retirer du marché les produits dangereux. La méthode curative cherche à réparer les conséquences d'un préjudice déjà réalisé. C'est le cas de la responsabilité du fait des produits défectueux. On s'attardera ici sur certaines mesures fondées sur la méthode préventive, mais aussi sur une troisième catégorie de mesures que l'on propose d'identifier comme relevant à la fois du droit de la consommation et du droit de la santé car elles répondent à un objectif d'amélioration de la santé. Dans ce cas de figure, le droit de la consommation est utilisé au profit de la santé.

Puisque le droit de la consommation et de l'alimentation sera ici abordé sous le prisme de la « santé dans toutes les politiques » telle qu'elle a été définie par l'OMS et ses États membres au fil du temps, nous nous concentrerons davantage sur les dispositions légales qui adoptent une vision globale de la santé, et moins sur une vision uniquement défensive de la santé, fondée sur la protection contre les risques. Nous ne nous attarderons pas, par exemple, sur les obligations de conformité et de sécurité des produits. Nous étudierons donc en priorité ici les mesures qui, tout en régissant les relations entre professionnel et consommateur, poursuivent un but soit de prévention, soit de promotion d'une vie saine. S'appuyer sur ce modèle nous permettra d'apprécier la relative étroitesse de l'application de la « santé dans toutes les politiques » en droit français de la consommation et de l'alimentation.

À travers cette section, une distinction apparaîtra entre les mesures visant à informer le consommateur – qui correspondent notamment à des obligations d'information à la charge du professionnel – et les mesures visant à protéger directement le consommateur, qui se concrétisent par d'autres types d'obligations ou d'interdictions pour les professionnels. La distinction est importante dans la mesure où d'une part, « informer les consommateurs, c'est admettre qu'ils sont capables de défendre eux-mêmes leurs intérêts : la loi se borne à leur donner les moyens de le faire[1] ». Ce raisonnement est suivi notamment pour l'obligation d'apposer, sur les bouteilles contenant des boissons alcoolisées, un message à caractère sanitaire préconisant l'absence de consommation d'alcool par les femmes enceintes. D'autre part, « protéger les consommateurs, c'est reconnaître que ceux-ci, même informés, sont victimes d'abus contre lesquels ils ne peuvent lutter ; la loi vise alors à supprimer directement ces abus[2] ». Le degré d'interventionnisme législatif est donc variable selon les mesures qui seront présentées.

Le HCSP a rappelé en 2018 le lien entre l'alimentation et l'état de santé et plus précisément « l'impact estimé des facteurs de risques nutritionnels sur les maladies chroniques et la mortalité en France[3] ». Concrètement, « la part attribuable aux facteurs nutritionnels en France en 2016 [...] place [c]es

---

[1] *ibid.*
[2] *ibid.*
[3] HCSP, Avis relatif aux objectifs de santé publique quantifiés pour la politique nutritionnelle de santé publique (PNNS) 2018-2022, 9 février 2018, 22 p.

facteurs […] (consommation d'alcool et facteurs nutritionnels) parmi les trois premiers facteurs de risque de morbidité et mortalité en France avec le tabac[1] ». C'est pourquoi nous allons ici nous intéresser au droit de l'alimentation, qui prend la forme d'un « ensemble hétéroclite de règles, où se mêlent droit « dur » et droit « mou », obligation et simple conseil[2] ».

Le lien entre santé et alimentation est pris en compte par la politique de l'alimentation depuis longtemps : la loi n° 2010-874 du 27 juillet 2010 de modernisation de l'agriculture et de la pêche précise que « la politique publique de l'alimentation vise à assurer à la population l'accès, dans des conditions économiquement acceptables par tous, à une alimentation sûre, diversifiée, en quantité suffisante, de bonne qualité gustative et nutritionnelle, produite dans des conditions durables. Elle vise à offrir à chacun les conditions du choix de son alimentation en fonction de ses souhaits, de ses contraintes et de ses besoins nutritionnels, pour son bien-être et sa santé ».

S'agissant de ces problématiques, un cadre juridique contraignant (1) est complété par des éléments de droit plus souples (2).

1) Un dispositif contraignant envers les professionnels

La relation entre le professionnel et le consommateur étant naturellement déséquilibrée en droit de la consommation[3], il n'est pas étonnant qu'une grande part des mesures ayant une influence sur la santé du consommateur soit adressée au professionnel plutôt qu'au consommateur lui-même. Le consommateur est considéré de nos jours comme étant la plupart du temps dans une situation d'infériorité par rapport au professionnel, en particulier « les consommateurs appartenant aux catégories les plus défavorisées, en raison de leur pauvreté, de leur ignorance ou de leur âge[4] ».

En droit de la consommation, le professionnel est défini par l'ordonnance n° 2016-301 du 14 mars 2016 relative à la partie législative du Code de la consommation comme « toute personne physique ou morale, publique ou privée, qui agit à des fins entrant dans le cadre de son activité commerciale, industrielle, artisanale, libérale ou agricole, y compris lorsqu'il agit au nom ou pour le compte d'un autre professionnel ». Le consommateur est quant à lui défini par la même ordonnance comme « toute personne physique qui agit à des fins qui n'entrent pas dans le cadre de son activité commerciale, industrielle, artisanale, libérale ou agricole ».

À la lumière des développements précédents sur les objectifs de protection voire d'amélioration de la santé poursuivis par le législateur, nous verrons que la publicité et l'étiquetage des produits alimentaires sont strictement encadrés,

---

[1] *ibid.*
[2] S. Brimo, « À la recherche du 4ème volet du Plan national nutrition santé », RDSS 2017, p. 690.
[3] J. Calais-Auloy, H. Temple, M. Depince, *Droit de la consommation*, *op. cit.*
[4] *ibid.*

tout comme certains aspects de la restauration collective et du fonctionnement des restaurants.

L'encadrement strict de la publicité et de l'étiquetage des produits

Le professionnel qui commercialise des produits alimentaires est soumis à de nombreuses obligations. Un des textes principaux ici est le règlement (CE) n° 178/2002, du 28 janvier 2002 établissant les principes généraux et les prescriptions générales de la législation alimentaire, instituant l'Autorité européenne de sécurité des aliments et fixant des procédures relatives à la sécurité des denrées alimentaires. Ce texte est marqué par une forte dimension sanitaire, avec de nombreux rappels à l'objectif général de protection de la santé dans la Communauté européenne, et est par nature directement transposé en droit français. Il comporte un rappel du principe d'intégration, formulé de la façon suivante : « Il importe d'assurer un niveau élevé de protection de la vie et de la santé humaines dans l'exécution des politiques communautaires ». Nous sommes bien ici dans une application du principe d'intégration de la santé dans un autre secteur, en l'occurrence celui de l'alimentation : « La Communauté a choisi un niveau élevé de protection de la santé comme principe pour l'élaboration de la législation alimentaire ». Il s'agit donc ici d'une illustration évidente de la diffusion du principe de droit de l'Union européenne d'intégration de la santé en droit français.

Nous allons ici nous intéresser à la publicité pour les denrées alimentaires, et en particulier l'obligation d'insérer un message à caractère sanitaire dans les publicités de certains produits, sur laquelle tant le juge administratif que judiciaire se sont prononcés. Sur ce sujet, le législateur français a mis en place des obligations à la charge des professionnels commercialisant des produits dont l'incidence sur la santé est reconnue. Au moment de l'élaboration de la loi de modernisation de notre système de santé, le législateur reconnaît le lien entre la consommation des boissons avec ajout de sucre et le surpoids et l'obésité[1]. Cette loi de 2016 renforce l'encadrement de la publicité pour les boissons avec ajout de sucre et les produits alimentaires manufacturés en complétant l'article L2133-1 du Code de la santé publique, déjà existant depuis la loi n° 2004-806 du 9 août 2004 relative à la politique de santé publique. Selon cet article, les messages publicitaires en faveur de cette catégorie de produits doivent contenir une information à caractère sanitaire. Il précise que « les annonceurs et les promoteurs peuvent déroger à cette obligation sous réserve du versement d'une contribution dont le produit est affecté à l'Institut national de prévention et d'éducation pour la santé. Cette contribution est destinée à financer la réalisation et la diffusion d'actions

---

[1] AN, Compte-rendu intégral, 2ème séance du 1er avril 2015, *JORF* du 2 avril 2015 : « Il faut réduire la consommation de ces boissons sucrées, qui ne font pas l'objet des mêmes mesures de restriction de publicité que celles qui s'acharnent contre le vin, par exemple, alors qu'elles ont des effets dévastateurs en termes de surpoids et d'obésité » (député J-M. TETART).

d'information et d'éducation nutritionnelles, notamment dans les médias concernés ainsi qu'au travers d'actions locales ». Si cette possibilité de déroger à l'obligation d'apposer le message nutritionnel est donnée aux industriels, notons que dans les faits, un contrôle strict est opéré par le juge de l'impôt pour vérifier le montant et l'exigibilité de la contribution, et par ailleurs, il semble que les industriels choisissent le plus souvent d'apposer le message nutritionnel plutôt que de régler la contribution fiscale[1].

L'obligation d'information sanitaire dans les messages publicitaires de certains produits pose des questions qui nécessitent parfois l'intervention du juge administratif. Après l'adoption de l'article L2133-1 du Code de la santé publique en 2004, il était prévu que la teneur de l'information à caractère sanitaire que doivent contenir les messages publicitaires et promotionnels mentionnés à cet article serait fixée par arrêté interministériel, après avis de l'Agence française de sécurité sanitaire des aliments et de l'Institut national de prévention et d'éducation pour la santé. À ce titre, un arrêté a été pris le 27 février 2007 par le ministre de la Santé et des Solidarités et le ministre de l'Agriculture et de la Pêche[2] afin de fixer une liste des informations à caractère sanitaire à utiliser par les annonceurs ou les promoteurs et leurs adaptations en fonction du support et des modalités techniques de diffusion du message publicitaire ou promotionnel, du public intéressé, des catégories de boissons et d'aliments et de leur composition. Une décision du Conseil d'État rendue en 2009 porte sur cette disposition du Code de la santé publique et cet arrêté[3]. En effet, après l'adoption dudit l'arrêté, le Syndicat de la diététique et des compléments alimentaires en demande l'annulation pour excès de pouvoir au Conseil d'État. Cette requête est rejetée pour plusieurs raisons, dont trois intéressent le présent développement. Le syndicat considère que l'arrêté attaqué méconnait les dispositions du règlement (CE) n° 178/2002 du Parlement européen et du Conseil du 28 janvier 2002 présenté précédemment[4] car aucune étude visant à analyser l'impact des messages envisagés n'avait été réalisée avant son adoption. Le Conseil d'État écarte ce moyen en retenant que « les dispositions invoquées n'ont pas pour objet d'imposer la réalisation d'une telle étude[5] ». Le Syndicat de la diététique et des compléments alimentaires soutient également que l'arrêté porte atteinte à la

[1] S. BRIMO, « À la recherche du 4ème volet du Plan national nutrition santé », *op. cit.*

[2] Arrêté du 27 février 2007 fixant les conditions relatives aux informations à caractère sanitaire devant accompagner les messages publicitaires ou promotionnels en faveur de certains aliments et boissons.

[3] CE, 3ème - 8ème ss-sect. réunies, 26 mai 2009, *Syndicat de la diététique et des compléments alimentaires c/ Ministère de la santé et des sports*, n° 305142, Inédit.

[4] Règlement (CE) n° 178/2002 du Parlement européen et du Conseil du 28 janvier 2002 établissant les principes généraux et les prescriptions générales de la législation alimentaire, instituant l'Autorité européenne de sécurité des aliments et fixant des procédures relatives à la sécurité des denrées alimentaires.

[5] CE, 3ème - 8ème ss-sect. réunies, 26 mai 2009, *Syndicat de la diététique et des compléments alimentaires c/ Ministère de la santé et des sports*, *op. cit.*

liberté de communication dans la mesure où ce texte définit le contenu des messages d'information à caractère sanitaire que doivent utiliser les annonceurs ou les promoteurs. Le juge écarte ce moyen en rappelant simplement que « l'obligation d'assortir d'informations à caractère sanitaire les messages publicitaires en faveur de boissons avec ajouts de sucres, de sel ou d'édulcorants de synthèse ou de produits alimentaires manufacturés découle des dispositions rappelées ci-dessus de l'article L2133-1 du Code de la santé publique ».

Enfin, selon le syndicat, l'arrêté impose « des obligations d'information d'un coût tel que les intéressés ne pourraient plus, en pratique, respecter l'obligation d'information prévue par la loi, mais seraient contraints d'user de la faculté d'y déroger moyennant le paiement d'une contribution ». Le Conseil d'État estime sur ce point que le syndicat « n'apporte pas, au soutien de cette argumentation, en tout état de cause, les précisions permettant d'en apprécier le bien-fondé ». Par cet arrêt, le Conseil d'État admet la légalité de l'arrêté et estime qu'en visant les produits alimentaires manufacturés, le champ des dispositions de l'article L2133-1 du Code de la santé publique inclut entre autres les produits diététiques et les compléments alimentaires[1]. Il en fait donc une interprétation assez large.

L'obligation d'information sanitaire dans les messages publicitaires de certains produits soulève aussi des questions devant le juge judiciaire. L'article L2133-1 du Code de la santé publique était jusque-là la « seule mesure règlementaire permettant de limiter l'effet du marketing alimentaire sur les enfants[2] » ainsi que sur le reste de la population, mais il a été complété ensuite par la loi n° 2016-1771 du 20 décembre 2016 relative à la suppression de la publicité commerciale dans les programmes jeunesse de la télévision publique[3].

Parmi les messages sanitaires prévus par l'arrêté du 27 février 2007, on trouve : « Pour votre santé, mangez au moins cinq fruits et légumes par jour[4] ». La Cour d'appel de Paris a été amenée à se prononcer sur les modalités d'utilisation de ce message par les professionnels du secteur alimentaire[5]. La société CSF, exploitante des magasins connus sous le nom Champion, a lancé une campagne publicitaire dans les magasins, à la radio et par voie d'affichage,

---

[1] J. PEIGNE, « Autres produits et substances réglementés – Compléments alimentaires », Feuillets mobiles Litec, Droit pharmaceutique, Fascicule 63-10, 15 janv. 2016.

[2] M. FRIANT-PERROT, « Enfants : réguler le marketing alimentaire », LSA 2018, n° 444.

[3] Voir à ce sujet L. WARIN, « Publicité et santé – Une loi passée inaperçue, la loi dite « Gattolin » sur la suppression de la publicité commerciale dans les programmes jeunesse de la télévision publique », JDSAM 2019, n° 24.

[4] Arrêté du 27 février 2007 précité, Article 1 : « Pour les messages publicitaires et promotionnels visés à l'article L2133-1, les informations à caractère sanitaire prévues à l'article R. 2133-1 sont : « Pour votre santé, mangez au moins cinq fruits et légumes par jour », « Pour votre santé, pratiquez une activité physique régulière », « Pour votre santé, évitez de manger trop gras, trop sucré, trop salé » et « Pour votre santé, évitez de grignoter entre les repas » ».

[5] CA Paris, 3 août 2007, *Société Distribution Casino France*, n° 07/12242, Inédit.

sur le thème et le slogan : « Cinq fruits et légumes par jour à moins d'un euro ». Ayant constaté que ce thème publicitaire qu'elle avait créé avait été repris par la société Distribution Casino France, elle a considéré que cette reprise représentait « un acte de concurrence déloyale et parasitaire, constitutif d'un trouble manifestement illicite ». Elle a alors assigné la société Distribution Casino France en référé devant le juge du tribunal de commerce de Paris pour que soit interdite la poursuite par cette dernière de cette publicité et pour la voir condamnée à lui verser une provision. Le juge des référés a débouté la société CSF de sa demande, en retenant d'une part que le slogan de la société Distribution Casino France était différent de celui de la société CSF, d'autre part que les autorités sanitaires elles-mêmes étaient à l'origine, depuis plusieurs années, du slogan « Cinq fruits et légumes au cours de la journée » ou « Cinq fruits et légumes par jour ». La société CSF a alors relevé appel de cette ordonnance, demandant à la Cour entre autres d'ordonner à la société Distribution Casino France de cesser toute publicité comportant le slogan « cinq fruits et légumes pour un euro », sous astreinte de 50 000 euros par jour de retard et par infraction. En ce qui concerne le slogan en cause, la Cour d'appel estime qu'il est clair « que ce sont les autorités sanitaires françaises qui sont à l'origine de la campagne publicitaire sur le thème « pour votre santé, mangez au moins cinq fruits et légumes par jour » ». La Cour rappelle « que cette campagne a été lancée en 2001, ainsi que cela résulte du programme national nutrition-santé du 31 janvier 2001 élaboré par le Ministère de l'Emploi et de la Solidarité qui comportait un chapitre sur la promotion des fruits et légumes par une campagne média tous publics ». Elle considère par conséquent que « le caractère protégeable du concept publicitaire autour du thème « mangez cinq fruits et légumes par jour » apparaît se heurter à une contestation sérieuse » et conclut « que le trouble allégué par la société CSF ne revêt pas un caractère manifestement illicite justifiant l'intervention du juge des référés », confirmant ainsi l'ordonnance de ce dernier.

Cette jurisprudence souligne que le message sanitaire sur la consommation quotidienne de fruits et légumes provient des autorités sanitaires, et entre dans le cadre d'une obligation à la charge des entreprises du secteur : ainsi, des commerciaux ne peuvent pas s'approprier ce type de slogan dans un but commercial.

Un autre éclairage sur les obligations pesant sur le professionnel vient d'un arrêt qui concerne la protection du consommateur de compléments alimentaires. Nous sommes dans un contexte où, comme le note Maître Bombardier « les obligations du professionnel en matière de conformité des produits et d'information du consommateur, tout comme sa responsabilité, sont de plus en plus lourdes[1] ». Le professionnel est en effet soumis à une obligation générale de conformité des produits et d'information du

[1] J. BOMBARDIER, « Information du consommateur et conformité des produits dans le secteur alimentaire », DR 2020, n° 480.

consommateur, et à une interdiction des pratiques commerciales trompeuses et de la tromperie[1]. Dans ce dernier cas, on parlera de tromperie aggravée si le produit mis sur le marché est susceptible d'être dangereux pour la santé de l'homme ou de l'animal[2]. Dans cet arrêt de la Cour d'appel de Paris[3], il était question des articles L121-1 à L121-7 du Code de la consommation, qui traitent des pratiques commerciales trompeuses – sans mentionner les effets potentiels sur la santé. Dans sa décision, la Cour insiste d'une part sur l'article L121-2 qui définit la pratique commerciale trompeuse.

Cet arrêt relevant résolument du droit de la consommation comporte en réalité une dimension sanitaire intéressante. En l'espèce, la société Laboratoire Forte Pharma avait mis en place une communication en faveur d'un complément alimentaire (XtraSlim 700) qui promettait de brûler 700 kilocalories par jour. La Confédération Consommation, Logement et Cadre de vie (la « CLCV ») – une association nationale agréée défendant les intérêts des consommateurs et des usagers – soutenait que « dans le cadre de la commercialisation du complément alimentaire XtraSlim 700, et notamment de la campagne de publicité orchestrée pour celle-ci (tant dans un spot publicitaire, que sur son site internet ou dans la presse écrite), la société Forte Pharma manquait aux bonnes pratiques et à la diligence professionnelle en ayant recours à des allégations, indications et présentations fausses, mensongères, trompeuses et de nature à induire en erreur les consommateurs concernant la nature, les éléments essentiels, la composition, les effets et les résultats attendus de ce complément alimentaire et que la méthode de commercialisation et de présentation mise en œuvre avait altéré ou était susceptible d'altérer le comportement économique des consommateurs[4] ».

La CLCV a donc saisi le juge des référés du tribunal de grande instance de Paris aux fins notamment de dire que la société Forte Pharma s'est rendue coupable d'une pratique commerciale trompeuse dans le cadre de la commercialisation du complément alimentaire qui constitue tant un trouble manifestement illicite qu'un dommage imminent. Elle réclamait la mise en œuvre de toutes les mesures conservatoires et de remise en état qui permettront de faire cesser le trouble manifestement illicite et le dommage imminent. Le juge des référés du tribunal de grande instance de Paris a constaté notamment l'existence d'un trouble manifestement illicite à raison d'une pratique commerciale trompeuse par la société Laboratoire Forte Pharma. Cette dernière a fait appel de l'ordonnance du juge des référés.

---

[1] *ibid.*

[2] La peine prévue est alourdie en cas de tromperie aggravée : Code de la consommation, articles L454-3 et L454-4, par comparaison aux délits de pratiques commerciales trompeuses et de tromperie : articles L132-2 et L454-1 du Code de la consommation.

[3] CA Paris, 6 fév. 2019, *Association Confédération de la consommation, Société Laboratoires Forte Pharma*, n° 18/27101.

[4] *ibid.*

La Cour confirme l'ordonnance du tribunal qui rejetait la demande de la société Forte Pharma[1] et ordonne à cette dernière la cessation provisoire de la commercialisation du complément alimentaire XtraSlim 700 dans son état actuel jusqu'à l'insertion, sous quelque forme que ce soit, d'un message rappelant la nécessité de compléter l'absorption de ce produit par une alimentation saine et la pratique régulière d'une activité physique ; elle ordonne la modification de l'ensemble des supports de présentation, de commercialisation et de publicité du produit afin d'y insérer un message du même type.

Dans le raisonnement du juge, deux points nous intéressent en particulier. Premièrement, il est question de l'emballage et de l'étiquetage mensonger du complément alimentaire commercialisé par la société requérante, qui fait croire au consommateur que consommer leur produit est plus efficace pour perdre du poids que faire du sport ou s'alimenter sainement. La promotion dudit produit est également réalisée à travers un spot publicitaire[2]. La Cour retient que « le spot publicitaire diffusé par la société Forte Pharma pour promouvoir son produit [...] laisse entendre que la consommation de ce complément alimentaire peut effectivement se substituer à la pratique d'une activité sportive et produire les mêmes effets sur la perte de poids sans aucun effort physique[3] ». De même, la Cour rappelle que la campagne de publicité lancée dans la presse écrite n'est assortie d'aucune réserve pour rappeler la nécessité de combiner la prise de ce complément avec un régime alimentaire sain et une activité physique régulière.

Deuxièmement, le spot publicitaire en faveur du produit de Forte Pharma contient le message d'alerte « pour votre santé, mangez au moins cinq fruits et légumes par jour » dans un bandeau défilant en bas de l'écran. La Cour juge que la présence de ce bandeau déroulant « n'est pas de nature à atténuer le risque d'erreur du consommateur dès lors que ce message porte sur une recommandation de santé d'ordre général qui ne s'adresse pas nécessairement aux usagers de compléments alimentaires mais à toute la population quelle que soit sa situation. En outre, s'agissant d'un message écrit repris dans une publicité audiovisuelle, il n'est guère lisible pour le téléspectateur

---

[1] Elle considère que la société a réalisé une pratique commerciale trompeuse par omission. Voir à ce sujet G. SAINT-JALMES, « Omission trompeuse : cure de modestie pour le « brûleur de graisses » », DR 2019, n° 474 ; et A. SOROSTE (dir.), « Complément alimentaire brûleur de graisse, CA Paris, Pôle 1, ch. 3, 6 févr. 2019, n° 18/27101 », RLDA, n° 391.

[2] Ce spot publicitaire montrait « une jeune femme allongée sur un canapé un verre à la main avec une voix off indiquant : « Vous voulez perdre du poids et le sport n'est pas toujours votre fort ; XtraSlim 700 brûle 700 calories par jour et c'est scientifiquement prouvé ; pour mincir, juste un petit effort : courir à la pharmacie ; XtraSlim 700 de FORTE PHARMA, fortez-vous mieux ». Le spot s'achève avec une scène au cours de laquelle la femme consommant XtraSlim 700 se rend à la pharmacie pour acheter le produit et croise en chemin une femme pratiquant la course à pied en plein effort ».

[3] CA Paris, 6 fév. 2019, *Association Confédération de la consommation, Société Laboratoires Forte Pharma*, *op. cit.*

moyennement attentif dont l'attention est, compte tenu de la durée très brève du spot (15 secondes), essentiellement captée par le message audio insistant sur l'effet du produit par sa seule consommation sur la minceur et la perte de calories à hauteur de « 700 calories par jour » ou encore le contraste entre l'image d'une femme svelte, souriante, habillée d'une manière vive et en bonne santé, avec l'image d'une femme marquée par l'effort physique qu'elle s'inflige en pratiquant la course à pied ». La Cour conclut que les informations délivrées par la société Forte Pharma sur l'emballage du produit litigieux, dans le spot publicitaire et dans la campagne de publicité dans la presse écrite, « sont de nature à induire en erreur le consommateur sur les conditions d'utilisation du complément alimentaire XtraSlim 700 et sur les résultats attendus de son utilisation, faute de préciser de manière suffisamment claire et expresse que la seule consommation dudit produit n'est pas suffisante pour espérer atteindre les résultats annoncés et qu'elle doit être complétée par une alimentation saine et variée et une activité, si ce n'est sportive, du moins physique ».

Cette décision est, à notre sens, un cas concret où la responsabilité repose sur une société, personne morale de droit privé, au nom de l'information du consommateur dans un but sanitaire. Cet arrêt est d'autant plus éclairant qu'il reflète une prise en compte de la protection de la santé par le juge alors qu'elle ne figure pas expressément dans les textes utilisés[1] et que les parties ne l'ont pas invoquée non plus[2]. On déduit également du raisonnement de la Cour exposé ci-dessus, une certaine sensibilisation du juge aux notions d'activité physique et d'alimentation saine, qui entrent dans le cadre de la promotion de la santé[3].

L'information des consommateurs est un prérequis à la protection de la santé publique[4]. Trois protagonistes sont concernés ici : l'information est « un élément central en droit de la consommation, conduisant à déterminer les obligations à la charge des professionnels, mais également les comportements standards attendus du consommateur, auxquels d'ailleurs s'ajoutent les

---

[1] Articles L121-1 à L121-7 du Code de la consommation précédemment mentionnés.

[2] Au regard de l'ordonnance du TGI Paris, 15 nov. 2018, *Société Laboratoires Forte Pharma*, n° 18/56845 et de l'arrêt de la Cour d'appel de Paris étudié.

[3] Au demeurant, certains considèrent que ce cas d'espèce relève de l'article L5122-15, alinéa 1er, du Code de la santé publique – bien qu'il ne soit cité ni en première instance, ni en appel – qui énonce que « la publicité ou la propagande, sous quelque forme que ce soit, relative aux objets, appareils et méthodes, présentés comme favorisant le diagnostic, la prévention ou le traitement des maladies, des affections relevant de la pathologie chirurgicale et des dérèglements physiologiques, le diagnostic ou la modification de l'état physique ou physiologique, la restauration, la correction ou la modification des fonctions organiques peut être interdite par l'Agence nationale de sécurité du médicament et des produits de santé, lorsqu'il n'est pas établi que lesdits objets, appareils et méthodes possèdent les propriétés annoncées ». L'article L5122-15 prévoit un contrôle *a posteriori*, « dont le caractère insuffisamment protecteur de la santé a été critiqué ». (M. CHAGNY (dir), *Le Lamy droit économique*, Wolters Kluwer, 2019, 2400 p.)

[4] J-P. DUPRAT, « La sécurité des produits et la protection de la santé publique », AJDA 2006, p. 2046.

décisions pertinentes des autorités publiques compétentes, avec la logique particulière s'attachant au principe de précaution, lequel sera surtout considéré lors de l'examen de la traçabilité du produit[1] ». Notons également que « le juge requiert [du consommateur] un comportement moyen qui suppose une démarche informative de sa part, notamment lorsqu'il est fait référence au « consommateur normalement intelligent, avisé et attentif ». Ce comportement ne peut être requis que pour autant que l'information qui lui a été délivrée lui apparaît comme exacte et compréhensible[2] ».

L'encadrement de la qualité des produits alimentaires dans la restauration collective et commerciale

Des mesures législatives adoptées dans les années 2010 viennent encadrer certains aspects des activités des professionnels de la restauration, que ce soit dans la restauration collective ou commerciale afin de protéger et d'améliorer la santé des consommateurs.

Les services publics de restauration collective sont tantôt gérés par des personnes morales de droit public, tantôt par des personnes morales de droit privé. Ces dernières gèrent un service public à caractère industriel et commercial lequel relève, pour les rapports avec les usagers, du droit privé et de la compétence judiciaire[3]. Quant aux services publics administratifs, s'ils échappent au droit privé, ils peuvent néanmoins être à l'origine de situations où les usagers sont désarmés face à la puissance des services publics et auraient donc besoin d'une protection spécifique au même titre que les consommateurs. Toutefois, la soumission des services publics administratifs aux règles du droit de la consommation en vue d'une meilleure protection des usagers ne semble pas être une réalité[4].

La loi n° 2018-938 du 30 octobre 2018 pour l'équilibre des relations commerciales dans le secteur agricole et alimentaire et une alimentation saine, durable et accessible à tous est significative pour notre étude, à deux points de vue. Premièrement, en guise d'introduction, on peut noter que l'esprit de cette loi est marqué par une forte conscience du lien entre l'environnement, l'alimentation et la santé. Lors de la discussion du projet de loi en séance publique à l'Assemblée nationale, le député Dominique Potier affirmait qu'« il n'y a pas de santé pour l'homme qui ne passe par une santé du sol, du végétal et de l'animal. C'est cette cohérence, sur la parcelle de terre comme sur la terre dans son ensemble, qu'il nous faut rechercher » et soulignait que « les agriculteurs sont producteurs d'alimentation, d'environnement et de

---

[1] *ibid.*
[2] *ibid.*
[3] TC, 22 janv. 1921, *Société commerciale de l'Ouest africain*, n° 00706.
[4] J. Calais-Auloy, H. Temple, M. Depince, *Droit de la consommation*, *op. cit.*

santé. Les trois vont ensemble, indissociablement[1] ». Les notions d'alimentation favorable à la santé et d'une santé appréhendée de façon globale étaient présentes dans les débats qui ont conduit à l'adoption du texte définitif[2]. Rien que pendant les discussions en séance publique pour la première lecture du texte à l'Assemblée nationale, les termes « santé » ou « santé publique » sont apparus 337 fois en tout dans les débats intervenus du 22 au 30 mai 2018, et notamment dans des expressions comme « enjeu de santé publique majeur », « santé des consommateurs », « santé collective », « santé des enfants », « santé et environnement », « mieux manger pour améliorer notre santé », « améliorer la santé »[3].

Deuxièmement, de façon plus concrète, la loi comporte un Titre II intitulé « Mesures en faveur d'une alimentation saine, de qualité, durable, accessible à tous et respectueuse du bien-être animal » dont le premier chapitre est dédié à l'« accès à une alimentation saine ». Il met en place un bouquet d'obligations incombant aux personnes morales de droit public ayant la charge de restaurants collectifs. En effet, et comme cela fut dit pendant la préparation du texte de loi, les responsables de la restauration collective et l'industrie ont un rôle à jouer sur la santé publique : « la restauration collective, comme les industriels, doit s'engager pleinement en faveur d'une alimentation saine qui améliore l'état de santé général de la population et prévient les risques en matière de santé[4] ». Les notions d'amélioration de la santé et de prévention

---

[1] AN, Projet de loi pour l'équilibre des relations commerciales dans le secteur agricole et alimentaire et une alimentation saine et durable, n° 627, 1er février 2018 ; AN, Compte rendu intégral, 3ème séance du 25 mai 2018, *JORF* du 26 mai 2018.

[2] AN, Projet de loi pour l'équilibre des relations commerciales dans le secteur agricole et alimentaire et une alimentation saine et durable, n° 627, 1er février 2018 (1ère lecture) ; AN, Compte rendu intégral, 1ère séance publique du 27 mai 2018, *JORF* du 28 mai 2018 : où l'on pouvait aussi trouver les propos suivants : « La logique est de manger sainement, pour être en meilleure santé » et « L'alimentation est la première des médecines, selon la formule bien connue d'Hippocrate » (député L. PRUD'HOMME), et AN, Compte rendu intégral, 1ère séance publique du 28 mai 2018, *JORF* du 29 mai 2018, où l'on pouvait trouver les propos suivants : « Je me félicite que cette question de la santé fasse le lien entre les agriculteurs, les consommateurs et les citoyens. Il importe en effet, pour trouver de vraies réponses, de traiter la question de la santé d'une manière globale, c'est-à-dire envisageant ensemble la santé de la planète, celle du vivant et celle des humains. C'est le seul moyen de préserver notre système de santé français, fondé à la fois sur le préventif et le curatif » (propos du député Y. DANIEL).

[3] AN, Compte rendu intégral, 1ère et 2ème séance du 22 mai 2018, *JORF* du 23 mai 2018 ; 1ère et 2ème séances du 23 mai 2018, *JORF* du 24 mai 2018 ; 1ère, 2ème et 3ème séances du 24 mai 2018, *JORF* du 25 mai 2018 ; 1ère, 2ème et 3ème séances du 25 mai 2018, *JORF* du 26 mai 2018 ; 1ère, 2ème et 3ème séances du 26 mai 2018, *JORF* du 27 mai 2018 ; 1ère, 2ème et 3ème séances du 27 mai 2018, *JORF* du 28 mai 2018 ; 1ère et 2ème séances du 28 mai 2018, *JORF* du 29 mai 2018 ; 1ère et 2ème séances du 29 mai 2018, *JORF* du 30 mai 2018 ; 1ère séance du 30 mai 2018, *JORF* du 31 mai 2018.

[4] AN, Projet de loi pour l'équilibre des relations commerciales dans le secteur agricole et alimentaire et une alimentation saine et durable, *op. cit.* (1ère lecture) ; AN, Compte rendu intégral, 3ème séance du 25 mai 2018, *JORF* du 26 mai 2018, propos de la députée M. LENNE.

des risques propres à la « santé dans toutes les politiques » telle que nous la définissons coexistent bel et bien ici.

La première mesure qui nous intéresse dans le cadre de cette loi insère dans le Code rural et de la pêche maritime les articles L230-5-1 à L230-5-7, qui prévoient qu'au plus tard le 1er janvier 2022, les repas servis dans les restaurants collectifs dont les personnes morales de droit public ont la charge comprennent une part au moins égale, en valeur, à 50 % de produits répondant à différentes conditions aux choix liées aux externalités environnementales[1] du produit pendant son cycle de vie, à son appartenance à l'agriculture biologique, à des règles destinées à favoriser la qualité des produits ou la préservation de l'environnement, etc.[2]. Les produits issus de l'agriculture biologique doivent représenter une part au moins égale, en valeur, à 20 % des repas. L'article L230-5-2 précise que ces dispositions s'appliquent aussi aux repas servis dans les restaurants collectifs des services de restauration scolaire et universitaire, des services de restauration des établissements d'accueil des enfants de moins de six ans, des établissements de santé[3], des établissements sociaux et médico-sociaux et des établissements pénitentiaires qui sont gérés par des personnes morales de droit privé.

La dimension sanitaire de ces nouvelles mesures semble acquise au vu des extraits de débats parlementaires qui ont été exposés ci-dessus.

La loi du 30 octobre 2018 crée également l'article L230-5-4 du Code rural et de la pêche maritime, qui prévoit que les gestionnaires des restaurants collectifs répondant aux critères fixés « sont tenus de présenter à leurs structures dirigeantes un plan pluriannuel de diversification de protéines incluant des alternatives à base de protéines végétales dans les repas qu'ils proposent » et l'article L230-5-6 selon lequel « à titre expérimental, au plus tard un an après la promulgation de la loi n° 2018-938 du 30 octobre 2018 [...], pour une durée de deux ans, les gestionnaires, publics ou privés, des services de restauration collective scolaire sont tenus de proposer, au moins une fois par semaine, un menu végétarien [...] ». La protection de la santé apparaît bien dans les différents motifs ayant justifié l'adoption de cette mesure[4], parmi lesquels on compte aussi des arguments d'ordre financier et

---

[1] « Les externalités environnementales liées au produit pendant son cycle de vie relèvent de l'article R. 2152-9 du Code de la commande publique qui envisage notamment « le coût des émissions de gaz à effet de serre et d'autres émissions polluantes ainsi que d'autres coûts d'atténuation du changement climatique » » (L. Bodiguel, « Qualité environnementale et enjeux de la politique de l'alimentation », DR 2019, n° 476).

[2] Article L230-5-1 du Code rural et de la pêche maritime. Voir aussi le décret n° 2019-351 du 23 avril 2019 relatif à la composition des repas servis dans les restaurants collectifs en application de l'article L230-5-1 du Code rural et de la pêche maritime.

[3] En ce qui concerne les établissements de santé, voir notamment P. Veron, « L'alimentation et le soin », RDSS 2019, p. 1054.

[4] Par exemple, lors de la nouvelle lecture à l'Assemblée nationale du Projet de loi, modifié par le Sénat, pour l'équilibre des relations commerciales dans le secteur agricole et alimentaire et une alimentation saine, durable et accessible à tous, n° 1135 (AN, Compte rendu intégral, 1ère

climatique. Le texte retient une volonté de « promouvoir une alimentation saine », ainsi qu'un « objectif d'éducation au savoir-manger » qui permet de favoriser « l'accès de tous à une qualité nutritionnelle et alimentaire à l'école ».

Ces nouvelles obligations mises à la charge des gestionnaires de restauration collective permettant entre autres d'agir en faveur de la santé, devront être observées dans les prochaines années pour en mesurer la mise en œuvre et l'effectivité. Elles ont été jugées lourdes à appliquer, en particulier pour les petites collectivités[1]. Cependant, ces dispositions peuvent aussi être relativisées puisque d'une part elles prévoient des délais larges (au plus tard le 1er janvier 2022 pour les mesures prévues aux articles L230-5-1 à L230-5-7), d'autre part elles requièrent simplement la présentation d'un plan pluriannuel de diversification de protéines[2] – et non un véritable passage à l'acte. Enfin, elles limitent l'une des avancées de la loi à un cadre expérimental[3] ; l'introduction d'un menu végétarien dans les cantines a d'ailleurs été finalement adoptée sur une base hebdomadaire et non quotidienne, dans un souci de faisabilité. En outre, aucune sanction ne semble avoir été prévue pour l'instant en cas de non-respect des obligations introduites par la loi, et les pouvoirs publics adoptent une attitude compréhensive vis-à-vis des acteurs de la restauration collective à qui ils confient ces nouvelles responsabilités : leur volonté d'accompagnement se traduit par la prise en compte du coût que cela pourra engendrer pour les acteurs concernés, avec l'annonce d'aides financières, ainsi que l'inauguration du Conseil national de la restauration collective peu de temps après l'adoption de la loi, en vue d'aider à la concertation entre les acteurs concernés par les mesures de la loi n° 2018-938 du 30 octobre 2018[4].

---

séance du 14 septembre 2018, *JORF* du 15 septembre 2018) : « Accompagner une montée en gamme des repas proposés dans la restauration publique, c'est valoriser une approche qualitative avec de meilleurs produits issus des circuits courts, et une approche quantitative qui permet d'offrir plus de choix pour une alimentation plus équilibrée » (propos de la députée F. COLBOC) ; mais aussi : « L'Agence nationale de sécurité sanitaire de l'alimentation, de l'environnement et du travail, l'ANSES, préconise de consommer davantage de légumineuses et de céréales complètes, et moins de charcuterie et de viande rouge. Dans l'un de ses rapports, l'Organisation mondiale de la santé, l'OMS, a de son côté mis en évidence les conséquences pour la santé d'une consommation trop importante de viande rouge [...]. Ces amendements me semblent relever du bon sens. On préconise bien certaines doses de poisson ou de lait ; je ne vois pas ce qui empêcherait de préconiser, dans certains menus, davantage de légumineuses plutôt que de la viande. Bien sûr, il faut manger de tout – en tout cas, c'est l'avis des organismes de santé, que je partage pour ma part » (propos de la députée M. DE VAUCOULEURS).

[1] P. JACQUEMOIRE, « Restauration collective : un an après la loi EGAlim, tri sélectif des obligations à la charge des collectivités », AJCT 2020, p. 64.

[2] Article L230-5-4 du Code rural et de la pêche maritime présenté précédemment.

[3] Article L230-5-6 du Code rural et de la pêche maritime présenté précédemment.

[4] Ministre de l'Agriculture et de l'Alimentation, « Didier Guillaume installe le Conseil national de la restauration collective », Communiqué de presse, 13 mars 2019.

On trouve aussi dans la législation la mise en place de mesures contraignantes à but sanitaire à l'encontre de personnes morales de droit privé, c'est-à-dire visant la restauration commerciale et les autres activités des entreprises du secteur alimentaire. La loi de modernisation de notre système de santé[1] a introduit l'article L3232-9 du Code de la santé publique, qui interdit la mise à disposition dans les lieux ouverts au public ou recevant du public, de boissons avec ajout de sucres ou d'édulcorants de synthèse en libre-service, de façon payante ou non. Cette mesure répond à des considérations de lutte contre l'obésité, le diabète de type 2 et l'addiction au sucre[2], notamment chez les enfants. Sur ce sujet, le débat parlementaire concernant la loi de modernisation de notre système de santé a aussi été l'occasion pour un député de préciser sa vision du rôle du législateur, appréhendé comme ayant une mission de protection de la santé de la population contre des techniques commerciales jugées néfastes pour la santé[3]. L'entreprise commerciale est vue ici comme représentant une menace sur la santé publique et voit à ce titre ses agissements strictement encadrés. D'autres députés avaient rejeté l'amendement en question, considérant au contraire qu'une telle considération relève de la liberté individuelle et non de l'intervention du législateur : « Il faut laisser la responsabilité aux parents qui accompagnent les enfants dans des lieux où les boissons sont gratuites[4] ».

Dans son volet sur la prévention et la promotion de la santé, l'élaboration de la loi de santé de 2016 a posé à différentes reprises la question du degré d'intrusion acceptable, par le législateur dans la sphère individuelle. La question de la nécessité du petit-déjeuner des enfants avant de partir pour l'école illustre les limites évidentes d'intervention du législateur. L'un des amendements proposés dans le cadre du projet de loi de santé de 2016 prévoyait de compléter l'article L3232-3 du Code de la santé publique par une phrase ainsi rédigée : « Les bienfaits du petit déjeuner en matière de santé publique doivent apparaître dans les programmes de prévention et d'éducation pour la santé élaborés par l'Institut national de prévention et d'éducation pour la santé (INPES) ». Cette initiative était fondée sur le constat que de nombreux enfants se rendent à l'école sans avoir pris leur petit-déjeuner et sur la nécessité « de sensibiliser les parents à la nécessité de donner à manger à leurs enfants avant qu'ils partent à l'école le matin[5] ». L'amendement fut rejeté : comme l'a souligné en séance publique la ministre des Affaires sociales, de la

---

[1] Loi n° 2016-41 du 26 janvier 2016 de modernisation de notre système de santé.

[2] AN, Compte rendu intégral, 2ème séance du mercredi 1er avril 2015, *JORF* du 2 avril 2015.

[3] *ibid* : « À notre sens, c'est le rôle de la loi de fixer un cadre pour protéger la population contre une surenchère commerciale qui fait de la gratuité du surplus d'une offre alimentaire payante un argument pour attirer le consommateur et l'inciter à des consommations excessives et néfastes pour la santé » (propos du député A. RICHARD).

[4] AN, Compte rendu intégral, 2ème séance du mercredi 1er avril 2015, *op. cit.*, propos du député A. ROBINET.

[5] *ibid*, propos de la députée J. DUBIE.

Santé et des Droits des femmes de l'époque, Marisol Touraine, cette question ne relève pas du niveau législatif[1]. Cette habitude alimentaire propre à chaque foyer est considérée comme intouchable car relevant de la sphère privée et familiale, si bien que les parlementaires n'ont même pas discuté de la possibilité de faire inscrire, de façon obligatoire, les recommandations sur le petit-déjeuner dans les préconisations de l'INPES.

Enfin, les échanges parlementaires sur la loi de santé de 2016 ont également permis de confirmer une mesure issue de la loi n° 2004-806 du 9 août 2004 relative à la politique de santé publique, qui dans son article 30 prévoyait que « les distributeurs automatiques de boissons et de produits alimentaires payants et accessibles aux élèves sont interdits dans les établissements scolaires à compter du 1er septembre 2005[2] ». L'amendement qui proposait de réintroduire ces distributeurs dans les collèges et lycées afin d'encourager la consommation de fruits, frais ou sous forme de jus, a été rejeté[3]. La règle reste donc, en la matière, une interdiction pour les entreprises vendeuses des produits concernés, de pénétrer dans l'enceinte des écoles pour vendre leurs produits au moyen de distributeurs.

Ces exemples permettent d'apprécier les propos de Madame Grosset sous un autre angle. Celle-ci écrivait en effet, à propos de la loi de santé de 2016, que « fidèle à sa tradition interventionniste, le législateur français a du mal à se satisfaire uniquement des mécanismes d'autorégulation et d'incitation. Il persiste à prescrire ou interdire dans des domaines sensibles, quitte à de nouveau voter des textes en délicatesse avec les libertés publiques[4] ». À notre sens, les mesures présentées ici reposent certes sur des mécanismes d'obligations et d'interdictions, mais faute de s'autoriser à cibler directement l'individu et son comportement, le législateur a choisi un acteur intermédiaire : la personne morale de droit public ou de droit privé chargée de la restauration collective et de l'accueil du public[5].

Une tentative législative, bien que non aboutie[6], éclaire aussi ce sujet : il s'agit de la « proposition de loi visant à protéger la population des dangers de la « malbouffe » », enregistrée à la Présidence de l'Assemblée nationale le

---

[1] *ibid*, où la ministre interpellait Madame Dubie de la façon suivante : « Croyez-vous cependant que c'est parce qu'on aura écrit cela dans la loi que les enfants prendront leur petit-déjeuner ? ».

[2] Ce texte ne semble pas avoir été codifié.

[3] Voir notamment AN, Compte rendu intégral, 2ème séance du 1er avril 2015, *op. cit.*

[4] M. Grosset, « Sécurité alimentaire et politiques nutritionnelles : enjeux et perspectives », JDSAM 2017, n° 17.

[5] Voir L. Warin, « Quand la politique de prévention en santé implique les acteurs économiques », JDSAM 2018, n° 21.

[6] Le texte a fait l'objet d'une discussion en séance publique à l'Assemblée nationale et a été adopté le 21 février 2019, puis transmis au Sénat le 22 février 2019, qui ne l'a jamais étudié en séance publique.

9 janvier 2019[1]. Ce texte est selon nous révélateur d'une prise de conscience par le pouvoir législatif des enjeux transversaux de la santé publique. De plus, il nous paraît envisageable que même une tentative législative échouée puisse faire partie, dans une certaine mesure, du flux normatif étudié ici, si elle est appréhendée dans le cadre d'un ensemble plus large de textes allant dans le même sens. Le contenu de la proposition initiale fait un lien direct entre l'alimentation et la santé. Il souligne la place grandissante prise par l'alimentation industrielle dans le régime alimentaire des Français, et rappelle que la consommation d'une alimentation industrielle de basse qualité a des effets sur la santé. Ces maladies liées aux habitudes alimentaires sont en progression et « constituent un vrai problème de santé publique auquel il convient de remédier ». Les auteurs de la proposition estiment ainsi qu'il revient au législateur d'adopter des mesures qui influeront sur cette tendance : « en parallèle de l'action publique qui prévoit des campagnes de prévention, le législateur doit proposer des solutions pour garantir une alimentation saine et de qualité ». La proposition de loi est construite autour de quatre nouveautés : la limitation des additifs autorisés dans la production de toutes les denrées alimentaires transformées ; l'obligation pour les aliments transformés d'être conformes en matière de sel, de sucre et d'acide gras saturé aux recommandations de l'OMS ; un durcissement de l'interdiction des messages publicitaires et activités promotionnelles, directs ou indirects, en faveur de produits alimentaires et boissons destinés aux enfants et adolescents ; et la mise en place d'une heure d'apprentissage à la nutrition et à l'alimentation par semaine dans les écoles et collèges. Cette dernière proposition repose sur l'idée qu'« il est beaucoup plus simple et plus utile d'apprendre à tous les très jeunes comment bien se nourrir, plutôt que de devoir ensuite soigner les différentes maladies liées à une mauvaise alimentation[2] ». Cette proposition de loi pose la question de savoir si le droit peut réellement orienter l'environnement et la conduite des individus pour améliorer et protéger leur santé. Si l'imposition d'une contrainte au nom de la santé publique n'est que très rarement la solution retenue, force est de constater une fois de plus que, par un mécanisme de contournement, le législateur tend à encadrer le comportement des acteurs économiques, afin de protéger et d'améliorer la santé de la population.

Pour parvenir à ses fins, le législateur peut aussi avoir recours à des méthodes dites plus douces. Par exemple, l'article L1171-1 du Code de la santé publique introduit par la loi n° 2009-879 du 21 juillet 2009 prévoit qu'« une fondation contribue à la mobilisation des moyens nécessaires pour soutenir des actions individuelles ou collectives destinées à développer des comportements favorables à la santé. Ces actions contribuent notamment à la

---

[1] AN, Proposition de loi visant à protéger la population des dangers de la malbouffe, n° 1561, 9 janvier 2019.
[2] *ibid.*

promotion d'une alimentation équilibrée et de l'activité physique et sportive ainsi qu'à la lutte contre les addictions ». Bien que ce texte ait valeur de loi, on voit qu'il n'a pas une grande force obligatoire, le législateur préférant s'en remettre à l'organisme qu'il mentionne, auquel il confie une mission d'encouragement vers des comportements sains. Organisme qui, du reste, n'est pas identifié à ce jour.

On trouve le même mécanisme dans la loi n° 2018-938 du 30 octobre 2018 pour l'équilibre des relations commerciales dans le secteur agricole et alimentaire et une alimentation saine, durable et accessible à tous qui crée l'Observatoire de l'alimentation. Cet organisme a pour mission d'éclairer les pouvoirs publics et les opérateurs privés pour permettre l'amélioration continue de la qualité de l'offre alimentaire et la réduction des risques en matière de santé.

Au final, ces contraintes visant les professionnels « font peser le risque sanitaire sur les acteurs privés[1] ». Bien que cela soit fait au nom de la protection de la santé, certains auteurs indiquent que la prolifération de règles imposant des contraintes aux professionnels présente également des risques : mis à part les inconvénients de nature économique, « il est dangereux de donner aux consommateurs l'impression que la loi les protège en toutes circonstances et de créer ainsi chez eux une mentalité d'assistés, voire d'incapables. La surprotection risque de perpétuer la situation de faiblesse dans laquelle se trouvent la plupart des consommateurs[2] ».

2) Une régulation douce

Un dispositif de régulation douce complète les mesures législatives en faveur d'une alimentation saine. Ces mesures sont elles aussi, dans certains cas, dirigées vers des professionnels plutôt que vers les consommateurs. Cela peut s'expliquer par un objectif d'égalité poursuivi par les pouvoirs publics, car comme l'a indiqué l'Inserm en 2014, les interventions qui ciblent « la responsabilité individuelle telles que les actions d'éducation alimentaire ou les campagnes d'information ont de fortes chances d'accroître les inégalités sociales de santé[3] ». Ainsi, il peut être considéré plus judicieux d'agir sur d'autres facteurs que les comportements individuels pour atteindre les objectifs de santé publique souhaités.

Parmi les instruments de droit souple les plus incontournables en matière d'alimentation et de santé, le Programme national nutrition santé (PNNS) se démarque ici par sa vocation à « améliorer l'état de santé de la population en

[1] F. MARCHADIER, « Qualité de la santé, ordre public sanitaire et contrat », RDSS 2014, p. 1055.
[2] J. CALAIS-AULOY, H. TEMPLE, M. DEPINCE, *Droit de la consommation*, *op. cit.*
[3] C. DELAMAIRE, P. DUCROT (Dir.), « Introduction au dossier « Environnements favorables à une alimentation saine : une réponse aux inégalités sociales de santé ? » », LSA 2018, n° 444 ; voir aussi Inserm (dir.), Inégalités sociales de santé en lien avec l'alimentation et l'activité physique, Rapport, Les éditions Inserm, 2014, 731 p.

agissant sur l'un de ses déterminants majeurs : la nutrition[1] ». Élaboré tous les cinq ans par le Gouvernement, le PNNS définit les objectifs de la politique nutritionnelle. Il est prévu dans le Code de la santé publique à l'article L3231-1 depuis la loi du 27 juillet 2010 de modernisation de l'agriculture et de la pêche. D'autres outils sont mis en œuvre au plus près de l'individu et de l'industriel : des chartes et un logo sur la qualité nutritionnelle des produits.

La mise en place de chartes en faveur d'une alimentation saine

Le Conseil supérieur de l'audiovisuel a mis en place une charte destinée à encourager les acteurs de l'audiovisuel à s'engager en faveur d'une alimentation saine. Le ministère de la Santé, quant à lui, a mis en place un système de charte d'engagement volontaire de progrès nutritionnel à destination des entreprises du secteur alimentaire.

L'article L2133-1 du Code de la santé publique, qui prévoit que « les messages publicitaires en faveur de boissons avec ajouts de sucres, de sel ou d'édulcorants de synthèse ou de produits alimentaires manufacturés doivent contenir une information à caractère sanitaire » est complété par une charte visant à promouvoir une alimentation et une activité physique favorables à la santé dans les programmes et les publicités diffusés à la télévision. Cette charte publiée par le Conseil supérieur de l'audiovisuel vise à encourager « les engagements volontaires des acteurs de l'audiovisuel en faveur d'une alimentation saine et durable » et s'inscrit dans une démarche de responsabilisation des acteurs concernés[2]. La première charte a été établie en 2009 puis révisée en 2013. Une nouvelle charte a été établie pour la période 2020-2024. Cette dernière voit son périmètre élargi par rapport aux précédentes afin d'inclure les acteurs radiophoniques, la publicité extérieure et les acteurs du numérique[3].

Par ailleurs, depuis 2007, le ministère de la Santé a mis en place un système de charte d'engagement volontaire de progrès nutritionnel par lequel l'entreprise du secteur alimentaire signataire s'engage de son plein gré à améliorer la qualité nutritionnelle des produits alimentaires qu'elle met sur le marché. Trente-six entreprises de ce secteur ont signé une charte d'engagement volontaire de progrès nutritionnel. Officiellement « il ne s'agit pas de confier une mission de santé publique aux entreprises du secteur

---

[1] https://www.mangerbouger.fr/PNNS [consulté le 30/06/2021]. À ce sujet : S. Brimo, « À la recherche du 4ème volet du Plan national nutrition santé », *op. cit.*

[2] Conseil supérieur de l'audiovisuel, https://www.csa.fr/Informer/Collections-du-CSA/Travaux-Autres-publications/Rapports-au-gouvernement.-parlement.-etc/Charte-visant-a-promouvoir-une-alimentation-et-des-comportements-favorables-a-la-sante-dans-les-programmes-audiovisuels-et-les-publicites-2020-2024 [consulté le 30/06/2021]

[3] Conseil supérieur de l'audiovisuel, Charte visant à promouvoir une alimentation et des comportements favorables à la santé dans les programmes audiovisuels et les publicités, 2020-2024 ; voir aussi à ce sujet L. Warin, « Publicité et santé – Une loi passée inaperçue, la loi dite « Gattolin » sur la suppression de la publicité commerciale dans les programmes jeunesse de la télévision publique », *op. cit.*

alimentaire[1] », mais cette démarche revient à leur attribuer un rôle et une responsabilité certes non légale mais morale vis-à-vis de la santé publique.

En 2010, l'article L230-4 ajouté dans le Code rural[2] a imposé aux industriels des normes de *soft law*[3] : « Pour agir sur la qualité gustative et nutritionnelle des produits agricoles et alimentaires et leur consommation, l'État incite les opérateurs du secteur agroalimentaire à mettre en œuvre des accords collectifs par famille de produits ». Ces accords sont conclus de façon facultative et échappent à tout contrôle juridictionnel, mais le système n'en est pas moins dépourvu d'efficacité[4]. On peut citer comme exemple dans le secteur des boissons rafraichissantes sans alcool, l'accord du 9 octobre 2014, par lequel les industriels concernés – en l'occurrence 80 % du marché français – s'engagent à réduire de 5 % le taux moyen de sucres dans leurs produits[5] et à ne plus faire de publicité à la télévision ou sur internet pour ces boissons dans les émissions où l'audience est composée à plus de 35 % d'enfants de moins de douze ans[6].

L'adoption du logo Nutriscore

La loi de modernisation de notre système de santé crée l'article L3232-8 du Code de la santé publique qui prévoit : « Afin de faciliter le choix du consommateur au regard de l'apport en énergie et en nutriments à son régime alimentaire, […] la déclaration nutritionnelle obligatoire […] peut être accompagnée d'une présentation ou d'une expression complémentaire au moyen de graphiques ou de symboles […] ». Ces dispositions doivent être mises en œuvre dans le respect du règlement (UE) n° 1169/2011 du Parlement européen et du Conseil du 25 octobre 2011 (dit règlement « INCO ») concernant l'information des consommateurs sur les denrées alimentaires[7] et en particulier de son article 9 sur les mentions obligatoires sur les denrées alimentaires, son article 16 sur l'omission de certaines mentions obligatoires et son article 30 sur le contenu de la déclaration nutritionnelle obligatoire.

---

[1] Min. de l'Économie et des Finances, Min. de l'Agriculture de l'Agroalimentaire et de la Forêt, Min. des Affaires sociales et de la Santé, Référentiel pour les chartes d'engagements volontaires de progrès nutritionnel proposées par des entreprises du secteur alimentaire dans le cadre du programme national nutrition santé.

[2] Par la loi n° 2010-874 du 27 juillet 2010 de modernisation de l'agriculture et de la pêche.

[3] S. Brimo, « À la recherche du 4ème volet du Plan national nutrition santé », *op. cit.*

[4] *ibid.*

[5] *ibid.*

[6] Min. de l'Agriculture et de l'Alimentation, « Politique publique de l'alimentation : Stéphane Le Foll signe un accord collectif avec le secteur des boissons rafraîchissantes sans alcool pour diminuer le taux moyen de sucres, limiter la publicité télévisuelle ou internet et acter des engagements en matière de durabilité », Communiqué de presse, 9 octobre 2014.

[7] Ce règlement modifie les règlements (CE) n° 1924/2006 et (CE) n° 1925/2006 du Parlement européen et du Conseil et abroge les directives n° 87/250/ CEE de la Commission, n° 90/496/CEE du Conseil, n° 1999/10/ CE de la Commission, n° 2000/13/ CE du Parlement européen et du Conseil, n° 2002/67/ CE et n° 2008/5/ CE de la Commission et le règlement (CE) n° 608/2004 de la Commission.

L'article 35 qui porte sur les formes d'expression et de présentation complémentaires autorise les États membres à recommander « aux exploitants du secteur alimentaire d'utiliser une ou plusieurs formes d'expression ou de présentation complémentaires de la déclaration nutritionnelle dont ils estiment qu'elles satisfont le mieux aux exigences fixées » au paragraphe 1 de cet article. C'est sur ce fondement que le législateur français s'est reconnu compétent pour mettre en œuvre un dispositif complémentaire d'information nutritionnelle facultatif mais dont la forme est unifiée par la loi[1].

Cette présentation complémentaire s'est concrétisée en France sous le logo appelé Nutri-score, une pastille composée d'une lettre et d'une couleur, qui informe les consommateurs sur la qualité nutritionnelle d'un produit. Le produit est ainsi classé sur une échelle à cinq niveaux allant du plus favorable (A) au moins favorable (E) sur le plan nutritionnel[2]. Suite à l'adoption de l'article L3232-8 du Code de la santé publique, un arrêté interministériel signé le 31 octobre 2017 par la ministre des Solidarités et de la Santé, le ministre de l'Agriculture et de l'Alimentation et le secrétaire d'État auprès du ministre de l'Économie et des Finances, est venu officialiser la recommandation gouvernementale du Nutri-Score[3]. Ce logo a été conçu par l'agence Santé publique France, qui en protège la marque au niveau français et européen et en a établi ses règles d'utilisation[4]. Selon François Bourdillon, ancien directeur de Santé publique France, le Nutriscore est l'un des meilleurs exemples de l'intégration de la santé dans toutes les politiques en France[5]. L'objectif est d'améliorer l'information nutritionnelle placée sur les produits pour aider les consommateurs à acheter des aliments de meilleure qualité nutritionnelle, mais on peut aussi s'attendre à ce que ce dispositif incite les industriels à revoir la composition de leurs produits afin de pouvoir apposer un meilleur score sur leur emballage et ainsi attirer les clients.

Depuis les années 2010, le flux normatif portant l'intégration de la santé dans les autres politiques se propage en droit français. En effet, les droits de la consommation et de l'environnement accueillent assez distinctement l'idée de « santé dans toutes les politiques ».

Il apparaît que la protection et l'amélioration de la santé vont de pair, bien que la seconde soit encore moins recherchée que la première. L'équité en santé

---

[1] A. LAUDE, D. TABUTEAU, *La loi santé, Regards sur la modernisation de notre système de santé*, *op. cit*.

[2] https://www.mangerbouger.fr/Manger-mieux/Comment-manger-mieux/Comment-comprendre-les-informations-nutritionnelles/Qu-est-ce-que-le-Nutri-Score?xtor=SEC-33-GOO-[Nutriscore]--S-[nutriscore]&gclid=Cj0KCQjwoub3BRC6ARIsABGhnyYaQjq28urz0eAxEieEEGd4ngT8Y-2Le5YOlEUDXYdjqhOFE-4Z96UaAmefEALw_wcB [consulté le 30/06/2021].

[3] A. NISAND, « Nutri-Score : un logo sur la qualité nutritionnelle des produits », LSA 2018, n° 444.

[4] *ibid.*

[5] Entretien avec F. BOURDILLON, 28 août 2018.

est, elle aussi, encore assez marginale puisque les textes que nous avons vus insistent peu sur le fait que la protection et l'amélioration de la santé doivent être accessibles à tous, sans créer ou accentuer les inégalités sociales de santé.

Il ne semble pas y avoir d'articulation entre les moyens (discutés dans le chapitre 6 de cet ouvrage) et les objectifs décrits dans ce chapitre : le flux normatif va bien dans le sens de l'intégration de la santé, mais n'est pas du tout structuré de ce point de vue.

Par conséquent, le flux français portant la « santé dans toutes les politiques » se démarque des ambitions affichées au niveau mondial, notamment par la protection de la santé en tant qu'objectif, mais aussi par l'absence de systématicité et de synergies, et l'absence d'une norme déclaratoire. Comme le souligne le Professeur Auby, l'Union européenne, construction juridique transnationale, est vecteur de globalisation juridique, et « sert abondamment de courroie de transmission au droit mondial[1] ». Si cet auteur évoque, pour illustration de ce constat, le droit du commerce international qui émane du droit de l'Organisation mondiale du commerce[2], nous pensons que ce constat s'applique dans une très faible mesure à notre étude : les droits de l'OMS et de l'UE n'ont pas une influence forte sur le droit français.

Dans cette émergence chaotique, on a pu observer certains courants contradictoires, notamment une interprétation assez curieuse de l'idée d'intégration de la santé dans les autres politiques : intégration de cette question « à la carte », utilisation du terme sans grands résultats tangibles par la suite… Il semble également que ce soit parfois la santé qui absorbe les autres problématiques, et non l'inverse. En s'appuyant sur tous ces éléments, voyons maintenant comment une telle approche peut être juridiquement qualifiée.

---

[1] J-B. AUBY, *La globalisation, le droit et l'État*, LGDJ, 3ème édition, 2020, 242 p.
[2] *ibid.*

Chapitre 8. Éléments de qualification juridique

Après avoir examiné les origines de l'émergence d'un flux normatif portant la « santé dans toutes les politiques » en France et la modeste insertion en droit français de ses caractéristiques-clés dans les précédents chapitres, nous voyons se dessiner une certaine cohérence dans le corpus juridique de la protection de la santé et parfois même, plus précisément, de l'amélioration de la santé.

Le flux normatif qui croît en droit français est le résultat visible d'un phénomène normatif moins évident. Tandis que le phénomène normatif inclut des éléments de droit international, de droit de l'Union européenne et de droit national, le flux normatif que nous étudions est, quant à lui, spécifique au droit français : il se manifeste au sein du système français. Le contenu de ce flux a été développé dans les chapitres précédents : des mesures de protection de la santé sont intégrées dans d'autres politiques, en particulier celles de l'environnement et de l'alimentation.

Le phénomène normatif évoqué ci-dessus doit encore être analysé : c'est par ce phénomène que la « santé dans toutes les politiques » s'insère et se développe en droit français. Par « phénomène » on peut entendre un « fait observé, en particulier dans son déroulement ou comme manifestation de quelque chose d'autre[1] ». Si nous choisissons à ce stade d'avoir recours au concept de « phénomène normatif » pour désigner ce que nous étudierons ici, c'est parce qu'un tel concept, ainsi que certaines de ses variantes, sont utilisés par la doctrine[2] pour désigner des objets nouveaux encore peu étudiés par les juristes.

Ces développements impliqueront d'avoir recours au concept de normativité. À ce propos, dans une décision de 2005 sur la loi d'orientation et de programme pour l'avenir de l'école, le Conseil constitutionnel a censuré pour la première fois une disposition législative pour défaut de normativité[3]. Il a retenu à cette occasion une définition assez étroite de la normativité, centrée autour du caractère impératif de la norme[4]. Adoptant un point de vue

---

[1] *Dictionnaire Larousse*, Larousse, 2018, 1088 p.

[2] Par exemple, le Pr. Bories a recours aux termes « phénomènes » et « nouveaux phénomènes normatifs » dans son article intitulé « Droit global, globalisation du droit, droit administratif... De la nécessité de définir un objet d'étude », RFDA 2019, p. 815, pour désigner des objets d'études nouveaux – voir le titre de son article – encore peu définis par la doctrine. Cet auteur utilise aussi l'expression « phénomènes juridiques ».

[3] Cons. constit., 21 avril 2005, *Loi d'orientation et de programme pour l'avenir de l'école*, n° 2005-512 DC.

[4] F. Lefebvre-Rangeon, « L'exigence de normativité de la loi, Quel bilan, dix ans après la décision Avenir de l'école ? », AJDA 2015, p. 1028. Ajoutons que la normativité peut aussi être

plus large, le Professeur Thibierge rappelle que les règles de droit – par opposition à d'autres normes juridiques – ont une plénitude de normativité : « La norme a en effet la double vocation de permettre le tracé, autrement dit de guider l'action se faisant, et la mesure, en ce qu'elle permet de juger l'action accomplie. Juridique, elle est ainsi modèle pour agir et/ou modèle pour juger. La conjonction de ces deux fonctions est caractéristique des règles de droit, dotées à ce titre d'une « plénitude de normativité »[1] ».

Dans un premier temps, nous évoquerons certaines hypothèses qui méritent d'être écartées et qui nous permettront de montrer que ce phénomène normatif – qui est à l'origine du flux normatif porteur de l'intégration de la santé dans d'autres politiques en France – n'est pas une norme (Section 1). Dans un second temps, nous montrerons en quoi ce phénomène agit comme un outil ayant des effets sur le droit français (Section 2). Dans la première comme dans la seconde démarche, nous prendrons en compte le phénomène normatif dans sa globalité, c'est-à-dire que nous inclurons à la fois le contexte de droit mondial et de l'Union européenne, ainsi que le contexte français.

Section 1. Des concepts juridiques à exclure

En matière de protection de l'environnement, l'article 6 de la Charte de l'environnement française prévoit que « les politiques publiques doivent promouvoir un développement durable. À cet effet, elles concilient la protection et la mise en valeur de l'environnement, le développement économique et le progrès social[2] ». Cette notion de « conciliation » correspond tout à fait à ce qui est promu, pour la santé, par le droit international souple (abordé au début de cet ouvrage), afin d'intégrer harmonieusement la santé aux autres secteurs. En matière d'égalité homme-femme, nous verrons que la loi n° 2014-873 du 4 août 2014 pour l'égalité réelle entre les femmes et les hommes consacre le principe d'intégration de l'égalité homme-femme dans les politiques publiques de l'État et des collectivités territoriales.

En droit français, la « santé dans toutes les politiques » n'obéit à aucune norme écrite qui énoncerait explicitement, de façon générale, que les actions engagées dans tous les secteurs de l'action publique doivent tenir compte de l'impact qu'elles auront sur la santé. En effet, nous avons vu que certains secteurs, comme le travail, l'éducation, la consommation et l'environnement, intègrent des considérations sanitaires dans leur droit. Mais cela n'obéit pas à un impératif de systématicité. C'est ce qui explique selon nous pourquoi les résultats présentés dans les chapitres précédents sont modestes, par exemple

---

définie simplement comme le « caractère de ce qui crée la loi » (C. PUIGELIER (dir.), *Dictionnaire juridique*, 3ème édition, Bruylant, Paradigme, 2020, 1266 p.).

[1] C. THIBIERGE, « Au cœur de la norme : le tracé et la mesure, Pour une distinction entre la norme et les règles de droit », APD 2008.

[2] Charte de l'environnement, 1er mars 2005.

en ce qui concerne la prise en compte de la santé dans les études d'impact des projets de loi.

Rappelons qu'une norme peut être définie comme « la signification d'une proposition indiquant aux hommes ou aux institutions un modèle auquel conformer leur conduite impérativement[1] ». En ce qui concerne la composante impérative de la norme, le Professeur de Béchillon considère que celle-ci pèse parfois sur les destinataires les plus directs de la règle, ceux désignés explicitement, mais surtout et toujours sur ses destinataires indirects, c'est-à-dire sur ceux à qui s'adresse son discours latent[2]. On rappellera également que « toute norme suppose, sans aucune exception ni limite, un dialogue, une parole à deux, un émetteur et un récepteur, un auteur et un « adressataire »[3] ». Dans notre cas d'étude, nous supposons que l'État peut s'imposer une règle de droit à lui-même : en effet, le Professeur de Béchillon écrit que si « l'on peut se parler à soi-même », c'est sous la forme d'un « dialogue intérieur entre les diverses instances d'un même sujet » et non sous celle d'un monologue[4]. Cette question de la forme et de l'existence de cette norme fera l'objet de la première section.

À la lumière des chapitres précédents, il s'agit en effet de savoir s'il manque véritablement une norme générale d'intégration de la santé dans les autres politiques, ou, si elle existe, sous quelle forme pouvons-nous la trouver. Si l'on retourne à ce que l'on appelle les sources du droit, les Professeurs Terré et Molfessis considèrent que cette métaphore bien connue renvoie « à l'existence de points d'émergence de la règle juridique qui révéleraient en même temps ce qui fonde le caractère obligatoire de celle-ci[5] ». Le nœud du problème ici est précisément ce point d'émergence dont l'aspect trouble explique d'ailleurs l'absence de caractère obligatoire de l'intégration de la santé dans toutes les politiques en France.

Nous proposons donc les hypothèses suivantes : soit la norme est une norme non-écrite, que l'on peut imaginer de différentes natures (1), soit elle est difficile à percevoir, c'est-à-dire qu'elle est impalpable pour une raison bien particulière (2).

1) Une norme non-écrite ?

Plusieurs pistes peuvent être évoquées autour de l'existence d'une norme dont la nature est difficile à appréhender. Nous présentons deux hypothèses qu'il nous semble nécessaire de mentionner, pour ensuite les invalider ; elles paraissent peu probables mais peuvent à notre sens nous permettre, en les éliminant, d'affiner les caractéristiques de notre phénomène normatif. En

---

[1] D. de Bechillon, *Qu'est-ce qu'une règle de droit ?* Odile Jacob, 1997, 291 p.
[2] *ibid.*
[3] *ibid.*
[4] *ibid.*
[5] F. Terre, N. Molfessis, *Introduction générale au droit*, 12ème édition, Dalloz, Précis, 2020, 720 p.

l'absence d'une règle de droit instaurant de façon systématique l'intégration de la santé dans les autres politiques, il s'agit de voir si un autre type de norme pousse l'État à cette intégration : est-ce une forme de règle coutumière régissant le mode de gouvernance français ? Est-ce une norme s'apparentant à un standard ou un principe ?

La faible probabilité de pouvoir qualifier la norme étudiée de « coutume »

La coutume, en raison de certaines de ses caractéristiques, mérite d'être évoquée. D'une part, le Professeur de Béchillon distingue, dans le cadre de la théorie de l'acte juridique qu'il développe, les normes sans actes et les actes sans normes[1]. Nous nous intéressons ici aux premières[2]. Le postulat de l'auteur est que « l'immense majorité des normes juridiques sont édictées au travers d'actes juridiques formels parfaitement répertoriés et identifiables : des « lois », des « décrets », la « Constitution », des « jugements », des « arrêts », des « contrats », etc. [3]». Les « normes sans actes » sont une exception à ce principe dans la mesure où ces « authentiques normes se passent d'un tel support[4] ». Il donne pour exemple la coutume, qui n'est véhiculée par aucun acte – elle est dépourvue d'*instrumentum*[5] – et insiste sur le caractère d'exception de ce cas de figure, car même les principes généraux du droit, qui sont non-écrits, « naissent au monde juridique à l'instant de leur « reconnaissance » par le juge[6] ». Le même auteur rappelle que le Professeur Eisenmann admettait l'existence « d'actes juridiques normateurs non écrits » dépourvus d'*instrumentum* (« la feuille de papier couverte d'encre »). Pour le Professeur Eisenmann, « la corrélation acte/norme s'établissait entre la norme et le negotium de l'acte (son contenu)[7] ».

D'autre part, Monsieur Danet rappelle qu'une distinction est traditionnellement faite en ce qui concerne l'émergence des normes juridiques,

---

[1] D. DE BECHILLON, *Qu'est-ce qu'une règle de droit ? op. cit.*

[2] Quant à la seconde catégorie, les actes sans normes ont, selon le Pr. DE BECHILLON, des expressions et des finalités variées ; celui-ci donne pour exemple les lois non prescriptives et écrit : « certaines affirmations, très creuses, trônent désormais aux préambules de textes importants, souvent sous la forme de déclarations de principes généraux. Ainsi, l'article 1 de la loi du 3 janvier 1977 se recommande d'un vertueux « l'architecture est une expression de la culture ». » (D. DE BECHILLON, *Qu'est-ce qu'une règle de droit ? op. cit.*)

[3] D. DE BECHILLON, *Qu'est-ce qu'une règle de droit ? op. cit.*

[4] *ibid.*

[5] Le *negotium* concerne la question de fond que vise l'acte juridique, par opposition à l'*instrumentum* qui, en la forme, traduit matériellement la volonté de l'auteur de l'acte (S. GUINCHARD, T. DEBARD (dir.), *Lexique des termes juridiques 2020-2021*, 28ème édition, Dalloz, 2020, 1150 p.).

[6] D. DE BECHILLON, *Qu'est-ce qu'une règle de droit ? op. cit.*

[7] *ibid.*

entre d'un côté les systèmes de « droit légiféré », de l'autre les systèmes de « droit spontané »[1].

Parmi les normes spontanées, on trouve les usages et les coutumes[2]. À la lumière de nos observations concernant les caractéristiques de la « santé dans toutes les politiques » en droit français, il peut être intéressant de s'interroger sur la possibilité qu'il s'agisse d'une forme de coutume du droit des politiques publiques. En effet, la « santé dans toutes les politiques » a pour particularité d'être une règle non écrite suivie par l'État dans certains cas.

La coutume a un caractère « informulé » et « spontané »[3]. Elle « naît de la répétition du même geste par les usagers du droit » ; elle ressemble ainsi aux « usages extra-juridiques de la vie en société[4] ». Elle se distingue de la loi car elle est « un pur negotium dénué de tout support matériel, donc dépourvu de tout instrumentum et de toute griffe officielle[5] ». Dotée d'une structure particulière et d'une place incertaine, la coutume acquiert un rôle important en droit international à l'heure de la mondialisation[6]. Le rôle des résolutions déclaratoires de l'Assemblée générale de l'ONU dans la formation coutumière est reconnu[7]. Un constat analogue peut sans doute être fait pour les résolutions déclaratoires de l'Assemblée mondiale de la santé, dont nous avons vu le rôle influent.

Un exemple par excellence d'un droit spontané est le droit commercial français, fondé très largement sur la reconnaissance des usages, c'est à dire sur « la consécration par le juge de comportements individuels devenus régularités sociologiques par imitation librement consentie[8] ». Voici un obstacle à une comparaison avec notre phénomène normatif : l'ordre juridique spontané « se fonde sur la reconnaissance de pratiques supposées générales par un juge[9] ». Or, nous avons vu dans les précédents chapitres qu'il y a peu d'exemples de prise en compte par le juge de l'intégration de la santé dans les autres politiques.

---

[1] D. DANET, « Entre droit spontané et droit légiféré : la production de droit par la normalisation », Économie publique 2001, Vol. 1, n° 7. L'auteur précise qu'un ordre juridique est « spontané » s'il présente quatre traits : « le fondement du système juridique et de l'acceptation des règles est la réciprocité basée sur l'intérêt de chacun à la conservation de l'ordre ; l'émergence des normes résulte d'un processus d'essais et erreurs ; la résolution pacifique du contentieux est le fait d'une instance spécialisée dotée du pouvoir de juris dictio mais dénuée de l'imperium juridictionnel ; le recours à l'ostracisme permet d'assurer l'effectivité de la sanction ».

[2] C. THIBIERGE, « Au cœur de la norme : le tracé et la mesure, Pour une distinction entre la norme et les règles de droit », *op. cit.*

[3] P. JESTAZ, *Les sources du droit*, Dalloz, 2ème édition, Connaissance du droit, 2015, 198 p.

[4] *ibid.*

[5] *ibid.*

[6] *ibid.*

[7] E. LOQUIN, C. KESSEDJAN, *La mondialisation du droit*, Litec, Vol. 19, 2000, 610 p.

[8] D. DANET, « Entre droit spontané et droit légiféré : la production de droit par la normalisation », *op. cit.*

[9] *ibid.*

La coutume connaît en effet elle aussi, tôt ou tard, une reconnaissance par le juge : « nombre d'usages et de coutumes sont utilisés par le juge comme instruments de mesure. La plupart des règles spontanées, coutumes et usages, ont en effet déjà vu leur violation sanctionnée par les tribunaux[1] », et se voient reconnaître un caractère obligatoire[2]. C'est ce qui empêche de considérer, en son état actuel, notre phénomène normatif comme une forme de coutume qui aurait influencé l'action de l'État et l'aurait poussé à intégrer la santé dans d'autres politiques. La protection de la santé est présente dans certains contentieux environnementaux, mais non au titre d'une approche systématique de la « santé dans toutes les politiques ».

Par exemple, en 2017, le Conseil d'État a enjoint l'État d'élaborer et de mettre en œuvre, pour plusieurs zones du territoire, des plans relatifs à la qualité de l'air permettant de réduire les concentrations en dioxyde d'azote[3]. La directive visée, à savoir la directive n° 2008/50/CE du Parlement européen et du Conseil du 21 mai 2008 concernant la qualité de l'air ambiant et un air pur pour l'Europe, donne une place centrale à la question sanitaire, tout comme ses textes de transposition en droit français insérés dans le Code de l'environnement[4]. Le juge administratif, en revanche, insiste peu sur cet aspect dans sa décision et dans celles qui viendront allonger ce feuilleton contentieux jusqu'en 2023[5].

Ajoutons qu'il est difficile de conclure à la présence, dans notre cas d'étude, d'un élément de répétition tel que la doctrine et la jurisprudence l'entendent pour définir la coutume. En effet, tantôt la santé apparaît de façon forte dans une autre politique, tantôt elle n'y est pas mise en avant alors qu'elle aurait pu y avoir sa place en raison de la problématique abordée : voyons des exemples tirés d'une part de la politique de l'énergie et d'autre part de la lutte contre l'utilisation des produits phytopharmaceutiques.

L'article L100-1 du Code de l'énergie présente la politique énergétique et prévoit en son 4° que celle-ci « préserve la santé humaine et l'environnement, en particulier en luttant contre l'aggravation de l'effet de serre et contre les risques industriels majeurs, en réduisant l'exposition des citoyens à la pollution de l'air et en garantissant la sûreté nucléaire ». Cet article date de l'ordonnance n° 2011-504 du 9 mai 2011 portant codification de la partie législative du Code de l'énergie. L'article L100-2 du même code dispose, depuis la loi n° 2015-992 du 17 août 2015 relative à la transition énergétique

---

[1] C. THIBIERGE, « Au cœur de la norme : le tracé et la mesure, Pour une distinction entre la norme et les règles de droit », *op. cit.*

[2] F. TERRE, N. MOLFESSIS, *Introduction générale au droit*, *op. cit.*

[3] CE, 6ème - 1ère ch. réunies, 12 juill. 2017, *Association Les Amis de la Terre France*, n° 394254, Lebon (AJDA 2018, p. 167, note A. PERRIN et M. DEFFAIRI ; AJDA 2017, p. 1426 ; D. 2017, p. 1474 ; RFDA 2017, p. 1135, note A. VAN LANG).

[4] *ibid.*

[5] CE, ass., 10 juill. 2020, n° 428409, Lebon ; CE, 6ème - 5ème ch. réunies, 4 août 2021, n° 428409, Lebon ; CE, 17 oct. 2022, n° 428409, Lebon et CE, 6ème - 5ème ch. réunies, 24 nov. 2023, n° 428409, Lebon.

pour la croissance verte, que « pour atteindre les objectifs définis à l'article L100-1, l'État, en cohérence avec les collectivités territoriales et leurs groupements et en mobilisant les entreprises, les associations et les citoyens, veille, en particulier, à [...] assurer l'information de tous et la transparence, notamment sur les coûts et les prix des énergies ainsi que sur l'ensemble de leurs impacts sanitaires, sociaux et environnementaux ». On perçoit donc une progression dans la prise en compte de la dimension sanitaire de la politique de l'énergie entre 2011 et 2015 : les objectifs de l'article L100-1 du Code de l'énergie sont détaillés, des responsabilités sont attribuées à différents acteurs et la santé est mise au premier rang des enjeux sur lesquels une transparence est requise.

En revanche, après l'adoption du « paquet pesticide » européen[1], la France a transposé ces dispositions par l'ordonnance n° 2011-840 du 15 juillet 2011 et le décret n° 2012-755 du 9 mai 2012[2]. Depuis, le Plan Écophyto, dans ses différentes versions, a fait figure de « l'un des maillons essentiels du projet agro-écologique national de l'État[3] », avant d'être remplacé en 2024 par la Stratégie Ecophyto 2030. Malgré l'importance accordée à la santé dans ce plan adopté en 2008 et révisé en 2015 puis en 2018[4], il est étonnant de constater que le ministère de la Santé n'y figurait pas au même plan que ses homologues de l'Agriculture, de l'Environnement, de l'Enseignement supérieur et de la Recherche, des Outre-mer, et de l'Agence française pour la biodiversité ainsi que l'Assemblée permanente des chambres d'agriculture, qui travaillaient, en vue de mettre en œuvre les actions du plan, sous la supervision d'un comité d'orientation stratégique et sous la tutelle des ministres chargés de l'Agriculture et de l'Environnement[5]. Quant à l'actuelle Stratégie Ecophyto 2030, assez mal accueillie par les experts, sa gouvernance repose d'une part sur un « copilotage opérationnel » partagé entre le ministère de l'Agriculture et le ministère de la Transition écologique et d'autre part sur un « copilotage stratégique » élargi au ministère de la Santé et au ministère de la Recherche. Cette nouvelle stratégie prévoit d'intégrer à sa gouvernance le comité de suivi des études nationales sur les produits phytopharmaceutiques et la santé, piloté

---

[1] Directive n° 2009/128/CE, Règlement (CE) n° 1107/2009, Directive n° 2009/127/CE et Règlement (CE) n° 1185/2009.

[2] Ordonnance n° 2011-840 du 15 juillet 2011 relative à la mise en conformité des dispositions nationales avec le droit de l'Union européenne sur la mise sur le marché et l'utilisation des produits phytopharmaceutiques ; Décret n° 2012-755 du 9 mai 2012 relatif à la mise en conformité des dispositions nationales avec le droit de l'Union européenne en ce qui concerne la mise sur le marché et l'utilisation des produits phytopharmaceutiques.

[3] Cour des comptes, Le bilan des plans Ecophytos, 27 novembre 2019, 6 p.

[4] Voir Min. de l'Agriculture et de la Pêche, Plan Ecophyto 2008-2018, 10 sept. 2008 ; Min. de l'Agriculture, de l'Agroalimentaire et de la Forêt, Min. de l'Écologie, du Développement durable et de l'énergie, Plan Ecophyto II, 20 octobre 2015 ; et Min. de la Transition écologique et solidaire, Plan Ecophyto 2+, 2018.

[5] *ibid.*

par la direction générale de la Santé, et de lui donner une dimension plus globale, compatible avec l'approche « Une seule santé » (« One Health »)[1].

La faible probabilité de pouvoir qualifier la norme étudiée de « principe » ou de « standard »

Dans un contexte juridique où l'image de la traditionnelle hiérarchie des normes laisse place à des « hiérarchies discontinues, alternatives et enchevêtrées[2] », des sources diverses, telles que les standards et les principes directeurs[3] vont de pair avec une nouvelle « méthode législative » qui consiste à « poser les normes en admettant une marge dans leur application[4] ». Sur ce constat, on peut s'interroger sur les similitudes que la « santé dans toutes les politiques » présente avec le standard et certains principes.

En premier lieu, on observe une fausse proximité entre la « santé dans toutes les politiques » et la notion juridique de standard. Malgré quelques traits et une modalité d'application en apparence proches, l'approche « santé dans toutes les politiques » est loin d'être un standard.

Le standard peut être considéré comme une notion juridique critique[5] voire marginale qui peine à trouver sa place parmi les concepts juridiques[6]. Tandis que le principe est général, le standard, lui, est vague[7]. Il exige par exemple la prudence, le bon sens[8], ou encore la bonne foi, l'ordre public et l'intérêt de l'enfant[9]. D'une « extrême hétérogénéité », les standards intègrent à la norme juridique d'autres normes et ce faisant « enrichissent le droit d'une prise directe sur les réalités vivantes du milieu professionnel ou social[10] ». Ces quelques points résonnent avec les développements des chapitres précédents qui ont mis en exergue l'aspect méconnu voire marginal de la « santé dans toutes les politiques » en droit ainsi que ses caractéristiques héritées du milieu de la santé publique.

La « santé dans toutes les politiques » se distingue en revanche clairement du standard pour les raisons suivantes. Rappelons que selon le Professeur Thibierge, la règle de droit est à la fois un instrument « de tracé et de

---

[1] Min. de l'Agriculture et de la Souveraineté alimentaire, Stratégie Écophyto 2030, 6 mai 2024.
[2] M. Delmas-Marty, *Pour un droit commun*, Éditions du Seuil, 1994, 305 p.
[3] Ou encore les « notions à contenu variable » et les « notions indéterminées » : voir M. Delmas-Marty, *Pour un droit commun, op. cit.*, p. 122 et suivantes de l'ouvrage.
[4] *ibid.*
[5] S. Rials, *in* C. Perelman, R. Vander Elst, *Les notions à contenu variable en droit*, Bruylant, 1984, 377 p.
[6] E. Bernard, La spécificité du standard juridique en droit communautaire, Bruylant, Thèses, Collection droit de l'Union européenne, 2010, 643 p.
[7] S. Goltzberg, *L'argumentation juridique*, 4ème édition, Dalloz, Connaissance du droit, 2019, 140 p.
[8] *ibid.*
[9] C. Thibierge, « Au cœur de la norme : le tracé et la mesure, Pour une distinction entre la norme et les règles de droit », *op. cit.*
[10] M. Delmas-Marty, *Pour un droit commun, op. cit.*

mesure[1] ». Mises à part les règles de droit, il existe d'autres normes juridiques[2], dont certaines ne sont dotées que de l'une des deux fonctions de tracé et de mesure[3]. C'est le cas du standard, qui est présenté comme « un pur instrument de mesure des comportements et des situations en termes de normalité[4] ». S'ils permettent d'évaluer la conduite d'une personne, ils n'indiquent en revanche pas de direction particulière[5]. Or, c'est précisément ce qui caractérise la « santé dans toutes les politiques », qui oriente vers une certaine approche des politiques publiques. En outre, le standard s'adresse à l'individu et c'est le juge qui appréciera s'il a été respecté ou non. La « santé dans toutes les politiques » n'est pas un standard puisqu'elle s'adresse aux décideurs politiques avant tout.

Cependant, il existe un parallèle intéressant entre une caractéristique propre aux standards et aux principes directeurs, et la façon dont la France adapte les préconisations de l'OMS sur l'intégration de la santé dans toutes les politiques. Selon le Professeur Delmas-Marty, les standards et les principes directeurs ont pour point commun de donner à leurs destinataires – qu'il s'agisse du juge ou bien, en droit international, des États – une marge d'appréciation supérieure à celle donnée par une règle de droit[6].

Si l'on élargit la comparaison, il peut même être suggéré, plus généralement, que l'État français s'arroge une « marge nationale d'appréciation » pour appliquer la « santé dans toutes les politiques » sur son territoire. La doctrine de la « marge nationale d'appréciation » est présentée par le Professeur Delmas-Marty dans le cadre des décisions juridictionnelles de la Cour européenne des droits de l'homme : là, « à l'obligation d'identité se substitue une obligation plus limitée de « proximité » qui suppose la mise en place d'une échelle de gradation » ainsi que la fixation, « même implicite,

---

[1] C. THIBIERGE, « Au cœur de la norme : le tracé et la mesure, Pour une distinction entre la norme et les règles de droit », *op. cit.* : La règle de droit est un instrument de tracé dans le sens où elle est un modèle pour l'action : elle peut guider une conduite, des rapports, des qualifications, l'attribution d'une prérogative à un sujet, les effets d'un acte ou d'une situation de fait, ou une habilitation. Elle est aussi un instrument de mesure car elle est considérée comme un modèle pour juger : elle permet de vérifier la rectitude, car elle est un outil de comparaison qui peut être confronté à la variété des cas réels possibles.

[2] Il s'agit des normes juridiques individuelles, par exemple les normes contractuelles, juridictionnelles ou administratives. La plupart d'entre elles ne sont pas générales, mais elles sont dotées de force obligatoire ou exécutoire. Elles ont les fonctions associées à la normativité (tracé et mesure), mais ces instruments « de tracé et de mesure » sont « de moindre portée normatrice que les règles de droit ». (C. THIBIERGE, « Au cœur de la norme : le tracé et la mesure, Pour une distinction entre la norme et les règles de droit », *op. cit.*).

[3] C. THIBIERGE, « Au cœur de la norme : le tracé et la mesure, Pour une distinction entre la norme et les règles de droit », *op. cit.*

[4] L'auteur, C. THIBIERGE, se fonde ici sur la définition donnée dans S. RIALS, Le juge administratif français et la technique du standard, LGDJ, Thèses, 1980, 564 p.

[5] C. THIBIERGE, « Au cœur de la norme : le tracé et la mesure, Pour une distinction entre la norme et les règles de droit », *op. cit.*

[6] M. DELMAS-MARTY, *Pour un droit commun, op. cit.*.

d'un seuil au-delà duquel elle est jugée suffisante pour que la pratique considérée soit « compatible » avec la norme de référence[1] ».

La « santé dans toutes les politiques » et les concepts qui l'entourent permettent justement différentes interprétations. Nous avons vu dans les chapitres précédents que la « santé dans toutes les politiques » est une approche qui prône une intervention publique en faveur de l'amélioration de la santé, laquelle peut être regardée par les experts de santé publique comme étant une notion distincte de celle de protection de la santé. Or, d'une part, en droit français, la politique de santé est élaborée afin de « garantir le droit à la protection de la santé de chacun[2] », consacré par le Préambule de la Constitution. La politique de santé inclut « l'amélioration de l'état de santé de la population[3] ». Les mesures prises dans d'autres secteurs de politiques publiques pour tenir compte des impacts sur la santé visent avant tout la protection de la santé contre les risques. D'autre part, la fusion des problématiques nutritionnelles et sanitaires, dans le Programme national nutrition santé (PNNS), témoigne d'une réception-transformation, par la France, de l'approche « santé dans toutes les politiques ». En effet, plutôt que d'intégrer la santé dans la politique de l'alimentation et de la nutrition, c'est ici le domaine de la santé qui s'empare de cette question : le PNNS est inscrit dans le Code de la santé publique et le choix du terme « nutrition » met l'accent sur la dimension sanitaire de cette problématique. Bien qu'une « proximité » avec la « norme de référence » – pour reprendre les propos du Professeur Delmas-Marty ci-dessus – soit constatée, le système français en fait une application bien particulière.

L'existence d'une telle marge nationale d'appréciation se vérifie également avec un exemple tiré du droit de l'environnement : la loi n° 2009-967 du 3 août 2009 de programmation relative à la mise en œuvre du Grenelle de l'environnement, en son Titre III intitulé « Prévention des risques pour l'environnement et la santé, prévention des déchets » et plus précisément son article 36, prévoit que « la politique environnementale sera prise en compte comme une composante de la politique de santé dont le lien étroit avec l'environnement et la santé des écosystèmes sera reconnu[4] ». L'environnement est intégré à la politique de santé, et non l'inverse. Il ne s'agit donc pas d'un cas typique d'intégration de la santé dans une autre politique telle que préconisée par l'approche du même nom.

La marge nationale d'appréciation peut parfois émaner de l'émetteur direct de la norme, c'est-à-dire le législateur international, notamment en droit communautaire[5]. Ce cas de figure plus rare semble correspondre davantage à

---

[1] *ibid.*
[2] Article L1411-1 du Code de la santé publique.
[3] *ibid.*
[4] Cette disposition n'est pas codifiée.
[5] M. Delmas-Marty, *Critique de l'intégration normative, L'apport du droit comparé à l'harmonisation des droits*, PUF, Les voies du droit, 2004, 336 p.

notre objet d'étude. Néanmoins, dans la majorité des cas, la technique jurisprudentielle de la marge nationale d'appréciation est utilisée surtout pour des questions d'application d'un droit[1]. La grande différence avec notre objet d'étude se trouve à ce niveau : la « santé dans toutes les politiques » se manifeste brièvement en France aux niveaux législatif et politique, et non dans les décisions de justice.

En outre, les exemples donnés par le Professeur Delmas-Marty sur la marge nationale d'appréciation sont issus du droit dur : la Convention européenne des droits de l'Homme ou, plus généralement, toute convention internationale[2]. L'auteur précise ainsi qu'« une marge peut être aussi introduite de son propre chef par le récepteur, soit qu'un État exprime une réserve lors de la ratification d'une convention, soit que le législateur, ou parfois le juge national, opère une transposition a minima en droit interne [...][3] ». Là aussi il convient de s'écarter avec prudence de cet élément de comparaison car l'intégration de la santé dans toutes les politiques n'est pas une obligation qui découlerait d'une convention internationale : nous ne nous situons pas ici dans l'hypothèse d'une marge introduite par l'État français en tant que récepteur d'une norme impérative internationale.

En second lieu, la catégorie des « principes » peut sans doute éclairer notre réflexion ici. Notons que les principes généraux du droit forment une autre catégorie, exclue de notre raisonnement ici. En effet, ces principes non-écrits qui s'imposent à l'administration, malgré leur caractère préexistant, implicite[4], n'incluent certainement pas la « santé dans toutes les politiques » car ils sont reconnus par le juge et « ne peuvent être justifiés que par référence à la justice[5] ». Or, nous avons vu que la prise en compte, par le juge français, de l'intégration de la santé dans d'autres politiques est extrêmement limitée.

La « santé dans toutes les politiques » pourrait s'apparenter à certains égards au principe directeur, pensé par la doctrine de façon contrastée, mais doit en réalité être exclue de cette catégorie et assimilée à des principes d'autres natures. Considérés comme l'« armature de la pensée juridique[6] », les principes « directeurs » sont nommés ainsi car ils « dirigent l'interprète en lui indiquant la voie à suivre. Une voie qui n'est pas la normalité indiquée par les standards mais une normativité extra-juridique, c'est-à-dire une normativité définie à partir de valeurs prises à l'extérieur de la sphère juridique[7] ».

---

[1] D. SZYMCZAK, « Convention européenne des droits de l'homme : aperçu général », RDE 2020 (Avril).

[2] M. DELMAS-MARTY, *Critique de l'intégration normative, L'apport du droit comparé à l'harmonisation des droits, op. cit.*

[3] *ibid.*

[4] P. BRUNET, *in* D. DE BECHILLON, P. BRUNET, V. CHAMPEIL-DESPLATS, E. MILLARD (dir.), *L'architecture du droit, Mélanges en l'honneur de Michel Troper*, Economica, 2006, 1028 p.

[5] *ibid.*

[6] M. DELMAS-MARTY, *Pour un droit commun, op. cit.*

[7] *ibid.*

S'agissant des principes directeurs nationaux, on trouve, parmi ceux de valeur constitutionnelle, les principes politiques, économiques et sociaux particulièrement nécessaires à notre temps, tels qu'énumérés dans le Préambule de la Constitution du 27 octobre 1946, dont le droit à la protection de la santé, le droit d'asile et le droit de grève[1]. Les principes directeurs à valeur législative se manifestent par exemple à travers des formules permettant de « rappeler en tête d'une loi un principe fondateur unique comme le respect de la vie (ex : loi de 1975 sur l'interruption volontaire de grossesse) » ; ou encore « le devoir de sauvegarde du patrimoine naturel (loi de 1976 sur la protection de la nature)[2] ». Dans tous les cas, en droits de l'Union européenne et de la Convention européenne des droits de l'homme, les principes directeurs sont étroitement imbriqués avec la question des droits fondamentaux[3].

Monsieur Goltzberg précise qu'un principe, qu'il soit écrit ou non-écrit, a vocation à s'appliquer à de nombreuses situations sans que son énoncé ne précise lesquelles. Peuvent être cités par exemple les principes selon lesquels « la fraude corrompt toute chose », « nul n'a le droit de se faire justice », « la bonne foi est toujours présumée », ou encore « celui qui a commis une faute doit en supporter les conséquences[4] ». Les principes ne situent donc pas précisément l'action dans un contexte, il s'agit de « considérations générales, qui transcendent souvent les branches du droit[5] ». Cet auteur identifie deux fonctions pour les principes : ils ont d'une part une fonction argumentative, car ils peuvent être utilisés pour soutenir des thèses ; d'autre part ils ont une fonction heuristique, c'est-à-dire qu'ils permettent de guider la décision du juge : « alors que le juge applique ou non la règle, le principe oriente la décision du juge[6] », permettant alors de corriger « la législation en guidant la décision du juge[7] ».

À cet égard également, malgré des points communs – notre objet d'étude visant à donner une direction et se plaçant en surplomb de l'action politique et législative –, la « santé dans toutes les politiques » ne s'apparente pas à un principe directeur car la direction qu'elle donne ne se situe pas au niveau de l'action du juge, mais en amont.

Dans une perspective plus large, quoique similaire, le principe « juridique », est, selon certains, un « instrument irrigateur du système

[1] *ibid.*
[2] *ibid.*
[3] *ibid.*
[4] S. GOLTZBERG, *L'argumentation juridique*, 4ème édition, Dalloz, Connaissance du droit, 2019, 140 p.
[5] *ibid.*
[6] *ibid.*
[7] *ibid.*

juridique[1] ». De ce point de vue, la « santé dans toutes les politiques » semble pouvoir être assimilée à un tel principe puisqu'elle pose à un niveau supra-normatif une conduite globale appelée à se diffuser et se déployer concrètement sous la forme de normes juridiques de différentes natures. Il s'agit d'une idée directrice visant une imprégnation transversale et totale de tout le système, tous secteurs confondus.

À ce stade de notre analyse, l'intégration de la santé dans toutes les politiques s'apparente à un principe qui guiderait non pas le pouvoir judiciaire, mais avant tout les pouvoirs exécutif et législatif. Notons que comme l'a rappelé le Conseil constitutionnel dans une décision sur une question prioritaire de constitutionnalité le 31 janvier 2020[2], la protection de la santé est un objectif de valeur constitutionnelle. Les objectifs de valeur constitutionnelle sont apparus initialement dans les décisions n° 80-127 DC des 19 et 20 janvier 1981 et n° 82-141 DC du 27 juillet 1982[3]. Créée par le Conseil constitutionnel, cette catégorie de normes non-écrites – qui trouvent leur fondement dans le bloc de constitutionnalité – est marquée par une certaine ambiguïté[4]. Les objectifs à valeur constitutionnelle ont une normativité limitée dans la mesure où ils indiquent au législateur et plus généralement aux pouvoirs publics « une direction à suivre », « un but à atteindre, se traduisant par une action à accomplir[5] ». En raison de ce caractère flou et à contenu variable[6], il est difficile d'affirmer que l'intégration de la santé dans toutes les politiques fait partie de cet objectif à valeur constitutionnelle.

En revanche, bien que la « santé dans toutes les politiques » ne soit pas communément présentée comme un principe gestionnaire de l'action

---

[1] E. NICOLAS, *Penser les flux normatifs : essai sur le droit fluide*, *op. cit.* L'auteur donne aussi pour définition un « outil d'irrigation de l'ensemble d'une branche du droit ou de l'ordre juridique d'une idée-force donnée » et s'appuie sur une définition donnée par C. THIBIERGE.
Le concept d'« idée-force » a été développé par le philosophe Alfred FOUILLEE (mort au début du XXème siècle) et présente des ramifications éthiques, sociologiques et psychologiques.
Monsieur NICOLAS ne distingue pas le principe juridique du principe directeur. Il les considère comme vecteurs horizontaux de flux normatifs. Après avoir rappelé le débat sur l'existence même des principes juridiques, cet auteur leur reconnaît une existence effective et en propose la définition suivante : « le principe serait un outil normatif qui trace sa propre voie pour que coulent et circulent à l'avenir dans son propre sillon d'autres normes qui, en quelque sorte, serviront à déployer et à concrétiser son idée directrice dans tous les recoins du système juridique ».

[2] Cons. const., 31 janv. 2020, *Union des industries de la protection des plantes (Interdiction de la production, du stockage et de la circulation de certains produits phytopharmaceutiques)*, n° 2019-823 QPC.

[3] M. VERPEAUX, « Contentieux constitutionnel : normes de référence – Diversité des normes de référence constitutionnelles », RCA 2020 (Janv.).

[4] P. DE MONTALIVET, « Les objectifs de valeur constitutionnelle », Cahiers du Conseil constitutionnel 2006 (Juin), n° 20.

[5] *ibid.*

[6] *ibid.*

publique, lequel est peu développé par la doctrine, elle en présente les caractéristiques. Un principe gestionnaire a pour fonction de guider l'action administrative dans un domaine donné[1]. Par nature vague, incantatoire, il a une fonction de guide politique et ne lie pas les pouvoirs publics, s'opposant ainsi aux autres principes juridiques susceptibles d'être invoqués par le citoyen à l'encontre de l'administration ou des entreprises[2]. Par exemple, les principes gestionnaires adoptés par la loi Barnier de 1995 relative au renforcement de la protection de l'environnement[3] incluaient des principes issus du Traité de Maastricht, dont les principes de précaution en matière environnementale, de l'action préventive et de correction par priorité à la source (Article 130 R Traité de Maastricht). Le principe d'intégration de la santé, inscrit également dans le Traité de Maastricht, peut lui aussi être considéré comme un tel principe, du moins au niveau européen.

En guise de conclusion sur ces propos, la « santé dans toutes les politiques » fait irruption dans le système juridique avec ses éléments non juridiques. Les difficultés à la qualifier viennent de cette particularité. Elle acquiert certains attributs juridiques en pénétrant les droits externes et internes mais conserve des particularités extra-juridiques telles que l'intersectorialité et la recherche de synergies entre les secteurs. En somme, la « santé dans toutes les politiques » propose un mécanisme permettant d'atteindre un objectif, mais ne précise pas comment mettre en œuvre ce mécanisme sur le plan juridique ; ce faisant elle laisse une marge d'appréciation conséquente aux États souhaitant l'adopter, comme le font les principes et les standards. À la manière d'un principe gestionnaire de l'action publique, elle a vocation à guider les responsables politiques dans le domaine de la santé.

2) Une norme impalpable ?

D'un autre point de vue, si la norme d'intégration de la « santé dans toutes les politiques » est difficile à discerner en droit français, on peut imaginer que c'est parce qu'elle est une règle appartenant à un « droit naturel modernisé » qui guide l'action de l'État, mais cette hypothèse, quoiqu'éclairante, peut être écartée.

Dans un ouvrage sur la globalisation du droit, le Professeur Frydman évoque un « droit naturel économique » fondé sur un équilibre général et sur une régulation des opérations par le jeu de l'offre et de la demande réglé par le mécanisme des prix[4]. Ce droit s'inscrit dans un « ordre juridique et moral

---

[1] S. Charbonneau, « De l'inexistence des principes juridiques en droit de l'environnement », RD 1995, p. 146.
[2] *ibid.*
[3] Loi n° 95-101 du 2 février 1995 relative au renforcement de la protection de l'environnement.
[4] J-Y. Cherot, B. Frydman (dir.), *La science du droit dans la globalisation*, Bruylant, Penser le droit, 2012, 302 p.

naturel », ayant « une portée contraignante supérieure à la loi positive[1] ». La raison pour laquelle le droit naturel est évoqué ici est que ce dernier agit comme modèle abstrait pour le législateur[2]. Or la difficulté à identifier l'intégration de la santé dans toutes les politiques en droit français vient du fait qu'aucune règle de droit positif en France n'en pose le principe général. Cela donne l'impression que le législateur suit une ligne de conduite abstraite et lointaine. Le Professeur Millard écrit qu'« il existe pour les tenants du jusnaturalisme un autre corps de normes, rapidement appelé droit naturel, par rapport auquel le droit positif peut être évalué[3] ». Ce droit naturel suscite des débats car il repose sur plusieurs conceptions possibles, il n'est pas un concept uniforme[4]. Tantôt c'est « une vérité révélée, notamment dans une conception transcendantale de type religieux, s'imposant au genre humain » tantôt il correspond aux « valeurs que la raison humaine, tenant compte de la nature propre de l'individu » peut comprendre[5]. Le jusnaturalisme est à l'origine de la doctrine des droits de l'Homme[6] et pourrait donc indirectement être rapproché du corpus de droits reconnus en France en matière de santé : droit au respect de la dignité, droit au respect de la vie privée et du secret des informations médicales du patient, droit de recevoir des soins visant à soulager sa douleur, et reconnus notamment par le Chapitre 1er « Droits de la personne » du Titre II de la loi n° 2002-303 du 4 mars 2002 relative aux droits des malades et à la qualité du système de santé.

Le droit positif, quant à lui, est généralement appréhendé en tant qu'ensemble de normes prescriptives énoncées et structurées par une autorité humaine, qui l'appuie par une force physique[7].

Une certaine « forme modernisée de droit naturel » ne fait pas encore consensus dans la doctrine[8]. Cependant, en droit international, la tendance qu'ont l'équité et les droits de l'homme à imprégner les principes généraux qui le régissent[9], permet de s'interroger sur une éventuelle place, au sein de ce droit naturel international, pour les idées qui sous-tendent notre objet d'étude, en particulier celle d'équité en santé et donc de lutte contre les inégalités

---

1 B. FRYDMAN, G. HAARSCHER, *Philosophie du droit*, 3ème édition, Dalloz, Connaissance du droit, 2010, 144 p.

2 D. CHAGNOLLAUD DE SABOURET, *Dictionnaire élémentaire du droit*, 2ème édition, Dalloz, 2016, 750 p.

3 E. MILLARD, *Théorie générale du droit*, Dalloz, 2006, 124 p.

4 *ibid.*

5 *ibid.*

6 M. TROPER, *La philosophie du droit*, PUF, 2003, 126 p.

7 E. MILLARD, *Théorie générale du droit*, *op. cit.* L'auteur explique qu'une différence entre le droit naturel et le droit positif est que les positivistes et les jusnaturalistes reconnaissent l'existence du droit positif – sauf ceux de ces derniers ayant une vision extrême, moniste, du droit naturel, et qui ne considèrent « comme seul droit que le droit naturel » – alors que seuls les jusnaturalistes reconnaissent l'existence du droit naturel. Il y a une hiérarchie entre le droit naturel et le droit positif : ce dernier est supposé être dépendant du premier et doit le respecter.

8 H. ASCENSIO, « Principes généraux du droit », RDI 2004 (Fév.).

9 *ibid.*

sociales de santé. Nous avons vu, dans les chapitres précédents, l'importance de l'équité en santé parmi les objectifs d'intégration de la santé dans d'autres politiques.

En droit international, le Professeur Ascensio considère que le droit positif est soumis à des influences externes qu'il qualifie de « valeurs métajuridiques[1] ». Ces valeurs semblent pouvoir inclure un vaste ensemble de considérations morales, mais aussi sociales et donc, peut-être par extension, sanitaires au sens large – tel que nous l'utilisons.

La question est en effet de savoir dans quelle mesure ce droit naturel international « modernisé » peut avoir un rôle de guide pour le législateur français. Le même auteur note que les principes généraux du droit international « traduisent la conscience juridique générale », si bien que l'on puisse évoquer une « culture juridique commune[2] », ce qui permet de s'interroger également sur l'existence éventuelle d'une « culture commune des politiques publiques ».

Par ailleurs, le Professeur Delmas-Marty considérait, en ce qui concerne les rapports d'intégration, que « de telles relations, reposent rarement sur une stricte hiérarchie des normes (unification), mais le plus souvent sur une hiérarchie assouplie par une marge nationale d'appréciation explicite ou implicite (harmonisation)[3] ». C'est ce qui se constate dans le cas de la « santé dans toutes les politiques » : nous avons vu que cette approche a traversé différents systèmes juridiques de façon spontanée et sans mécanisme de contrainte. En effet, ce n'est pas nécessairement parce qu'il existe une règle de droit de l'Union européenne qui consacre le principe d'intégration en santé que la France a choisi de peu à peu s'approprier l'approche « santé dans toutes les politiques ». La confrontation du droit et de la mondialisation conduit certains auteurs à remettre en cause l'idée que toute norme est intégrée à un ordre juridique et y est adossée nécessairement, et partant, la théorie kelsenienne et toutes les interprétations qui en ont découlé[4].

Cette démonstration nous permet de mettre en lumière les caractéristiques de notre objet d'étude : non écrit – d'où une lointaine ressemblance avec la coutume et les standards –, outil d'inspiration pour le législateur – d'où une lointaine ressemblance avec un « droit naturel » de nature sanitaire, et enfin, autonome, c'est-à-dire sans règle générale chapeautant le flux normatif – d'où son caractère inconcevable d'un point de vue pyramidal. Parmi tous les

---

[1] H. ASCENSIO, « Principes généraux du droit », *op. cit.*

[2] *ibid.*

[3] M. DELMAS-MARTY, *Critique de l'intégration normative, L'apport du droit comparé à l'harmonisation des droits*, *op. cit.*

[4] J-Y. CHEROT, B. FRYDMAN (dir.), *La science du droit dans la globalisation*, *op. cit.* Le Pr. FRYDMAN propose cette solution radicale car « le plus souvent, les cas, les instruments, les dispositifs, que nous étudions sur nos différents chantiers globaux, soit traversent allègrement les frontières des ordres juridiques établis, soit se situent en dehors de ceux-ci, soit encore empruntent leurs instruments à des ordres juridiques multiples ».

concepts évoqués au cours de ce raisonnement par élimination, seul le principe gestionnaire de l'action publique peut correspondre à la « santé dans toutes les politiques ».

Ainsi, il est concevable que le flux normatif qui favorise une intégration de la santé dans d'autres politiques en France soit issu d'un phénomène normatif qui donne, de façon non-écrite, une direction à l'action publique et s'adresse aux pouvoirs exécutif et législatif avant tout. Nous identifions un obstacle récurrent dans cette entreprise de qualification : le rôle très effacé du juge dans notre objet d'étude, qui s'explique par l'absence de règle de droit sur la « santé dans toutes les politiques ». Cet obstacle se manifestera également dans les développements de la prochaine section.

C'est pourquoi aucune similitude ne peut être établie entre le phénomène normatif qui agit en droit français et celui décrit auparavant en droit de l'Union européenne : en droit français, ce n'est pas un principe général, constitutionnel ou législatif, qui a déclenché la formation d'un flux normatif intégrant la santé dans d'autres politiques. Étant donné que la hiérarchie des normes tend à être relativisée et que « le droit ne coule pas toujours du haut vers le bas[1] », il paraît alors possible qu'en droit français, ce soit éventuellement le phénomène inverse qui se produise : en premier lieu, un flux normatif, puis peut-être un jour l'adoption d'un principe dans la loi ou la Constitution.

Nous pourrions établir un parallèle avec l'évolution qu'a connue le principe de précaution et considérer que la « santé dans toutes les politiques » se trouve encore au premier stade. En effet, le Professeur Thibierge considère que le principe de précaution était à l'origine un « simple principe déclaratoire » servant de « modèle d'action destiné à guider l'action des États », et ne constituait « certainement pas une règle de droit[2] ». Il a par la suite été intégré dans la loi du 2 février 1995 relative au renforcement de la protection de l'environnement[3] et plus tard inséré dans le Préambule de la Constitution, ce qui lui a permis d'acquérir « la plénitude de normativité qui l'érige en véritable règle de droit[4] ». Suivant ce raisonnement, avec les ambitions affirmées dans le décret créant le Comité interministériel pour la santé (présenté précédemment), la « santé dans toutes les politiques » sert en effet de modèle d'action pour l'État.

Compte tenu des éléments mis en lumière dans cette première section, nous sommes poussés à aborder la question différemment : si la « santé dans toutes les politiques » ne se manifeste pas par une norme clairement identifiée, il se pourrait que sa concrétisation soit en lien avec certains outils juridiques, à savoir l'approche intégrée et la régulation.

---

[1] F. TERRE, N. MOLFESSIS, *Introduction générale au droit*, *op. cit.*

[2] C. THIBIERGE, « Au cœur de la norme : le tracé et la mesure, Pour une distinction entre la norme et les règles de droit », *op. cit.*

[3] Loi n° 95-101 du 2 février 1995 relative au renforcement de la protection de l'environnement.

[4] C. THIBIERGE, « Au cœur de la norme : le tracé et la mesure, Pour une distinction entre la norme et les règles de droit », *op. cit.*

Section 2. Un phénomène normatif à qualifier

Il ne s'agit pas ici de qualifier le flux normatif français d'intégration de la santé dans d'autres politiques, mais le phénomène normatif qui cause ce flux.

Rappelons que la qualification juridique consiste à faire entrer l'élément visé dans une catégorie juridique préexistante, tandis que la définition a vocation à être universelle et à mettre en évidence, pour l'élément à définir, un genre prochain et une différence spécifique[1]. Nous tendrons en priorité vers la qualification juridique mais parviendrons également à des éléments de définition en fin de chapitre.

Dans sa définition donnée par les États membres de l'OMS lors de leur réunion à Helsinki en 2013, la « santé dans toutes les politiques » est définie comme une « approche ». Ce terme généraliste, bien que présent dans les ouvrages juridiques, ne renvoie pas à une notion juridique précise[2]. Nous tenterons ici de proposer un qualificatif plus évocateur.

La « santé dans toutes les politiques » est bien le fruit de son secteur initial d'émergence. On sait que « la santé publique se présente généralement comme une connaissance orientée vers l'action, une expertise au service de la décision[3] » : la « santé dans toutes les politiques » est en effet un courant d'influence qui vient du champ de la santé publique et imprègne dans une certaine mesure la politique générale et le droit. Elle a vocation à inspirer, à susciter une action vers un objectif considéré comme un progrès. Si certains dictionnaires et lexiques juridiques ou de sciences politiques mentionnent des termes comme « courants d'influence », « courants de pensée », « courants d'idées », « courants théoriques », ces expressions sont des accessoires servant à définir les termes présentés dans ces ouvrages et ne reçoivent pas de définition juridique spécifique[4].

---

[1] S. Goltzberg, *L'argumentation juridique*, 4ème édition, Dalloz, Connaissance du droit, 2019, 140 p.

[2] Dans l'ouvrage de S. Guinchard, T. Debard (dir.), *Lexique des termes juridiques 2020-2021*, 28ème édition, Dalloz, 2020, 1150 p., l'entrée « identité sexuelle », une notion présentée comme relevant du droit civil, est définie comme une « approche » se fondant « sur les déterminations physiologiques et biologiques pour fonder la distinction entre hommes et femmes » ; le terme d'approche est aussi utilisé, dans ce lexique, pour un développement sur une notion de droit administratif, la voie de fait. L'ouvrage de D. Chagnollaud de Sabouret, *Dictionnaire élémentaire du droit*, *op. cit.*, contient également plusieurs occurrences du terme « approche » dans les définitions données, notamment, pour la définition de l'acte juridictionnel, « une approche matérielle et fonctionnelle ». On y trouve aussi les expressions suivantes : « approche classique », « approche juridique », « approche morale », « approche pragmatique ».

[3] D. Fassin, *Faire de la santé publique*, Presses de l'EHESP, 2008, 80 p.

[4] Dans l'ouvrage de S. Guinchard, T. Debard (dir.), *Lexique des termes juridiques 2020-2021*, *op. cit.*, aucune de ces expressions n'apparaît. Dans l'ouvrage de D. Chagnollaud de Sabouret, *Dictionnaire élémentaire du droit*, *op. cit.*, on trouve « courant de pensée du droit naturel », « courants du positivisme », « courants d'idées », « courants de pensée ». Dans l'ouvrage d'O. Nay, Lexique de science politique, 4ème édition, Dalloz, 2017, 662 p., « courant

Le phénomène normatif à qualifier ici entre dans deux catégories. D'une part, il correspond à une approche nouvelle en droit, désignée comme « l'approche intégrée » (1) ; d'autre part, il s'inscrit dans les différents courants de régulation juridique observés dans le contexte de mondialisation (2).

1) La « santé dans toutes les politiques » ou l'approche intégrée de la santé

Nous verrons ce qu'est l'approche intégrée au travers des exemples de l'égalité hommes-femmes et de notre objet d'étude, puis nous observerons que cette approche juridique est encore peu développée en droit français.

L'approche intégrée, un outil juridique nouveau

L'approche intégrée ne se suffit pas à elle-même, elle s'applique nécessairement à une thématique précise choisie par les pouvoirs publics pour l'appréhender de façon transversale dans l'ensemble des politiques publiques. Il peut s'agir par exemple de l'environnement, de la santé ou de l'égalité hommes-femmes. En Europe, l'approche intégrée a été utilisée pour prendre en compte plusieurs sources d'inégalités dans les agendas politiques, notamment l'origine ethnique, le handicap et l'orientation sexuelle[1]. L'approche intégrée, encore méconnue en France, gagne peu à peu en reconnaissance à l'étranger – notamment dans les institutions européennes – sous la désignation de *mainstreaming*.

En anglais, *mainstreaming* signifie « intégrer ». Le *mainstreaming* normatif trouve sa plus forte illustration dans le *gender mainstreaming*, c'est-à-dire l'approche intégrée de l'égalité. Il s'agit d'une approche transversale qui « a pour ambition de faire prendre en compte la perspective de l'égalité des sexes dans l'ensemble des politiques et dispositifs publics[2] ». L'approche intégrée d'une thématique choisie est fondée sur l'hypothèse que chaque « mesure juridique » peut avoir une conséquence positive ou négative sur celle-ci[3]. Nous verrons tout d'abord l'exemple de l'approche intégrée de l'égalité des sexes, puis les ressemblances entre une approche intégrée et la « santé dans toutes les politiques », qui nous permettent de conclure que cette dernière correspond à une approche intégrée de la santé.

La Troisième Conférence mondiale des Nations Unies sur les femmes, tenue à Nairobi en 1985 est considérée comme le point de départ de l'approche

---

de pensée » apparaît plusieurs fois, mais n'est pas défini, tout comme « courant théorique » et « courant d'idées ».

[1] S. DAUPHIN, R. SENAC-SLAWINSKI, « Gender mainstreaming : analyse des enjeux d'un « concept-méthode ». Introduction », CG 2008, Vol. 44, n° 1.

[2] *ibid.*

[3] J. GATE, « Recherches et études sur le genre et les inégalités en Europe, Commentaire de la loi pour l'égalité réelle entre les femmes et les hommes n° 2014-873 du 4 août 2014 », RD 2014, p. 1895.

intégrée de l'égalité[1]. On se situait alors dans la décennie qui avait vu émerger les fondements de la « santé dans toutes les politiques », avec l'adoption de la Charte d'Ottawa en 1986. L'approche intégrée de l'égalité a été ensuite officiellement adoptée lors de la Quatrième Conférence mondiale des Nations unies sur les femmes à Pékin en 1995, et développée au fil des discussions de la Commission des Nations Unies de la Condition de la Femme, concernant le rôle des femmes dans les pays en développement[2]. En vertu de cette approche, les États se sont engagés pour la première fois à inclure dans tous les domaines de leur action la notion d'égalité entre les femmes et les hommes.

Le Conseil de l'Europe et l'Union européenne se sont ensuite emparés du sujet et ont défini cette approche comme « la prise en compte systématique des différences entre les conditions, les situations et les besoins des femmes et des hommes dans l'ensemble des politiques et des actions des pouvoirs publics[3] ». L'approche intégrée de l'égalité a reçu une véritable reconnaissance juridique en droit de l'Union européenne, dans l'article 3 du Traité d'Amsterdam adopté en 1997, l'article 8 TFUE qui énonce que « La Communauté cherche à éliminer les inégalités et à promouvoir l'égalité entre les femmes et les hommes dans toutes ses activités » ainsi que dans l'article 23 de la Charte des droits fondamentaux de l'Union européenne adoptée en 2000 qui prévoit que « l'égalité entre les femmes et les hommes doit être assurée dans tous les domaines[4] ». En droit de l'Union européenne, la doctrine évoque une « clause transversale » pour désigner la disposition de l'article 8 TFUE qui impose la promotion de l'égalité entre les hommes et les femmes dans toutes les politiques de l'Union[5].

En France, après la loi organique du 15 avril 2009[6] prévoyant la réalisation d'études d'impact ou d'évaluations préalables dans le cadre de l'élaboration de la plupart des textes législatifs, la circulaire du 23 août 2012 relative à la prise en compte dans la préparation des textes législatifs et réglementaires de leur impact en termes d'égalité entre les femmes et les hommes a indiqué que chaque étude d'impact devait comporter une dimension sur les droits des

---

[1] Conseil de l'Europe, Direction générale des droits de l'homme, L'approche intégrée de l'égalité entre les femmes et les hommes, Cadre conceptuel, méthodologie et présentation des « bonnes pratiques », Rapport final d'activités du Groupe de spécialistes pour une approche intégrée de l'égalité, 2004.

[2] *ibid.*

[3] Min. des Droits des femmes, Prendre en compte l'égalité entre les femmes et les hommes dans les études d'impact, Guide méthodologique, Octobre 2013, 94 p.

[4] *ibid.*

[5] D. NAZET ALLOUCHE, « Politique sociale – Domaines », RDE 2014 (Déc.), où l'auteur mentionne que cette clause transversale, présente à l'article 8 TFUE, est désignée aussi comme du *gender mainstreaming*.

[6] Loi organique n° 2009-403 du 15 avril 2009 relative à l'application des articles 34-1, 39 et 44 de la Constitution.

femmes et l'égalité entre les femmes et les hommes[1]. Cette circulaire prévoit notamment qu'« il importe [...] que chaque membre du Gouvernement prenne en compte, dans son champ de compétence, les enjeux d'égalité entre les femmes et les hommes. Cela doit en particulier être le cas à l'occasion de la préparation des projets de textes législatifs ou réglementaires[2] ». L'absorption, jugée nécessaire, de la question de l'égalité entre les sexes, par les responsables des politiques d'autres secteurs relève du même mécanisme identifié pour l'intégration de la santé dans toutes les politiques. En effet, un comité interministériel aux droits des femmes et à l'égalité entre les femmes et les hommes a été créé par décret en 2012[3], soit deux ans avant celui consacré à la « santé dans toutes les politiques ».

La circulaire du 23 août 2012 relative à la mise en œuvre de la politique interministérielle en faveur de l'égalité entre les femmes et les hommes rappelle la volonté gouvernementale de concrétiser l'objectif d'égalité entre les sexes, qui exige en premier lieu une exemplarité dans le fonctionnement institutionnel. Cela implique de respecter le principe de parité dans les nominations aux emplois dirigeants et supérieurs, de mener des actions de sensibilisation et de formation au sein des administrations, de tenir régulièrement des réunions du comité interministériel aux droits des femmes et à l'égalité entre les femmes et les hommes et de désigner au sein de chaque administration un « haut fonctionnaire en charge de l'égalité des droits[4] ».

En 2013, le Ministère des Droits des femmes a publié un Guide méthodologique intitulé « Prendre en compte l'égalité entre les femmes et les hommes dans les études d'impact » dans lequel il décrit la méthode choisie par le gouvernement pour lutter contre les inégalités entre les sexes : ce guide utilise explicitement le terme d' « approche intégrée de l'égalité », qu'il définit comme une « approche globale et interministérielle qui inscrit l'égalité au cœur de toutes les politiques publiques[5] ». Dans les années 2020, le Ministère en charge de cette question affirme son attachement à la diplomatie féministe, une application de l'approche intégrée du genre, visant à ce que l'objectif de l'égalité entre les femmes et les hommes soit intégré dans toutes les problématiques internationales[6].

---

[1] Min. des Droits des femmes, Prendre en compte l'égalité entre les femmes et les hommes dans les études d'impact, Guide méthodologique, *op. cit.*

[2] Circulaire du 23 août 2012 relative à la mise en œuvre de la politique interministérielle en faveur de l'égalité entre les femmes et les hommes.

[3] Décret n° 2012-1097 du 28 septembre 2012 relatif au comité interministériel aux droits des femmes et à l'égalité entre les femmes et les hommes.

[4] Circulaire du 23 août 2012 relative à la mise en œuvre de la politique interministérielle en faveur de l'égalité entre les femmes et les hommes.

[5] Min. des Droits des femmes, Prendre en compte l'égalité entre les femmes et les hommes dans les études d'impact, Guide méthodologique, *op. cit.*

[6] Min. chargé de l'égalité entre les femmes et les hommes et de la lutte contre les discriminations, https://www.egalite-femmes-hommes.gouv.fr/diplomatie-feministe [consulté le 14/06/2024].

L'approche intégrée de l'égalité en France a reçu une reconnaissance officielle dans la loi n° 2014-873 du 4 août 2014 pour l'égalité réelle entre les femmes et les hommes. Dans son article 1er, ce texte prévoit que « l'État et les collectivités territoriales, ainsi que leurs établissements publics, mettent en œuvre une politique pour l'égalité entre les femmes et les hommes selon une approche intégrée. Ils veillent à l'évaluation de l'ensemble de leurs actions ». Cela entraîne des conséquences sur une multitude de domaines : en matière d'emploi, cette loi prévoit des mesures de « promotion de la mixité dans les entreprises », vise à lutter contre les écarts de rémunération entre les femmes et les hommes, etc. En matière de conciliation entre la vie professionnelle et la vie parentale, des modifications concernant les prestations familiales sont introduites dans le Code de la sécurité sociale. Cette loi prévoit aussi des dispositions relatives à la parité et à l'égalité entre les femmes et les hommes dans les collectivités territoriales, et son article 61 prévoit que « dans les communes de plus de 20 000 habitants, préalablement aux débats sur le projet de budget, le maire présente un rapport sur la situation en matière d'égalité entre les femmes et les hommes intéressant le fonctionnement de la commune, les politiques qu'elle mène sur son territoire et les orientations et programmes de nature à améliorer cette situation[1] » ; le même type de mesures est prévu pour les départements et régions. Ces dispositions aboutissent à l'adoption de « budgets genrés » adoptés par certaines collectivités territoriales, auxquels les médias commencent à s'intéresser en 2021[2]. Cette loi de 2014 contient également des dispositions touchant à l'état civil, au mariage, à l'interruption volontaire de grossesse et à l'accès des entreprises à la commande publique, et affiche ainsi un véritable caractère juridiquement transversal.

En France, l'approche intégrée de l'égalité adoptée par la loi de 2014 a été choisie après le constat de l'échec des mesures précédentes prises pour lutter contre les inégalités entre les hommes et les femmes en matière professionnelle, personnelle, ou encore dans les médias ou les mandats électoraux[3].

Parmi les rares jurisprudences[4] touchant explicitement à la règle posée par l'article 1er de la loi du 4 août 2014 pour l'égalité réelle entre les femmes et les hommes, une ordonnance rendue le 1er septembre 2017 par le juge du référé-

---

[1] Loi n° 2014-873 du 4 août 2014 pour l'égalité réelle entre les femmes et les hommes.

[2] Voir par exemple L'AntiEditorial, « Le budget genré : gadget ou progrès ? », 22 avril 2021, https://www.lantieditorial.fr/episode/le-budget-genre-gadget-ou-progres/ [consulté le 29/04/2021].

[3] J. GATE, « Égalité femmes-hommes et collectivités – Les collectivités territoriales au service de l'égalité réelle entre les femmes et les hommes », AJCT 2015, p. 12. Voir également Min. des Droits des femmes, Prendre en compte l'égalité entre les femmes et les hommes dans les études d'impact, Guide méthodologique, *op. cit.* qui évoque ce même constat.

[4] De façon plus anecdotique, citons CE, 6ème - 1ère ch. réunies, 30 nov. 2016, *Conseil national des barreaux et autres*, n° 393896, Inédit ; et CE, 2ème - 7ème ch. réunies, 28 févr. 2019, *Association « Groupement d'information et de soutien sur les questions sexuées et sexuelles »*, n° 417128, Inédit.

liberté du Conseil d'État fait une omission intéressante dans sa mention de cet article 1[1]. Dans cette affaire, une association demande au juge des référés du tribunal administratif de Strasbourg, sur le fondement de l'article L521-2 du Code de justice administrative, d'ordonner au maire d'une commune de faire retirer de l'espace public les panneaux disposés dans le cadre de « l'année de la femme », sous une astreinte de 500 euros par jour de retard au motif que ces panneaux portent atteinte au principe d'égalité et à la dignité de la personne humaine. Par une ordonnance du 9 août 2017[2], le juge des référés du tribunal administratif de Strasbourg enjoint au maire de la commune de retirer les panneaux litigieux sous astreinte. La commune demande alors au juge des référés du Conseil d'État d'annuler cette ordonnance sur le fondement de l'article L521-2 du Code de justice administrative. Le Conseil d'État, en tant que juge d'appel des référés, fait droit à cette demande en retenant que la méconnaissance du principe d'égalité ne révèle pas, par elle-même, une atteinte à une liberté fondamentale. Dans l'un de ses considérants, le Conseil d'État relève que le juge des référés en première instance avait prescrit l'enlèvement de l'ensemble des panneaux litigieux dans un délai de huit jours, sous astreinte, en jugeant que par ces réalisations, la commune avait méconnu « les dispositions de l'article 1er de la loi du 4 août 2014 pour l'égalité réelle entre les femmes et les hommes, qui prévoient notamment que les collectivités territoriales mettent en œuvre une politique pour l'égalité comportant des actions destinées à prévenir et à lutter contre les stéréotypes sexistes[3] ». En citant l'article 1er de la loi du 4 août 2014, le Conseil d'État omet ainsi le terme d' « approche intégrée », ce qui montre que le juge ne s'est pas encore approprié cette nouvelle notion.

Le fait d'aborder la question de l'égalité entre les hommes et les femmes de façon transversale et interministérielle conduit à prendre en compte, dans l'étude de ce problème sociétal, certains facteurs liés à différents secteurs, et notamment la santé. Le Guide méthodologique du ministère des Droits des femmes consacre en effet un développement sur l'impact des inégalités entre les sexes sur la santé des femmes[4]. L'approche intégrée de l'égalité entre les hommes et les femmes permet ainsi par ricochet de faire progresser l'intégration de la santé dans d'autres politiques.

Malgré ces efforts gouvernementaux, certains auteurs notent la faiblesse de la production française sur l'approche intégrée de l'égalité[5]. En outre, en

---

[1] CE, juge des réf., formation collégiale, 1er sept. 2017, n° 413607, Lebon (Tables).

[2] TA Strasbourg, 9 août 2017, *Association les Effronté-e-s*, n° 1703922. Voir J-D. DREYFUS, « Les communes entre liberté d'expression et respect de l'image de la femme », AJCT 2017, p. 413.

[3] CE, juge des réf., formation collégiale, 1er sept. 2017, *op. cit.*

[4] Min. des Droits des femmes, Prendre en compte l'égalité entre les femmes et les hommes dans les études d'impact, Guide méthodologique, *op. cit.*

[5] S. DAUPHIN, R. SENAC-SLAWINSKI, « Gender mainstreaming : analyse des enjeux d'un « concept-méthode » », *op. cit.* : ces auteurs constataient en 2008 (date de leur article, antérieur

France, « l'effet de dilution est particulièrement important, car instiller de l'égalité à tous les niveaux a consisté à ne plus identifier « spécifiquement » une politique d'égalité[1] ». Certaines craintes similaires ont été exprimées par la doctrine spécialisée en politique de santé au sujet de l'intégration de la santé dans d'autres politiques : il ne serait en effet « pas possible de prendre en compte toutes les formes d'action publique ayant un impact sur la santé sous peine de dissoudre la préoccupation dont elle est porteuse[2] ».

La « santé dans toutes les politiques » présente de nombreuses ressemblances avec l'approche intégrée de l'égalité car toutes deux visent à intégrer systématiquement leur objet dans tous les secteurs de l'action publique, en en tenant compte lors des prises de décisions politiques et en évaluant les impacts de chaque décision. Elles sont toutes deux multi-niveaux et multi-dimensionnelles car elles sont appelées à se décliner dans tous les milieux, aussi bien au niveau des organisations supranationales qu'aux niveaux nationaux et locaux, y compris dans les cadres privés tels que dans les entreprises.

À notre sens, la « santé dans toutes les politiques » peut être appréhendée comme une véritable approche intégrée de la santé, c'est-à-dire comme le fruit d'un processus d'intégration voire de transversalisation de la question sanitaire. Compte tenu de son mode de fonctionnement, l'approche intégrée entraîne, par définition, un flux normatif, puisqu'elle vise à intégrer l'objet choisi dans différentes branches du droit et des politiques publiques. Le *mainstreaming* normatif vise en effet, à partir d'un objectif normatif (par exemple l'égalité entre les hommes et les femmes), à irriguer un système juridique par une idée normative selon un processus continu de concrétisation de la norme visée[3]. L'idée sous-jacente de l'approche intégrée de l'égalité est « d'injecter la norme choisie en continu et de la décliner, du niveau le plus général au plus concret, jusque dans les organisations sociales[4] ». Par exemple, les considérations sur l'égalité homme-femme sont désormais

---

à la loi de 2014) la faiblesse des ressources affectées pour mettre en œuvre l'approche intégrée de l'égalité en France, notamment au niveau local pour la politique de l'emploi.

[1] *ibid.*

[2] M. Trepreau, « La Stratégie nationale de santé : un instrument disruptif de mise en œuvre de la politique de santé ? », RDSS 2018, p. 389, où l'auteur cite A. Lopez, « Structurer la politique nationale de santé, une ambition raisonnable », SP 2012, Vol. 24, n° 3.

[3] E. Nicolas, *Penser les flux normatifs : essai sur le droit fluide*, *op. cit.*

[4] *ibid.* L'auteur voit un lien entre les notions de *mainstreaming* normatif et de principe juridique, puisque les deux consistent à « fédérer un ensemble d'actions autour d'un objectif commun à atteindre et ensuite irriguer l'ensemble du système juridique, afin de rendre ce dernier compatible avec l'idée normative ainsi promue ».

déclinées au sein des entreprises[1]. Ainsi, « cette façon de produire du droit est caractéristique d'une production en flux continu[2] ».

Un point commun entre l'approche intégrée – en général – et la « santé dans toutes les politiques » est la difficulté à les définir et à les qualifier pour les faire entrer dans une catégorie existante. Des spécialistes de sciences politiques ayant écrit sur le *gender mainstreaming* – l'approche intégrée de l'égalité – reconnaissent cette difficulté, et reflètent les hésitations doctrinales sur ce sujet : « est-ce un concept ? Une stratégie ? Une méthode ? » ; ils proposent finalement de retenir l'expression de « concept-méthode », justifiant ce choix de la façon suivante : « Le *gender mainstreaming* est un concept parce qu'il peut induire [...] une nouvelle approche de l'égalité des sexes. C'est une méthode car il nécessite un outillage technique [...] qui vise à s'inscrire dans les pratiques des différents acteurs des politiques publiques[3] ». Selon nous, cette qualification non juridique confirme un manque d'appropriation par les juristes de ces nouveaux objets normatifs que sont la « santé dans toutes les politiques » et l'approche intégrée de l'égalité.

Un autre point de rapprochement entre la « santé dans toutes les politiques » et l'approche intégrée de l'égalité réside dans la distinction à faire entre, d'une part, les déclarations d'intention – notamment les chartes mondiales que nous avons vues pour la « santé dans toutes les politiques », et d'autre part l'objectif à atteindre : le premier élément n'entraîne pas nécessairement le second. En effet, la volonté politique affichée ne donne pas forcément de résultats concrets[4]. On pourrait aisément appliquer en partie à la « santé dans toutes les politiques » la remarque proposée pour le *gender mainstreaming* comme suit : « le *gender mainstreaming* ne souffre-t-il pas d'être un concept porteur d'une idéologie « molle » et une méthode à l'« instrumentation molle » ?[5] ». Si l'idéologie de la « santé dans toutes les politiques » nous semble bien définie et aboutie, son « instrumentation », donc sa mise en œuvre, peut en revanche être plus hasardeuse, comme nous l'avons vu dans les chapitres précédents.

De plus, alors qu'« au niveau européen, l'égalité des sexes est, assurément, devenue moins un objectif qu'un élément au service de finalités purement économiques visant à une relance de la croissance[6] », la santé est parfois elle aussi appréhendée à travers une perspective de réduction des coûts – et non

---

[1] *ibid.*

[2] E. NICOLAS, *in* J. LE GOFF, S. ONNEE (dir.), *Puissance de la norme, Défis juridiques et managériaux des systèmes normatifs contemporains*, EMS Éditions, Gestion en liberté, 2017, 216 p.

[3] *ibid.*

[4] S. DAUPHIN, R. SENAC-SLAWINSKI, « Gender mainstreaming : analyse des enjeux d'un « concept-méthode » », *op. cit.*

[5] *ibid.*

[6] *ibid.*

comme une fin en soi – au niveau de l'Union européenne comme en France[1]. Enfin, la « santé dans toutes les politiques » est, elle aussi à la fois « valeur » et « principe d'action », comme l'approche intégrée de l'égalité[2].

Contrairement aux standards et aux principes, l'approche intégrée est un outil juridique à caractère plus offensif puisqu'il a prétention à la systématicité. Il se fonde sur une dynamique d'intrusion d'une problématique dans une autre. Il aménage l'irruption d'un champ de politique publique dans un autre. Il implique donc, par définition, la conciliation entre les acteurs politiques concernés mais aussi l'évolution et l'adaptation du droit dans le sens envisagé. Il représente l'arrivée d'un élément nouveau dans un régime juridique préexistant. À la différence des standards et des principes, l'approche intégrée naît de la volonté du législateur et non de celle du juge.

Si une approche intégrée peut émerger d'abord de façon sporadique et spontanée, il semble qu'il faille à un moment ou un autre une naissance matérialisée par l'adoption d'une norme juridique. En matière de sécurité intérieure, le Livre blanc publié en 2020 par le ministère en charge de cette question encourage l'adoption d'une approche intégrée : « Les forces de sécurité intérieure doivent appréhender leurs missions selon une approche plus intégrée : dépasser les frontières des services pour privilégier un regard transversal. Les principes directeurs, qui doivent guider la nouvelle organisation, se fondent sur la transversalité, le décloisonnement, la déconcentration et la proximité avec le terrain sous l'autorité des préfets de département[3] ». La loi n° 2023-22 du 24 janvier 2023 d'orientation et de programmation du ministère de l'Intérieur contient quelques références à cette approche, qui semble être finalement perçue de façon très ciblée, appliquée par exemple à la gestion des données.

En tout état de cause, nous pouvons supposer que parler de « l'approche intégrée de la santé » serait plus évocateur qu'utiliser l'expression de « santé dans toutes les politiques », traduction littérale d'une expression anglophone, moins évidente à manier. Cela favoriserait peut-être une meilleure connaissance de cette question et une plus grande appropriation par le législateur et la doctrine. Une autre possibilité vient du droit de l'Union européenne : rappelons que la Professeure Brosset désigne la règle de

---

[1] Voir par exemple le Règlement (UE) n° 282/2014 du Parlement européen et du Conseil du 11 mars 2014 portant établissement d'un troisième programme d'action de l'Union dans le domaine de la santé (2014-2020) et abrogeant la décision n° 1350/2007/CE ; l'avis du Comité des régions de l'Union européenne, La santé en faveur de la croissance – troisième programme d'action pluriannuel de l'union pour la période 2014-2020, 2012/C 225/18, 2012 ; et, en France, la publication du Min. de l'Économie et des Finances, « Obésité : quelles conséquences pour l'économie et comment les limiter ? », Trésor-Eco, septembre 2016, n° 179 ; ainsi que le Programme National de réduction du tabagisme 2014-2019, Rapport annuel 2017.

[2] S. DAUPHIN, R. SENAC-SLAWINSKI, « Gender mainstreaming : analyse des enjeux d'un « concept-méthode » », *op. cit*.

[3] Min. de l'Intérieur, Livre blanc sur la sécurité intérieure, 16 novembre 2020.

l'article 168 § 1 TFUE comme « le principe général d'intégration de la santé[1] ».

L'approche intégrée en santé, un outil peu exploité

Puisqu'elle n'est pas consacrée par une règle de droit, l'approche intégrée de la santé – et en particulier son caractère systématique – ne peut fonctionner en France ; elle reste pour l'heure un outil à développer, que le législateur pourrait potentiellement activer. En France, les différents instruments de droit souple que nous allons présenter ici ne suffisent pas à matérialiser l'approche intégrée de la santé, bien qu'ils tendent dans cette direction.

Pour rappel, le droit souple a été défini par le Conseil d'État comme « l'ensemble des instruments réunissant trois conditions cumulatives : ils ont pour objet de modifier ou d'orienter les comportements de leurs destinataires en suscitant, dans la mesure du possible, leur adhésion ; ils ne créent pas par eux-mêmes de droits ou d'obligations pour leurs destinataires ; ils présentent, par leur contenu et leur mode d'élaboration, un degré de formalisation et de structuration qui les apparente aux règles de droit[2] ». Le secteur de la santé est, comme d'autres, marqué par la progression des normes de droit souple. Comme le souligne Monsieur Tabuteau, « oscillant entre normes impératives et simples conseils dans l'exercice de l'art médical, ces nouvelles réglementations de droit souple [...] empruntent de multiples appellations et constituent des formes juridiques de portée très variable[3] ». Nous commencerons par évoquer l'annexe de la loi du 9 août 2004, puis l'annexe de la Stratégie nationale de santé (SNS), et enfin les avis du Haut Conseil de la santé publique (HCSP) : tous trois soulèvent des questions quant à leur degré de normativité.

En premier lieu, nous avons vu précédemment que l'annexe de la loi du 9 août 2004 affiche clairement la volonté du législateur de « protéger, promouvoir et restaurer l'état de santé de l'ensemble de la population », de « corriger les inégalités », de tenir compte des déterminants de la santé. À ce titre, l'annexe fait état de la nécessité d'impliquer « les différentes politiques publiques » en analysant leurs éventuels impacts sur la santé[4]. Cette annexe n'a pas été codifiée et nous avons vu que la doctrine s'est interrogée sur sa portée juridique. Sans être du droit dur, ce texte vise certainement à orienter le comportement de son destinataire, l'État. Il ne lui crée pas d'obligations. En revanche, pour faire écho à la définition du droit souple donnée par le Conseil d'État, l'annexe a été élaborée dans le cadre d'un processus législatif

---

[1] E. BROSSET, « Le juge de l'Union et le principe de précaution : état des lieux », RTDE 2015, p. 737.

[2] Conseil d'État, Le droit souple, Étude annuelle 2013.

[3] D. TABUTEAU, « Référentiels, bonnes pratiques et recommandations : nouvelles normes ou « quasi normes » en santé ? », JDSAM 2015, n° 3.

[4] Annexe de la loi n° 2004-806 du 9 août 2004 relative à la politique de santé publique.

et il nous semble qu'elle revêt une forme et une structure qui l'apparentent à une règle de droit.

En second lieu, avant l'adoption de la SNS pour 2018-2022, le HCSP avait donné ses préconisations dans un avis de 2017[1] dans lequel il appelait à l'adoption de quatre principes d'action, dont l'adoption de la santé comme objectif dans toutes les politiques[2]. Ce rapport a eu une influence incontestable. Dans l'annexe de la SNS, on trouve la déclaration suivante : la SNS « réaffirme le principe porté par l'Organisation mondiale de la santé, selon lequel la santé doit être un objectif de toutes les politiques publiques menées en France et dans le monde[3] ». Si la SNS a valeur réglementaire[4], la valeur normative de son annexe est en revanche plus difficile à déterminer. Elle n'est pas codifiée. Elle a pu avoir une certaine influence sur l'élaboration des politiques publiques qui ont suivi.

En troisième lieu, selon l'article L1411-4 du Code de la santé publique, le HCSP a notamment pour mission « de fournir aux pouvoirs publics, en liaison avec les agences sanitaires et la Haute Autorité de santé, l'expertise nécessaire [...] à la conception et à l'évaluation des politiques et stratégies de prévention et de sécurité sanitaire » et « de fournir aux pouvoirs publics des réflexions prospectives et des conseils sur les questions de santé publique[5] ». Il a donc à cet égard un rôle de conseiller mais n'impose rien d'obligatoire aux pouvoirs publics.

C'était déjà le cas pour son prédécesseur : il a été évoqué plus tôt que le Haut Comité de la Santé publique a rendu un rapport en 1992 détaillant ses préconisations pour l'élaboration de la politique de santé. Le Haut Comité affirmait qu'il fallait adopter une démarche pluraliste pour la définition d'objectifs de santé publique, et à ce titre impliquer « les professionnels et administrateurs de santé et les usagers, les experts et les acteurs de terrain, les niveaux national et local, le secteur de la santé et les autres secteurs d'activité de la nation concernés[6] ». Le ministre de la Santé de l'époque avait clairement exprimé ses attentes vis-à-vis du Haut Comité, qui devait l'aider à « fixer un horizon, c'est-à-dire des références[7] » pour les choix qu'il avait à faire pour la politique de santé publique. Le dernier élément est très révélateur : une

---

[1] HCSP, Avis relatif à la stratégie nationale de santé, 8 septembre 2017.

[2] Les trois autres principes d'action préconisés par le HCSP étaient : « une lutte résolue et active contre les inégalités territoriales et sociales de santé, une approche territorialisée de la SNS, la nécessité d'impliquer les usagers et les citoyens ».

[3] Décret n° 2017-1866 du 29 décembre 2017 portant définition de la stratégie nationale de santé pour la période 2018-2022.

[4] Elle est, selon l'article R1411-1 du Code de la santé publique, définie par décret.

[5] Ses autres missions sont de « contribuer à l'élaboration, au suivi annuel et à l'évaluation pluriannuelle de la stratégie nationale de santé » et de « contribuer à l'élaboration d'une politique de santé de l'enfant globale et concertée » (article L1411-4 du Code de la santé publique).

[6] Haut Comité de la Santé Publique, Rapport au ministre de la Santé et de l'Action Humanitaire, Stratégie pour une politique de santé, Propositions préalables à la définition de priorités, 1992.

[7] *ibid.*

« référence » rappelle, comme nous l'avons vu en début de chapitre, la notion de tracé développée par le Professeur Thibierge.

Dans son avis sur l'évaluation *in itinere* du Plan national de santé publique, rendu en 2020, le HCSP constate notamment que ce plan[1] adopté par le Comité interministériel pour la santé en 2018, est conçu selon une approche interministérielle et selon ce qu'il appelle la « stratégie de Santé dans toutes les politiques[2] ». Selon le HCSP, ce plan « porte un engagement politique fort en soutien au principe de la « Santé dans toutes les politiques »[3] ». Il souligne que le plan est porté par le Premier ministre, ce qui est significatif pour une approche interministérielle pour la santé. Il formule certaines recommandations pour améliorer la visibilité de la « santé dans toutes les politiques et l'action sur les déterminants » et évoque la « recherche de synergies favorisant un véritable exercice de coordination intersectoriel », élément qui est caractéristique de l'intégration de la santé dans toutes les politiques.

Le HCSP continue à porter une approche « santé dans toutes les politiques » très claire, notamment en 2021 dans son rapport dédié aux effets de la crise du covid-19 sur l'enfance, par exemple à travers sa recommandation n° 28 dans laquelle il suggère de mettre en place une démarche d'évaluation d'impact sur les inégalités sociales et territoriales de santé en vue d'examiner les conséquences de toute mesure, circulaire, décret, loi, règlement concernant les enfants dans le contexte d'une crise sanitaire, y compris les mesures préconisées dans le présent avis[4].

Les rapports et avis du Haut Comité de la Santé publique, puis du HCSP, n'ont qu'une fonction de tracé, et non de mesure ; ils ne sont pas des modèles pour juger la réalité, contrairement à certaines émanations d'autres organismes étatiques spécialisés en santé, comme les recommandations de bonne pratique médicale de la Haute Autorité de Santé, qui sont susceptibles de faire l'objet d'un recours pour excès de pouvoir[5]. Cela signifie que les opinions exprimées par ce comité, conseiller en politique de santé, ont un faible degré de normativité. Cependant, la répétition dans son message sur l'intégration de la santé dans toutes les politiques a imprégné, au fil du temps, la volonté du législateur.

---

[1] PNSP 2018-2019, Priorité prévention, Rester en bonne santé tout au long de sa vie.

[2] HCSP, Avis relatif à l'évaluation *in itinere* du PNSP, portant sur la période avril 2019-juillet 2020, 17 septembre 2020 : le HCSP rappelle que « la santé de la population est tributaire de toutes les politiques (Stratégie de la Santé dans toutes les politiques « Health in all policies ») ».

[3] *ibid.*

[4] HCSP, Avis relatif à la gestion de l'épidémie de covid-19 et inégalités sociales de santé des enfants, leçons pour le futur, 18 juin 2020.

[5] Voir CE, 27 avr. 2011, *Association pour une formation médicale indépendante*, n° 334396, Lebon ; CE, sect., 12 juin 2020, *GISTI*, n° 418142, Lebon, et CE, 1ère-4ème ch. réunies, 23 déc. 2020, *Association Autisme Espoir vers l'école*, n° 428284, Lebon.

Annexes législatives et réglementaires non codifiées, rapports et avis d'un organe expert en politique de santé publique : autant d'éléments qui convergent de façon non contraignante dans une direction, celle de l'intégration de la santé dans d'autres politiques. Ajoutons à cela l'article D1411-30 du Code de la santé publique qui prévoit que « le comité interministériel pour la santé est chargé [...] 2° de favoriser la prise en compte de l'éducation pour la santé et la promotion de la santé dans l'ensemble des politiques publiques » et qui, avec l'emploi du terme « favoriser », donne à la prise en compte de questions de santé dans l'ensemble des politiques publiques, le caractère d'un simple souhait.

2) La « santé dans toutes les politiques », outil de régulation juridique

Les constats faits au fil de cet ouvrage sur l'origine et le développement de la « santé dans toutes les politiques » dans les ordres juridiques supra-étatiques nous conduisent à appréhender le flux normatif français en la matière à la lumière du contexte mondial d'évolution du droit. On observe aujourd'hui de nouveaux modes d'émergence et de production de la norme. L'une des raisons de ces mutations[1] est la mondialisation, qui touche bien sûr le droit : « la mondialisation du droit désigne l'application de règles qui, sans être nécessairement uniques ni même uniformes, sont inspirées par des standards communs aux différents pays du monde[2] ». Comme pour tous les secteurs, la mondialisation irrigue les droits sanitaires nationaux[3]. Ainsi, les nouvelles normes en santé « symbolisent les bouleversements que connaissent, depuis un quart de siècle, le système de santé et l'action publique sanitaire. Elles s'inscrivent de surcroît dans un mouvement international de diffusion et d'intégration des normes sanitaires, à travers notamment le rôle accru de l'organisation mondiale de la santé[4] ».

Ce contexte favorise l'émergence d'« objets juridiques non identifiés[5] ». S'agissant du droit dit « global » et de la mondialisation, le Professeur Frydman relève à la fois « les effets destructeurs de la mondialisation sur les structures juridiques en place, nationales et internationales » et « les nouveaux objets juridiques, souvent encore non ou mal identifiés, qui émergent des relations transnationales et de la société mondiale en construction[6] ». Dans ce

[1] Voir N. MARTIAL-BRAS, J.F. RIFFARD, M. BEHAR-TOUCHAIS (dir.), *Les mutations de la norme, le renouvellement des sources du droit*, Economica, Études juridiques, 2011, 310 p.

[2] M. BELANGER (dir.), *La mondialisation du droit de la santé*, Les études hospitalières, 2011, 174 p. Le Pr. BELANGER cite ici le Pr. TRUCHET.

[3] *ibid.*

[4] D. TABUTEAU, « Référentiels, bonnes pratiques et recommandations : nouvelles normes ou « quasi normes » en santé ? », JDSAM 2015, n° 3.

[5] B. FRYDMAN, *in* J-Y. CHEROT, B. FRYDMAN (dir.), *La science du droit dans la globalisation, op. cit.*

[6] *ibid.*

cadre, il est inévitable de repenser les classifications juridiques traditionnelles pour intégrer de nouveaux objets encore peu théorisés[1].

Bien que le Professeur Frydman n'évoque aucun objet normatif ressemblant à notre objet d'étude, – il donne notamment pour exemples des codes de conduite imposés par des entreprises multinationales, ou encore des normes techniques qui émergent au niveau international – nous pensons que la « santé dans toutes les politiques » telle qu'elle a émergé en droit international souple, puis s'est propagée vers des systèmes juridiques verticalement inférieurs, entre dans le cadre de ce qu'il décrit, puisqu'elle est encore nouvelle dans le champ du droit. C'est le processus de passage entre le niveau juridique extranational à celui du droit français qui est en particulier méconnu : par quel mécanisme la « santé dans toutes les politiques » peut-elle s'insérer en droit français ?

La « santé dans toutes les politiques » a un effet régulateur en droit. Plusieurs formes de régulation coexistent et agissent sur les enjeux sanitaires : la « santé dans toutes les politiques » se manifeste par une forme de régulation méta-institutionnelle, mais aussi à travers un droit régulateur et par ce qui est désigné par les auteurs comme du droit post-moderne.

La « santé dans toutes les politiques » peut tout d'abord être pensée comme un outil de régulation méta-institutionnelle des enjeux sanitaires. Dans les années 1990, la régulation était décrite comme des « pratiques mal définies d'ajustement, par des instances au statut incertain, des comportements et stratégies des acteurs sociaux en vue du maintien de la discipline d'un projet collectif[2] ». Selon le Professeur Timsit, la régulation ne se situait pas dans le schéma classique de « l'application uniforme d'une loi générale et impersonnelle », mais plutôt dans la logique d'un « pouvoir de déclinaison au cas par cas des orientations générales inscrites dans une norme[3] ». Il s'agirait d'une norme d'orientation qui garde donc un caractère d'imprécision[4]. Selon le même auteur, « la loi classique est imposée de l'extérieur au groupe social. La régulation est, elle, une loi que le groupe s'impose à lui-même[5] ». Sur ce fondement, il nous semble que l'on puisse considérer l'intégration de la santé dans toutes les politiques comme une « régulation » que l'État s'imposerait à lui-même. En effet, il existe un point commun entre le mécanisme de régulation décrit ci-dessus et le mécanisme qui sous-tend l'intégration de la

---

[1] *ibid.* L'auteur considère que les juristes du XXIème siècle sont « obligés de repenser les classifications et les catégories dans lesquelles les nouveaux objets qui émergent chaque jour, sortes d'ornithorynques du bestiaire normatif, se refusent obstinément à se laisser enfermer. [...] ces catégories sont tellement mises à mal qu'il nous faudra peut-être repenser à nouveau frais la norme juridique, voire le droit lui-même et probablement nous résoudre à inventer une nouvelle logique des normes ».

[2] G. Timsit, *Archipel de la norme*, *op. cit* : l'auteur se fonde sur l'ouvrage de J. Chevallier, *Science administrative*, PUF, Themis, 2ème édition, 1994, 636 p.

[3] G. Timsit, *Archipel de la norme*, *op. cit.*

[4] *ibid.*

[5] *ibid.*

santé dans toutes les politiques. La régulation « est appelée à s'exercer vis-à-vis des entités publiques elles-mêmes, soit que ces entités soient perçues comme source de menaces pour les libertés individuelles, soit qu'elles soient impliquées directement dans le jeu économique et social, en tant que productrices de biens et services » ; par ailleurs, « la collectivité, l'autorité définissent à leur propre intention leurs propres règles à l'élaboration desquelles elles ont été directement associées[1] », ce qui conduit à parler, au sujet de la régulation, d'« auto-normativité[2] ». Ce même mécanisme est censé être retenu pour l'intégration de la santé dans les autres politiques, dans la mesure où c'est à l'État d'intégrer cette contrainte dans l'élaboration de ses politiques et de ses lois. La « santé dans toutes les politiques » telle que promue par l'OMS semble se rapprocher d'une régulation des activités de l'État, et non de celles des individus. Elle s'apparenterait ainsi à une régulation méta-institutionnelle telle que décrite ci-dessus par le Professeur Timsit et reprise par le Professeur Chevallier[3].

Par ailleurs, alors que le pouvoir normatif classique ne se conçoit qu'assorti de sanctions, la régulation a pour conséquence que « les normes, n'étant plus imposées de l'extérieur mais au contraire l'expression d'une responsabilité collective, ne peuvent plus se voir sanctionner par la contrainte[4] ». Cela pourrait expliquer ce que l'on constate pour l'exemple français où la santé est intégrée dans d'autres politiques de façon plus ponctuelle que systématique. Pas de contrainte, à moins qu'elle ne vienne petit à petit du citoyen ou du pouvoir politique. Ainsi, les propos du Professeur Timsit sur la régulation prennent une dimension intéressante pour notre sujet : « la contrainte s'efface ou disparaît : normes obligatoires, mais non contraignantes », et dans cette perspective de persuasion, d'incitation, et de recommandation, « on ne se sanctionne pas soi-même de n'avoir pas respecté une obligation[5] ».

Il nous semble que la régulation méta-institutionnelle est en général la première étape d'un processus : elle mène, en principe, dans un second temps, à l'adoption d'une norme de droit dur, notamment une loi. Nous avons vu qu'avant que soit adopté le principe d'intégration de la santé dans les traités fondateurs de l'Union européenne, les institutions s'efforçaient déjà d'aborder certaines questions sanitaires de façon transversale. En France, dans certains secteurs, l'État a adopté des conduites qui se rapprochent d'une forme d'auto-régulation. Le Livre blanc sur la sécurité intérieure[6] publié en 2020 par le ministère de l'Intérieur est un document au caractère prospectif affirmé qui émet des propositions sur l'organisation, le partenariat et le continuum de sécurité, les ressources humaines et matérielles, les questions de technologies

---

[1] *ibid.*
[2] *ibid.*
[3] J. CHEVALLIER, « La régulation juridique en question », DS 2001, Vol. 3, n° 49.
[4] G. TIMSIT, *Archipel de la norme*, *op. cit.*
[5] *ibid.*
[6] Min. de l'Intérieur, Livre blanc sur la sécurité intérieure, *op. cit.*

en jeu dans le cadre de la sécurité intérieure. Ce document d'orientation est censé « inspirer l'action du ministre de l'Intérieur pour les prochaines années[1] » et est également conçu dans l'optique de l'adoption future d'une loi d'orientation et de programmation de la sécurité intérieure. Par les propositions contenues dans ce Livre blanc, l'État modifie déjà son comportement vis-à-vis des questions de sécurité intérieure, obéissant apparemment à une forme de régulation qui est par définition dépourvue de caractère contraignant. Sur le fondement du Livre blanc, des mesures sont déjà prises, par exemple en matière de sécurité du quotidien et de lien avec la population, ainsi que pour le schéma national du maintien de l'ordre[2]. Le ministre de l'Intérieur écrit à propos du Livre blanc : « je m'inspirerai encore de ces travaux dans les décisions d'organisation qui seront prises très prochainement ainsi que pour les textes réglementaires, les mesures de portée législative à paraître[3] ».

Néanmoins, dans le cas des livres blancs, il semble que la frontière soit mince entre ceux qui relèvent d'une forme de régulation méta-institutionnelle, c'est-à-dire une norme étatique auto-dirigée non contraignante, et ceux qui ont davantage pour vocation d'être des textes préparatoires à l'adoption d'une loi prochaine, comme c'est le cas assumé pour le Livre blanc sur l'immobilier pénitentiaire remis au garde des sceaux en 2017[4].

En revanche, contrairement à la place importante accordée à des instances de régulation pour de nombreuses problématiques[5], l'intégration minutieuse de la santé dans toutes les politiques, quant à elle, n'impliquerait pas l'existence d'une autorité de régulation : cette possibilité n'est évoquée nulle part, ni dans les textes de l'OMS, ni dans ceux de l'Union européenne, et encore moins en droit français.

Par ailleurs, le droit régulateur est apparu avec le développement de l'État-Providence[6]. Dans ce contexte, un premier modèle, celui du droit dit « moderne » – où la règle de droit est conçue sur le mode de l'interdit, délimitant le champ des activités licites et laissant les individus orienter leurs actions eux-mêmes ; où le quadrillage juridique reste lâche et préserve une marge d'autonomie individuelle[7] – cède la place au modèle du droit de l'État-

---

[1] Ministre de l'Intérieur, Lettre du 13/11/2020 au sujet du Livre blanc de la sécurité intérieure, https://www.interieur.gouv.fr/sites/minint/files/medias/documents/2021-06//courrier_du_ministre_de_l-interieur-publication-du-lbsi-14-nov.pdf [consulté le 30/08/2021].

[2] *ibid.*

[3] *ibid.*

[4] J-R. LECERF, Livre blanc sur l'immobilier pénitentiaire, 4 avril 2017, 140 p.

[5] G. TIMSIT, *Archipel de la norme*, *op. cit.* Voir également M-A. FRISON-ROCHE, « Le droit de la régulation », Le Dalloz 2001, n° 7.

[6] J. CHEVALLIER, « La régulation juridique en question », *op. cit.* Selon le Pr. CHEVALLIER, la régulation peut revêtir différents sens possibles, qui peuvent être combinés.

[7] *ibid.*

providence[1]. Désormais, la règle de droit procède par injonction ou prescription, et dicte les conduites de manière positive. Le droit devient interventionniste, « mis au service de la réalisation de politiques publiques[2] ». Ce droit ne vise pas à encadrer les comportements mais à atteindre des « objectifs et à produire certains effets économiques et sociaux ». Le Professeur Chevallier fait ici référence à l'« État propulsif »[3], qui s'affirme dans le cadre d'une conception intrusive de la régulation, laquelle est « symbole de l'emprise nouvelle de l'État sur la société résultant de l'avènement de l'État providence[4] ». Ainsi, la loi n° 2016-41 du 26 janvier 2016 de modernisation de notre système de santé a créé l'article L3511-6-1 du Code de la santé publique, selon lequel « les unités de conditionnement, les emballages extérieurs et les suremballages des cigarettes et du tabac à rouler, le papier à cigarette et le papier à rouler les cigarettes sont neutres et uniformisés ». Cette mesure visait à infléchir les courbes de consommation de tabac. Cette même loi de 2016 prévoit l'interdiction de la mise à disposition, en accès libre, sous forme d'offre à volonté gratuite ou pour un prix forfaitaire, de boissons avec ajout de sucres ou d'édulcorants de synthèse dans les lieux de restauration ouverts au public[5] dans un but de lutte contre l'obésité. Ce droit destiné à réaliser des politiques publiques se manifeste également dans la loi n° 2018-938 du 30 octobre 2018 pour l'équilibre des relations commerciales dans le secteur agricole et alimentaire et une alimentation saine, durable et accessible à tous, dans la mesure où ce texte a pour vocation d'atteindre des objectifs environnementaux et sanitaires déterminés. Cette loi insère dans le Code rural et de la pêche maritime les articles L230-5-1 à L230-5-7, qui exigent de la part des restaurants collectifs dont les personnes morales de droit public ont la charge, que les repas servis répondent, au plus tard le 1er janvier 2022, à des critères environnementaux et qualitatifs précis[6]. Ce droit régulateur attire les critiques car il peut être à l'origine d'interventions jugées injustes, créant des avantages pour certains et non pour d'autres[7]. Cela rejoint le constat fait dans le champ de la santé publique, au sujet de la question des inégalités sociales de santé : certaines mesures, par exemple celles visant à lutter contre le tabagisme, peuvent en fait exacerber les inégalités.

---

[1] *ibid.*

[2] *ibid.*

[3] Concept développé par le Pr. MORAND, dans C.A. MORAND (dir.), *L'État propulsif*, Publisud, 1991, 253 p. Voir aussi F. OST, *A quoi sert le droit ?* Bruylant, Penser le droit, 2016, 578 p.

[4] J. CHEVALLIER, « La régulation juridique en question », *op. cit.*

[5] Article L3232-9 du Code de la santé publique.

[6] Article L230-5-1 du Code rural et de la pêche maritime. Voir aussi le décret n° 2019-351 du 23 avril 2019 relatif à la composition des repas servis dans les restaurants collectifs en application de l'article L230-5-1 du Code rural et de la pêche maritime.

[7] J. CHEVALLIER, « La régulation juridique en question », *op. cit.*

Le droit régulateur peut coexister avec un droit d'une autre nature, plus souple. En effet, certaines mesures prises dans d'autres secteurs, notamment celui du travail, et qui ont un impact sur la santé, relèvent d'un droit souple et récent, dont la flexibilité présente des inconvénients.

Une certaine forme de régulation est liée à une conception nouvelle du rôle de l'État, impliquant un « nouveau style d'action publique[1] ». Ce droit de régulation s'affirme dans un contexte caractérisé par de nouveaux problèmes liés à la mondialisation et à la crise de l'État-providence[2]. C'est un nouveau droit, un « autre droit », adapté au concret et au contexte. Le Professeur Chevallier le qualifie de droit post-moderne, pragmatique et flexible, qui repose sur des « techniques plus souples, relevant d'une « direction juridique non autoritaire des conduites » [3]». On voit ainsi, selon lui, se développer des « formes progressives et graduées d'émergence du droit visant, par l'édiction de règles souples et flexibles, à encadrer la pratique des acteurs sociaux, à orienter leur comportement, à favoriser leur autodiscipline, avant d'en arriver à l'énoncé de normes contraignantes[4] ». Outre l'État lui-même, ce droit de régulation peut être dirigé vers différents acteurs, notamment les employeurs, et semble compatible avec une vision transversale, intersectorielle, de la santé. Depuis 2007, le ministère de la Santé a mis en place un système de charte d'engagement volontaire de progrès nutritionnel invitant les entreprises du secteur alimentaire à s'engager de leur plein gré à améliorer la qualité nutritionnelle des produits alimentaires qu'elles mettent sur le marché. Dans d'autres domaines, les entreprises, tout en ayant certaines obligations, se voient octroyer une grande marge de manœuvre pour appliquer les mesures imposées par la loi. C'est le cas notamment pour les mesures visant à améliorer la mobilité des salariés entre leur lieu de résidence habituelle et leur lieu de travail. Dans les entreprises mentionnées à l'article L2143-3 du Code du travail et dont cinquante salariés au moins sont employés sur un même site, ces mesures doivent être débattues lors de la négociation annuelle sur l'égalité professionnelle entre les femmes et les hommes et la qualité de vie au travail[5]. À défaut d'accord, les entreprises doivent alors élaborer un plan de mobilité employeur sur leurs différents sites pour améliorer la mobilité de leur personnel. Ce plan de mobilité employeur inclut des dispositions concernant le soutien aux déplacements domicile-travail de leur personnel[6]. Un plan mobilité est mis en œuvre également par les collectivités territoriales[7]. La dimension sanitaire du plan de mobilité apparaît à l'article L1214-2 du Code

---

[1] *ibid.*
[2] *ibid.*
[3] Le Pr. CHEVALLIER cite ici P. AMSELEK, « L'évolution générale de la technique juridique dans les sociétés occidentales », RDP 1982, p. 287.
[4] *ibid.*
[5] Voir notamment A. DUPAYS (dir.), *Le Lamy social*, Wolters Kluwer, 2021, 2600 p.
[6] Article L1214-8-2 du Code des transports.
[7] Loi n° 2019-1428 du 24 décembre 2019 d'orientation des mobilités.

des transports, selon lequel le plan de mobilité vise à assurer « 1° L'équilibre durable entre les besoins en matière de mobilité et de facilités d'accès, d'une part, et la protection de l'environnement et de la santé, d'autre part ». Voici un exemple où certes, une obligation pèse sur l'employeur, mais où en fin de compte, le cadre légal aménage une grande flexibilité pour la mise en œuvre de mesures afin qu'elles soient adaptées au contexte. Ces mesures ne sont pas contraignantes pour le destinataire final, à savoir le salarié.

Par ailleurs, destiné à contribuer à la protection de la santé, du temps de repos et de la vie personnelle du salarié par une régulation des outils numériques, le droit à la déconnexion du salarié offre, quelques années après son entrée dans la loi, un bilan nuancé[1]. En vertu de l'article L2242-17 du Code du travail, les modalités du plein exercice de ce droit doivent elles aussi être incluses dans la négociation annuelle sur l'égalité professionnelle entre les femmes et les hommes et la qualité de vie au travail. À défaut d'accord sur la mise en œuvre de ce droit, l'employeur est alors tenu d'élaborer une charte définissant les modalités de l'exercice du droit à la déconnexion. Dans les deux cas, le législateur offre une certaine souplesse à l'employeur pour que le droit à la déconnexion du salarié soit effectif. L'absence d'accord ou de charte sur cette question n'est d'ailleurs pas sanctionnée[2]. Ce droit est défini par l'Accord national interprofessionnel du 26 novembre 2020 pour une mise en œuvre réussie du télétravail comme « le droit pour tout salarié de ne pas être connecté à un outil numérique professionnel en dehors de son temps de travail[3] ».

Dans un arrêt rendu le 27 mai 2021[4], le Conseil d'État aborde de façon ambiguë le droit à la déconnexion. Dans cette affaire, la ministre du Travail et la ministre auprès du ministre d'État, ministre de la Transition écologique et solidaire, chargée des transports, ont pris un arrêté le 19 juillet 2018 portant extension d'un accord conclu dans le cadre de la convention collective nationale des transports routiers et des activités auxiliaires de transport. La Fédération nationale des syndicats de transports CGT ainsi que des particuliers et dans une requête jointe, la société Ambulances Huet, demandent au Conseil d'État d'annuler cet arrêté pour excès de pouvoir. L'arrêté attaqué étend, sous plusieurs conditions, pour tous les employeurs et tous les salariés compris dans son champ d'application, les stipulations de l'accord du 16 juin 2016 relatif à la durée et à l'organisation du travail dans les

---

[1] Sur les enjeux concrets du droit à la déconnexion, voir notamment J-E. RAY, « Grande accélération et droit à la déconnexion », DS 2016, p. 912, L. LEROUGE, « Droit des risques psychosociaux au travail », Répertoire de droit du travail 2021 (Avril). Pour un bilan, voir notamment F. ROSA, « Le périmètre de la vie personnelle du salarié à l'épreuve des nouvelles technologies », JT 2020, n° 228, p. 17.

[2] L. LEROUGE, « Droit des risques psychosociaux au travail », *op. cit.*

[3] Accord national interprofessionnel pour une mise en œuvre réussie du télétravail, 26 novembre 2020.

[4] CE, 6ème - 5ème ch. réunies, 31 mai 2021, *Ministère de la Transition écologique, Société Castorama c/ Association Agir pour la CRAU*, n° 434542, Lebon (Tables).

activités du transport sanitaire conclu dans le cadre de la convention collective nationale des transports routiers et des activités auxiliaires de transport.

Parmi les moyens avancés, retenons-en un en particulier, lié aux stipulations de l'accord litigieux relatives à l'information du salarié sur l'horaire de prise de service. Les requérants considèrent que l'arrêté est illégal dans la mesure où il procède à l'extension de ces stipulations : les cinquième et sixième alinéas de l'article 2 de l'accord prévoient que « L'employeur fixe l'heure de prise de service la veille pour le lendemain et la communique aux personnels ambulanciers au plus tard à 19 heures. Toutefois, en cas de nécessité de modification d'horaire et sans que cela puisse revêtir un caractère systématique ou trop fréquent, l'employeur informe le salarié dès qu'il en a connaissance ». Les requérants avancent que ces règles sont contraires au droit à la déconnexion et créent une astreinte devant donner lieu à contrepartie en application de l'article L3121-9 du Code du travail. Le Conseil d'État écarte ce moyen (et la requête sera *in fine* rejetée), estimant qu'il est clair que ces stipulations n'ont ni pour objet, ni pour effet d'imposer au salarié d'être joignable en permanence y compris pendant son temps de repos et ne sont donc pas contraire au « droit à la déconnexion », qu'il place volontairement entre guillemets. Cette façon de faire suscite le doute : le juge considère-t-il que le droit à la déconnexion n'est pas véritablement opposable ? Est-ce lié au fait que ce droit est tout juste mentionné à l'article L2242-17 du Code du travail, lequel porte avant tout sur la négociation annuelle sur l'égalité professionnelle entre les femmes et les hommes et la qualité de vie au travail ? Il apparaît également dans deux dispositions du Code du travail concernant les forfaits jours[1]. Ainsi, aucun article ne lui est dédié principalement et peut-être cela contribue-t-il à sa faible reconnaissance juridique. En effet, la jurisprudence et la doctrine paraissent pour l'instant peu prolixes sur la question.

Auparavant, le 16 avril 2019, la Cour administrative d'appel de Paris avait rendu un arrêt[2] dans lequel ses propos sur le droit à la déconnexion expriment similairement, en filigrane, une certaine retenue.

En matière civile, la Cour de cassation adopte une autre posture, puisqu'elle avait déjà reconnu avant la loi de 2016, sans le nommer tel quel, le droit à la déconnexion, par exemple dans un arrêt du 17 février 2004 où elle juge que « le fait de n'avoir pu être joint en dehors de ses horaires de travail sur son téléphone portable personnel est dépourvu de caractère fautif et ne permet donc pas de justifier un licenciement disciplinaire pour faute grave[3] ».

---

[1] Aux articles L3121-64 et L3121-65 du Code du travail. Voir à ce sujet E. Dockes, G. Auzero, D. Baugard, *Droit du travail*, 34ème édition, Dalloz, Précis, 2020, 1915 p.

[2] CAA Paris, 3ème ch., 16 avr. 2019, *Société LexisNexis c/ Préfecture de police*, n° 17PA03048, Inédit.

[3] Cass. soc., 17 févr. 2004, n° 01-45.889, Inédit.

Il semble ainsi que l'approche « santé dans toutes les politiques » puisse se fondre dans ces différents courants et qu'elle soit potentiellement intégrée à différentes dynamiques juridiques, pouvant ainsi revêtir des formes très diverses, du droit traditionnel à un droit plus souple.

On ignore pour l'heure ce qu'il adviendra de la « santé dans toutes les politiques » à la française. Rien n'indique qu'elle devienne une règle obligatoire. Elle ne suivra donc peut-être pas le cheminement qu'a eu le principe de précaution, ni l'évolution de l'intégration des questions environnementales, ni celle de l'égalité des sexes[1]. Il semble néanmoins nécessaire qu'une simplification terminologique soit proposée, au profit de l'expression « approche intégrée de la santé » en lieu et place de la « santé dans toutes les politiques ».

Ces développements nous permettent de donner quelques éléments de « physiologie juridique[2] ». Le phénomène normatif étudié a un critère matériel clairement défini : la place de la santé dans d'autres politiques publiques. Évoquer un critère organique est plus complexe : l'État est le premier concerné ; l'implication de l'individu et de personnes morales de droit privé – notamment les employeurs – est indirecte mais paraît inévitable. Appréhender la santé à travers d'autres secteurs de politiques publiques entraîne l'implication des acteurs de ces secteurs.

En somme, le flux normatif qui a été étudié tout au long de cet ouvrage est le résultat d'un phénomène normatif moins saillant et que l'on a tenté de préciser dans ce chapitre : c'est un phénomène de transversalisation de la question sanitaire qui s'intègre et croît en droit français, provoquant ainsi un flux normatif qui va dans le sens d'une intégration de la santé dans les autres politiques.

La « santé dans toutes les politiques » reste une approche de santé publique ; nous avons étudié ici la façon dont elle entre dans le champ juridique – par une approche intégrée et par un processus de régulation.

---

[1] Peut-être qu'à l'avenir se produira une évolution allant dans le sens des propos de Monsieur NICOLAS selon lequel « si les normes naissent d'un contexte social et économique, elles sont aussi le fruit d'une confluence de propositions qui se soutiennent et qui émanent le plus souvent d'une pluralité de sources en circulation. Ce serait un flux normatif suffisamment fort, continu et convergent […] qui crée les normes et les principes juridiques ». On pourrait alors parler de flux normateur. (E. NICOLAS, *in* C. THIBIERGE *et al.*, *La densification normative, Découverte d'un processus*, Mare & Martin, 2014, 1204 p.)

[2] Nous empruntons l'expression du Pr. TERRE tirée de sa conclusion de l'ouvrage N. MARTIAL-BRAS, J.F. RIFFARD, M. BEHAR-TOUCHAIS (dir.), *Les mutations de la norme, le renouvellement des sources du droit*, *op. cit.*

Après ces développements, le premier constat est celui d'un échec : l'approche « santé dans toutes les politiques » échoue à intégrer concrètement le droit français. Tant l'approche intégrée de la santé que les formes de régulation juridique identifiées sont inefficaces, sous-exploitées et méconnues en France.

Le second constat est celui d'une nécessité : celle de la reconnaissance de l'approche intégrée de la santé, pour appréhender la santé dans toutes ses dimensions – soins, prévention, promotion – en particulier au XXIème siècle, où la mondialisation poursuit son chemin et où les crises et enjeux sanitaires n'ont pas de frontières.

Néanmoins, la conjonction de normes juridiques de différentes natures, issues du droit dur et du droit souple, qui s'accumulent aujourd'hui en France en matière de santé au sens large, épaississent le flux normatif d'intégration de la santé dans les autres politiques françaises et annoncent sans doute des développements futurs.

Conclusion

La « santé dans toutes les politiques » est présente dans plusieurs systèmes juridiques : en droit mondial de la santé, en droit de l'UE et en droit français notamment. Nous avons tenté de mettre en lumière le passage de cette approche du champ de la santé publique à ceux de la politique puis du droit. On s'est ici fortement intéressé au point de basculement, c'est-à-dire au moment où la source d'inspiration du législateur prend forme et entre dans la sphère juridique. Le législateur européen et le législateur français ont, chacun à leur façon, intégré des éléments de l'approche « santé dans toutes les politiques ». Pour appréhender la circulation de cette approche dans les différents ordres juridiques, une certaine prise de distance avec la vision kelsénienne des normes est nécessaire.

Dans le champ de la santé publique, l'approche « santé dans toutes les politiques » coexiste avec d'autres notions qui lui sont proches, telles que les politiques favorables à la santé ou encore l'approche émergente « Une seule santé » (« *One Health* »), qui est elle aussi une approche intégrée, visant à équilibrer et optimiser durablement la santé des personnes, des animaux et des écosystèmes[1]. La concertation régulière entre l'OMS et les États membres sur les questions liées au caractère intersectoriel de la santé produit à elle seule un flux normatif en droit international souple qui ne semble pas près de se tarir. En 2024, l'Assemblée mondiale de la santé adopte une résolution affirmant que des populations en bonne santé et une planète prospère sont des conditions préalables au développement durable. Réitérant son attachement à l'approche « santé dans toutes les politiques », elle charge l'OMS d'élaborer une stratégie sur l'économie et le financement de la santé d'ici 2026, afin d'aider les États à adopter une « nouvelle vision audacieuse d'économies fondées sur la santé et le bien-être »[2].

Le droit de l'UE s'est doté d'une règle de droit affirmant l'obligation pour ses institutions de prendre en compte un niveau élevé de protection de la santé dans toutes leurs politiques et actions. En réalité, le droit dérivé de l'UE a tendance à recourir à ce fondement juridique dans un but symbolique : l'article 168 § 1 TFUE (et précédemment, l'article 129 TUE) est souvent mentionné dans les visas des actes mais il fait plus rarement l'objet d'un développement spécifique. Son utilité et son efficacité posent aussi question : d'une part, les efforts d'intégration des enjeux sanitaires dans les autres secteurs de l'UE existaient déjà avant l'adoption du principe dans les traités, d'autre part, l'intégration de la santé dans les autres politiques et actions de l'UE se fait parfois sans même que l'article 168 § 1 TFUE soit invoqué. Pour

[1] Conseil national de l'alimentation, Nouveaux comportements alimentaires, propositions d'actions pour une alimentation compatible avec des systèmes alimentaires durables, Avis n° 90, Juillet 2022.

[2] 77ème AMS, Économie de la santé pour tous, Résolution, 29 mai 2024, A77/A/CONF./2.

rappel, l'article 168 § 1 TFUE contient une obligation à l'égard des institutions européennes et non des États membres. Enfin, la nécessaire intégration de la santé dans toutes les politiques et actions de l'UE est un principe et non un droit. Elle n'a pas d'effet direct.

En France, l'absence de règle de droit dédiée à une intégration systématique de la santé dans d'autres politiques n'a pas empêché un flux normatif de se former en faveur d'une telle démarche. Cela est d'autant plus évident que le droit français de la santé comporte depuis longtemps une dimension intersectorielle, en entretenant des liens étroits avec notamment les questions environnementales et de consommation. La réception de la « santé dans toutes les politiques » par l'État français est progressive. Le droit interne absorbe les influences étrangères et les adapte en fonction du contexte national du moment.

L'État français n'est pas tout à fait un récepteur actif de la « santé dans toutes les politiques » puisqu'il ne lui consacre aucune règle de droit – il y a donc des secteurs où intégrer les enjeux de santé peut encore de nos jours paraître inenvisageable. Notre système ne subit pas pour autant la pression politique internationale de façon passive, puisque le législateur se réserve une indéniable marge d'appréciation de l'approche « santé dans toutes les politiques ». Il convient en effet de s'écarter de la définition officielle de notre objet d'étude donnée par les États membres de l'OMS en 2013. Il est impossible de parler de systématicité au sujet d'une telle approche en France, précisément en raison de l'absence de disposition de droit dur à cet égard. Il nous semble plus judicieux d'appréhender, du moins à court et moyen terme, l'intégration de la santé dans d'autres politiques en France et surtout d'avoir plutôt recours à l'expression d'« approche intégrée de la santé », plus compatible avec le langage juridique. Ce type d'approche est déjà mis en œuvre en droit pour d'autres problématiques et fait l'objet d'un intérêt croissant auprès des pouvoirs publics.

S'il n'y a pas de systématicité, il y a en revanche un ensemble de contraintes plus ou moins fortes – se traduisant par le fourmillement de normes dures et souples que nous avons rencontrées – liées à la prise en compte de la santé dans certains secteurs, à commencer par l'alimentation et l'environnement.

La crise du covid-19 a mis en lumière la résistance du législateur français à intégrer pleinement une approche globale de la santé. Une résistance en amont, d'abord (et qui n'est pas spécifique à la France) : en effet, le covid-19 étant une zoonose, il semble qu'une réflexion de long terme entre les représentants des différents secteurs, notamment ceux liés à la santé et l'environnement, en particulier en ce qui concerne la perte de la biodiversité[1], aurait pu contribuer à empêcher sa survenue ou du moins, sa propagation. Par ailleurs, la tendance française à se focaliser sur l'aspect

[1] Z. MANSOUR, D. LEPELLETIER, « Covid-19 : une crise sanitaire inédite », ADSP 2021, n° 116.

curatif du système de santé a restreint les possibilités d'anticipation et de réponse à une urgence sanitaire de grande ampleur. Puis, au cours de la crise sanitaire, le gouvernement a choisi de mettre en place des mesures drastiques pour répondre à l'épidémie mais, selon certains experts, cela a été fait sans tenir compte de la santé publique de façon globale, causant de nombreux dommages collatéraux notamment sur la santé mentale, la santé des enfants, etc[1].

Dans le contexte de circulation de l'approche intégrée de la santé au sein de différents ordres juridiques, la question qui se pose à présent est quel degré de résistance, ou quel degré de réception le législateur français va-t-il choisir à l'avenir. Continuera-t-il à poser un filtre important, laissant l'approche se distiller lentement, ou bien ouvrira-t-il davantage les vannes, maintenant que l'opinion publique est plus que jamais sensibilisée aux questions sanitaires au sens large ?

Là où une approche intégrée appelle un flux normatif multi-directionnel, le pouvoir exécutif et le législateur français conçoivent encore majoritairement les politiques publiques de façon cloisonnée, sujet par sujet[2]. À l'avenir, pour que l'intégration de la santé dans d'autres politiques devienne réellement significative en France, il serait nécessaire d'une part de réactiver le Comité interministériel pour la santé, en renforçant sa visibilité et ses fonctions ; d'autre part, de rendre obligatoire une réelle prise en compte des enjeux sanitaires au moment de la préparation des lois, ce qui impliquerait une application plus fidèle de la procédure des études d'impact prévue par la loi organique du 15 avril 2009, dont l'article 8 mentionne que l'étude d'impact doit comprendre, et ceci « avec précision[3] », « l'évaluation des conséquences économiques, financières, sociales et environnementales » – la santé pouvant entrer dans les deux dernières catégories. En somme, la concrétisation de l'approche étudiée soulève une question de légistique matérielle, c'est-à-dire d'une démarche méthodique d'élaboration des actes législatifs, tant pour leur mise en œuvre que pour leur évaluation[4].

La « santé dans toutes les politiques » agit donc – bien que dans une faible mesure – en France comme un outil de transformation du droit. Elle agit d'une

---

[1] L. CAMBON *et al.*, « Passer d'une politique de santé publique à une santé publique politique : proposition du groupe miroir pour un virage paradigmatique », SP 2022, Vol. 34, n° 1, p. 5-8.

[2] Selon certains auteurs, les décisions politiques sont cloisonnées en deux familles : « celles qui relèvent de la santé, limitées au système de santé et de soins, et les autres mesures, dictées par des considérations sociales, politiques, économiques ou électorales » (G. MENVIELLE, T. LANG, « La santé dans toutes les politiques : où en est-on en France ? », ADSP 2021, n° 113.)

[3] Loi organique n° 2009-403 du 15 avril 2009 relative à l'application des articles 34-1, 39 et 44 de la Constitution, Article 8.

[4] N. VANDER PUTTEN, « Le mainstreaming chiffré comme outil de transformation sociétale ? Espoirs et écueils de trois dispositifs juridiques d'intégration », RIEJ 2023, n° 91, lequel se réfère à J. CHEVALLIER, « L'apport et le statut de la légistique », *in* P. ALBERTINI (dir.), *La qualité de la loi. Expériences française et européenne*, Mare et Martin, 2015, p. 36.

part comme une approche intégrée permettant l'intégration transversale des enjeux de santé. D'autre part, on peut considérer qu'elle a un effet de régulation, c'est-à-dire qu'elle participe à l'intégration des questions de santé dans d'autres champs soit indirectement au moyen de normes qui poursuivent des objectifs politiques précis, soit directement à travers des normes souples adressées à l'État lui-même et à d'autres acteurs tels que l'employeur ou l'industriel. Ce phénomène s'inscrit ainsi en cohérence avec l'évolution plus générale du droit de notre époque.

Bibliographie non exhaustive

Ouvrages juridiques

L-A. ALEDO, Le droit international public, 3ème édition, Dalloz, 2014, 180 p.

J-B. AUBY, La globalisation, le droit et l'État, 3ème édition, LGDJ, 2020, 242 p.

A-S. BARTHEZ et al., Le droit souple, Dalloz, Thèmes et commentaires, 2009, 179 p.

M. BELANGER, Introduction à un droit mondial de la santé, Éditions des archives contemporaines, Manuels, 2009, 170 p.

M. BELANGER (dir.), La mondialisation du droit de la santé, Les études hospitalières, 2011, 174 p.

M. BELANGER, Droit européen général de la santé, Bilan d'un droit moderne, Les études hospitalières, Les cahiers du CERDES, 2013, 308 p.

X. BIOY, A. LAUDE, D. TABUTEAU, Droit de la santé, 4ème édition, Presses universitaires de France, Thémis, 2020, 689 p.

E. BROSSET (dir.), Droit européen et protection de la santé, Bilan et perspectives, Bruylant, Travaux de droit international, 2015, 450 p.

J-Y. CHEROT, B. FRYDMAN (dir.), La science du droit dans la globalisation, Bruylant, Penser le droit, 2012, 320 p.

J. CHEVALLIER, Science administrative, 2ème édition, Presses universitaires de France, Themis, 1994, 636 p.

J-L. CLERGERIE, A. GRUBER, P. RAMBAUD, L'Union européenne, 11ème édition, Dalloz, 2016, 950 p.

D. DE BECHILLON, J. CAILLOSSE, D. RENARD, L'analyse des politiques publiques aux prises avec le droit, LGDJ, Droit et société, 1970, 304 p.

D. DE BECHILLON, Qu'est-ce qu'une règle de droit ? Odile Jacob, 1997, 291 p.

D. DE BECHILLON, P. BRUNET, V. CHAMPEIL-DESPLATS, E. MILLARD, (dir.), L'architecture du droit, Mélanges en l'honneur de Michel Troper, Economica, 2006, 1028 p.

J-M. DE FORGES, Le droit de la santé, 8ème édition, Presses universitaires de France, Que sais-je ? 2012, 128 p.

N. DE GROVE-VALDEYRON, Droit européen de la santé, 2ème édition, LGDJ, Systèmes Cours, 2018, 192 p.

E. DECAUX, O. DE FROUVILLE, Droit international public, 12ème édition, Dalloz, HyperCours, 2020, 684 p.

M. DELMAS-MARTY, Pour un droit commun, Éditions du Seuil, 1994, 305 p.

M. DELMAS-MARTY, Critique de l'intégration normative, L'apport du droit comparé à l'harmonisation des droits, Presses Universitaires de France, Les voies du droit, 2004, 336 p.

B. DONDERO, Droit 2.0, Apprendre et pratiquer le droit au XXIème siècle, LGDJ, Forum, 2015, 512 p.

P-M. DUPUY, Y. KERBRAT, Droit international public, 14ème édition, Dalloz, 2018, 956 p.

R. DWORKIN, Law's Empire, Hart Publishing, Oxford, 1998, 488 p.

L. FAVOREU et al., Droit des libertés fondamentales, 8ème édition, Dalloz, Précis, 2021, 978 p.

P-L. FRIER, J. PETIT, Précis de droit administratif, 15ème édition, LGDJ, Précis Domat, Public, 2021, 814 p.

M. HAURIOU, Principes de droit public, Réimpression de l'édition de 1910, Dalloz, 2010, 760 p.

P. JESTAZ, Les sources du droit, Dalloz, 2ème édition, Connaissance du droit, 2015, 198 p.

H. KELSEN, Théorie générale des normes, Presses universitaires de France, Léviathan, 1996, 616 p.

H. KELSEN, Théorie pure du droit, LGDJ, La pensée juridique, 1999, 376 p.

A. LAUDE, B. MATHIEU, D. TABUTEAU, Droit de la santé, 3ème édition, Presses universitaires de France, Thémis, 2012, 728 p.

A. LAUDE, D. TABUTEAU (dir.), La loi santé, Regards sur la modernisation de notre système de santé, Presses de l'EHESP, Références Santé Social, 2016, 480 p.

D. LOCHAK, Le droit et les paradoxes de l'universalité, Presses Universitaires de France, Les voies du droit, 2010, 256 p.

E. LOQUIN, C. KESSEDJAN, La mondialisation du droit, Litec, 2000, 610 p.

N. MARTIAL-BRAS, J-F. RIFFARD, M. BEHAR-TOUCHAIS (dir.), Les mutations de la norme, le renouvellement des sources du droit, Economica, Études juridiques, 2011, 310 p.

N. MARTIN-PAPINEAU (dir.), La loi du 9 août 2004 relative à la santé publique, Enjeux, réalisations, perspectives, LGDJ, Université de Poitiers, Collection de la faculté de droit et des sciences sociales, 2006, 184 p.

E. MILLARD, Théorie générale du droit, Dalloz, 2006, 124 p.

C-A. MORAND (dir.), L'État propulsif, Publisud, 1991, 253 p.

C-A. MORAND, Le droit néo-moderne des politiques publiques, LGDJ, Revue Droit et Société, 2000, 224 p.

E. NICOLAS, Penser les flux normatifs : essai sur le droit fluide, Mare & Martin, Libre droit, 2018, 364 p.

F. OST, A quoi sert le droit ? Bruylant, Penser le droit, 2016, 578 p.

C. PERELMAN, R. VANDER ELST, Les notions à contenu variable en droit, Bruylant, 1984, 377 p.

M. PRIEUR (dir.), Droit de l'environnement, 8ème édition, Dalloz, Précis, 2019, 1394 p.

F. TERRE, N. MOLFESSIS, Introduction générale au droit, 12ème édition, Dalloz, Précis, 2020, 720 p.

C. THIBIERGE (dir.), La force normative, naissance d'un concept, LGDJ, Bruylant, 2009, 883 p.

C. THIBIERGE et al., La densification normative, Découverte d'un processus, Mare & Martin, 2014, 1204 p.

G. TIMSIT, Archipel de la norme, Presses Universitaires de France, Les voies du droit, 1998, 264 p.

M. TORRE-SCHAUB (dir), Le bien-être et le droit, Publications de la Sorbonne, 2016, 152 p.

D. TRUCHET, B. APOLLIS, Droit de la santé publique, 11ème édition, Dalloz, 2022, 338 p.

Autres ouvrages

F. BOURDILLON, G. BRÜCKER, D. TABUTEAU, Traité de santé publique, Lavoisier, Traités, 2016, 728 p.

J. CARBONNIER, Sociologie juridique, 3ème édition, Presses Universitaires de France, Quadrige, 2016, 416 p.

M. CAZABAN et al., Santé publique, 4ème édition, Masson, 2001, 256 p.

J. COMMAILLE, L. DUMOULIN, C. ROBERT (dir), La juridicisation du politique. Leçons scientifiques, LGDJ, 2000, 232 p.

G. CORON (dir.), L'Europe de la santé, Enjeux et pratiques des politiques publiques, Presses de l'EHESP, 2018, 176 p.

F. EWALD, C. GOLLIER, N. DE SADELEER, Le principe de précaution, Presses universitaires de France, Que sais-je ? 2008, 128 p.

D. FASSIN, Faire de la santé publique, Presses de l'EHESP, 2008, 80 p.

B. FRYDMAN, G. HAARSCHER, Philosophie du droit, 3ème édition, Dalloz, Connaissance du droit, 2010, 144 p.

S. GOLTZBERG, L'argumentation juridique, 4ème édition, Dalloz, Connaissance du droit, 2019, 140 p.

M-C. GRANJON (dir.), Penser avec Michel Foucault, Théorie critique et pratiques politiques, Karthala, Recherches internationales, 2005, 352 p.

V. HAROUEL-BURELOUP, Histoire du droit international de la santé, Les Études hospitalières, 2014, 152 p.

HIPPOCRATE, Airs, eaux, lieux (Traité), Les belles lettres, Tome 2, Collection des universités de France Série grecque - Collection Budé, 2003, 452 p.

D. JOURDAN, La santé publique au service du bien commun ? Politiques et pratiques de prévention à l'épreuve du discernement éthique, Éditions de santé, 2012, 359 p.

J. LE GOFF, S. ONNEE (dir.), Puissance de la norme, Défis juridiques et managériaux des systèmes normatifs contemporains, EMS Éditions, Gestion en liberté, 2017, 216 p.

A. LECLERC et al., Les inégalités sociales de santé, La Découverte, Recherches, 2000, 448 p.

A. MORELLE, D. TABUTEAU, La santé publique, Presses Universitaires de France, Que sais-je ? 2017, 128 p.

J-F. PICARD, S. MOUCHET, La métamorphose de la médecine, Presses universitaires de France, Science Histoire & Société, 2009, 243 p.

G. RADICA, La loi, Flammarion, Corpus, 2000, 256 p.

M. TROPER, La philosophie du droit, Presses universitaires de France, 2003, 126 p.

Thèses

E. BERNARD, La spécificité du standard juridique en droit communautaire, Bruylant, Thèses, Collection droit de l'Union européenne, 2010, 643 p.

M. CASSAN, L'Europe communautaire de la santé, Economica, 1989, 292 p.

B-L. COMBRADE, L'obligation d'étude d'impact des projets de loi, Dalloz, Nouvelle Bibliothèque de Thèses, 2017, 520 p.

F. KASTLER, Le rôle normatif de l'Organisation mondiale de la santé, Thèse, Université Paris Descartes, 2016.

S. RENARD, L'ordre public sanitaire, Étude de droit public interne, Thèse, Université de Rennes I, 2008.

S. RIALS, Le juge administratif français et la technique du standard, LGDJ, Thèses, 1980, 564 p.

Articles, notes et chroniques en français

Revues juridiques

J.-M. AUBY, « La légitimité de l'intervention publique dans le domaine de la santé », AJDA 1995, p. 588.

M. BELANGER, « Réflexions sur la réalité du droit international de la santé », RQDI 1985, Vol. 2, p. 19-62.

M. BELANGER, « Un droit mondial de la santé », Archives contemporaines, Agence universitaire de la francophonie, 2009.

X. BIOY, « L'objectif de protection de la santé publique sort renforcé de l'examen constitutionnel de la « loi Touraine » », AJDA 2016, n° 126.

Y. BLANC, « L'État survivra-t-il à la prolifération des normes ? », AJCT 2014, p. 313.

M. BLANQUET, « Effet direct du droit communautaire, substance de l'effet direct », RDE 2008.

M. BLANQUET, « Compétence et ambivalence de l'Union européenne en matière de santé publique », RUE 2019, n° 624.

C. BLUMANN, « L'affaire des hormones devant la Cour de justice des Communautés européennes », RDR 1988, p. 505-513.

S. BRIMO, « À la recherche du 4ème volet du Plan national nutrition santé », RDSS 2017, p. 690.

E. BROSSET, « Le juge de l'Union et le principe de précaution : état des lieux », RTDE 2015, p. 737

J.-S. CAYLA, « La protection de la santé publique dans l'Union européenne selon le Traité de Maastricht du 7 février 1992 », RDSS 1992, p. 259.

H. CHAVRIER, « Droit de l'Union et des Communautés européennes et contentieux administratif », RCA 2005.

J. CHEVALLIER, « Science du droit et science du politique, de l'opposition à la complémentarité », DP 1993, p. 251-261.

J. CHEVALLIER, « La régulation juridique en question », DS 2001, Vol. 3, n° 49, p. 827-846.

B.-L. COMBRADE, « À qui profite l'étude d'impact ? », PA 2012, n° 17, p. 6.

J. COMMAILLE, « Les vertus politiques du droit. Mythes et réalités », DS 2010, Vol. 3, n° 76, p. 695-713.

V. CONSTANTINESCO, « Chronique de jurisprudence de la Cour de justice des Communautés européennes. Institutions et ordre juridique communautaire », JDI 1989, p. 392-395.

V. CONSTANTINESCO, V. MICHEL, « Compétences de l'Union européenne », RDE 2011 (Juin).

N. DE GROVE-VALDEYRON, « Reconnaissance progressive d'une compétence communautaire », RDE 2008.

N. DE SADELEER, « Le principe de précaution dans le droit de l'Union européenne, Le juge européen et le principe de précaution », RFDA 2017, p. 1025.

E. DECAUX, « Déclarations et conventions en droit international », Site internet du Conseil constitutionnel, https://www.conseil-constitutionnel.fr/nouveaux-cahiers-du-conseil-constitutionnel/declarations-et-conventions-en-droit-international, [consulté le 15/11/2019].

M. DEGUERGUE, « L'obligation de mener une vie saine ? », RGDM 2003, n° 11.

J. DEHAUSSY, H. ASCENSIO, « Actes unilatéraux et action normative des organisations internationales », JDI 2005, Fasc. 14, n° 11.

J.-P. DEROSIER, « L'impact toujours plus faible des études d'impact », C. 2018, p. 379.

N. DE GROVE-VALDEYRON, « Santé publique », RDE 2020 (Octobre).

J.-D. DREYFUS, « Les communes entre liberté d'expression et respect de l'image de la femme », AJCT 2017, p. 413.

J.-P. DUPRAT, « La sécurité des produits et la protection de la santé publique », AJDA 2006, p. 2046.

C. ECONOMIDES, « Les actes institutionnels internationaux et les sources du droit international », AFDI 1988, Vol. 34, p. 131-145.

C. EVIN, « La portée de la définition OMS de la santé », RGDM 1999, n° 1, p. 117-128.

M.-A. FRISON-ROCHE, « Le droit de la régulation », RD 2001.

J. GATÉ, « Recherches et études sur le genre et les inégalités en Europe, Commentaire de la loi pour l'égalité réelle entre les femmes et les hommes n° 2014-873 du 4 août 2014 », RD 2014, p. 1895.

M. GROSSET, « Sécurité alimentaire et politiques nutritionnelles : enjeux et perspectives », JDSAM 2017, n° 17.

S. KARAGIANNIS, « Droit à la santé – Le droit à la santé dans certains textes internationaux et constitutionnels : entre généreuse utopie et mesquin pragmatisme ? », JDI « Clunet » 2012, n° 4.

M. KRKAC, « La difficile articulation des libertés économiques avec l'objectif constitutionnel de protection de la santé publique », RDS 2017, n° 75.

F. MARCHADIER, « Qualité de la santé, ordre public sanitaire et contrat », RDSS 2014, p. 1055.

J.-P. MARKUS, « Qualité et ordre public sanitaire, ou ordre public versus qualité », RDSS 2014, p. 1063.

E. MILLARD, « Qu'est-ce qu'une norme juridique ? », CCC 2007, n° 21.

J. MOLINIER, « Principes généraux – Teneur des principes généraux du droit, Principe de précaution », RDE 2011.

E. MONDIELLI, « La prise en compte des normes OMS par le droit français », RGDM 1999, n° 1, p. 87-116.

F. OST, M. VAN DE KERCHOVE, « De la pyramide au réseau ? Vers un nouveau mode de production du droit », RIEJ 2000, n° 44.

J.-M. PONTIER, « La puissance publique et la prévention des risques », AJDA 2003, p. 1752.

J.-M. RAINAUD, « Le principe d'équilibre : la diagonale du flou », AJDA 2021, p. 25.

D. TABUTEAU, « La politique de santé, des lois d'août 2004 à la loi HPST », RDSS 2009, p. 595.

D. TABUTEAU, « Référentiels, bonnes pratiques et recommandations : nouvelles normes ou « quasi normes » en santé ? », JDSAM 2015, n° 3.

C. THIBIERGE, « Au cœur de la norme : le tracé et la mesure, Pour une distinction entre la norme et les règles de droit », APD 2008.

G. TIMSIT, « Normativité et régulation », CCC 2007, Vol. 84, n° 21.

F.-G. TREBULLE, « Droit de l'environnement septembre 2011-juillet 2012 », Recueil Dalloz 2012, p. 2557.

M. TREPREAU, « La Stratégie nationale de santé : un instrument disruptif de mise en œuvre de la politique de santé ? », RDSS 2018, p. 389.

D. VIGNES, « Note sur le contenu et la portée du Traité sur l'Union européenne, signé à Maastricht le 7 février 1992 », AFDI 1991, Vol. 37, p. 774-801.

M. VIRALLY, « La valeur juridique des recommandations des organisations internationales », AFDI 1956, Vol. 2, p. 66-96.

L. WARIN, « Quand la politique de prévention en santé implique les acteurs économiques », JDSAM 2018, n° 21.

L. WARIN, « Publicité et santé – Une loi passée inaperçue, la loi dite « Gattolin » sur la suppression de la publicité commerciale dans les programmes jeunesse de la télévision publique », JDSAM 2019, n° 24.

L. WARIN, « One health et l'approche « santé dans toutes les politiques » : de quoi parle-t-on ? », JDSAM 2023, n° 36.

Autres revues

F. ALLA, « La Charte d'Ottawa a trente ans : doit-elle encore faire référence ? », SP 2016, Vol. 28, n° 6, p. 717-720.

O. BARTLETT, A. NAUMANN, « Reinterpreting the health in all policies obligation in Article 168 TFEU: the first step towards making enforcement a realistic prospect », HEPL 2021, n° 16, p. 8-22.

B. BASSET, R. DEMEULEMEESTER, E. JOUGLA (dir.), « 20 ans de santé publique (Dossier) », ADSP 2012, n° 80.

H. BERGERON, C. NATHANSON, « Faire une loi, pour faire la loi. La loi de Santé publique d'août 2004 », SSS 2014, Vol. 32, n° 4, p. 5-32.

E. BRETON, « La Charte d'Ottawa : 30 ans sans plan d'action ? », SP 2016, Vol. 28, n° 6, p. 721-727.

L. CAMBON et al., « Passer d'une politique de santé publique à une santé publique politique : proposition du groupe miroir pour un virage paradigmatique », SP 2022, Vol. 34, n° 1, p. 5-8.

S. CHAPPELLON et al., « Europe communautaire et santé publique (Dossier) », ADSP 1993, n° 3.

S. DAUPHIN, R. SENAC-SLAWINSKI, « Gender mainstreaming : analyse des enjeux d'un « concept-méthode ». Introduction », CG 2008, Vol. 44, n° 1.

C. DELAMAIRE, P. DUCROT (Dir.), « Introduction au dossier « Environnements favorables à une alimentation saine : une réponse aux inégalités sociales de santé ? » », LSA 2018, n° 444.

C. DELAMAIRE, « Environnements favorables à une alimentation saine : état des lieux et recommandations », LSA 2018, n° 444.

E. DESCHAMPS, « Le Pool blanc », CVCE 2016.

E. DESCHAMPS, L. MAUFORT, « La préparation de l'Acte unique européen », CVCE 2016.

J-P. DESCHAMPS, « Une « relecture » de la charte d'Ottawa », SP 2003, Vol. 15, n° 3, p. 313-325.

J-P. DESCHAMPS, « La Charte d'Ottawa a trente ans... », SP 2016, Vol. 28, n° 6.

S. GUIGNER, « L'odyssée de l'administration européenne de la santé : la quête d'un leadership », PE 2003, Vol. 3, n° 11, p. 31-56.

S. GUIGNER, « L'influence de l'Union européenne sur les pratiques et politiques de santé publique : européanisation verticale et horizontale », SSS 2011, Vol. 29, n° 1, p. 81-106.

S. GUIGNER, « De « la santé dans toutes les politiques » à « toutes les politiques dans la santé » : le régime de visibilité de la prise en compte de la santé dans les politiques de l'Union européenne », SSS 2016, Vol. 34, n° 2, p. 71-79.

B. JÉGOU, « Le paradigme de l'exposome : définition, contexte et perspective », MS 2020, n° 36.

P. LOMBRAIL, « Un regard décalé sur la santé publique », LTS 2016, Vol. 4, n° 53.

G. MENVIELLE, T. LANG, « Éditorial : Les inégalités sociales de santé : vingt ans d'évolution », ADSP 2021, n° 113.

G. MENVIELLE, T. LANG, « La santé dans toutes les politiques : où en est-on en France ? », ADSP 2021, n° 113.

S. SAETTA et al., « Stigmatisation et santé publique : le côté obscur des interventions anti-tabac », SP 2020, Vol. 32, n° 5-6.

F. SAUER, « Les ambitions européennes en matière de santé », RFAP 2005, Vol. 1, n° 113, p. 147-157.

D. TABUTEAU, « Crises et réformes », LTS 2009, Vol. 22, n° 1.

D. TABUTEAU, « 1983-2013 : les évolutions de la politique de santé », JGEM 2013, Vol. 31, n° 1, p. 53-67.

D. TABUTEAU, « Législations et épidémies », LTS 2020, Vol. 4, n° 66.

T. TAURAN, « La protection de l'environnement et le Code de la santé publique », REDD 2010, étude n° 7.

H. VALENTINI, L. SAINT-PIERRE, « L'évaluation d'impact de la santé, une démarche structurée pour instaurer de la santé dans toutes les politiques », SP 2012, Vol. 24, n° 6, p. 479-482.

B. VALLET, « La santé dans toutes les politiques », ADSP 2017, n° 99, p. 48-49.

L. WARIN, « Plan « Ma santé 2022 », une occasion manquée ? », The Conversation France, 8 octobre 2018, https://theconversation.com/plan-ma-sante-2022-une-occasion-manquee-103873 [consulté le 19/07/2021].

Articles, notes et chroniques en anglais

A. BACIGALUPE et al., « Learning lessons from past mistakes: how can Health in All Policies fulfil its promises? », JECH 2010, n° 64.

S. BARMANIA, « Improving the health impacts of airports », BWHO 2018, Vol. 96, n° 8, p. 518-519.

F. BAUM et al., « New norms new policies: Did the Adelaide Thinkers in Residence scheme encourage new thinking about promoting well-being and Health in All Policies? », SSM 2015, Vol. 147, p. 1-9.

F. BERT et al., « How can we bring public health in all policies? Strategies for healthy societies », JPHR 2015, Vol. 4, n° 393.

E. BROOKS, « Crossing borders: A critical review of the role of the European Court of Justice in EU health policy », HP 2012, Vol. 105.

G.R. BROWNE, I.D. RUTHERFURD, « The case for "environment in all policies": lessons from the "health in all policies" approach in public health », EHP 2017, n° 125, p. 149-154.

T. DELANY et al., « Health in All Policies in South Australia: what has supported early implementation? », HPI 2016, Vol. 31, n° 4.

P. FRANKLIN, « Public health within the EU policy space: a qualitative study of Organized Civil Society (OCS) and the Health in All Policies (HiAP) approach », PH 2016, n° 136, p. 29-34.

L.N. GASE, R. PENNOTTI, K.D. SMITH, « "Health in All Policies": Taking Stock of Emerging Practices to Incorporate Health in Decision Making in the United States », JPHMP 2013, Vol. 19, n° 6, p. 529-540.

R. GEYER, S. LIGHTFOOT, « The Strengths and Limits of New Forms of EU Governance: The Cases of Mainstreaming and Impact Assessment in EU Public Health and Sustainable Development Policy », JEI 2010, Vol. 32, n° 4, p. 339-356.

L.O. GOSTIN. et al., « The normative authority of the World Health Organization », PH 2015, n° 129, p. 854-863.

W. GRANT, « Agricultural policy, food policy, and communicable disease policy », JHPPL 2012, Vol. 37, n° 6.

S.L. GREER et al., « From Health in All Policies to Health for All Policies », TLPH 2022 (August), Vol. 7, n° 8.

H. HOFSTAD, « The ambition of Health in All Policies in Norway: The role of political leadership and bureaucratic change », HP 2016, n° 120, p. 567-575.

I. KICKBUSCH, « The Contribution of the World Health Organization to a New Public Health and Health Promotion », AJPH 2003, Vol. 93, n° 3.

M. KOIVUSALO, « The state of Health in All policies (HiAP) in the European Union: potential and pitfalls », JECH 2010, n° 64, p. 500-503.

W. LAMPING, M. STEFFEN, « European Union and Health Policy: The ''Chaordic'' Dynamics of Integration », SSQ 2009, Vol. 90, n° 5.

B. LINDSTRÖM, M. ERIKSSON, « The salutogenic approach to the making of HiAP/healthy public policy: illustrated by a case study », GHP 2009, Vol. 16, n° 1, p. 17-28.

B. LINDSTRÖM, « Workshop salutogenesis and the future of health promotion and public health », SJPH 2018, n° 46, Suppl 20, p. 94-98.

W.H. McBEATH, « Health for all: A public health vision », AJPH 1991, Vol. 81, n° 12.

D. PEPIN et al., « Collaborating for Health: Health in All Policies and the Law », JLME 2017, Vol. 45, p. 60-64.

C. POLSKY et al., « The Health in All Policies (HiAP) Approach and the Law: Preliminary Lessons from California and Chicago », JLME 2015 (Spring).

N. ROSENKÖTTER et al., « Twentieth anniversary of the European Union health mandate: taking stock of perceived achievements, failures and missed opportunities - a qualitative study », BCPH 2013, Vol. 13, n° 1074.

F. SAUER, « Role of the European Union in public health », RPE 2010, n° 2.

K. SHANKARDASS et al., « Strengthening the implementation of Health in All Policies: a methodology for realist explanatory case studies », HPP 2015, Vol. 30, n° 4, p. 462-473.

T. STAHL, « Is health recognized in the EU's policy process? An analysis of the European Commission's impact assessments », EJPH 2010, Vol. 20, n° 2, p. 176-181.

C. TANG KWOK et al., « The Eighth Global Conference on Health Promotion: Health in All Policies: From Rhetoric to Action, Editorial », HPI 2014, Vol. 29.

S. VAN DEN BROUCKE, « Implementing health in all policies post Helsinki 2013: why, what, who and how », HPI 2013, Vol. 28, n° 3.

S. WIBULPOLPRASERT, M. CHOWDHURY, « World Health Organization: Overhaul or Dismantle? », AJPH 2016, Vol. 106, n° 11.

Table des matières

Structures éditoriales du groupe L'Harmattan

L'Harmattan Italie
Via degli Artisti, 15
10124 Torino
harmattan.italia@gmail.com

L'Harmattan Hongrie
Kossuth l. u. 14-16.
1053 Budapest
harmattan@harmattan.hu

L'Harmattan Sénégal
10 VDN en face Mermoz
BP 45034 Dakar-Fann
senharmattan@gmail.com

L'Harmattan Cameroun
TSINGA/FECAFOOT
BP 11486 Yaoundé
inkoukam@gmail.com

L'Harmattan Burkina Faso
Achille Somé – tengnule@hotmail.fr

L'Harmattan Guinée
Almamya, rue KA 028 OKB Agency
BP 3470 Conakry
harmattanguinee@yahoo.fr

L'Harmattan RDC
185, avenue Nyangwe
Commune de Lingwala – Kinshasa
matangilamusadila@yahoo.fr

L'Harmattan Congo
219, avenue Nelson Mandela
BP 2874 Brazzaville
harmattan.congo@yahoo.fr

L'Harmattan Mali
ACI 2000 - Immeuble Mgr Jean Marie Cisse
Bureau 10
BP 145 Bamako-Mali
mali@harmattan.fr

L'Harmattan Togo
Djidjole – Lomé
Maison Amela
face EPP BATOME
ddamela@aol.com

L'Harmattan Côte d'Ivoire
Résidence Karl – Cité des Arts
Abidjan-Cocody
03 BP 1588 Abidjan
espace_harmattan.ci@hotmail.fr

Nos librairies en France

Librairie internationale
16, rue des Écoles
75005 Paris
librairie.internationale@harmattan.fr
01 40 46 79 11
www.librairieharmattan.com

Librairie des savoirs
21, rue des Écoles
75005 Paris
librairie.sh@harmattan.fr
01 46 34 13 71
www.librairieharmattansh.com

Librairie Le Lucernaire
53, rue Notre-Dame-des-Champs
75006 Paris
librairie@lucernaire.fr
01 42 22 67 13

www.ingramcontent.com/pod-product-compliance
Lightning Source LLC
LaVergne TN
LVHW011158061026
849535LV00003B/777
* 9 7 8 2 3 3 6 4 8 6 6 7 3 *